한국의 실천 현장을 반영한

# 사회복지실천론

한국의 실천 현장을 반영한

# 사회복지실천론

2022년 8월 29일 초판 1쇄 찍음
2022년 9월 5일 초판 1쇄 펴냄

지은이 최명민·김정진·김성천·정병오
기획 비판과 대안을 위한 사회복지학회

책임편집 정세민
편집 정용준·김효진
디자인 김진운
본문조판 토비트
마케팅 최민규

펴낸이 고하영·권현준
펴낸곳 ㈜사회평론아카데미
등록번호 2013-000247(2013년 8월 23일)
전화 02-326-1545
팩스 02-326-1626
주소 03993 서울특별시 마포구 월드컵북로6길 56
이메일 academy@sapyoung.com
홈페이지 www.sapyoung.com

ISBN 979-11-6707-069-2  93330

한국의 실천 현장을 반영한
# 사회복지실천론

**최명민 김정진 김성천 정병오 지음**

사회평론아카데미

# 서문

　이 책의 시작은 약 8년 전 '한국의 사회복지학과 교육, 변혁을 말한다'라는 주제로 개최된 2014년 한국사회복지학회 추계학술대회로 거슬러 올라간다. 당시 사회복지학계는 서구에서 개발된 이론을 답습하고 있는 주요 교과목들을 어떻게 우리 교육 현장과 사회적 요구에 맞게 재편할 것인가를 화두로 놓고, 연속적인 논의의 장을 마련해 온 터였다. 이 학회에서 사회복지실천 교육의 대안과 관련된 발표(최명민 외, 2014)를 맡았던 우리는 '지금까지 한국의 사회복지실천 교육이 과연 사회복지실천의 시대적 사명을 적절히 구현하고, 사회복지 현장의 요구에 부합하며, 한국문화의 고유성을 반영해 왔는가?' 하는 근본적인 질문을 마주하게 되었다.

　우리는 이 같은 질문 앞에서 사회복지실천 교육이 무엇을 지향하고 있는지조차 불분명한 현실을 비판적으로 바라보게 되었다. 그에 따라 선행 연구자들이 축적해 온 연구와 관련 문헌들을 토대로 한국사회에서 요구되는 사회복지사의 핵심역량을 도출하는 작업을 진행하였고, 대안적 실천 교육의 개선안을 제시해 보는 시도를 감행하였다. 당시 논의가 다소 설익은 것이었음에도 발표 이후 여러 동료 교수와 현장 전문가들로부터 사회복지사 양성 과정에서 이러한 내용이 반영된 실천 교육이 절실하며, 이를 위해서는 무엇보다 핵심역량에 기초한 교재가 필요하다는 의견을 들었다.

그러나 스스로 제기한 문제점을 개선한 대안적 교재를 집필하는 작업은 여러모로 쉽지 않은 일이었다. 우선 '사회복지실천론'이 사회복지사 1급 자격시험 교과목이다 보니, 한국사회복지교육협의회가 발간하는 교과목지침서의 틀을 벗어난 교재가 교육 현장에서 얼마나 채택될지 불투명했다. 보다 근본적인 도전은 기존 교재에서 다루지 않은 대안적 내용을 새롭게 구상하고 공부하며 관련 자료를 수집하는 일이 우리 스스로의 한계를 극복해야 하는 작업이었다는 점이다.

다행히 당시 비판사회복지학회의 기획에 힘입어 사회평론아카데미 출판사를 만나면서 이러한 장애물들을 하나씩 헤쳐 나갈 수 있었다. 당장 시장성에 한계가 있더라도 좋은 교재는 인정받게 될 거라는 확고한 신념을 갖고 실로 오랜 기간 전적인 신뢰를 보여 준 출판사 덕분에 무려 8년이라는 시간 동안 느리지만 포기하지 않고 한 걸음씩 나아갈 수 있었다. 여기에 20년 이상 사회복지실천 현장에서 선구적인 실무와 학술 활동을 활발히 수행해 온 정병오 전 하안종합사회복지관 관장(현 휴먼임팩트 협동조합 대표)이 저자로 합류하면서 저술 작업은 더욱 탄력을 받게 되었다.

마침내 2022년 8월, 조심스러운 마음으로『한국의 실천 현장을 반영한 사회복지실천론』을 선보이게 되었다. 이 책은 제목에서 강조하듯이 이론과 실천의 성찰성(reflexivity)을 반영하고자 우리나라 사회복지실천 현장에서 요구되는 핵심역량에 초점을 두어 집필되었다. 그렇다고 해서 기존 교재의 내용을 모두 무시하거나 배제한 것은 결코 아니다. 핵심역량뿐만 아니라 기존 사회복지실천론에서 다루어 온 주요 내용, 최근 국내외 이론 및 실천 동향 등을 함께 다루고자 하였다. 결국 비중을 조정하고 새로운 내용을 보강한 셈이다.

또한 이 책은 사회복지실천에 대한 개론서 성격으로 구성하였다. 사회복지사 자격시험 교과목에 '사회복지개론'이 있지만 여기서는 사회복지실천에 주안점을 두지 않으며, 구체적인 실천 기법은 후속 교과목인 '사회복지실천기술론'에서 다루고 있으므로, '사회복지실천론'은 실천에 대한 개론적 이론서의 성격을 분명히 할 필요가 있다고 보았다. 따라서 구체적 임상 기법에 해당하는 관계론과 면담론, 그리고 평가와 기록 부분은 후속 교과목에서 다룰 것으로 기대하고 축소 또는 생략하였다. 그 대신 사회복지실천의 관점과 이론 및 사상, 가치에 대한 이해에 중점을 두고 사회복지실천의 기초와 틀을 잡는 데 주력하였다.

이 책은 총 3부로 구성되어 있다. '제1부 사회복지실천의 토대'에서는 사회복지실천의 지향과 개념, 역사적 전개 과정과 같은 기본적인 내용을 다루었다. 1장은 예비 사회복지사들이 사회복지실천의 개념을 정립하는 데 도움을 주는 내용으로 구성하였다. 그리고 2장은 사회복지실천이 먼저 시작된 서구의 발달사와 우리나라 상황에 맞게 발전시켜 온 한국의 사회복지실천사를 짚어 보되, 사회복지사들이 지표로 삼을 만한 주요 인물들을 소개하는 데 주안점을 두었다.

'제2부 사회복지실천의 패러다임'은 1부에서 다진 기초 위에서 사회복지실천의 뼈대와 틀을 구축한다는 취지로, 사회복지실천의 관점, 체계론, 과정론을 제시하였다. 이 중에서 기존 교재와 가장 차별화된 내용은 4장으로, 사회복지사와 클라이언트를 사회복지실천의 주체로서 다루고 실천 현장을 권력관계의 장으로 제시한다. 더불어 5장에서 기존 사회복지실천의 첫 단계로 제시해 온 '접수'를 '상호참여' 단계로 새롭게 명명한 것과, 이미 현장에서 널리 쓰이고 있지만 이론서에서 다루지 않았던 자생적 실천론인 '자연주의 사회사업'의 실천 과정을 소개한 점 등이 새로운 내용이라고 하겠다.

'제3부 사회복지실천의 핵심역량'은 1부와 2부를 통해 구성한 사회복지실천의 토대와 뼈대에 살을 붙인다는 생각으로 집필하였다. 여기서는 우리나라 실천 현장에서 사회복지사에게 요구되는 역량 중 일곱 가지 실천 역량을 차례대로 소개한다. 6장은 기존 실천 과정 중 사정 단계에서 다루던 내용을 포괄하되, 다차원적으로 자료를 수집하고 이에 근거하여 목표와 개입 계획을 수립하는 '통합적 사정'의 절차와 방법을 구체적으로 제시하였다. 7장은 기존 사회복지실천론에서 다루는 관계론과 면담론의 논의를 사회복지사와 클라이언트의 일대일 면담이 아닌, 여러 외부 체계와의 '관계와 소통'으로 확대하여 설명하였다. 8장에서는 기존의 임상적 상담 중심의 이론과 실천뿐 아니라 중범위 및 거시적 실천의 연관성을 부각하고, 다양한 체계를 상대로 일할 수 있는 '다체계 개입' 역량을 제시하였다. 또한 9장에서는 클라이언트가 실제로 살아가고 있는 현장에서 일상의 도전에 스스로 대응하는 과정을 지원함으로써 문제해결과 삶의 질 향상을 도모해 가는 실천을 '생활실천'이라고 지칭하고, 이를 위해 필요한 사회복지사의 역량을 다루었다. 10장에서는 그동안 사회복지사의 주요 사명으로 거론되었지만 실제 교육에서 비중 있게 다루지 못했던 '사회정의실천'을 위해 필요한 사항들을 설명하였다. 특히 신자유주의와 관리주의가 팽배한 이 시대에 사회적 불평등, 불공정, 차별, 혐오 등에 맞서기 위해 사회복지사가 숙지해야 할 내용들을 다루었다. 11장은 현재 '사회복지 윤리와 철학'이 필수교과목으로 인정받지 못하는 상황에서, 경우에 따라 관련 교육 기회가 없을 수도 있겠다는 점을 고려하여 '윤리적 실천'에 관한 내용이 포함되도록 하였다. 그리고 12장에서는 사회복지사의 정체성으로서 성찰과 '성찰적 실천'의 개념을 정리하고, 다양한 성찰적 사회복지실천의 영역으로 이론과 실천, 주체와 구조, 사회복지사 자기 자신 등을 제시하였다.

이 책은 다양한 통찰과 자료들을 기꺼이 공유하며 지원을 아끼지 않은 여러 사람의 도움으로 완성될 수 있었다. 특히 사회복지정보원 한덕연 선생님, 순천향대학교 김기덕 교수님, 대구가톨릭대학교 유영준 교수님, 세상을 바꾸는 사회복지사 이명묵 대표님, 세화종합사회복지관 김용길 관장님, 사회복지사 독서모임 인사모와 복지리더 북클라쓰 선생님들께 감사의 마음을 전한다. 또한 사회평론아카데미 편집부의 전문적인 지원에 감사드린다. 가독성을 높이기 위한 갖가지 사진 자료와 관련 정보에 대한 QR코드 작업, 그리고 섬세한 문장 수정에 이르기까지 편집부로부터 많은 도움을 받았다.

　　이 책을 세상에 내놓는 지금, 과연 초심에서 그려 보았던 내용에 얼마나 가까워졌는지를 되물으면 겸연쩍은 마음이 된다. 부족한 부분이 있을 것을 알기에 추후 개선을 위한 다양한 의견과 평가를 기다린다. 그럼에도 불구하고 저자들의 8년이라는 시간이 담긴 이 교재가 우리 사회에 보탬이 되는 사회복지사가 되고자 하는 여러 학생과 이들을 교육하는 교수님들께, 그리고 이미 현장에서 활동하고 계신 실무자들께 한국적 사회복지실천에 대한 새로운 전망을 제시하는 교재로 쓰이길 소망해 본다.

2022년 8월
저자들을 대표해서 최명민 씀

# 차례

# 제1부

# 사회복지실천의 토대

이 책을 시작하는 1부에서는 사회복지실천의 기본 토대를 쌓는 작업을 진행한다. 사회복지실천론의 지향과 개념, 그리고 역사적 전개 과정을 충분히 다룸으로써 이후 쌓을 지식들을 지탱할 주춧돌을 놓고자 하였다. '1장 사회복지실천의 지향과 개념'에서는 사회복지실천이 무엇을 지향하고 있는지, 사회복지실천을 무엇이라고 정의할 수 있는지, 또 사회복지실천을 구성하는 요소에는 어떤 것들이 있는지 등을 설명한다. 그리고 사회복지실천의 역사적 측면을 다루는 '2장 사회복지실천의 역사'에서는 사회복지실천이 먼저 시작된 서구의 발달사를 살펴보고, 이를 도입하여 우리나라 상황에 맞게 발전시켜 온 한국의 사회복지실천사를 짚어 본다. 이를 통해 이후에 다루게 될 구체적인 사회복지실천에 대한 다양한 지식과 논점들을 효과적으로 소화할 수 있을 것이다.

# 01

# 사회복지실천의 지향과 개념

이 장에서는 우선 사회복지실천이 무엇인지, 사회복지실천의 범위와 이를 구성하는 요인들에는 어떤 것이 있는지 살펴보고자 한다. 우선 '사회복지'와 '실천'의 의미를 중심으로 사회복지실천의 개념을 설명한 다음, 여러 요인들로 구성된 결과물이면서 사회적 여건과 맥락에 따라 변화하는 유동적 과정이기도 한 사회복지실천의 특성에 대해 알아본다. 그리고 이러한 내용을 종합하여 사회복지실천을 둘러싼 상호관계와 다층적 환경을 반영한 사회복지실천의 개념틀을 제시할 것이다.

## 1. 사회복지실천이란

### 1) 사회복지실천의 기본 관점

인간은 사물이나 동물과 구별되는 독특한 존재이다. 다른 존재와 달리 인간은 자신이 어떤 존재인지, 자신이 존재하는 이유와 의미가 무엇인지에 대해 스스로 질문을 던질 수 있다. 그리고 그러한 질문에 대한 해답을 찾아가면서 지금보다 더 나은 존재가 되고자 끊임없이 반성하고 노력하는 능력을 가지고 있다. 또한 인간은 자신이 지향하는 대상과 영역에 대해 자신만의 고유한 의미와 가치를 부여하고, 그것을 실제로 구현하려는 의지와 욕망을 가지며, 나아가 자신이 창안하고 발전시킨 독특한 기술과 방법을 사용하여 자신의 구상을 실제로 만들어 낸다. 이와 같이 인간은 바람직한 것을 꿈꾸고 실현하면서 성장하는 존재이다.

그런데 무언가를 꿈꾸고 실현하는 인간의 능력은 혼자서 발휘할 수 있는 것이 아니다. 인간은 자신의 생각과 행동, 그리고 이를 실천하면서 얻게 되는 결과물을 다른 인간들과 소통하고 교환하는 과정을 통해 공동체의 문화적 산물로 만들어 낸다. 또 다양한 사회조직과 제도들을 구축함으로써 이러한 문화적 산물을 유지하고 발전시킨다. 의미와 가치를 지향하는 정신적 존재인 인간이 타인과의 상호작용을 통해 문화적 산물을 만들고 이를 집단적으로 향유하는 공동의 터전이 바로 우리가 발 딛고 살아가는 사회인 것이다.

이 책에서 다루고자 하는 사회복지실천의 의미와 목표, 기능은 이러한 인간이 가진 고유한 능력과 공동체로서의 사회라는 특성을 알아야 제대로 이해할 수 있다. 사회복지실천은 진공 속에 존재하는 것이 아니라, 사회를 구성하고 있는 인간들의 의식적 행위를 통해 이루어지기 때문이다. 인간은 사회라는 삶의 터전에서 다른 이들과 더불어 살아가면서 바람직하지 않은 상태나 문제가 되는 상황에 의문을 제기하고, 그 문제가 해결된 바람직한 상태를 꿈꾸며, 이를 구현하기 위한 효과적인 방법과 기술을 발전시켜 왔다.

인간은 의미와 가치를 지향하는 정신적 존재로, 타인과의 상호작용을 통해 공동체의 문화적 산물을 만들어 낸다.

즉, 사회적 존재인 인간은 자신들이 속한 사회의 문제를 해결하고 보다 바람직한 상태(사회복지)에 도달할 수 있도록 집합적 노력으로서 구체적 활동들을 수행(실천)한다는 것이다. 이를 염두에 두고 사회복지실천의 개념을 살펴보자.

## 2) 사회복지실천의 정의

'사회복지실천'을 가장 간명하게 정의하자면 '사회복지'를 '실천'하는 것이라 할 수 있다. 여기서 '사회복지'라는 개념에는 사회라는 터전에서 공동의 문화를 구성하고 살아가는 인간들이 바람직하지 않다고 생각하는 문제와, 이러한 문제가 해결된 바람직한 상태에 대한 구상이 포함되어 있다. 그리고 또 다른 개념인 '실천'에는 사회복지가 담고 있는 바람직한 상태를 실제로 구현할 수 있는 구체적인 기술과 방법 및 관련 이론들에 대한 내용이 포함된다. 이러한 개념에 근거한다면 사회복지실천은 잠정적으로 '인간과 사회의 문제를 해결함으로써 사회복지를 지향해 가는 다양한 활동의 총체'라고 정의 내릴 수 있다.

### (1) 사회복지: 사회복지실천의 목표

사회복지실천을 사회복지와 실천이 결합된 것으로 파악할 때, 첫 번째로 살펴보아야 할 것은 사회복지의 의미이다. 사회복지는 사회 구성원인 인간이 지향하는 바람직한 상태, 다시 말해 해결할 필요가 있다고 인식된 사회적 문제를 극복하여 달성하고자 하는 이상적인 상태를 뜻한다. 그런데 사실 모두가 납득할 만한 사회복지의 상像을 설정하고 궁극적이며 고정적인 개념으로서 사회복지를 규정하기란 현실적으로 불가능하다. 물론 우리는 완벽하고 이상적인 사회가 존재한다고 믿을 수 있고, 실제로 인간이 여러 시행착오를 겪으면서도 집단 지성과 사회적 협력을 통해 그와 같은 사회복지의 본질에 점점 접근하고 있다고 생각할 수 있다.

하지만 불완전하고 유한한 존재인 인간이 사회복지의 궁극적인 본질과 내용을 정확히 파악하기는 어렵다. 사회를 구성하여 함께 살아가는 인간들이 집단적으로 인식하는 사회적 문제와 그러한 문제가 해결된 바람직한 상태 등은 시대적 상황이나 공간적 여건에 따라 다양하기 때문이다. 요컨대 사회복지실천이 추구해야 할 목표와 기준으로서 사회복지는 기본적으로 역사적이고 사회적인 특성을 가지며, 그렇기에 사회복지의 개념에는 이를 정의하는 주체의 관점이 반영될 수밖에 없다 (Thompson, 2015).

따라서 사회복지에 대한 몇몇 학자들의 정의를 수집하고 공통 요소들을 추출하여 사회복지의 본질과 내용으로 정리한 뒤 이를 완전한 개념처럼 제시하는 기존의 방식은 일정한 한계를 가진다. 아무리 많은 정의를 포괄적으로 검토한다 하더라도, 그러한 정의들은 앞서 언급한 것처럼 유한한 인간이 역사적·문화적 조건 속에서 설정한 제한적인 내용에 불과하다. 곧 이러한 방식으로 도출한 사회복지의 개념 역시 최종적인 결론임을 보장하기는 어렵다. 그러므로 모든 사회복지는 특정한 시대와 장소의 맥락에서 그 사회가 공동으로 추구하는 목표로서 설정될 수밖에 없다.

여기서는 단일하고 완전무결한 개념이란 없다는 전제하에, 이 시대에 보다 공식적으로 통용되는 정의부터 살펴보고자 한다. 우선 사전적 정의를 보면 복지welfare는 '안락하고 만족할 만하며 건강하고 번영한 상태'(서강훈, 2013)를 뜻하고, 사회복지social welfare는 통상 이를 시민에게 보장하기 위한 사회적 제도나 서비스를 의미한다. 그런데 '사회복지실천'에서 '사회복지'는 'social welfare'가 아닌 'social work'(사회복지 또는 사회사업)이다. 두 용어는 국내에서 대개 '사회복지'로 동일하게 번역되나, 영어 원문으로는 엄연히 다른 용어이다. 따라서 'social work'에 초점을 두고 사회복지의 정의를 살펴볼 필요가 있다.

2014년 국제사회복지사연맹International Federation for Social Workers: IFSW과 국제사회복지교육연합International Association of Schools of Social Work: IASSW이 제시한 사회복지social work의 정의[QR]를 보면, 사회복지는 '사회변화와 개발, 사회통합, 임파워먼트,[1] 인간해방의 증진'을 추구하며 그 핵심은 '사회정의,[2] 인권, 집단 책임,[3] 다양성 존중의 원칙'이다. 이러한 정의는 사회복지가 한 사회에서 인간들이 누리는 복지well being의 증대를 지향함을 보여 준다. 이를 위해 사회복지는 사회변화를 시도하고 인간관계에 존재하는 문제들을 해결하며 사람들의 임파워먼트와 해방을 촉진한다. 달리 표현하면 개인이 가진 권한과 자율을 존중하고, 이를 억압하는 다양한 기제로부터 인간을 자유롭게 하고자 한다. 이때 인권 및 사회정의와 관련된 가치들이 매우 중요한 원칙으로 강조된다.

단, IFSW와 IASSW가 제시한 사회복지의 본질과 내용조차도 완전하거나 궁극적인 결론은 아니라는 점을 명심해야 한다. 앞서 설명했듯 우리는 궁극적인 사회복지의 본질을 찾고자 노력하는 과정에 있을 뿐이지, 이를 이미 확보하여 단순히 구현해 내기만 하면 되는 것이 아니기 때문이다. IFSW와 IASSW도 사회복지에 대한 이러한 정의는 '국가적, 지역적 차원에서 덧붙여질 수 있다'고 언급하고 있다.

사회복지의 정의에는 현재 우리가 바람직하지 않은 문제라고 생각하는 것, 이러한 문제가 해결된 이상적 상태의 모습, 그 이상적 상태를 달성하기 위해 취해야 할 수단과 방법 등에 대한 공동체의 가치와 이념, 사회적 합의가 담겨 있다. 이처럼 사회복지의 정의 자체가 시대와 지역

---

1    임파워먼트(empowerment)에 대해서는 3장을 참고.
2    사회복지에서 언급되는 사회정의(social justice)는 범법행위에 대한 사법적 정의라기보다는 경제적 정의, 다시 말해 부의 형평성이나 공정한 분배라는 의미에 가깝다. 보다 상세한 내용은 10장을 참고.
3    일반적으로 현대사회에서는 당사자 개인에게 책임을 묻지만, 사회복지에서는 공동체가 함께 책임의식을 공유하고 해결책을 모색하는 것을 지향한다. 집단 책임(collective responsibility)이란 이러한 공동체적 책임을 의미하는 용어이다.

의 특수성을 고려하기 때문에, 사회복지를 실천하는 것으로서 사회복지
실천의 개념을 규정할 때에도 '지금 여기'에 적절하고도 유용한 사회복
지의 개념과 실천적 노력이 무엇일지에 대한 지속적인 고민이 요구된다.

따라서 이 책 역시 무수히 많은 사회복지실천의 이론과 방법을 일
반적으로 살펴보기보다는 현재 한국의 사회복지실천이 지향하는 실천
목표로서의 사회복지, 그리고 우리 실정이나 여건에 적합한 실천방법
을 파악하는 데 중점을 두고자 한다. 이 책의 제목을 '한국의 실천 현장
을 반영한 사회복지실천론'으로 정한 것도 이러한 의도에 따른 것이다.

### (2) 실천: 사회복지의 구현 노력

사회복지실천을 구성하는 또 다른 개념인 '실천'은 '열매, 다다르
다, 실제'의 뜻을 가진 한자 '실實'과 '밟다, 밟아 디디다, 이행하다'의 뜻
을 가진 한자 '천踐'의 합성어로, '실제로 밟아 나가다' 또는 '의도한 바
를 몸소 수행하여 결실을 만들다'라는 의미를 담고 있다. 일반적으로 실
천은 인간이 자신의 생각과 의도를 의식적이고 능동적으로 실행에 옮
기는 활동 또는 그러한 활동의 결과물을 말한다. 그러므로 사회복지실
천은 '사회복지가 추구하는 이상과 목표를 구현하기 위해 수행하는 활
동이나 그 결과'라고 정의할 수 있다.

사회복지실천에서 실천은 이론과 대립적인 관계가 아니다. 흔히 사
회복지 현장을 이론 현장과 실천 현장으로 구분하고, 학교나 연구기관
을 이론 현장으로, 사회복지실천가들이 직접 활동하는 기관이나 시설을
실천 현장으로 개념화하곤 하는데, 이는 지나치게 단순하고 경직된 관
점이다. 이론과 실천을 분리하는 이분법적 관점에서 사회복지실천을 보
면, 실천은 그 자체의 지향이나 목적 없이 오직 이론 현장에서 연구하고
개발한 원리와 모형을 현실에서 수행하는 활동이 된다. 그러나 이론과 실
천의 관계는 정해진 설계도를 따라 부품을 조립하는 것처럼 일방적이고
단일한 흐름에 놓여 있지 않다. 이론과 실천은 서로 영향을 주고받으면서

변화하고 발전하는 관계이다. 이론 현장에서 이론가는 실천 현장의 경험 자료를 적극적으로 수용하여 자신의 이론을 수정하고 발전시킨다. 또한 실천가는 이론 현장에서 만들어진 일반적인 이론을 자신의 사례에 그대로 적용하기만 하는 것이 아니라, 구체적인 상황이나 여건에 견주어 이론을 해석하고 변형하여 활용하는 반성적reflective이고 성찰적reflexive인 과정을 거친다(최명민, 2019). 따라서 실천을 단순히 이론을 수행하는 도구로만 바라보아서는 안 된다.[4]

## 3) 총체적 활동으로서의 사회복지실천

지금까지 우리는 사회복지실천에 대해 '사회복지를 실천하는 것'이라고 파악한 다음, 지향해야 할 목표인 사회복지와 이를 실현하기 위한 수단인 실천으로 구분하여 접근해 보았다. 그 결과 이 둘은 명확하게 분리되지 않으며, 사회복지실천은 곧 사회복지에 대한 이념, 이론, 그리고 구체적인 활동이 융합된 단일한 실체임을 알 수 있었다. 결국 사회복지실천가는 사회복지를 실천하는 것이 아니라, 사회복지실천 social work practice을 수행하는 활동activity을 한다고 보는 것이 더 적절하다.

이러한 측면은 실천practice의 어원이 되는 'praxis'에 대한 철학적 분석에서도 잘 드러난다. 철학에서는 인간의 실천을 두 가지로 구분해왔다. 하나는 제작하는 행위에 해당하는 '포이에시스poiesis'이며, 다른 하나는 훌륭한 행위를 의미하는 '프락시스praxis'이다. 포이에시스는 무언가를 산출하고자 하는 목적에 종속된 행위이다. 그러므로 포이에시스에 필요한 지식은 제작술이나 기술인 '테크네techne'이다. 반면 프락시스는 어떠한 목적을 달성하기 위한 행위가 아니라, 행위 그 자체가 목적이되는 훌륭하고 선한 행위를 의미한다. 프락시스를 잘 수행하기 위해서

--------------

4    이에 대한 내용은 12장에서 자세히 다룰 것이다.

표 1-1 실천의 두 유형

| 구분 | 의미 | 필요한 지식 |
|------|------|-------------|
| 포이에시스 | 무언가를 만들어 낼 목적을 달성하기 위한 제작 행위 | 제작술 또는 기술인 테크네 |
| 프락시스 | 덕을 발휘하여 공동체 선을 지향하는 훌륭한 행위 | 실천적 지혜인 프로네시스 |

는 앞서 말한 테크네와 구별되는 실천적 지혜를 필요로 하는데, 그것이 바로 '프로네시스phronesis'이다. 프로네시스는 무엇이 바람직한 것인지를 판단하고 숙고할 수 있는 지식과 이를 활용할 수 있는 능력, 자신이 속한 공동체에 대한 관심과 헌신까지 포함하는 개념이다(홍윤경, 2012). 실천의 두 유형과 각각에 필요한 지식을 정리하면 표 1-1과 같다.

사회복지실천에서 말하는 실천은 포이에시스가 아닌 프락시스, 즉 그 자체로 공동체의 바람직한 가치와 이념을 지향하고 전체의 좋은 삶을 위해 지식을 활용하고 헌신하는 행위이다. 따라서 분석적 차원에서는 사회복지실천을 사회복지가 지향하는 가치 및 이념의 측면과 이를 구현하는 실제 활동인 실천의 측면으로 구분할 수 있겠지만, 실제로는 이 두 측면이 통합된 하나의 실체로 보아야 한다. 사회복지실천은 가치체계와 이론체계 그리고 실현방법이라는 구성요소가 하나로 융합된 실천의 총체적 활동인 것이다.

## 2. 사회복지실천의 범위와 구성

한 사람의 사회복지사가 수행하는 개별적인 실천은 그가 속한 기관, 기관이 속한 지역사회, 지역사회가 포함된 국가 전체의 수많은 요소가 함께 작동한 결과이다. 사회복지대상자가 지닌 문제나 욕구 역시 고유한 내적 결함에서 비롯된 것이 아니라, 그들이 속한 가족, 직장, 지역사회와 다양한 영향을 주고받으면서 생겨나고 변화한 것이다. 이와 같이 현실에서 수행되고 있는 사회복지실천활동의 모습들은 여러 요소와 다양한 관련 주체의 활동이 촘촘히 연결되어 복잡한 체계를 이루고 있어서 쉽게 구획 짓기 어렵다. 여기서는 이렇듯 복합적인 활동인 사회복지실천의 범위와 구성에 관해 탐색한다.

## 1) 사회복지실천의 범위

사회복지실천의 범위에는 한 국가나 사회에서 수행되고 있는 모든 종류의 사회복지활동이 포함될 수 있다. 사회적 욕구나 위험 또는 문제를 가진 것으로 간주되어 사회복지대상자로 규정된 개인이나 집단에게 사회복지서비스를 전달하는 모든 활동을 사회복지실천이라고 할 수 있는 것이다. 그러나 현실에서 사회복지실천은 다른 분야와 마찬가지로 학문적으로나 행정상 편의에 따라 제한된 범위 내에서 이해되곤 한다. 물론 이렇게 서술된 언어적 표현과 실제 현실의 모습이 정확히 일치하는 경우는 드물다. 사실 어떠한 개념을 언어로 설명하는 행위는 복잡하게 연결된 현실을 인간이 임의적으로 구분 짓고 그중 일부를 체계화하는 것일 뿐이다.

그렇다면 이 책에서 다루고자 하는 사회복지실천의 범위는 어떻게 규정할 수 있을까? 사회복지실천이라는 복합적인 활동을 인간이 의도적으로 구분하여 명명하고 체계화한 규범 중 대표적인 것이 사회복지법과 사회복지학이다. 사회복지실천은 관련 법체계나 학문체계와 영향을 주고받는 순환적 관계에 있다. 예를 들어 독창적이고 실험적인 실천활동을 통해 새로운 실천 영역이나 방법을 발굴하고 확대하면, 사회복지학이 이를 수용하여 새로운 이론으로 체계화한다. 또 이러한 새로운 실천은 사회적 합의를 거쳐 법률로 확정되어 하나의 실천으로 안정화된다. 반대로 국가나 지역사회가 사회적 합의를 통해 특정한 영역을 사회복지실천으로 규정하면, 이는 공식적으로 학문체계에 편입되어 이론화된다.

따라서 사회복지실천이 포괄하는 범위를 확인하는 가장 쉬운 방법은 사회복지실천을 규정하는 법률과 학문을 살펴보는 것이다. 우선 사회복지실천과 관련된 우리나라의 법에는 헌법과 「사회보장기본법」, 「사회복지사업법」, 「아동복지법」, 「노인복지법」 등이 있다. 이러한 법에서 사회복지실천의 범위를 어떻게 규정하고 있는지 면밀하게 따져보는 작업이 필요하다. 여기서는 사회복지실천과 직접적인 관련이 있는 「사회복지사업법」(2021. 12. 21. 시행)[QR]의 규정을 통해 이를 확인하고자 한다. 「사회복지사업법」 제2조 제1호에 나와 있는 사회복지사업의 정의는 다음과 같다.

> "사회복지사업"이란 다음 각 목의 법률에 따른 보호·선도 또는 복지에 관한 사업과 사회복지상담, 직업지원, 무료 숙박, 지역사회복지, 의료복지, 재가복지, 사회복지관 운영, 정신질환자 및 한센병력자의 사회복귀에 관한 사업 등 각종 복지사업과 이와 관련된 자원봉사활동 및 복지시설의 운영 또는 지원을 목적으로 하는 사업을 말한다.

또한 「사회복지사업법」 제2조 제6호에서는 사회복지서비스의 범위와 구성에 대해 다음과 같이 정의하고 있다.

> "사회복지서비스"란 국가·지방자치단체 및 민간부문의 도움을 필요로 하는 모든 국민에게 「사회보장기본법」 제3조 제4호[5]에 따른 사회서비스 중 사회복지사업을 통한 서비스를 제공하여 삶의 질이 향상되도록 제도적으로 지원하는 것을 말한다.

사회복지실천이 어떻게 분류되고 체계화되어 있는지를 파악하는 또 다른 방법으로 사회복지학이라는 학문을 살펴볼 수 있다. 사회복지실천은 인간이 지향하는 바람직한 상태를 만들고자 하는 의도적인 노력이기 때문에 나름의 개념과 체계를 정립하려는 연구가 이어져 왔으며 그 결과물이 바로 사회복지학이다. 그리고 사회복지학에서는 사회적으로 합의한 사회복지사 양성 및 교육체계를 통해 사회복지실천의 범위를 규정하고 있다.

우리나라에서 이러한 사회적 합의를 대표하는 기관에는 한국사회복지사협회와 한국사회복지교육협의회가 있다. 한국사회복지사협회에서 발급하는 사회복지사 자격 관련 필수교과목과 한국사회복지교육협의회에서 발간하는 『사회복지학 교과목지침서』를 살펴보면, 사회복지학의 교육체계는 크게 '사회복지기초'(기초군), '사회복지실천'(실천군), '사회복지정책과 제도'(정책군)로 구분되어 있다. 이 중 '사회복지실천'(실천군)에는 사회복지실천론, 사회복지실천기술론, 지역사회복지론과 같은 영역이 포함된다. 그러나 지역사회의 사회복지기관에서 일하는 사회복지사의 실천이 실천군에 속하는 영역에만 국한되어 이루어진다고 볼 수는 없다. 현실적으로 사회복지실천은 기초군과 정책군의 영역에서 다루는 내용과도 관련된다.[6] 그러므로 사회복지실천은 기초와 실천 그리고 정책을 아우르는 것이 될 수밖에 없으며, 이러한 총체로서 사

5 「사회보장기본법」 제3조 제4호의 내용은 다음과 같다.
"사회서비스"란 국가·지방자치단체 및 민간부문의 도움이 필요한 모든 국민에게 복지, 보건의료, 교육, 고용, 주거, 문화, 환경 등의 분야에서 인간다운 생활을 보장하고 상담, 재활, 돌봄, 정보의 제공, 관련 시설의 이용, 역량 개발, 사회참여 지원 등을 통하여 국민의 삶의 질이 향상되도록 지원하는 제도를 말한다.

6 사회복지사 1급 시험은 '사회복지기초', '사회복지실천', '사회복지정책과 제도'라는 세 개의 과목으로 구성되어 있으며, 각 과목마다 시험 영역이 존재한다. 사회복지기초에 속한 영역은 인간행동과 사회환경, 사회복지조사론이며, 사회복지실천에 속한 영역은 사회복지실천론, 사회복지실천기술론, 지역사회복지론이다. 사회복지정책과 제도에는 사회복지정책론, 사회복지행정론, 사회복지법제론이 포함된다.

회복지실천의 개념을 '광의의 사회복지실천' 혹은 '거시사회복지실천'이라고 할 수 있을 것이다.

여기서 다시 한번 분명히 할 것은 현재의 사회복지 모습을 이해하기 위해 지금 이 사회에서 통용되는 개념 규정이나 구분을 알 필요는 있지만, 이들을 절대시해서는 안 된다는 것이다. 인간들이 바람직하지 않다고 여기는 상태는 특정한 시공간 속에서 사회적 합의를 통해 규정된다. 이 상태를 변화시키기 위한 사회적이고 집단적인 대응 또한 시기와 장소에 따라 달라진다. 그렇기에 사회복지실천 역시 시대적 상황이나 여건, 당대 사람들의 이념과 가치, 그 사회가 동원 가능한 이론적·물질적 자원에 의존한다. 이러한 맥락을 염두에 두고, 사회복지실천을 구성하는 요인들을 구체적으로 살펴보자.

## 2) 사회복지실천의 구성

거듭 강조한 것처럼, 사회복지실천의 본질이나 내용은 태생적으로 확고히 정해져 있는 것이 아니다. 따라서 사회복지실천에 관한 절대불변의 본질과 내용을 정확히 이해한 다음 그것을 우리 현실에 적용하기만 하면 된다는 식의 사고는 위험할 수 있다. 이러한 일방적인 사고방식으로는 현실에 존재하는 사회복지실천을 제대로 이해할 수 없을 뿐더러, 보다 바람직한 사회복지실천을 모색할 기회마저 차단하는 결과를 가져올 수 있다.

현시점에서 우리가 경험하고 있는 사회복지실천은 다양한 요인으로부터 직간접적으로 영향을 받은 결과물이며, 사회적 여건이나 맥락에 따라 지속적으로 변화하는 존재이다. 곧 이 책에서는 사회복지실천을 사회적 산물로 바라보고, 해당 시기에 바람직하지 않다고 규정된 상태를 해결하기 위한 적절한 활동이라고 간주한다. 또한 사회복지실천을 사회적 여건이나 맥락과 같은 사회복지실천의 외부 요인뿐만 아니라 내부 요인에도 영향을 받고 변화하는 역사적이고 역동적인 존재로 인식한다. 이를 전제로 사회복지실천을 구성하는 세 가지 요인을 살펴보면 다음과 같다.

① 사회적 담론　사회복지실천을 사회적으로 바람직하지 않다고 규정된 상태를 해결하기 위해 수행하는 적절한(즉, 합리적이고 효과적인) 활동이라고 할 때, 사회복지실천을 구성하는 중요한 요인 중 하나는 사회적 담론이다. 사회적 담론은 해당 시기에 사회 전체의 합리성과 효과성을 사회적으로 규정하는 사고체계이기 때문이다. 한 사회 내에 존재하는 다양한 사회적 담론 중 가장 주도적이고 권위 있는 담론을 주류 담론이라 하며, 이는 현실적으로 사회복지실천의 형태와 한계를 규정하는 핵심 요소이다. 현재 사회복지실천과 관련된 대표적인 주류 담론에는 신자유주의, 관리주의, 법적 담론, 경제적 담론, 의학 및 위생 담론 등이 있다. 이들 주류 담론은 현시대 사회복지실천의 기본 방향과 형태를 규정할 뿐 아니라, 사회복지실천의 내부 구성이나 지침 혹은 실천의 방법론에도 상당한 영향을 미치는 것으로 보고되고 있다(Healy, 2005/2012).

② 사회복지실천 내부 담론　전체 사회를 규정하는 주류 담론과 달리, 사회복지실천의 내부에서 커다란 영향력을 행사해 온 담론을 뜻한다. 근대 이후에 사회복지라는 고유한 영역이 탄생하고 나름대로 발전을 지속하면서 사회복지실천의 내부적 담론이 형성되었다. 사회복지 내부 담론은 사회복지의 본질이나 내용을 규정하는 권위 있는 문서(예: 사회복지사 윤리강령, 사회복지사 선서, 사회복지 관련 법률과 지침)에 등장하며, 휴머니즘 담론, 임파워먼트 담론, 사회정의와 전문직 윤리 등이 이에 속한다. 이들 내부 담론은 사회의 주류 담론과는 구별되지만, 주류 담론과 일정 정도의 친화와 긴장을 유지하면서 사회복지실천의 고유성과 독립성을 견지한다. 또한 사회복지실천의 기본 방향은 물론 구체

적인 절차, 사회복지사의 행동지침, 사회복지대상자의 의무에도 영향을 미친다.

③ 당대의 자원과 기술　사회복지실천은 사회의 주류 담론이나 사회복지실천 내부 담론뿐만 아니라, 당대에 이용 가능한 정신적 또는 물질적 자원과 기술의 영향도 직접적으로 받는다. 한 사회가 해당 시기에 보유한 자원과 기술은 인간 돌봄과 지원의 토대이기 때문이다. 예를 들어 미국이 1930~1960년대 경제적 호황에 힘입어 사회복지에 관대한 투자를 실행했고, 이를 통해 미국 사회복지실천의 형태와 구조가 크게 바뀌었다는 것은 주지의 사실이다. 또 최근 들어 가속화되고 있는 정보 처리 및 관리 기술의 발전은 사회복지 전달체계의 기본 구조와 방법을 혁신적으로 바꾸고 있다.

사회복지실천은 이러한 요인들로 구성된 결과물이지만, 만들어진 그대로 고정되어 있는 것이 아니라 실천 현장에서 의식적인 활동으로 구현되고 재해석되어 다시 이론 현장으로 환류된다. 여기서 주목해야 할 지점은 기존의 주류 담론과 사회복지 내부 담론이 실천 현장에서 구현되는 과정에서 그 정당성과 합리성을 의심받거나 상실하는 경우이다. 주류 담론이나 대표적인 내부 담론에 근거하여 사회복지실천을 수행했으나 의도한 결과가 나타나지 않았다면, 혹은 사회복지대상자에게 의도하지 않은 고통이나 부작용을 일으켰다면, 그 기반이 된 담론에 대한 비판적 시각이 제기될 것이다. 그리고 이러한 비판이 체계화되면 대안 담론이 등장한다. 이처럼 사회복지실천 현장에서는 단순히 기존 담론을 적용하기만 하는 것이 아니라, 실천을 수행하면서 기존 담론에 문제를 제기하고 이를 수정하며 새로운 이론 및 방법에 대한 사고 실험과 대안적 실천들을 해 나간다.

사회복지실천의 개념에 관한 세 가지 오해

사회복지실천을 이해함에 있어 세 가지 오해를 극복할 필요가 있다. 앞서 사회복지
실천의 기본 관점과 정의, 범위와 구성을 설명하면서 언급한 내용이지만, 그 중요
성을 고려하여 다시 한번 짚고자 한다.

　　첫째, 사회복지실천은 고정적인 개념이 아니다. 초기 사회복지실천에서는 개
인의 사회적응을 중시했지만 점차 환경 변화의 중요성이 강조되고 있다는 점, 미
국 사회복지실천에서 사회복지사는 임상가로서의 역할 비중이 크지만 제3세계에
서는 지역사회 중심의 역할이 더 많이 요구된다는 점, 국제사회복지사연맹(IFSW)
에서도 사회복지의 정의를 시대에 맞게 수정·보완한다는 점 등이 이를 뒷받침한다.
사회복지실천은 내외부의 주요 담론, 당대의 기술과 자원 등에 영향을 받는 역동적
인 존재이다.

　　둘째, 사회복지실천은 사회복지이론과 대비되는 개념이 아니다. 또한 사회복
지이론과 사회복지실천은 일방향적으로 이어지는 관계(이론→실천)가 아니라, 상
호적이고 순환적인 관계(이론⇄실천)이다. 이러한 관계에 기반을 두고 있기 때문에
사회복지실천은 성찰적이고 대화적인 속성을 띤다.

　　셋째, 사회복지실천은 법, 제도, 정책, 행정 등과 확연히 구분되는 실체가 아니
다. 사회복지실천은 이러한 요소들과의 밀접한 관련 속에서 구현된다.

## 3. 사회복지실천의 개념틀

　　사회복지실천의 개념은 정확한 용어로 묘사하거나 구획하기가 어
렵다. 사회복지실천은 독자적이고 불변하는 결과물이 아니라, 시대적·
장소적 요구를 반영한 사회적 산물이자 다양한 요인과 영향을 주고받
는 성찰적이며 대화적인 과정이기 때문이다. 따라서 사회복지실천을 보
다 적절히 이해하기 위해서는 이를 일종의 개념틀로서 파악할 필요가
있다. 이 책에서 제시하는 사회복지실천의 개념틀은 그림 1-1과 같다.

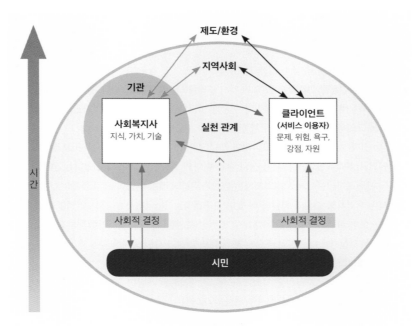

그림 1-1 사회복지실천의 개념틀
출처: 김기덕(2013: 5)을 수정·보완

　　그림 1-1의 개념틀을 보면, 우선 발생학적 측면에서 클라이언트(서비스 이용자)[7]도 근원적으로는 시민과 동등한 존재이지만, 현재 일시적으로 클라이언트의 지위에 있을 뿐이라는 사실을 알 수 있다. 그렇기에 사회복지사는 시민이 클라이언트의 지위로 이동하게 되는 원인과 과정, 이를 방지할 수 있는 방법, 클라이언트 지위로부터 탈피할 수 있는 방법 등에 대해 비판적으로 고찰하고 접근할 수 있어야 한다.

　　또한 이 개념틀은 사회복지사도 클라이언트와 마찬가지로 시민과 동등한 존재이지만, 개인의 결정이나 사회적 조건에 따라 일시적으로 사회복지사라는 전문적 지위를 부여받고 사회복지 현장에서 활동하고

--------

7　　클라이언트를 지칭하는 다양한 용어들이 있지만, 이 책에서는 가장 일반적으로 쓰이는 '클라이언트'를 사용하고 필요에 따라 대표적인 대체 용어인 '서비스 이용자'를 사용하였다.

있음을 보여 준다. 이러한 점을 제대로 이해하지 못하면 자신도 모르는 새 '잘못된 실천malpractice'을 할 수 있다. 다시 말해 권위적이고 폐쇄적인 전문가주의를 전문성이라고 인식하거나, 클라이언트가 마지못해 한 동의를 자발적인 참여로 오인하거나, 돌봄care과 통제control를 혼동하는 등의 과오를 범하게 될 수 있다.

한편 이 개념틀에서는 사회복지사-클라이언트 관계를 한쪽이 서비스를 제공하고 다른 한쪽이 그 서비스를 받기만 하는 일방적인 관계가 아니라, 서로 영향을 주고받는 상호적인 관계로 제시하고 있다. 이는 곧 사회복지사와 클라이언트는 서로가 있기에 존재할 수 있으므로, 두 주체 모두 상대에게 행사할 수 있는 일정한 권력을 갖고 있음을 의미한다.

무엇보다도 이 개념틀은 사회복지 현장을 사회복지사와 클라이언트의 양자 관계를 넘어, 시간과 공간, 거시적 환경이 상호 영향을 미치는 다층적인 체계로 파악할 수 있게 돕는다. 클라이언트뿐만 아니라 사회복지사도 지역사회와 제도/환경, 그리고 그 속에서 작동하는 권력관계에 영향을 받는다. 따라서 사회복지사는 주류 담론이나 기존 제도 등 주어진 조건과 자신의 실천에 대해 성찰하는 역량을 갖출 필요가 있다.

# 사회복지실천의 역사

인간의 기본적인 생존 조건조차 위협받던 과거의 절대적 빈곤 상황에서 삶의 질 향상을 추구하는 현대에 이르기까지, 인간의 필요need와 욕구desire는 항상 존재해 왔고 이에 대한 대응방식도 변화해 왔다. 사회복지실천 역시 시대적 철학과 사상, 지식체계, 역사적 사건, 사회경제적 상황, 그리고 복지제도의 변화에 따라 개념이 재정의되어 왔다(최혜지 외, 2013: 53-54).

이처럼 현대 사회복지실천의 모습은 과거와 무관하지 않으며 역사적 축적물로서 이해되어야 한다. 그러므로 사회복지실천을 이해하기 위해서는 그 기원과 전개 과정을 알 필요가 있다. 인류 역사에서 사회복지실천이 어느 시점에 왜 등장하게 되었고, 어떤 과정을 거쳐 변화해 왔으며, 주요 쟁점이 무엇이었는가 하는 질문에 대한 대답은 그 자체가 사회복지실천을 설명해 준다.

이 장에서는 현대 사회복지실천의 근간이 되는 서구의 발달사를 영미 중심으로 살펴본 뒤, 우리나라에서 사회복지실천이 도입되고 전개된 과정을 정리할 것이다. 특히 사회복지실천의 역사가 사회복지사와 함께한다는 점에서 사회복지사의 출현과 전문직 제도의 변천을 다루고, 사회복지실천가로서 기억해야 할 역사적 인물들과 그들의 주요 활동에 대해서도 알아보고자 한다.

## 1. 서구 사회복지실천의 전개 과정

### 1) 근대화 이전: 사회복지실천의 원형

전통적으로 고아, 환자, 노인, 장애인, 빈민 등 혼자 힘으로 살아가기 힘들거나 경제적으로 궁핍한 이들은 구제의 대상이었다. 근대화 이전의 구제는 체계를 갖추고 그에 따라 안정적으로 수행되었다기보다 자선과 상부상조를 중심으로 이루어졌다. 특히 서구에서 자선의 기원은 종교에서 찾을 수 있다. 기독교가 공인된 이후 교회와 수도원은 자선기관의 기능을 수행하였고, 요보호 아동을 위한 보육원 등 일부 시설을 운영하였다. 또한 자선의 의무를 구원에 이르는 길로 간주했던 중세에는 봉건 영주가 소속 영토의 주민들을 관리하면서 빈민을 돌보는 책임을 수행하기도 했다(김상균 외, 2011: 185-187).

그러나 약 15세기부터 상업자본주의의 출현, 종교개혁에 따른 교회와 수도원의 해산, 봉건제의 균열 등으로 인해 자선의 기능이 약화되면서 보호받지 못하는 빈민들이 증가하였다. 여기에 16세기 후반 해외무역의 성장으로 공업이 발전하고 도시가 개발되면서 부랑자가 된 빈민들이 도시로 몰려들어 혼란과 무질서가 심화되었다. 이에 1601년 영국에서는 사회질서를 유지하고자 빈민법Poor Law[1]을 실시하였다. 빈민법

--------

1    '엘리자베스 여왕의 빈민법' 또는 '구빈법'으로 불리기도 한다.

은 각 지역county을 중심으로 빈민을 노동 능력의 유무에 따라 구분하여 다른 처우를 받도록 하였다. 즉 노동 능력이 있는 빈민은 작업장에서 강제노역에 종사하게 했으며, 노동 능력이 없는 빈민은 구빈원으로 보내 생존이 가능한 최소 수준의 구호를 제공하였다. 요보호 아동의 경우에는 위탁가정에 맡기거나, 성인 노동자로부터 일을 배우며 노동력을 제공하는 대가로 숙식을 지원받게 하였다(윤홍식 외, 2019: 49-51). 한편, 중세보다 기능이 약화되긴 했으나 교회를 통한 구제활동 또한 계속되었다.

근대화 이전의 구호활동은 산발적으로 이루어졌으며 체계성이나 독자적인 정체성을 지닌다고 보기 어렵기 때문에, 이를 전문적 사회복지실천의 시초로 보지는 않는다. 본격적인 근대적 사회복지실천은 19세기에 출현한 두 가지 주요 흐름에 기원을 두고 있다.

## 2) 근대: 사회복지실천의 태동[2]

### (1) 자선조직협회와 메리 리치먼드

일반적으로 사회복지실천과 사회복지전문직의 발달은 자선조직협회Charity Organization Society: COS에서 시작되었다고 본다. 19세기 중반 서유럽에서는 산업화와 도시화가 급격하게 진전되어 도시로 이주하는 사람들이 증가하면서 빈곤 문제가 심각해졌다. 이러한 상황에 대한 대응은 전

---

[2] 여기서는 '사회복지실천'을 이전에 사용되던 '사회사업' 또는 '사회사업실천'을 대체하는 개념으로 사용하였다. 1980년대까지만 해도 우리나라에서는 'social work'를 주로 '사회사업'으로 칭하였다. 그런데 이 용어는 '사업'이라는 단어로 인해 대중에게 자선사업과 유사한 의미로 인식된다는 문제가 있었을 뿐 아니라, 정책 중심의 사회복지와 임상 중심의 사회사업으로 양분하여 사회복지의 정체성에 혼란을 야기한다는 지적이 지속적으로 제기되었다. 이러한 이유로 1990년대 이후에는 대학의 학과명 등에서 '사회복지(social welfare)'로 용어를 통일하고, 이와 차별화하여 'social work' 또는 'social work practice'를 '사회복지실천'으로 지칭해 왔다. 단, 이 장에서는 사회복지실천의 역사를 다루므로 시대적 맥락에 따라 '사회사업'이라는 용어를 사용하기도 하였다.

통적인 구제활동과 같이 종교기관이나 일부 부유층에 의한 자선활동이 주를 이루었다. 하지만 개인적 차원의 물질적 원조나 종교적 훈계가 대부분이어서 당면한 문제를 효과적으로 해결하기에는 부족했다. 또한 단체들 간에 조정 없이 자선활동이 이루어지다 보니 필요한 사람에게 도움의 손길이 미치지 못하거나 중복으로 시혜를 받는 문제도 빈번하게 발생했다.

이에 빈민들의 상황을 조사하여 적절한 원조를 제공하고 자선활동을 보다 효율적으로 조정할 목적으로 설립된 것이 자선조직협회이다. 자선조직협회는 1869년 영국 런던에서 최초로 설립되었다. 미국에서도 이를 본받아 1877년 뉴욕 버펄로에 자선조직협회가 세워졌으며 이후 전국적으로 확산되었다.

자선조직협회의 활동은 사회복지사의 초기 형태라고 할 수 있는 '우애방문가friendly visitor'들에 의해 수행되었는데, 이들은 대부분 신앙심이 돈독한 상류층 여성 자원봉사자들이었다. 당시 자선조직협회의 모토는 "구호금이 아닌 친구!Not Alms But a Friend!"였다. 이는 물질적 구호보다는 근면함과 자기통제를 가르쳐 좋은 영향을 줄 수 있는 신실한 친구가 되어 주자는 의미를 담고 있었다(Specht & Courtney, 1995: 74).

우애방문가들은 가정방문을 통해 문제에 대한 정보를 수집하고, 수혜자 등록 여부를 결정하였으며, 지역사회의 자원을 탐색하여 필요한 곳에 연결하는 등 오늘날 사회복지사와 유사한 활동을 수행하였다. 우애방문가들의 이러한 활동은 당시 기준으로는 매우 선구적인 것이었다. 그러나 이들은 빈곤이 개인의 성격이나 부적절한 생활태도에서 비롯된 문

뉴욕의 자선조직협회에서 직원들이 회의하는 모습

제라고 보고 도덕적 계몽을 통한 교정 활동에 주력했다는 점에서 비판을 받기도 한다. 현대 사회복지의 관점에서 보면 이들의 활동이 상류층이라는 지위와 도덕적 우월감에 따른 잣대로 취약계층을 판단하고 동정과 친절을 베푸는 방식의 접근이었다는 것이다. 그럼에도 지역사회의 자원을 탐색하던 자선조직협회가 이후 미국지역사회조직협회American Association of Community Organizations: AACO(현 미국공동모금회)로 발전하였다는 점, 우애방문가들이 보수를 받는 정식 직원으로 전환되어 사회복지사social worker라는 명칭으로 불리게 되었고 이후에 이들의 활동이 개별사회사업case work으로 체계화되었다는 점 등을 고려하면, 자선조직협회가 사회복지실천의 시초로서 갖는 의의는 분명하다(엄명용 외, 2016: 45-46; 최혜지 외, 2013: 55-56).

자선조직협회의 활동을 대표하는 인물로는 메리 리치먼드Mary Richmond를 들 수 있다. 1888년 미국 볼티모어의 자선조직협회에서 우애방문가로 일을 시작한 리치먼드는 당시 유급으로 전환된 우애방문가들을 위한 교육 훈련의 필요성을 절감하고, 동료들과 수행한 사업을 토대로 개별사회사업의 기초 원리들을 정립하였다. 그녀가 집필한『사회 진단Social Diagnosis』(1917)은 문제의 원인을 개인뿐 아니라 주위 환경에서 찾는 사회조사 과정을 체계적으로 정리한 책으로, 최초의 사회복지실천 이론서라고 할 수 있다. 리치먼드는 1900년부터 약 25년간 미국 전역을 다니며 자선조직협회에 자문을 제공하고 개별사회사업을 중심으로 사회복지실천 교육의 발전에 힘썼다.

미국 사회사업의 선구자 메리 리치먼드
(1861~1928)

## (2) 인보관 운동과 제인 애덤스

19세기 후반에 시작된 인보관[3] 운동Settlement House Movement은 종교적 동기와 지역 내 빈민에 대한 도덕적 교화를 목적으로 했다는 점에서 자선조직협회와 일부 유사성이 있다. 그러나 목표나 전개 방식에서는 차별성을 보인다.

최초의 인보관은 1884년 영국 옥스퍼드대학교의 졸업생들이 런던 동부 빈민가에 설립한 '토인비 홀Toynbee Hall'이었다. 이들은 중상류 계급의 대학생이라는 특권을 내려놓고 토인비 홀에 거주하면서 노동자들의 거처를 마련하고, 취업모를 위한 아동보호와 의료서비스를 제공하며, 빈민들에게 춤과 미술을 가르치는 문화 교실을 운영하는 등의 활동을 벌였다.

이렇게 시작된 인보관 운동은 미국에서 제인 애덤스Jane Addams와 그녀의 친구인 엘런 스타Ellen Starr에 의해 더욱 활발히 전개되었다. 1889년 애덤스가 '헐 하우스Hull House'라는 인보관을 설립한 이후 미국 전역에 수많은 인보관이 세워졌으며, 그 활동은 특정 기관의 구제사업을 넘어 주택 부족, 열악한 공공위생, 고용 착취 등의 문제를 해결하기 위한 사회개혁 운동으로 전파되었다. 인보관은 빈민을 구제하기 위해 빈민가에 세워진 민간기관을 가리키는 용어이지만, 이를 하나의 운동으로 개념화하여 '인보관 운동'이라 지칭하는 것은 이 때문이다. 인보관 운동은 아래에서 설명할 애덤스의 생애를 통해 보다 잘 이해될 수 있다.

애덤스는 20대 후반에 친구 스타와 유럽여행을 하다가 런던의 토인비 홀을 방문했는데, 이때 인보관 운동에 깊은 감명을 받아 미국에도 이와 유사한 기관을 설립하겠다는 뜻을 품게 되었다. 애덤스와 스타는 다양한 문화적 배경을 가진 지역주민들이 모여 사는 시카고 빈민가에

---

3    인보관의 '인(鄰)'에는 '이웃, 도움'이라는 의미가, '보(保)'에는 '지키다, 돕다'라는 의미가 있다. 따라서 인보관은 '(도움이 필요한) 이웃을 도와주는 곳'을 뜻하며, 우리나라의 사회복지관과 유사한 의미라고 보아도 무방하다.

찰스 헐Charles Hull이 건축한 큰 집을 임대하여, 미국 최초의 인보관인 헐 하우스를 설립하였다. 그 목적은 시민의 교양과 사교 모임을 위한 공간을 제공하고, 교육 및 자선사업을 운영하며, 지역 산업지구의 환경을 조사하고 개선하는 활동을 수행하는 것이었다.

1902년 헐 하우스 전경

애덤스와 스타는 도움이 필요한 이웃에 대해 연설하며 모금활동을 전개하고, 부유한 가정의 젊은 여성들이 활동에 나서도록 설득하였다. 또 아이와 병자들을 돌보고, 고통받고 있는 사람들의 말을 경청하였다. 설립 2년째에 헐 하우스는 매주 2,000명이 방문할 정도로 크게 성장하여 일종의 교육기관 같은 형태를 띠었다. 애덤스와 스타는 "사례를 통해 가르치고 협력하며 사회민주주의를 실천하는 것, 즉 평등하고 민주적인 사회관계를 계층 전반에 걸쳐 실천하는 것"을 주요 원칙으로 삼았으며, 특히 애덤스는 "돕기는 하되 지시는 금물"을 강조하였다(Senett, 2012/2013: 95-100).

이 시기 빈민구제는 종교적 차원에서 시혜적인 자선활동을 중심으로 수행되었기 때문에, 자선가는 시혜를 베푸는 사람으로 추앙받고 빈민은 돌봄이 필요한 의존적인 대상으로서 동정을 받는 것이 당연시되었다. 그러나 애덤스는 자신이 전면에 나서기보다는 지역주민이 스스로 자립할 수 있는 시스템을 형성하고 뒤에서 그들을 조력하였다. 이와 같은 방식은 당시 사회 분위기에서 상당히 획기적인 것이었다. 이러한 공로를 인정받아 1931년 애덤스는 노벨 평화상을 수상하였다. 당시 시혜적 방식에 익숙한 이들은 인보관이 제대로 된 돌봄이나 통제를 제공하지 않는다고 비판하기도 하였으나(Senett, 2003/2004: 166-183), 현대 사회복지실천의 관점에서 보면 애덤스의 방식은 임파워먼트 실천에 부합하는 것으로 평가할 수 있다.

애덤스와 같이 인보관 운동에 헌신한 사회복지사들은 이민자 문화와 가족의 유대를 유지하는 원조의 중요성을 강조하고, 빈민과 노동자들이 공동체를 조직하여 협력하도록 도왔으며, 지역사회와 민간협회, 사회집단, 정치적 행동 등에 관심을 두었다. 이는

헐 하우스 방문자들과 대화하는 제인 애덤스(1860~ 1935)

자선조직협회나 리치먼드가 강조한 개별사회사업과는 대비되는 활동이었다. 그러나 리치먼드와 애덤스 모두 사회계몽 지도자로서 민주주의의 사회적 측면을 개발하고 사회병리와 해악을 근절하려고 노력했다는 점에서는 공통적이라고 평가받고 있다(Towle, 1961).

| 더 알아보기 |

### 동시대 사회복지실천의 선구자, 베르타 파펜하임

사회복지실천의 역사는 주로 사회복지전문직의 발전을 견인해 온 미국을 중심으로 서술되곤 한다. 그러나 비슷한 시기에 유럽의 여러 나라에서도 걸출한 사회복지사들이 활동하였다. 그들 모두를 소개할 수는 없기에 여기서는 리치먼드나 애덤스에 비견할 만한 동시대 유럽의 사회복지사로 베르타 파펜하임Bertha Pappenheim을 소개한다.

오스트리아의 유대인 부유층 가정에서 성장한 파펜하임은 가명인 안나 오Anna O., 즉 지크문트 프로이트Sigmund Freud의 정신분석 대상으로 알려져 있는 인물이다. 20대 초반의 파펜하임은 결핵을 앓던 아버지를 간호하던 중 마비 증상을 보였고, 이후 프로이트의 후원자였던 의사 요제프 브로이어Josef Breuer로부터 히스테리로 진단받고 치료를 받았다(후일 그녀의 질병이 측두엽 간질이었다는 주장이 제기되기도 하였다). 그러나 파펜하임은 수동적인 환자에 머무르지 않고 통찰력을 가지고 적극적으로 치료에 참여하여 정신역동치료의 발전에 기여하였다. 파

펜하임은 브로이어와 나누었던 대화의 치료적 효과와 카타르시스를 인지하고 '대화 치료 talking cure'라는 개념을 고안하였으며, 이는 프로이트가 정신분석의 기본 이론을 창안하는 데 결정적인 역할을 하였다(하지현, 2016; 김춘경 외, 2016). 일반적으로 알려진 '안나 오'에 대한 이야기는 여기까지이다.

브로이어에게 치료를 받던 무렵의
베르타 파펜하임(1859~1936)

이후 파펜하임은 치료를 받고 여성주의 운동에 참여하면서 건강을 되찾은 뒤, 파울 베르톨트Paul Berthold라는 가명으로 여성주의 논문을 번역하고 〈여성의 권리Women's Rights〉라는 연극을 창작하기도 하였다(Herman, 1997/2012: 45). 그리고 자신의 본명으로 독일에서 사회복지실천활동을 시작하였다.

그녀는 상당히 지적이었으며 조직화 및 행정 능력이 탁월했다. 고아 소녀들을 위한 보육원을 지어 교육과 의료, 직업준비 서비스를 제공하였고, 학습집단을 가르치는 자원봉사활동도 하였다. 또한 여성주의 조직인 유대인여성연맹League of Jewish Women을 창시하여 인신매매와 성적 착취에 반대하는 투쟁을 벌였다. 이러한 활동은 전통적 의미의 자선이라기보다 현대의 사회복지 접근에 가까웠으며, 특히 여성주의에 입각한 사회복지실천이었다. 나아가 파펜하임은 빈민을 위한 옹호활동을 활발히 전개하였고, 사회적 필요를 정기적으로 조사해 체계적으로 기록하는 기법을 도입하고 교육하는 데에도 힘썼다. 이에 파펜하임은 독일 사회복지의 개척자로 인정받고 있다.

한 동료는 파펜하임에 대해 "그녀 안에는 활화산이 살아 있었다. 그녀는 마치 그들의 고통을 실제로 느끼는 것처럼 여성과 아동에 대한 학대에 맞서 투쟁하였다."라고 평했다. 파펜하임의 헌신적인 태도와 에너지, 현실 참여에 대한 의지는 그만큼 깊고 강했다. 실제로 파펜하임은 제1차 세계대전 시기 기본적인 식량 조달이 어려울 때에도 기관 운영을 포기하지 않았다. 또 자신이 돌보던 지적장애인이 히틀러에 대해 모욕적 언사를 했다는 이유로 고발당한 파펜하임은 게슈타포 본부에 끌려가 취조를 받으면서도 끝까지 클라이언트를 옹호하며 의연하게 대처하였다(Rosenbaum & Muroff, 1984).

## 3) 20세기 초반: 사회복지실천 교육과 이론의 발달

앞에서 살펴본 바와 같이 서구 사회복지실천의 시초인 자선조직협회 활동은 메리 리치먼드의 이론화 노력에 힘입어 개별사회사업으로 발전하였고, 제인 애덤스를 중심으로 한 인보관 운동의 주요 실천방법들은 집단사회사업과 지역사회조직으로 계승되었다.[4] 이는 사회복지를 실천하는 데 크게 두 가지 방식이 있었음을 보여 준다. 하나는 사회를 구성하는 개개인에 초점을 두고 접근하는 방식이며, 다른 하나는 집단 및 공동체에 영향을 미칠 수 있는 프로그램, 사회제도 또는 환경을 조성하는 방식이다. 이후 사회복지실천은 이러한 토대 위에서 전개되었다.

근대화 이전 사회복지실천은 개인적인 봉사 차원에서 이루어졌으나, 19세기 들어 설립된 자선조직협회는 우애방문가들의 역할을 표준화하여 그에 따른 훈련을 실시하고 이들을 유급 직원으로 전환하였다. 그만큼 우애방문가들은 일정한 책임과 전문성을 요구받게 되었지만, 클라이언트의 문제를 이해하고 도와주기 위한 전문적인 기술을 배울 기회는 적었다. 이에 1898년 뉴욕 자선조직협회는 우애방문가를 체계적으로 양성하기 위해 6주간의 훈련 과정을 개설하였다. 훈련 과정은 1904년에 1년 과정으로 늘어나 뉴욕박애학교New York School of Philanthropy로 확대되었다. 1910년 이후에는 2년 과정으로 다시 확대·정착되었는데, 이때부터 우애방문가 대신 사회복지사라는 명칭이 사용되었다. 이러한 교육과정은 미국 최초의 사회복지 고등교육기관인 컬럼비아대학교 사회사업대학의 설립으로 이어져, 현재 미국 사회복지 교육의 주축을 이루고 있는 전문대학원 교육체계의 시발점이 되었다.

....................

4     개인과 가족 대상의 '개별사회사업(case work)', 소집단 대상의 '집단사회사업(group work)', 지역사회와 공동체 대상의 '지역사회조직(community organization)'은 사회사업의 3대 방법론으로서, 통합방법론이 등장하기 전까지 서로 다른 실천방법으로 간주되었다. 이러한 전통은 지금도 사회복지(학) 교과목 구성에 반영되어 있다.

사회사업 교육체계가 자리 잡고 관련 인력들이 배출되면서 병원, 학교, 교정시설 등에서 개인의 사회적응을 돕는 사회복지사의 활동이 전개되었다. 특히 아이다 캐넌Ida Cannon은 질병과 사회적 영향 요인의 관련성에 관한 업무를 수행하여 의료 분야에서 전문적인 사회복지활동을 펼친 최초의 인물로 기록되고 있다(Social Welfare History Project, 2012). 이렇게 대인서비스 영역에서 사회복지사의 역할이 정립되고 활동영역이 확장되던 중, 에이브러햄 플렉스너Abraham Flexner라는 고등교육 평론가가 한 회의에서 사회복지사는 기존의 전문가 기준에 부합하지 않는다는 비판(Flexner, 1915)을 제기하였다. 사회복지사는 의학이나 법학 등 타 학문 분야의 전문직과 달리, 목적이나 접근법이 명료하지 않고 지나치게 다양하며 의사결정 권한 또한 제한적이라는 것이었다. 이러한 비판에 자극을 받은 사회복지계는 전문직으로서 사회복지사의 명확한 목적과 고유한 기능을 규정하기 위한 노력에 박차를 가하게 되었다.

그러한 노력은 우선 사회복지를 과학적으로 체계화하여 하나의 학문 분야로 정립하려는 작업으로 나타났다. 리치먼드의 『사회 진단』도 이 시기에 출간된 책으로, 다양한 환경 정보를 포괄하는 사회조사 과정을 서술함으로써 사회복지실천의 개념틀을 제시하고자 한 것이다. 또한 개인의 심리를 이해하는 기반을 제공했던 프로이트의 정신분석 이론을 적극적으로 받아들여 개별사회사업을 발전시켜 나갔다. 이는 임상가로서 사회복지사의 위상과 역할을 정립하고 사회복지사의 활동을 정신건강과 아동상담 영역으로 확대하는 데 기여하였다(양옥경 외, 2018: 102-103). 더불어 사회복지사에 대한 교육과 훈련을 강화하는 노력을 기울임으로써 1919년에는 전문사회복지학교가 17개로 늘어났다. 이 학교들을 주축으로 미국사회복지교육협회American Association of Schools of Social Work가 설립되었으며, 1921년에는 사회복지사 전문가 단체인 미국사회복지사협회American Association of Social Workers(현 전미사회복지사협회)도 창설되었다.

이러한 노력들에 힘입어 1929년 미국 밀포드에서 개최된 사회복지사 회의('밀포드 회의Milford Conference')에서는 다양한 영역에서 이루어지고 있는 사회복지사 활동의 공통 요소를 도출하여, 사회복지사가 단일한 정체성을 갖는 전문직군임을 확인하였다. 이 회의에서 논의된 사회복지 실천활동의 기반이 되는 지식과 방법론은 주로 개별사회사업에 초점을 둔 것으로서 클라이언트를 이해하기 위한 사회력social history 조사, 클라이언트의 사회적응과 자기이해를 돕는 치료적 개입, 그리고 자원의 활용 등이었다(NASW, 1974).

나아가 사회복지사의 활동이 여러 나라에서 활발히 전개되면서 1928년 프랑스 파리에서 세계사회복지사대회가 열렸다. 이 대회에서는 국제적인 사회복지 대표 단체를 결성하기로 하였고, 이에 따라 1932년 국제사회복지사연맹IFSW의 전신인 국제사회복지사 상설사무국International Permanent Secretariat of Social Workers이 개설되었다(Hall, 2015).

## 4) 20세기 중반: 사회복지전문직의 발전과 정체성 논란

이처럼 초기 사회복지전문직의 발달을 견인한 것은 주로 개별사회사업이었고, 사회복지사의 전문적 역할로 상정된 것도 개인에게 심리치료 차원의 개입을 시행하는 임상가로서의 역할이었다. 이는 인보관 운동의 전통을 잇는 사회운동으로서의 사회복지실천이 상대적으로 약했음을 의미한다.

공공 영역에서 사회복지사의 활동이 활성화된 결정적인 계기는 1930년대 대공황이었다. 전 세계적으로 불어닥친 대공황의 영향으로 많은 시민들이 빈곤층으로 전락하였다. 그리고 빈곤이 개인의 불성실이 아니라 사회구조적 모순에서 기인한다는 사실이 부각되면서, 공적 차원에서 사회복지 프로그램들이 시행되기 시작하였다. 또한 인보관에서 시행하던 집단사회사업과 지역사회조직이 사회복지실천 방법으로 다시 관심을 받게 되었다(양옥경 외, 2018: 105-106; 최혜지 외, 2013: 69-70).

이처럼 대공황 이후 사회복지사가 공공서비스 영역에 본격적으로 참여하게 되었으나, 여전히 전체 사회복지계의 주 관심사는 임상가로서 사회복지사의 역할이었다. 이는 개별사회사업을 어떻게 규정할 것인지에 대한 논쟁으로 이어졌다. 논쟁의 한편은 고든 해밀턴Gordon Hamilton을 필두로 한 진단주의 학파로, 이들은 정신분석적 접근에 기초하여 클라이언트의 성장기 경험에 대한 치료적 개입에 중점을 두고 사회복지실천 과정을 '조사-진단-치료'로 규정하였다. 다른 한편은 이러한 진단주의 학파를 비판하면서 등장한 기능주의 학파로, 오토 랭크Otto Rank, 제시 태프트Jessie Taft, 허버트 앱테카Herbert Aptekar 등이 대표적이다. 이들의 이론적 기반은 자아의 현실 조정자 기능에 초점을 둔 자아심리학이었다. 따라서 상대적으로 과거보다는 현재의 문제를 중시했고, 해당 문제의 개선을 위한 개인의 의지에 초점을 두었으며, 개인의 내면뿐 아니라 사회복지기관의 기능에 대해서도 상당한 관심을 기울였다. 이와 같은 학파 간 대립은 한때 첨예하게 진행되었다. 그러다 1950년대에 이르러 헬렌 펄먼Helen Perlman이 두 입장을 통합하여 개별사회사업을 문제해결 과정으로 규정하면서 갈등이 어느 정도 봉합되었다. 펄먼은 개별사회사업의 과정이 일반적인 문제해결 과정과 다르지 않으며, 다양한 요소들을 고려하여 개인의 사회적 기능을 강화해야 한다고 강조하였다(Johnson & Yanca, 2009).

진단주의 학파와 기능주의 학파의 입장을 통합하여 문제해결 모델을 제시한 헬렌 펄먼

1940년대에는 제2차 세계대전에서 트라우마를 경험한 전쟁 참가자들이 돌아오면서 치료적 접근에 대한 사회적 수요가 증가하였고, 이에 따라 사회복지사의 임상가 역할이 더욱 중시되었다. 또한 같은 시기에 인본주의 심리학자로 불리던 칼 로저스Karl Rogers가 비의료적인 정신요법을 제시하였다. 이는 사회복지사가 의료적 통제에서 벗어나 임상적 활동을 수행하는 것에 당위성을 제공했을 뿐 아니라, 사회복지실천이 의학적 관점과 차별화된 임상 이론을 발전시키는 계기가 되었다(Specht & Courtney, 1995).

그러나 1960년대에 접어들면서 개인적이고 임상 중심적인 사회복지실천은 비판에 직면한다. 비판의 핵심은 임상 위주의 사회복지실천이 기존의 정신분석적 치료나 심리치료와 차별성이 없으며, 가장 중요한 사회적 이슈인 빈곤이나 불평등 같은 문제들에 효과적으로 대응하지 못한다는 것이었다. 다시 말해 사회복지계가 사회복지 본연의 사명을 실현하기보다, 중산층 학생 중심의 대학원 교육을 통해 중산층 대상 심리치료를 위한 임상가를 양성하고 그들의 전문성을 강화하는 데 몰두해 왔다는 것이다. 이러한 전문가주의 혹은 엘리트주의에 대한 문제제기는 사회복지실천의 필요성에 대한 회의를 불러일으켜 사회복지실천 무용론으로까지 이어졌다(Pelmute, 1974).

이러한 비판은 사회복지사들에게 임상적 역할이 요구되는 당시 상황을 감안하더라도, 개인에게 초점을 두는 단일 개입방법만으로는 당면한 현실 문제들을 해결하기 어렵다는 자성을 가져왔다. 특히 전통적으로 개인에게서 원인을 찾았던 많은 문제들이 점차 인종차별이나 불평등 같은 사회구조적 요인들과의 관련성 속에서 이해되기 시작하면서, 개별사회사업을 넘어선 다차원적인 접근의 필요성이 강조되었다. 즉, 문제상황에 맞추어 다양한 개입방법을 혼용해야 문제를 더 효과적으로 다루고 해결할 수 있다는 견해가 힘을 얻게 된 것이다. 이에 따라 사회복지실천은 개입 대상으로 개인, 가족, 집단, 조직, 지역사회 등을 포괄하고, 목표 달성을 위해 여러 접근방식을 함께 활용하도록 체계화되었다. 그리고 이러한 통합적 방법론을 수행할 역량을 갖춘 일반주의 사회복지사generalist[5]를 사회복지사가 추구해야 할 모델 중 하나로 정립하였다. 종합하면, 통합적 접근은 1960년대 이후 사회복지실천에 대한 비판을 극복하고 그 정체성과 전문성을 강화하기 위한 노력의 일환으로 등장하였다(Pincus & Minahan, 1973; Germain, 1983; Johnson & Yanca, 2009; 김상균 외, 2011: 65-66).

한편 이 시기에는 전 세계적으로 사회복지사의 세력이 조직화되는 진전이 있었다. 국제사회복지사연맹IFSW은 1958년부터 전문 학술지 『국제사회사업International Social Work』을 발간하기 시작하였으며 1965년에 유럽지역연합을, 1967년에 아시아지역연합을 결성하였다(Hall, 2015).

## 5) 20세기 후반 이후: 사회복지실천의 전문화와 새로운 과제들

1970년대 이후 미국에서는 사회복지사 제도가 더욱 정비되었다. 사회복지사 교육을 관할하기 위해 1952년 구성되었던 사회복지교육협의회Council on Social Work Education: CSWE는 1974년에 학부 교육과정 인증제를 도입하여 사회복지사 양성교육의 질을 더 체계적으로 관리하기 시작하였다. 또한 학제에 따른 자격제도가 세분화·안정화되면서 학부 졸업생은 공공서비스 분야로 진출하고, 대학원 졸업생은 정신건강, 의료, 가족치료 등 임상활동을 필요로 하는 특수화된 영역으로 진출하는 양상이 자리 잡았다. 이처럼 전문직군으로서 사회복지사의 위상이 공고해짐에 따라 전미사회복지사협회National Association of Social Workers: NASW의 구조와 기능도 강화되었다. 특히 1960년에 선포되었던 NASW 윤리강

---

5    이와 대비되는 개념은 특정분야전문 사회복지사(specialist)이다.

령이 1996년 개정을 거쳐 현재와 같은 틀을 마련하였다. 이 윤리강령은 사회복지전문직으로서 사회복지사가 준수해야 할 조항들을 구체적으로 명시하여, 이후 다른 나라의 사회복지사 윤리강령 제정에도 많은 영향을 주었다.

사회복지실천의 이론과 방법도 계속 발전하였다. 이론 측면에서는 개입의 효과성에 초점을 둔 증거기반 실천, 병리나 결함보다는 강점과 자원을 강조하는 강점 관점, 클라이언트의 역량과 권한 강화를 목표로 하는 임파워먼트 실천 등이 대두되었다. 또 방법론 측면에서는 클라이언트의 권익을 위한 옹호, 클라이언트가 있는 곳으로 찾아가는 아웃리치out-reach, 다차원적 개입을 통합적으로 수행하는 사례관리 등이 주요 실천방법으로 도입되었다(Saleebey, 1996; Gutiérrez et al., 1998; 최혜지 외, 2013: 72-74; 양옥경 외, 2018: 107). 사회복지실천의 관점과 이론, 방법과 기술, 영역과 대상은 사회적 상황과 필요에 따라 지금도 끊임없이 변화하며 발전하고 있다.

현재 미국에서는 사회복지사가 가장 큰 정신건강전문직군mental health profession으로 여겨질 만큼 임상가로서의 역할이 확고하고, 그 결과 사회복시자들이 개인개업실천가private practitioner로 활동하는 추세도 강화되고 있다. 즉, 미국의 사회복지실천은 계속 다양해지고 있기는 해도 여전히 임상가 역할이 중심축을 이루고 있다. 스펙트와 코트니(Specht & Courtney, 1995)는 그 배경을 미국사회 고유의 가치관과 관련지어 다음과 같이 분석한다.

억압, 착취, 통제로부터 벗어나 인간존중을 성취하는 방식에 대해 개인주의individualism와 구조주의structuralism는 다른 관점을 취한다. 개인주의 가치관에서는 개인의 역량을 키워 억압적 구조에서 벗어나도록 돕는 것을 우선한다. 반면 구조주의 가치관에서는 억압의 근원이 법이나 제도에 있다고 인식하고, 이를 개선하는 것이 우선이라고 본다. 미국은 전통적으로 개인의 근면성을 강조하는 청교도적 정신과, 여러 인종의 집합인 공동체보다 개인을 중시하는 개인주의 가치관에 입각해 왔다. 따라서 성숙하고 독립적인 개인을 이상적인 인간으로 상정하고, 개인이 처한 문제는 심리치료와 같은 도움을 받아서라도 스스로 극복하는 것을 긍정적으로 인식한다. 반면 도움받을 만한 가치가 없는 이들에 대한 사회적 지원에는 비우호적인 경향이 있다. 이러한 미국사회의 특수한 역사적·문화적 배경이 미국 사회복지실천의 발달 과정에 반영되어 있다. 이는 복지국가를 추구했던 대다수 유럽 국가에서 사회복지사의 역할이 주로 공공서비스에 집중되고, 그만큼 임상가로서 사회복지전문직이 상대적으로 덜 발달한 것과 대조되는 모습이다.

미국은 전 세계적으로 사회복지전문직과 실천학문이 가장 발달한 국가이기 때문에 우리나라에서도 사회복지실천 이론이나 전문직 형성 과정과 관련하여 미국의 사례를 주로 참고한다. 그러나 미국의 사례가 절대적인 기준이나 무조건 본받아야 할 모범은 아니다. 현재 미국의 사회복지실천은 그 양상이 전문가주의로 흐르면서 사회복지 본연의 사명에 소홀해졌다는 비판을 받고 있고, 추구해야 할 가치에 관한 이념적 논쟁도 계속되고 있다. 즉 미국의 사회복지실천 역시 그 나라의 역사와 문화를 배경으로 형성되어 왔으며, 지금도 하나의 완성된 형태라기보다는 변화하는 상황 속에서 방향을 모색하는 과정에 있다고 볼 수 있다.

나아가 세계적으로 불평등이 심화되는 현실에서 기존 주류 이론의 한계와 새로운 이론에 대한 요구, 실천방법론의 심화와 통합 간 균형 등도 도전적인 과제이다. 이제 이러한 과제는 특정 국가를 넘어 전 지구적인 사회복지실천을 통해 함께 감당해야 할 과업이 되고 있다. 참고로 2022년 현재 135개국이 가입한 IFSW는 아프리카, 아시아·태평양, 유럽, 중남미, 북미 등 지역별 연합을 두고 있으며, 국제적으로 합의된 사회복지실천의 정의와 윤리원칙 정립, 인권 보호와 빈곤 퇴치, 개발도상국에 대한 사회복지실천 원조, 기후변화로 인한 재난 및 재해 구호 등을 위해 적극적인 역할을 수행할 것을 향후 과제로 천명하고 있다(Hall, 2015).

## 2. 한국 사회복지실천의 전개 과정

### 1) 근대화 이전: 사회복지실천의 원형

우리나라는 고대국가 때부터 구휼정책을 시행했다고 기록되어 있으나, 담당 기관이나 수행 인력에 대한 구체적인 기록을 찾기는 어렵다. 이후 고려시대에 이르러서는 의창, 상평창, 혜민국 등 진휼제도를 담당했던 공공기관에 대한 기록이 남아 있다. 다만 이 기관들을 통해 백성에게 구호를 전달한 주체가 누구였는지에 대한 정보는 부족하다.

이러한 공적 제도 외에 환과고독鰥寡孤獨[6] 등 사회적 취약계층을 대상으로 한 원조도 이루어졌다. 이는 서구와 마찬가지로 종교적 차원이나 지역 유지의 자선에 의해 수행되었다. 예를 들어 고려시대에는 사원과 승려가 구휼사업의 주체로 활약하였고, 조선시대에는 유교 교리에 의거하여 구빈정책이 시행되었다. 또한 전통사회에서 복지를 제공하는 주된 주체는 지역 유지와 지역민들이었다. 지역 유지는 명절이거나 경사 혹은 재난이 생겼을 때 구휼을 베풀었고, 지역민들은 환난상휼患難相恤 정신의 향약, 상호협력하여 공동노동을 하는 두레, 상부상조를 위한 계契 등을 통해 어려움을 나누고 돌봄이 필요한 이웃에게 도움을 제공하였다(감정기 외, 2002).

### 2) 근대: 사회복지실천의 태동

우리나라의 근대적 사회복지실천은 기존의 전통적인 구호활동에서 발전했다기보다 서구 문물의 유입과 함께 시작되었다. 19세기 말 외국

---

6    홀아비·과부·고아·독거노인 등 의지할 곳 없이 외로운 처지에 있는 사람을 이르는 말이다.

한국 최초의 사회복지기관
태화여자관 개관(1921년)

미국의 인보관과 비슷한 역할을 수행했던 태화여자관
출처: KBS <나의 독립 영웅> 72회 엘라수 와그너 편(2019. 5. 7.)

에서 유입된 천주교에 의해 고아원이 설립되었고, 이후 천주교와 개신교를 중심으로 고아 양육, 교육, 양로, 의료 사업이 시행되었다.

20세기 초반 일제강점기에 사회복지실천과 관련된 근대적 개념 및 제도들이 일부 도입되었지만,[7] 이는 대체로 식민통치를 유지하기 위한 방편이었다. 조선총독부는 미미한 수준의 구빈과 재해구호를 제공하였으며, 지배질서 강화에 도움이 되는 선에서 구호단체들을 허용하고 통제하였다. 그러나 그 속에서도 기독교 선교사들의 활동에 힘입어 주로 아동과 여성을 대상으로 한 현대적 의미의 사회복지실천이 이루어졌다. 미국의 인보관과 유사한 목적과 형태로 1921년 서울에 설립된 태화여자관(현 태화기독교사회복지관)이 대표적인 예이다(이방원, 2009: 18; 양옥경 외, 2018: 112-113).

1945년 해방 이후 미군정기와 한국전쟁을 거치면서 우리나라에서는 미국을 비롯한 외국의 원조기관(외원기관)이 사회복지실천을 전개하는 경우가 많았다. 이러한 외국의 지원은 대부분 기독교 등 종교적 성격의 구호활동에 초점이 맞춰져 있었고, 주 대상은 피란민이나 고아였다. 따라서 고아원(현재의 보육원), 모자원 등의 보호시설과 유기된 아동의 해외 입양을 주선하는 기관들이 다수 설립되었다. 특히 한국전쟁 당시 임시수도였던 부산의 외원기관들이 주축이 되어 결성한 한국외원단체협의회는 1970년대 초 한국에서 철수하기 전까지 정보교환과 공동사업을 수행하면서 보다 체계적인 사회복지실천을 선보였다. 물론 당시

..................

7    1921년 조선총독부는 내무국에 사회과를 두고 사회사업 지도를 담당하게 하였다. 이때 '사회사업'이라는 용어가 공식적으로 등장하였다(김상균 외, 2011: 204).

대부분의 구호활동은 종교적 차원에서 시설 운영을 중심으로 이루어졌기 때문에 전문적 실천이라고 보기에는 한계가 있다(엄명용 외, 2016: 54-58). 그럼에도 민간 외원기관들은 국가적인 보호 시스템이 부재했던 시기에 국민들이 피폐한 상황에서도 삶을 포기하지 않고 재기의 발판을 마련할 동력을 제공해 주었다는 점에서 의미가 있다.

이때까지만 해도 전문적인 교육과정이나 자격제도가 존재하지 않았기 때문에 사회복지시설에 종사하던 인력은 봉사정신에 입각한 자선사업가로 인식되었다. 그러나 외원기관의 활동을 통해 전문적인 사회복지인력을 양성할 필요성이 제기되고 사회사업이라는 학문 분야가 알려지면서, 우리나라에서도 기독교 신앙과 박애정신을 바탕으로 사회복지지도자를 양성하려는 움직임이 시작되었다. 1947년에 한국 최초로 이화여자대학교에 기독교사회사업학과가 설립되었고, 1953년에는 중앙신학교(현 강남대학교)에 사회사업학과가 개설되었다. 이어 1959년에는 국립대학교인 서울대학교 학사과정에도 사회사업학과가 설치되었으며, 이후 사회사업학과를 개설하는 대학들이 증가하였다.

이렇듯 사회사업을 전문적으로 교육하는 기관이 늘어나기는 했지만 교육내용에는 한계가 있었다. 우리나라의 자생적 실천에 뿌리를 둔 내용이 아니라 서구, 특히 미국의 전문직교육 모델을 그대로 이식한 내용을 가르쳤기 때문이다. 또한 당시의 사회복지실천은 절대적 빈곤이라는 상황에서 전쟁 난민과 시설 중심의 구호에 집중할 수밖에 없었다. 따라서 갓 시작된 학교교육과 실천 현장의 간극을 좁혀 나가는 것이 한국 사회복지실천의 핵심 과업이 되었다.

한편 1957년에는 한국사회사업학회(현 한국사회복지학회)가 창립되었고, 1966년에는 한국사회사업학교협의회(현 한국사회복지교육협의회)가 설립되었다. 이러한 단체들이 잇따라 만들어진 것은 초창기부터 사회복지학문과 교육에 대한 논의의 장을 형성하고 실천의 전문성을 확보하려는 노력의 일환이었다.

## 한국 사회복지실천의 기틀을 다진 김만두

1950~1960년대 사회복지실천 현장과 학교에서 활동했던 김만두 선생의 일화는 한국에서 근대적 사회복지실천이 어떻게 전개되었는지를 잘 보여 준다. 당시 우리나라의 사회복지실천은 학문적 정체성이 정립되기 전으로, 외원기관에 의한 전통적 구호활동 중심의 사회사업이 주를 이루고 있었다. 이러한 상황에서 그는 개척자 정신으로 활동하며 사회복지실천이 보다 전문화·체계화될 수 있는 디딤돌을 놓았다. 김만두 선생은 고향인 부산에서 한국전쟁 피란민의 곤궁한 삶을 접한 뒤, 어려운 사람들을 돕고 싶다는 생각으로 중앙신학교

우리나라 사회복지 발전에 헌신한
김만두 선생(1933~2021)

사회사업학과에 입학하였다. 그는 졸업 후 모교의 교수가 되기 전까지 20여 년간 현장에서 사회복지사로 활동하였다.

김만두 선생의 중요한 업적 중 하나는 개별사회사업가협회를 결성한 것이다. 그는 졸업 후 한노병원과 국립중앙의료원에서 사회사업가(사회복지사의 이전 명칭)로 활동하면서 단순 구호나 자원 연결 이상의 전문적인 실천에 대해 공부할 필요성을 느꼈다. 당시에는 병원에 사회사업가를 위한 별도의 공간이 없었고 일자리도 안정적이지 않았을 뿐 아니라, 외국인 슈퍼바이저로부터 개별사회사업에 대한 간단한 슈퍼비전만 받은 채로 업무를 수행해야 했다. 이에 김만두 선생은 사회사업가로서 전문적 실천을 담보하기 위해 1965년 현장에서 일하던 동료들과 공부 모임을 만들었는데, 이 모임이 개별사회사업가협회(현 한국사회복지사협회)였다.

그는 우리나라 사회복지서비스 전달체계의 주축을 이루고 있는 사회복지관을 설립하고 보급하는 데에도 앞장섰다. 이에 대해서는 그의 이야기를 직접 들어 보자.

"한노병원에서 일하다 당시 목포에 아동결핵병원을 세우던 레키보 씨(노르웨이에서 보낸 대표)와 같이 1962년에 목포로 내려갔어요. 그런데 당시 그곳엔 병원 앞에 애를 버리는 일이 많았어요. 그래서 제가 '이런 문제는 병원에 앉아서 하던 서비스로는 도저히 풀 수 없겠다' 하고 지역사회 접근을 고안하게 되었어요. 목포시를 찾아가 보건소 창고를 얻어 거기에 목포지역사회복지관을 열

고 기아예방센터라고 써 붙였어요. 그런데 '기아'를 '棄兒(버려진 아이)'가 아니라 '飢餓(굶주림)'으로 알고 배고픈 사람들만 오는 거예요. 그래서 지역주민의 눈높이에 맞춰야겠다는 생각을 하고 지역 언론을 동원해서 지역사회자원을 모았어요. 그때부터 사회복지관이라는 말을 처음 쓰게 된 거예요."

이후에도 그는 인천과 서울 등에서 빈 공간을 찾아 3~4년에 하나씩 사회복지관을 세웠다. 또 사회복지사를 훈련시키고 빈곤 가족을 위한 가족복지와 가출청소년의 자립을 돕는 청소년복지를 수행하는 등 사회복지 발전에 헌신하였다.

* 이 내용은 『사회복지 역사를 세운 실천현장의 인물들: 원로들의 사회복지실천과 사람 이야기』(임상사회복지실천연구회, 2014)와 한국사회복지사협회의 〈김만두 원로사회복지사〉 영상(https://www.youtube.com/cs6jscUajsQ)[QR]을 토대로 작성하였다.

## 3) 20세기 후반: 사회복지실천의 확장

1970년대 이후 정부는 사회복지제도의 도입을 본격적으로 추진하였다. 여기에는 경제개발계획이 진행되면서 국가의 경제 수준이 어느 정도 안정되고, 이에 따라 외원기관들이 철수하기 시작한 것이 영향을 주었다. 그러나 보다 근본적인 원인은 고속성장으로 인해 계층 간·도농 간 격차가 확대되고, 가족의 보호기능이 약화되며, 산업재해가 증가하는 등 사회복지적 접근이 필요한 문제들이 증대했기 때문이다. 이에 정부는 1970년 「사회복지사업법」을 제정하여 사회복지실천의 법적 기반을 마련하고 '사회복지사업종사자 자격증'이라는 국가자격을 신설하였다. 그리고 1983년 동법 개정을 통해 '사회복지종사자'라는 명칭을 '사회복지사'로 개칭하였다. 이는 1979년부터 서울대학교를 필두로 여러 대학에서 사회사업학과라는 학과명을 사회복지학과로 변경하던 흐름과 맥을 같이하는 것이었다. 이러한 명칭의 변화는 당시 미국에서 진행되던 개별사회사업 중심 교육에 대한 자성에서 기인한 것으로, 미시적 접근인 사회사업학과 거시적 접근인 사회정책학을 통합하여 한국 상황에 맞는 사회복지의 학문적 정체성을 정립하려 한 의미 있는 시도였다 (김상균 외, 2011: 70-72; 최명민, 2017: 352-353).

1980년대는 사회복지 관련 법들이 제정되고 다양한 사회복지제도와 정책이 발전하는 시기였다. 우선 기존의 시설 중심 복지와 차별화된 지역복지가 등장하고 재가복지 이념이 확산되면서 사회복지관이 전국적으로 설치되었다. 이후 사회복지관은 지방자치단체의 발전에 발맞추어 지역주민 밀착형 사회복지서비스의 제공 주체로 확고히 자리매김하였으며, 사회복지인력의 주요 활동영역이 되었다. 또한 1987년에는 사회복지전문요원 제도가 시행되어 사회복지인력이 공공 분야로 진출하는 계기가 마련되었다. 이처럼 사회복지인력에 대한 수요가 증가하고 고등교육의 문호가 확대되면서 사회복지 교육기관이 급증하였으며, 전문성에 대한 대내외적 요구가 커짐에 따라 석·박사 과정을 둔 대학원 교육도 활성화되었다.

이러한 흐름은 1990년대에도 이어졌다. 특히 외환위기 이후 사회적 안전망의 중요성이 다시금 부각되면서 사회복지에 대한 관심과 수요가 증가하였다. 이에 따라 1990년대 말에는 정신보건복지(정신건강복지), 지역사회복지, 가족복지, 학교사회복지, 노인복지, 청소년사회복지 등 각 분야에서 학회가 설립될 정도로 사회복지 영역이 다양화되고 확장되었다.

## 4) 21세기: 계속되는 사회복지실천의 변화와 도전

사회복지 영역의 확장으로 분야별 사회복지가 발달하자 2000년대 들어 사회복지학과 사회복지사의 정체성에 대한 논의가 활발해졌다. 그리고 이는 사회복지인력의 자격제도와 양성체계를 정비하기 위한 노력으로 이어졌다. 그 결과 2003년 사회복지사 1급 국가시험제도가 도입되어 시행 중이며, 사회복지사 양성교육의 표준을 제시하기 위해 한국사회복지교육협의회가 『사회복지학 교과목지침서』[QR]를 정기적으로 개정·발간하고 있다. 한편 사회복지사의 양적 증가는 전문가로서의 윤리적 기준을 확립할 필요성을 제기하였다. 이에 한국사회복지사협회는 1982년 제정하여 1988년과 1992년, 2001년 세 차례 개정했던 사회복지사 윤리강령을 2021년 현재의 사회복지사 윤리강령으로 개정하였다. 또한 2009년부터 사회복지시설 종사자를 대상으로 보수교육을 의무화하여 사회복지사의 지속적인 자질 향상을 꾀하고 있다.

한국의 사회복지실천과 사회복지인력의 전문성은 양적·질적으로 발전해 왔다. 이러한 사회복지사의 위상은 통계청 '한국표준직업분류(7차)'에서 사회복지사를 "다양한 사회적, 개인적 문제를 겪는 사람들과 아동, 청소년, 노인, 장애인 등 보호가 필요한 사람을 대상으로 사회복지학 및 전문지식을 이용하여 문제를 진단하고 해결해 주며, 사회에 잘 적응할 수 있도록 돕는 자"라고 정의하고 있는 것에서 다시 한번 확인할 수 있다. 그러나 서구에서 수입된 임상 중심의 사회복지실천 이론, 자격증 취득 교과목 위주의 커리큘럼 등 우리 실천 현장의 현실을 충분히 반영하지 못하고 있는 교육 내용은 향후 지속적으로 개선해 가야 할 과제로 남아 있다(최명민, 2017).

최근에는 다중적 가치의 혼재와 갈등, 사회적 불평등, 소수자에 대한 혐오 등 사회복지가 관심을 가져야 할 새로운 이슈들이 계속 분출되고 있다. 이는 사회복지의 목적과 역할, 사회복지 지식체계와 윤리체계, 사회정의와 삶의 질이 조화를 이루는 방안을 모색할 것을 한층 더 요구한다(최명민, 2014). 여기에 더해 사회복지 영역에도 점차 시장원리가 도입되고 평가제도와 전산화를 통한 효율성과 성과가 강조되면서, 이러한 시대적 조류에 적응하는 동시에 사회복지의 본질과 자율성을 지켜 나가야 하는 이중적인 도전에 직면해 있다(김기덕·최명민, 2014). 사회복지실천이 안팎에서 제기되는 도전에 대응하고 앞으로 나아갈 길을 모색함에 있어서 오랜 시간 사회복지 전문화를 위해 노력해 온 우리의 경험과 교훈은 매우 큰 자산이다. 향후 다변화하는 사회에서 한국 사회복지실천의 전문성을 담보하기 위해서는 학계와 현장, 관(官)과 민(民), 정책·행정·실천 등 각 분야의 주체들이 적극적으로 소통하고 연대하여 사회복지실천의 사명과 시대적 변화를 조화롭게 구성해 가야 한다.

# 제2부

# 사회복지실천의 패러다임

2부는 사회복지실천의 뼈대와 틀을 구축하는 작업에 해당한다. '3장 사회복지실천의 관점'에서는 다른 인접 직군과 차별화된 사회복지실천의 다양한 관점들을 다룬다. '4장 사회복지실천 체계론'에서는 사회복지실천의 주요 축을 구성하는 실천 주체와 실천 현장에 대해 설명한다. 실천 주체에는 크게 사회복지사와 클라이언트가 있다. 우선 사회복지사에 대해서는 타 전문직과의 차별성, 자격제도, 핵심역량 등을 알아보고, 클라이언트에 대해서는 다양한 명칭과 각 명칭에 담긴 의미들을 살펴본다. 또한 사회복지사와 클라이언트가 만나고 상호작용하는 실천 현장에 작동하는 권력관계를 파악한 다음, 여러 구분에 따른 실천 현장의 종류를 알아본다. '5장 사회복지실천 과정론'에서는 '상호참여-사정-개입과 변화-평가와 종결'로 이어지는 전체 과정과 각 단계별 과업을 다루며, 한국 사회복지실천 현장에서 널리 쓰이고 있는 '자연주의 사회사업'의 실천 과정도 간략히 소개한다. 2부에서 다루는 사회복지실천의 관점, 체계, 과정을 잘 숙지하면 복잡한 상황에서도 보다 체계적으로 실천 활동을 전개할 수 있을 것이다.

Chapter

# 03

# 사회복지실천의 관점

우리 사회에 존재하는 각 직군은 세상을 바라보는 나름의 관점과 이에 따른 가치, 학문적 배경을 갖고 있다. 사회복지직군 역시 다른 전문직군과 구별되는 고유한 관점을 형성해 왔다. 이러한 관점은 오직 하나만 있는 것이 아니며, 조금씩 다른 관점들이 공존하면서 사회복지의 정체성을 구성하고 있다. 따라서 사회복지사는 여러 관점을 선택적으로 또는 통합적으로 취할 수 있다. 이 장에서는 현대 사회복지실천의 주요 관점으로 자리 잡은 생태체계 관점, 강점 관점, 임파워먼트 관점, 그리고 비판사회복지 관점을 살펴보고자 한다.

## 1. 사회복지실천의 관점이란

사전적 정의에 따르면 관점이란 "사물이나 현상을 관찰할 때, 그 사람이 보고 생각하는 태도나 방향 또는 처지"를 뜻한다. 그렇기에 어떤 관점으로 바라보느냐에 따라 동일한 문제와 상황도 다르게 인식되고 해석될 수 있다. 이를 사회복지에 적용해 보면 사회복지실천의 관점이란 사회복지사가 주어진 상황에서 무엇을 문제로 인식하고 어떤 방식으로 접근할 것인가를 판단하는 데 영향을 미치는 기준, 즉 사회복지실천과 관련하여 세상을 바라보는 방식을 의미한다. 단, 여기서 사회복지실천의 관점이라고 할 때는 사회복지사 개인의 관점이라기보다 사회복지라는 전문직군이 공유하고 있는 관점을 가리킨다.

사회복지실천의 관점은 사회복지사를 대표하는 전문가 단체가 표방하는 가치를 통해 살펴볼 수 있다. 우선 한국사회복지사협회의 사회복지사 윤리강령(2021 4차 개정) 전문[QR]에는 다음과 같이 쓰여 있다.

사회복지사는 인본주의·평등주의 사상에 기초하여, 모든 인간의 존엄성과 가치를 존중하고 천부의 자유권과 생존권의 보장 활동에 헌신한다. 특히 사회적·경제적 약자들의 편에 서서 사회정의와 평등·자유와 민주주의 가치를 실현하는 데 앞장선다. 또한, 도움을 필요로 하는 사람들의 사회적 지위와 기능을 향상시키기 위해 저들과 함께 일하며, 사회제도 개선과 관련된 제반 활동에 주도적으로 참여한다.

또한 전미사회복지사협회NASW의 윤리강령(2021 개정) 전문[QR]에서는 사회복지사의 임무를 다음과 같이 정의한다.

사회복지사의 주요 임무는 인간의 복지를 강화하고, 모든 사람들의 기본적인 욕구를 충족시키며, 특히 취약하고 억압받고 빈곤한 사람들에게 관심을 두는 것이다. 사회복지의 역사적이고 본질적인 특징은 사회적 맥락에서 개인의 안녕과 사회적 안녕 모두에 초점을 둔다는 점이다. 사회복지의 핵심은 삶의 문제를 발생시키기도 하지만 이를 해결할 수도 있는 사회적 힘에 주목하는 것이다.

이들 정의에서 알 수 있듯이 사회복지사는 '환경 속의 인간person in environment'이라는 개념에서 인간과 환경이라는 입체적 영역에 동시에 주목하며, 인간의 존엄성과 사회정의라는 핵심가치를 기반으로 통합적 실천을 지향한다. 아래에서 살펴볼 네 가지 관점은 바로 이러한 통합적 사회복지실천의 주요 관점들이다.

## 2. 생태체계 관점

생태체계eco-system 관점은 말 그대로 생물학적인 생태론과 물리학적인 체계론이 합쳐진 관점이다. 생태체계 관점에서는 한 사람을 개인 그 자체로만 파악하는 것이 아니라, 환경에 속해 있으면서 다른 개체들과 유기적으로 상호작용하는 체계로 바라본다. 그렇기에 더욱 입체적인 시각으로 인간과 환경 사이의 역동을 파악하고자 한다. 이처럼 개인과 사회환경, 그리고 이들 간의 관계에 필요한 모든 변화를 모색한다는 점에서 생태체계 관점은 통합적 사회복지실천에 대한 논리적 기초를 제공한다. 이는 개인의 심리적 측면이나 행동적 측면에 초점을 두는 타 직군의 주요 관점과 차별화된다. 클라이언트를 상황적·환경적 맥락에서 이해함으로써 클라이언트의 삶 전반을 다루고자 하는 생태체계 관점은 1980년대 이후 사회복지실천의 지배적인 관점으로 자리 잡았다.

### 1) 이론적 기반

생태체계론은 하나의 이론으로 분류되기도 하지만, 그보다는 체계이론과 생태학을 통합한 일종의 관점으로 보는 것이 더 유용하다. 체계이론은 체계들 사이의 상호작용을 이해하기 위한 이론으로 개발되었으며, 부분을 이루는 사회단위들의 상호호혜적 관계와 전체wholes를 다룬다는 점이 특징적이다. 생태학은 생물과 환경의 상호작용을 연구하는 학문으로서, 생태학적 관점에서는 사회체계 내 수많은 환경 요인을 집합적으로 바라보고 이를 '생태학적 환경'으로 개념화한다. 또한 인간의 발달을 개인과 환경의 관계 속에서 이해하며, 개인이 존재하지 않았던 상황에서 일어나는 사건도 발달에 영향을 준다고 본다(Friedman & Neuman, 2010). 요컨대 초기 사회과학이 개인과 환경 각각에 초점을 두었다면, 체계 이론과 생태학적 개념을 통합한 생태체계 관점은 개인과 환경 간의 상호작용에 관심을 둔다.

생태체계 관점은 이전 시기 사회복지실천이 소홀히 다뤄 온 사회적인 부분을 포괄할 수 있다는 점에서 각광을 받았다. 특히 저메인(Germain, 1973)은 기존의 생태체계론을 사회복지실천에 적용함으로써 세상을 단선적 구조가 아닌 순환적 상호작용으로 인식하게 하는 데 공헌하였다. 생태체계 관점에서는 인간과 환경이 서로 분리되어 있는 것이 아니라, 지속적으로 교류하는 하나의 체계로 간주된다. 따라서 인간을 이해함에 있어서 인간의 생물적, 심리적, 사회적, 영적spiritual 차원을 모두 포괄하며, 인간을 둘러싸고 있는 자연적, 물리적, 사회적 환경을 두루 고려한다. 그리고 이 관점은 인간이 환경에 적응하거나 압도되기도 하지만 환경을 변화시킬 수도 있다고 봄으로써, 사회의 개선과 발전을 모색할 가능성을 제시해 준다(Siporin, 1980).

## 2) 인간관

생태체계 관점에 따르면 인간은 생물적, 심리적, 사회적, 영적 차원을 지닌 매우 복잡한 존재이다. 그리고 인간은 환경에 영향을 받을 뿐 아니라 환경을 구성하기도 하는 교환적인 위치에 있다. 따라서 생태체계 관점은 '환경 속의 인간'이라는, 인간과 그가 속한 환경 체계 전반을 아우르는 전체적 인간관을 취한다. 또 인간의 내적 병리나 결함을 전제하지 않는다는 점에서 인간에 대해 낙관적 태도를 취한다고 볼 수 있다.

생태체계 관점에서는 한 인간을 이해하려면 그 사람이 처한 독특한 상황, 즉 자연적, 물리적, 사회적 환경을 살펴보아야 하며, 그가 이러한 환경에 대응하고 상호작용하며 교류해 온 과정을 파악해야 한다는 입장을 견지한다. 아울러 인간의 발달을 유전적 요인과 환경 자원 및 사회적 기회의 상호작용 과정으로 보고, 인간의 행동 역시 성장하는 개인과 환경 간 상호작용의 산물로서 이해한다.

## 3) 문제에 대한 관점

생태체계 관점을 생활 모델life model로 발전시킨 저메인(Germain, 1979)은 인간이 환경과 적응적인 조화를 이룬 상태를 '적합성goodness-of-fit'이라는 개념으로 정의하였다. 인간은 기본적으로 집단을 이루어 그 속에서 관계를 맺고 활동하며 살아가는 사회적 존재이다. 그러므로 인간의 행동은 언제나 사회적 의미를 가지며, 내적 욕구와 환경적 요구 사이의 조화를 찾기 위한 적응 과정에 따른 결과이다. 다시 말해 인간이 보이는 모든 행동은 상황에 적응하기 위한 것이며 나름의 의미가 있다. 이는 곧 사회에 적응하지 못한 것처럼 보이는 이상행동조차 그 나름대로는 주어진 상황에 적응해 보려는 노력의 결과일 수 있음을 의미한다. 이러한 시각은 부적응을 초래하는 개인과 환경의 상호책임성을 간과한 채 문제에 처한 사람을 일탈자로 낙인찍고 치료와 교정의 대상으로만 간주하는 병리 모델의 역기능적 관점과 명백한 차이가 있다.

생태체계 관점에 따르면 문제는 개인이 지닌 욕구, 능력, 권리, 열망 등과 그 개인을 둘러싼 환경 간의 부적합성에서 기인한다. 그리고 개인과 환경 간 부적합성은 빈곤과 같은 환경에서 유래하는 만성적인 스트레스 요인 또는 실직, 사별, 결혼, 이혼, 출산과 같은 삶의 전환점이 되는 사건으로 인해 발생한다. 이렇듯 부적합성에서 비롯된 문제에 처한 개인은 더 많은 사회적 자원이 필요하므로, 개인과 환경 간 상호작용을 증진하여 우호적인 환경을 조성함으로써 사회기능을 보다 원활히 수행하도록 도와야 한다(Healy, 2005/2012).

정리하면 생태체계 관점에서 문제란 개인적 욕구와 환경적 자원의 불균형 혹은 단절의 결과이며, 따라서 환경 안에서 체계와 자원을 연결하고 조정함으로써 변화할 수 있다고 본다. 이 관점에서 클라이언트의 문제는 단지 개인적인 문제가 아니라 개인과 환경 간에 일어나는 교환과 상호작용에 중점을 둔 사회적인 문제로 인식된다.

## 4) 사회체계에 대한 관점

생태체계 관점은 다양한 수준의 체계에서 이루어지는 사회적 관계망을 중시한다. 브론펜브레너(Bronfenbrenner, 1979)는 이러한 다양한 수준의 체계를 생태학적 환경이라고 규정하였다. 그림 3-1과 같이 체계

그림 3-1 생태체계 관점의 체계 구도
출처: Adams(2003/2007: 67)를 일부 수정

들 간에는 위계가 존재하고, 한 체계와 다른 체계 사이에는 경계가 있으며, 각각의 체계는 자율성을 가진다. 이 체계들의 관계망 안에서 개인이 맺는 관계의 질과 양이 그 사람의 생태학적 환경이 된다. 그리고 생태학적 환경은 다시 미시체계, 중간체계, 외부체계, 거시체계라는 네 가지 수준의 사회체계로 구분할 수 있다. 표 3-1에서는 각 사회체계의 의미와 함께 사례를 체계별로 분석한 예시를 제시하였다.

　　다양한 수준의 체계에서 이루어지는 사회적 관계망은 개인의 삶의 문제에 중요한 영향을 미친다. 그러므로 생태체계 관점에서는 클라이언트의 행동과 문제를 개인, 가족, 집단, 조직, 지역사회, 사회제도, 문화 등 다차원적 맥락에서 이해할 것을 강조한다. 또한 클라이언트가 처한 문제의 해결은 각 체계들이 연결성을 가지고 지지적 자원으로 기능할 때 가능하다고 본다.

표 3-1 생태체계 관점에 따른 사회체계의 구성과 사례 분석의 예

| 분류 | 의미 | 사례 | 사례 분석 |
|---|---|---|---|
| 미시체계 (microsystem) | 가족과 같이 생활환경 내에서 활동, 역할, 대인관계가 이루어지며 개인과 직접적인 영향을 주고받는 체계 | 배우자와 갑작스럽게 사별하여 홀로 자녀양육과 경제문제를 감당하면서 우울과 소진을 경험하고 있는 직장인 클라이언트 | 배우자 사별 후 클라이언트와 자녀의 정서관계 및 역할 변화 |
| 중간체계 (mesosystem) | 개인과 긴밀하게 상호작용하는, 둘 이상의 미시체계 사이의 관계 및 연결성 | | 자녀의 학교생활 변화에 관심을 갖는 교사와 클라이언트의 상호작용이 자녀에게 미치는 영향 |
| 외부체계 (exosystem) | 개인과 직접적인 상호작용은 없지만 개인의 생활에 간접적으로 영향을 미치는 체계 | | 클라이언트의 직장 내 근로복지서비스 (예 자녀돌봄을 위해 한시적으로 근무 시간을 조정) |
| 거시체계 (macrosystem) | 사회제도, 문화, 환경, 정책과 같은 특정한 문화 유형이나 보다 광범위한 사회적 맥락 | | 국가 차원의 사회복지제도(예 자녀돌봄, 가사지원, 긴급지원 등의 한부모가정 지원제도) |

## 5) 변화에 대한 관점

생태체계 관점은 변화에 대해 매우 개방적이다. 클라이언트의 문제 행동은 환경과의 상호작용, 특히 클라이언트의 내적 욕구와 환경 자원 간 불일치에서 비롯된 것이기 때문에 변화를 위한 다양한 가능성이 존재한다고 본다. 클라이언트가 가진 어떠한 문제도 클라이언트만의 책임이 아니며, 모든 문제는 클라이언트를 둘러싼 환경과의 상호작용의 산물이다(양옥경 외, 2018). 이렇게 볼 때 바람직한 변화는 개인과 환경 간의 적합성을 제고함으로써 이루어질 수 있다. 즉, 클라이언트의 적응 능력 및 문제해결 능력을 증진하려면 클라이언트와 환경의 적합성도 함께 향상되어야 한다. 따라서 사회복지사는 미시체계, 중간체계, 외부체계, 거시체계 모두에서 변화를 촉진할 필요가 있다.

표 3-1에서 예를 든 클라이언트의 사례를 생각해 보자. 생태체계 관점에서 이 문제의 해결은 배우자 사별의 충격을 완화할 수 있도록 상담서비스를 제공하는 것과 더불어, 클라이언트의 위기대응 능력을 강화하기 위해 자녀와의 관계, 사회경제적 상황, 지지망의 특성과 기능 등을 통합적으로 사정하는 것에서 시작된다. 그리고 변화된 가족구조에서 가족의 역할을 재정립하고, 자녀의 교사와 협조관계를 구축하며, 직장의 근로복지서비스를 활용하고, 한부모가정을 지원하는 공식적 자원체계에 연계하는 등 통합적인 문제해결 전략과 지원방안을 모색해야한다. 이때 한부모가정을 위한 국가의 지원제도나 직장 내 근로복지제도가 미흡하다면, 유사한 사례들을 수집하여 정책을 개발하고 이에 대한 사회적 연대를 형성하는 것과 같이 거시적 차원에서 제도를 개혁하려는 노력이 필요하다.

이처럼 생태체계 관점에서 사회복지사는 클라이언트를 둘러싼 여러 수준의 사회체계가 어떻게 연결되고 교류하며 문제해결의 요인이나 장벽으로 작용하는지를 파악하고, 관련 체계들을 변화 대상 혹은 협력

대상으로 선택하여 사회관계망을 재구축하는 접근을 한다. 그러므로 생태체계 관점의 사회복지사는 클라이언트의 병리적 측면보다는 강점에 초점을 두며, 클라이언트를 둘러싼 체계와 파트너십을 형성하여 개인과 환경 간 상호작용에 개입함으로써 변화를 위한 가능성을 확대하고자 한다.

## 6) 기여와 한계

여러 층위의 대상을 함께 조망할 수 있는 메타 패러다임인 생태체계 관점은 사회복지실천의 다양한 대상과 방법론을 통합하는 데 기여하였다. 생태체계 관점은 흩어져 있던 사회복지사의 역할을 하나로 묶는 개념적 기반을 제공했을 뿐만 아니라, 대상과 위계에 따라 필요한 이론이나 모델을 절충하여 복합적으로 활용할 수 있는 틀을 제시하였다. 또한 이는 사회복지 통합방법론으로 이어져 타 전문직과 구별되는 사회복지전문직의 정체성을 형성하는 데 기여하였다. 그러나 생태체계 관점은 그 기여에 못지않게 많은 한계가 지적되었는데, 비판의 주요 내용은 다음과 같다(최명민·김기덕, 2013: 107-109).

첫째, 사회복지의 기본이며 핵심 단위인 인간 주체에 대한 인식과 설명이 부족하다는 것이다. 생태체계 관점은 인간을 환경에 속한 존재이자 더 큰 사회환경과 교류하는 개방적 유기체로 간주하여 인간과 물리적·사회적 환경 간의 적합성을 중시하기는 하지만, 인간이 고유한 삶의 주체로서 어떤 심리적 기제나 의지 또는 역량을 갖고 있는지를 이론적으로 깊게 설명하지 않는다(Kondrat, 2002). 이는 사회복지사의 고유한 역할이나 클라이언트와의 관계를 보는 시각에도 영향을 미친다. 생태체계 관점에서는 사회복지사를 변화매개 체계로 규정할 뿐, 사회복지사의 사명과 덕목, 사회복지사와 클라이언트의 관계 등을 내용적으로 충분히 제시하지 못한다(Wakefield, 1996).

둘째, 생태체계 관점에 대한 주된 비판은 이 관점이 다양한 사회체계 간 상호작용을 추상적이고 기계적으로 설명한다는 것이다. 다시 말해 생태체계 관점은 개인, 가족, 집단, 조직, 지역사회, 사회제도와 같은 단위 체계들을 마치 큰 인형을 열면 더 작은 인형들이 들어 있는 러시아 인형(마트료시카)과 유사한 층위로 제시하고 있다(Kondrat, 2002). 그러나 여러 체계가 상호작용한다는 것 외에, 이러한 교류가 왜 그리고 어떻게 일어나며 그 내용이 무엇인지에 대해서는 설명하지 못한다(Wakefield, 1996).

이렇듯 생태체계 관점은 내용적 설명이 부족하기 때문에 이를 통해 인간 존재를 이해하거나 사회적 불평등과 같은 권력의 역동을 인식하기 어렵다는 비판을 받아 왔다. 아울러 사회복지실천이 어디서, 무엇을, 어떻게, 왜 해야 하는지에 대한 구체적인 지침을 제시하지 못한다는 점도 생태체계 관점의 한계로 지적된다(Payne, 1997/2001: 251).


## 3. 강점 관점

강점strengths 관점은 기존의 사회복지실천이 클라이언트의 문제증상에 초점을 둔 병리학적 관점에 지나치게 의존해 왔다는 비판을 제기하며 등장하였다. 사실 사회복지이론가들은 오래전부터 클라이언트의 강점과 능력을 강조해 왔지만, 이를 강점 관점으로 구체화한 것은 1980년대 후반이다(Healy, 2005/2012: 337).

강점 관점은 정신건강 영역에서 일하던 사회복지사들, 특히 중증 또는 만성 정신질환을 가진 사람들을 대상으로 실천활동을 하고 있던 북미 지역의 사회복지사들 사이에서 처음 대두하였다. 강점 관점에서는 아무리 변화의 희망이 없어 보이고 서비스를 완고하게 거부하는 사람일지라도, 역량을 강화할 수 있는 자원이 지원된다면 바람직한 변화와 개선이 가능하다는 점을 강조한다. 따라서 클라이언트의 공식적·비공식적 관계망에 내재한 자원을 발견하고, 공동체 내에 지속 가능한 지지망을 구축하며, 클라이언트의 공동체 참여를 촉진하는 것을 중시한다. 강점 관점은 정신건강복지, 장애인 인권 옹호, 아동 및 가족 지원 등 다양한 영역에서 지역사회에 지지망을 형성하고 당사자의 사회참여 및 권리회복을 증진하기 위한 방법으로 널리 활용되고 있다(Saleebey, 1997).

## 1) 이론적 기반

강점 관점은 클라이언트의 능력과 잠재력에 주목한다. 과거부터 지니고 있는 문제나 병리를 교정하고 치료하는 것보다, 현재 가지고 있는 가능성과 미래에 대한 희망을 구체화하고 이를 실현하도록 돕는 데 중점을 둔다. 그러므로 강점 관점에서는 클라이언트가 가진 자원을 제대로 인식하고 이를 최대한 활용하게 하는 것이 중요하다.

사회복지실천의 측면에서 강점 관점의 이론적 전제는 다음과 같다(Saleebey, 1997). 첫째, 사람들은 현재 어떤 어려움에 처해 있든, 가진 자원이 무엇이든, 자신의 삶을 나름대로 잘 관리해 왔다. 둘째, 사람들은 삶의 어려움에도 불구하고 지금까지 생존했으며 자기 삶의 여정journey으로부터 무언가를 배워 오고 있다. 셋째, 도움을 주는 사람이 개인의 열망, 인식, 강점을 알고 클라이언트 안에 이런 것들이 있다고 믿을 때 바람직한 변화가 가능하다. 따라서 사회복지사는 도움을 제공하는 사람으로서 이러한 사실을 반드시 이해해야 한다. 또한 그동안 클라이언트가 포기하거나 더 악화되지 않을 수 있었던 요인들을 알아보는 것이 필요하다.

## 2) 인간관

샐리비(Saleebey, 1997)는 모든 인간이 회복탄력성resilience,[1] 재기 rebound, 가능성possibility을 가진다고 보고, 강점 관점이 인간에 대해 견지하는 핵심적인 가정을 다음과 같이 두 가지로 제시하였다.

첫째, 사람에게는 저마다 장점과 능력, 자원이 있다. 그러므로 대부분의 사람들은 삶의 역경에 직면했을 때 병리적으로 대응하는 것이 아니라 탄력적으로 대응한다. 둘째, 인간은 스스로 바로잡는 자정自淨과 자가치유 지향성을 가지고 있다. 클라이언트 역시 자신에게 무엇이 최선인지를 결정할 능력이 있으며, 그러한 결정 과정에서 반드시 사회복지사의 도움을 필요로 하는 것은 아니다. 그러나 때로 사회복지사는 클라이언트의 문제와 결함에만 초점을 맞춤으로써 이들이 보유한 장점과 자원을 간과하곤 한다. 사회복지사는 클라이언트가 자신을 위해 최선의 결정을 내릴 수 있는 능력과 끊임없이 배우고 성장하며 변화할 수 있는 가능성을 가지고 있음을 유념해야 한다.

## 3) 문제에 대한 관점

강점 관점은 희망을 중시하며 도전을 격려한다. 혹시 실패하더라도 그 경험에서 배우는 것에 더 주목한다. 그러므로 당면한 문제를 고쳐야 할 질병, 역기능, 결함 등으로 보는 병리적 관점과 달리, 이를 새로운 도전이라고 본다. 즉, 강점 관점에서는 역경과 문제를 헤쳐 가는 과정에서 이로움을 경험하고 회복탄력성과 낙관적 태도를 학습할 수 있음을 강조한다(McMillen, 1999).

...............

1   'resilience'는 마치 압력을 받은 공이 다시 튀어 오르듯, 고난이나 역경에도 불구하고 이를 바로 잡고 회복하며 이를 통해 더욱 성장할 수 있는 능력을 의미한다. 국내에서는 '탄력성' 또는 '회복탄력성'이라는 용어로 번역되고 있다.

앞의 생태체계 관점에서 살펴본 클라이언트의 사례(앞의 표 3-1 참고)를 강점 관점으로 접근해 보자. 강점 관점에서는 배우자와의 사별이라는 클라이언트의 상황과 그에 따른 반응, 문제해결의 어려움 등을 병리적 문제로 보지 않고 삶의 전환에 따른 새로운 도전으로 해석한다. 그리고 클라이언트와 자녀가 이 도전에 함께 대응하고 생활의 변화를 수용하도록 지원한다. 또한 클라이언트가 자신의 잠재력과 변화 가능성을 믿고 사회적 자원을 동원하며 대처 방법을 결정할 수 있게 돕는다.

## 4) 사회체계에 대한 관점

강점 관점은 그 실천기반으로 사회체계를 매우 중시한다. 클라이언트의 회복탄력성을 높이고 삶의 질을 향상시키기 위해서는 심리 내적 자원을 끌어내는 것뿐 아니라, 사회적 지지체계를 구축하는 일이 필수적이기 때문이다. 인간은 사회적 존재이기 때문에 공동체의 일원으로 속해 있어야만 생존의 기본 조건을 충족할 수 있으며, 동시에 책임 있는 시민으로서 역할을 할 수 있다. 반면 사회의 구성원이 되지 못한다는 것은 주류 사회에서 배제되어 소외, 주변화, 억압에 노출될 수 있음을 의미한다(Saleebey, 1997).

강점 관점에서는 지역사회환경을 클라이언트의 변화에 필요한 자원과 기회가 잠재되어 있는 보고寶庫라고 간주한다. 따라서 지역사회 개발이라는 실천원칙을 적용하여 지역사회(공동체)가 가진 강점과 자원을 발견하고 그 자산을 발전시킴으로써 클라이언트의 변화를 지원하는 사회체계를 구성해야 함을 강조한다(Green & Haines, 2002). 이는 지역사회가 가진 장점, 기술, 자산에 초점을 두고 지역주민들의 능력을 긍정적으로 평가하는 것과 더불어, 그 능력이 잘 발휘되도록 사회적 자본을 풍부하게 하는 활동을 통해 실현될 수 있다. 여기서 사회적 자본이 풍부한 사회체계란 지역사회에 대한 주민들의 자부심이 높고, 비공식적 관계망

(이웃 간의 유대 등), 주민조직(자조집단 등), 공식적 기관(학교, 자선단체, 기업, 정부기관 등) 간의 연계가 활성화되어 있으며, 지역사회의 문제나 위기에 주민들이 능동적으로 함께 대처하는 공동체를 뜻한다(Kretzmann & McKnight, 1993).

## 5) 변화에 대한 관점

강점 관점은 변화에 대해 낙관적이다. 클라이언트가 도움을 필요로 하는 상황이라 할지라도 자신의 문제를 해결할 수 있는 가능성과 강점을 가지고 있다고 본다. 문제를 바라볼 때도 클라이언트에게서 결함을 찾거나 문제의 원인이 되는 과거에 몰두하기보다는, 문제가 해결된 미래에 초점을 맞추어 그 가능성을 모색하고자 한다. 강점 관점에 의거한 사회복지사는 일방적으로 서비스를 제공하는 것이 아니라 협력적 관계에서 클라이언트로부터 배우려는 자세를 취하며, 클라이언트의 자기결정권을 존중한다(Healy, 2005/2012: 348).

## 6) 기여와 한계

강점 관점의 장점 중 하나는 변화를 낙관하는 태도이다. 이는 사회복지사와 클라이언트 모두에게 미래에 대한 희망을 고취함으로써, 클라이언트의 삶의 질을 향상시키는 데 긍정적으로 작용한다. 또한 강점 관점은 원조전문가로서 사회복지사의 태도와 언어가 미묘한 차이로 클라이언트의 역량을 강화할 수도 있고 약화시킬 수도 있다는 사실에 각별히 주의를 기울인다. 이러한 강점 관점의 철학은 사회복지전문직의 기반을 형성하는 데 공헌하였으며, 사회복지 현장에서 많이 활용되는 해결 중심 단기치료나 이야기치료 모델의 기본 가정 및 실천원칙과도 맥을 같이한다.

그러나 강점 관점은 심각한 문제에 대해서도 지나치게 낙관적이라는 점에서 비판을 받기도 한다. 깊은 트라우마나 상처를 직접 다루지 않고 덮어 둔 채 현재의 강점이나 주변 자원에만 초점을 두어 접근할 경우, 보다 근본적인 해결을 통해 고통을 경감하기를 원하는 클라이언트의 요구에 부응하지 못할 수 있다. 또한 강점 관점은 클라이언트가 일상의 아주 작은 목표를 이루려 할 때조차 부딪히게 되는 기회나 자원의 결핍, 불평등, 차별, 낙인과 같은 구조적 장벽에 주목하지 않는 경향이 있다. 이에 강점 관점이 클라이언트의 가능성과 자원에 한정된 좁은 시야에서 벗어나 제도와 정책에 대한 비판적 분석 및 행동으로 그 시야를 확대하고, 정치적·구조적·조직적 의미를 포괄할 수 있는 더욱 총체적인 이론으로 재구성되어야 한다는 주장이 힘을 얻고 있다(Cowger, 1998: 33).

## 4. 임파워먼트 관점

현대사회에서 사회복지의 역할은 소외, 패배감, 낙오에 대한 편견에 맞서 인간으로서의 존엄성을 자각하고 문제상황을 극복할 힘을 강화하는 것에서부터 자신의 권리를 대외적으로 표명하기 위해 연대의식을 고취하는 것에 이르기까지, 포괄적인 영역에서 실천적 사명을 수행하는 것이다. 이처럼 사회복지는 개인의 역량을 강화하는 데 초점을 두는 '미시적 실천'과 불평등한 권력관계의 개선 및 사회정의를 추구하는 '거시적 실천'을 통합한 실천을 강조한다. 임파워먼트 관점은 이러한 가치관을 가장 잘 반영하고 있는 실천 관점이다.

임파워먼트empowerment는 그 핵심 개념인 'power'가 여러 뜻을 함축하고 있기 때문에 이른바 권위 있는 단일 개념으로 정의되기 어렵다

(Adams, 2003/2007: 20). '힘, 권력, 권한, 권능, 위력, 동력, 세력, 역량, 능력' 등 'power'가 지닌 다양한 의미와 '~를 되게 하다(make)'라는 뜻의 접두사 'em'을 고려할 때, 임파워먼트는 '힘을 불어넣다(힘을 갖게 하다), 권력이나 권한을 부여하다(권력의 주체가 되게 하다), 역량이나 능력을 갖추게 하다' 등의 의미를 모두 포함하는 개념으로 이해하는 것이 적절하다.[2]

## 1) 이론적 기반

임파워먼트 관점은 생태체계 관점이 가진 통합적 기능성을 견지하면서도 그 내재적 한계를 개선할 수 있는 사회복지실천의 새로운 접근으로 등장하였다(최명민·김기덕, 2013).[3] 임파워먼트는 1980년대 후반부터 본격적으로 발전했지만 그 아이디어는 더 오랜 역사를 갖고 있다.

임파워먼트는 18세기 영국에 존재했던 상호부조와 19세기에 출현한 자조self-help의 개념에 뿌리를 둔다. 이론적으로 자조는 가치중립적 용어이지만, 실제로는 당시 중산층이 자신들의 미덕과 개인주의를 칭송하는 데 사용되었다. 현대에 와서도 일반적으로 보수 정권에서 사회가 아닌 개인의 책임을 강조할 때 자조라는 개념을 사용하면서('자기 일은 자신의 힘으로 하라'), 일각에서는 자조를 비판적으로 보기도 한다. 그러나 진정한 의미의 자조는 상호부조와 더불어 보수와 진보를 아우르는 폭넓은 시각을 반영하며, 당사자 중심이나 옹호활동 등과 밀접하게 연관된 개념으로 발전해 왔다(Adams, 2003/2007: 39-40). 이처럼 자조의 개

.................

2  'power'를 '권력'이나 '권한'으로 해석할 경우 임파워먼트는 주로 '권한 부여, 권한 위임, 권력 주체화, 세력화' 등으로 번역된다. 반면 'power'를 '역량'이나 '능력'으로 해석할 경우 임파워먼트는 '역량 강화, 능력 고취, 역량 제고' 등으로 번역된다.
3  임파워먼트는 관점뿐만 아니라 이론 또는 접근으로 이해되기도 하나, 여기서는 관점 차원에서 논의하기로 한다.

념에 뿌리를 둔 임파워먼트는 자기 삶에 대한 통제력control을 강조하고, 개인·가족·집단·지역사회·사회제도를 포함한 정치적 권력화 과정을 중시한다(Rappaport, 1985; Gutierrez, 1990).

현대 사회복지에서 특히 주목할 지점은 임파워먼트와 저항protest의 관계이다. 인간을 문제해결과 변화의 주체로 보는 임파워먼트는 1960년 대 미국에서 있었던 소외계층의 정치적·사회적 운동과 영국에서 일 어난 진보적이고 사회주의적인 항거, 페미니즘 및 반反차별실천의 중요 한 동력이었다. 이후에도 임파워먼트는 성, 인종, 장애에 근거한 차별 과 억압에 반대하는 운동 등 여러 비판론을 섭렵하며 더욱 풍부해졌다 (Adams, 2003/2007: 38).

## 2) 인간관

임파워먼트는 완전히 새로운 접근이라기보다 생태체계 관점 위에 서 사회복지에 오랫동안 내재해 있던 강점 중심의 접근이 재부상한 것 으로도 이해된다(양옥경·김미옥, 1999). 그러나 생태체계 관점이 인간 을 체계의 일부로 간주하고 이들의 상호작용을 에너지 교류로 환원하 는 기계적 논리를 따르고 있다면, 임파워먼트 관점에서는 인간을 각기 고유한 감정, 생각, 목표를 가진 존엄한 존재로 본다. 또한 권력이 작동 하는 체계 속에서 억압당하고 고통받기도 하지만, 동시에 더 나은 환 경을 창출해 갈 수 있는 의지와 능력을 가진 존재로 바라본다(Adams, 2003/2007). 나아가 자발적이고 자율적으로 문제를 해결하며, 참여와 자조활동을 통해 자신의 삶과 사회에 통제력과 영향력을 발휘할 수 있 는 존재라고 가정한다(Dominelli, 2004/2007). 즉, 임파워먼트 관점은 인 간을 자율적으로 사고하고 자기 삶과 환경에 대해 잘 알고 있는 존재로 설명함으로써 사회복지실천의 가치에 기반한 지향점을 제시한다(최명 민·김기덕, 2013).

임파워먼트 관점에서는 모든 인간이 시민으로서 사회적, 정치적, 경제적 권리를 행사할 수 있어야 한다고 본다(Dominelli, 2004/2007: 331). 따라서 빈민, 여성, 노인, 소수민족, 문화적 소수자, 정신적·발달적·신체적 장애가 있는 사람, 성소수자와 같은 취약집단이 사회복지실천의 주요 표적집단이 된다(Saleebey, 2002). 이처럼 사회적으로 취약한 개인이 삶에 대한 통제력을 기르고 다양한 자원을 획득하여 사회적 지위와 기능을 회복하는 것이 임파워먼트의 핵심이다. 가정폭력 피해 여성을 예로 들면, 폭력을 당하면서도 그 상황에서 탈피하지 못하는 여성은 상황을 변화시키려 했던 시도가 번번이 좌절되면서 자포자기한 상태, 즉 '학습된 무기력learned helplessness' 상태에 있다고 이해된다. 임파워먼트 접근에서는 가정폭력을 묵인하는 사회제도와 인식을 개선하고 여성의 통제력과 사회경제적 지위를 향상시키는 동시에 강력한 지지체계를 구축함으로써 클라이언트가 이러한 학습된 무기력으로부터 벗어나도록 돕고자 한다.

## 3) 문제에 대한 관점

임파워먼트는 태생적으로 정치적인 아이디어이며, 힘 또는 권력의 획득, 소유, 불평등, 재분배가 중심적인 이슈이다(Croft & Beresford, 2000: 117; Adams, 2003/2007에서 재인용). 따라서 생태체계 관점과 달리 임파워먼트 관점에서는 외부환경을 이해함에 있어 권력 개념을 선명하게 부각시키며, 억압적이고 착취적인 상황에 저항하고 이를 극복하는 것을 추구한다(최명민·김기덕, 2013). 차별, 억압, 착취 등의 문제는 임파워먼트의 주요 관심사라 할 수 있다.

또한 임파워먼트 관점에서 인식하는 문제는 사회복지실천의 외부뿐만 아니라 과정에도 존재한다. 임파워먼트 관점은 사회복지실천 과정에서 사회복지사가 클라이언트에게 일방적으로 도움을 제공하며 구원자와 같은 역할을 할 경우, 임파워먼트에 반하는 결과를 가져올 수 있다고 경고한다. 예를 들어 어린 시절 부모에게 학대당했던 경험 때문에 앞으로 다른 성인과 건설적인 관계를 형성할 수 없을 것이라며 좌절감을 호소하는 클라이언트를 생각해 보자. 만약 사회복지사가 클라이언트의 생각을 경청하고 우울한 감정을 다루는 역할에만 치중한다면, 클라이언트의 자기연민에 동조하고 이를 강화하는 결과를 낳을 수 있다. 이 경우 클라이언트는 설혹 정서적인 위로를 받았다 하더라도 피해자라는 위치에서 벗어날 수 없다. 그러나 사회복지사가 클라이언트와 힘을 합쳐 학대 피해자에 대한 기존의 병리적 관점에 저항하고 운명론에서 탈피하도록 하며 다른 학대 피해자들과 연대하여 옹호활동을 전개하는 과정을 원조한다면, 클라이언트는 피해자라는 위치를 벗어나 더욱 임파워될 수 있을 것이다(Adams, 2003/2007).

## 4) 사회체계에 대한 관점

임파워먼트 관점에서 사회체계를 바라보는 관점은 생태체계 관점과 크게 다르지 않다. 임파워먼트는 사회복지의 구조와 기능이라는 이중적 초점을 통합적 가치관으로 전환해 주는 관점으로서, 클라이언트를 비난하지 않고 그의 심리적·사회적 힘을 키워 정치적 힘으로 끌어올릴 수 있는 이념이다(김인숙·우국희, 2002). 임파워먼트 관점은 힘(권력)의 획득, 즉 억압적인 경험이나 상황에 대해 통제력을 발휘하는 것을 추구하며 힘의 변혁을 통해 사회구조적 변화를 이루고자 한다. 이렇듯 임파워먼트 관점은 개인의 힘과 더불어 개인을 둘러싼 여러 사회체계의 힘을 상정한다는 점에서 생태체계 관점과 마찬가지로 다층적이고 입체적인 구조를 전제한다.

그러나 생태체계 관점이 다양한 사회체계의 층위를 기계적으로 구분하고 이들 사이의 에너지 교류라는 물리적 상호작용을 강조한다면,

임파워먼트 관점은 사회체계 간 복잡 미묘한 권력의 작용에 초점을 둔다. 특히 임파워먼트 관점에서 관심을 갖는 사회체계는 자원의 불평등한 분배를 통해 한쪽은 권력을 전유하며, 다른 한쪽은 개인의 통제력을 빼앗기고 억압과 차별에 놓이게 되는 구조이다. 또한 이러한 사회체계 구도에서 수행되는 사회복지실천이 성찰 없이 기계적 합리성만을 추구할 경우, 오히려 클라이언트의 권한을 빼앗는 반임파워먼트disempowering를 가져올 수 있으므로 주의해야 한다고 강조한다(Adams, 2003/2007: 66-67).

이와 관련하여 그림 3-2는 임파워먼트 관점에서 이루어지는 실천의 대상과 방향성을 보여 준다. 그림의 동심원은 임파워먼트 실천의 대상을, 아래 화살표는 방향성을 나타낸다. 그림을 자세히 보면 임파워먼트 실천의 대상은 생태체계 관점의 실천 대상인 사회체계와 동일하다(앞의 그림 3-1 참조). 그러나 생태체계 관점은 사회체계의 구도를 설명하는 데 그치는 반면, 임파워먼트 관점은 여기에 더해 사회복지실천의 방향이 반성적/성찰적일 경우 클라이언트에게 힘을 부여하지만 기계적/

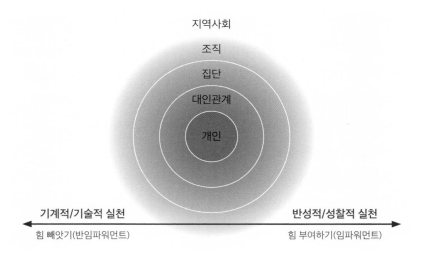

그림 3-2 임파워먼트 실천의 대상과 방향성
출처: Adams(2003/2007: 67)를 일부 수정

기술적일 경우 힘을 빼앗을 수 있음을 명시한다. 즉, 임파워먼트 관점에서는 사회복지실천이 다양한 층위의 사회체계에 개입할 필요성뿐만 아니라, 그 과정에서 추구해야 할 방향성도 매우 중시한다.[4]

## 5) 변화에 대한 관점

임파워먼트 관점에서 변화란 클라이언트에게 힘이 부여되는 것, 즉 자신과 타인에게 행사할 수 있는 통제력이 강화되는 것이다. 그러나 앞에서 살펴본 바와 같이 임파워먼트는 단일한 의미로 규정하기 어렵고, 과정과 결과를 모두 의미하며, 그것이 구현되는 층위도 다양할 수 있다. 또한 한 수준의 임파워먼트가 다른 수준의 임파워먼트로 이어지기 때문에 개인의 임파워먼트 없이 조직과 지역사회의 임파워먼트만을 달성하는 것은 불가능하고, 역으로 조직과 지역사회의 임파워먼트 없이 개인의 임파워먼트만을 달성하는 것도 불가능하다는 점을 기억해야 한다(Zimmerman & Rappaport, 1988).

이는 여성을 위한 임파워먼트를 살펴보면 더욱 명확해진다. 여성은 자신의 본질적 가치와 분리된 고정적인 성역할을 요구받는 존재론적 억압, 성차별에 의해 불평등한 분배의 희생양이 되는 사회제도적 억압, 남성우월주의에 기반한 성적sexual 대상화에 노출되는 사회문화적 억압 등을 경험해 왔다. 따라서 임파워먼트 관점에서는 여성에 대한 다층적 억압의 특수성을 고려하여 이에 관한 여성 자신의 인식뿐 아니라 사회구조적 조건을 변화시키는 것에 초점을 두어야 한다(Turner, 1996). 개인적 차원의 의식화와 능력 향상 그리고 사회정치적 차원의 영향력 획득을 통해 여성이 주체성을 가지고 자신의 삶을 능동적으로 살아갈 수 있게 해야 한다는 것이다(Parsons et al., 1998).

..................

4    이와 관련된 보다 구체적 내용은 10장과 12장을 참조.

그러나 변화의 구체적인 내용은 대상과 상황에 따라 다르게 구현될 수 있다. 예를 들어 같은 한부모 여성이라도 미혼모인 청소년과 배우자를 사별한 중년 여성에 대한 임파워먼트 접근은 서로 유사하면서도 내용적으로 차이가 날 수밖에 없다. 어린 나이에 미혼모가 된 한부모 여성의 경우 사회적 편견과 자원의 부재 속에서 심리적 위축, 사회적 고립, 억압과 차별의 문제를 경험할 가능성이 높다. 따라서 우선 개인적 수준에서 심리적 임파워먼트를 통해 가족의 협력을 끌어내고 자신의 자원을 활용함으로써 통제력을 획득할 수 있도록 지원하는 것이 필요하다. 더불어 조직 수준, 지역사회 수준의 임파워먼트도 단계적 또는 동시적으로 진행되어야 한다. 조직 수준에서는 미혼모 지원기관을 활용하고, 학습 중단을 방지하기 위해 교육기관과 협력하며, 미혼모 자조모임에 참여할 수 있도록 지원해야 한다. 지역사회 수준에서는 미혼모 관련 정책을 보완하기 위한 청원 등 정치적 참여와 옹호활동이 이루어질 필요가 있다.

한편 남편과 사별한 중년 직장 여성의 경우 사별의 슬픔과 경제적·사회적 어려움, 자녀양육이 문제가 될 수 있다. 그러므로 우선 가족 수준에서 애도를 다루는 심리적 임파워먼트와 자녀돌봄을 위한 지지망 구축 및 통제력 획득을 위한 지원이 필요하다. 조직 수준에서는 직장 내 복지서비스에 관한 정보를 얻고 활용함으로써 일과 가정을 양립할 수 있는 통제력을 획득하고, 교육기관과 협력하여 자녀의 안정된 학교생활을 도모하며, 사별자 자조모임에 참여하여 사회적 차원의 지지 기반을 마련하도록 해야 한다. 나아가 남성 중심의 근로복지제도를 여성가장을 포함하는 가족친화적 제도로 개선하기 위한 연대와 옹호활동 등이 요구될 것이다. 이와 같이 임파워먼트 관점에서 변화란 클라이언트가 자신의 인권을 인식하고 증진시켜 시민으로서의 권리와 의무를 유지하면서 필요에 맞는 복지서비스를 받아 스스로 삶을 도모해 갈 수 있게 되는 것을 의미한다(Dominelli, 2004/2007: 333).

## 6) 기여와 한계

임파워먼트는 사회정의에 대한 지향을 바탕으로 구조와 기능의 이중적 초점을 통합한 관점으로서, 그리고 자기효능감, 통제감, 참여, 연대 등을 통해 클라이언트의 물질적, 정신적, 사회적 힘을 키워 나갈 수 있는 장기적인 실천 과정으로서 현대 사회복지실천의 정체성 수립에 상당히 기여했다. 또한 문제에 대해 클라이언트를 비난하는 대신, 클라이언트의 심리적·사회적 힘을 키워 정치적 힘으로 끌어올리는 것을 사회복지사 고유의 역할로 인식시키는 데 도움을 주었다. 이는 문제의 근원을 개인의 심리적 차원보다 사회구조에서 찾고, 그러한 사회구조의 내재적·외재적 측면을 모두 겨냥한 집합행동에 나설 수 있게끔 돕는 실천전략으로 이어졌다.

임파워먼트 관점은 강점 중심 관점을 채택하면서도 클라이언트가 가진 장점만을 향상시키려는 좁은 시야(Cowger, 1998: 33)를 극복하고 정치적·구조적·조직적 의미를 모두 고려할 수 있는 관점과 실천방향을 제시했다는 점에서도 의의가 있다. 사실 사회복지 현장에서 클라이언트는 극적인 역경보다는 만성적인 역경을 안고 살아가는 사회경제적 취약계층인 경우가 많다. 그렇기에 주로 위기상황에 적용되는 개인의 회복탄력성 중심의 강점 관점은 일정한 한계를 가진다. 임파워먼트는 바로 이 지점을 극복하면서 좀 더 장기적인 과정과 구조적인 접근에 대한 대안적 관점을 제시한다.

하지만 임파워먼트라는 개념이 다소 불명확하기 때문에 상황의 특성에 따라 접근방식이 혼재될 수 있고, 구체적인 실천방법이나 영역의 구분도 모호할 수 있다. 또한 사회복지기관들이 주로 정부의 보조금으로 운영되는 현실에서 기득권이나 기성 구도에 저항하면서 임파워먼트를 실천하기가 쉽지 않을 수 있다. 그 결과 집단적이고 정치적이며 거시적인 측면을 강조하는 임파워먼트 관점과 달리, 실제 실천 현장에서는

자기효능감 같은 심리적이고 미시적인 차원의 임파워먼트에 초점을 두
는 경향을 보인다. 이 경우 앞에서 살펴본 자조의 개념처럼 개인의 선택
과 책임을 강조하는 논리로 귀결되는 것 아니냐는 비판을 받곤 한다. 이
외에도 임파워먼트 관점은 사회환경과 사회구조를 억압적이라고 간주
하기 때문에 구조적 측면이 갖는 순기능이나 실천에서의 활용성 등을
간과하기 쉽다는 점이 지적된다(김인숙·우국희, 2002; Burke & Harrison,
2002; 양옥경·최명민, 2006; 최명민·김기덕, 2013).

## 5. 비판사회복지 관점

비판사회복지critical social work를 이해하기 위해 우선 '비판'의 의미부
터 살펴볼 필요가 있다. 비판이라고 하면 흔히 상대의 흠을 잡아 비난하
는 행위와 혼동하기 쉽지만, 여기서 비판은 그러한 부정적인 개념이 아니
다. 그보다는 어떤 사실이나 주장을 깊고 폭넓게 이해하며, 남들을 무조
건 따라가는 것이 아니라 자기 스스로 생각하고 판단하는 것을 뜻한다.

이러한 비판의 의미를 고려하면, 비판적 사고란 어떤 주장을 일방
적이고 맹목적으로 받아들이기보다 질문하고 근거를 찾고 통념을 의심
하고 가치의 잣대를 적용해 보면서 사물과 현상의 다양한 측면을 파악
하기 위해 노력하는 일련의 과정이라고 규정할 수 있다. 비판적 사고가
가능할 때 우리는 다양한 정보 중에서 더 적절한 것을 취사선택할 수
있으며 다른 사람의 견해를 더 잘 이해할 수 있다. 또 무엇이 진정한 문
제인지를 가려내고 잘못된 통념에 맞서 여러 가능성을 모색할 수 있다.
특히 비판적 사고는 소수자의 인권, 권력의 위계질서, 억압기제, 타자화,
과학기술의 발달에 따른 변화와 같은 사회현상을 다루는 데 꼭 필요한
요소이다(박은진·김희정, 2008; 마희정 외, 2020).

그레이와 웨브(Gray & Webb, 2009/2012)는 사회복지사가 지배계급의 충실한 하인이나 단순히 기술적으로만 숙련된 전문가가 아니라, 사회적 약자를 위해 '행동하는 이성'을 갖춘 비판적 지식인이 되어야 함을 강조한 바 있다. 이는 진정한 지식인이라면 사회적 약자를 위해 발언할 수 있어야 한다고 보았던 프랑스의 비판적 사상가 피에르 부르디외Pierre Bourdieu의 주장과 상통한다. 종합하면 비판사회복지 관점은 비판적 사고와 사회복지를 결합한 것이라고 할 수 있다.

## 1) 이론적 기반

비판사회복지는 특정한 가치에 근거를 둔 전통적인 사회복지와 구분되며, 페미니즘 이론이나 비판적 인종 이론, 신마르크스주의 사회비판 이론 등 현대사회에 존재하는 경제적·정치적 지배의 다양한 측면을 밝히고자 하는 여러 지적 운동과 연계하여 등장하였다. 따라서 비판사회복지는 단일한 이론이 아니라, 억압으로부터의 해방과 정의를 실현하기 위해 사회변화를 추구하는 여러 이론을 포괄한다고 할 수 있다(Gray & Webb, 2009/2012). 보다 구체적으로는 급진사회복지, 구조적 사회복지, 여성주의 사회복지, 반억압 사회복지, 반차별 사회복지 등을 아우르는 매우 광범위한 실천적 접근을 의미한다.

비판사회복지가 포괄하는 실천 이론들은 조금씩 다른 용어를 사용하고 있지만, 모두 비판사회과학 패러다임에 이론적 근거를 두고 있다. 이러한 비판사회복지의 특징은 다음 세 가지로 요약될 수 있다(Healy, 2005/2012: 383). 첫째, 모든 사회관계는 거시적인 사회구조의 영향을 받는다. 특권을 가진 자와 못 가진 자가 존재하는 사회구조에서 이들 간의 이해관계는 상반되어 조화를 이루기 어렵다. 이와 같은 관점에서 보면 사회복지사는 전문적 지위라는 제도적 권력과 특권을 갖고 있는 반면, 클라이언트는 사회복지사에 비해 권력이 약하다. 그러므로 사회복지사는 자신이 지닌 권력에 대해 비판적이고 반성적으로 성찰해야 하며, 상대적으로 권력이 없는 클라이언트와 권력을 나누기 위한 전략을 모색해야 한다.

둘째, 현재는 개인의 선택과 책임, 공정한 경쟁에 근거한 성과를 강조하는 신자유주의의 시대이다. 그러나 사실상 개인의 선택은 완전히 자유로운 것이 아니라 지배 이데올로기에 의해 제약을 받으며, 가난한 자에게 경쟁은 결코 공정할 수 없다. 따라서 사회복지사는 클라이언트가 가진 문제의 원인이 그들 자신에게 있다기보다 사회구조에 있다는 사실을 인식하고, 클라이언트도 이 점을 인지할 수 있게 도와야 한다.

셋째, 비판사회과학이 추구하는 것은 부당한 억압과 지배가 없는 사회를 이루기 위한 집단적 변화이다. 그러므로 비판사회복지실천을 하는 사회복지사는 클라이언트가 자신의 관심사와 관련된 집합적 대응에 참여할 기회를 만들어야 한다.

## 2) 문제, 사회체계, 변화에 대한 관점

비판사회복지는 일반적인 비판 개념을 적용한 광의의 비판사회복지와, 전통적이고 엄격한 비판 개념을 고수하는 협의의 비판사회복지로 구분할 수 있다. 이 둘은 서로 유사한 점도 있지만 주요 문제로 규정하는 것과 변화의 지향점에서 차이를 보이므로 구분해서 살펴보고자 한다.

광의의 비판사회복지는 인본주의와 자유주의 사상에 근거하여 사회복지사와 클라이언트의 잠재력을 극대화할 수 있는 '최선의 실천'을 모색하는 데 관심이 있다. 이를 위해 가장 강조하는 것은 사회복지사가 비판적인 태도를 견지하는 것이다(Gray & Webb, 2009/2012: 135-138). 여기서 비판의 대상은 사상, 행동, 문화, 양심, 주체 등 다양할 수 있지만, 핵심은 기존의 실천들을 관습적으로 답습하는 무비판적인 사회복지실천이다. 사회복지사는 인간이라는 존재를 다룸에 있어서 비판적이고 반성적인 태도를 가져야 하며 기존의 이론들을 비교하여 도전하고 이를 재구조화해야 한다. 단, 광의의 비판사회복지가 지향하는 변화는 경제적·정치적 구조를 근본적으로 개혁하는 것이라기보다 현 상황 내에서 개인과 자원, 개입을 점진적으로 개선하는 것이다.

이와 같은 광의의 비판사회복지 개념을 따른다면, 강점 관점이나 임파워먼트 관점도 기존의 실천 이론들을 비판하면서 등장했으므로 비판사회복지에 속한다고 볼 수 있다. 그러나 이 두 관점은 개인의 선택과 책임을 강조함으로써 사회적 약자에게 억압적 방식으로 실천될 수 있다는 점에서 다시 비판의 대상이 되기도 한다.

협의의 비판사회복지는 인간 존재와 사회체계의 본질을 비판사회과학적으로 이해한다. 비판사회과학은 궁극적으로 사회의 지배적인 억압기제와 권력의 위계질서에 문제를 제기한다. 따라서 협의의 비판사회복지 역시 권력이 담론체계를 통해 어떻게 억압적으로 작동하는지를 이해하고자 하며, 나아가 이러한 담론을 해체하고 재건하려 한다. 협의의 비판사회복지가 카를 마르크스Karl Marx의 계급권력론이나 미셸 푸코Michel Foucault의 권력분석학에 기초해 있다는 사실이 이를 말해 준다(Gray & Webb, 2009/2012: 138-141).

협의의 비판사회복지는 지배, 억압, 착취가 없는 사회를 구현하기 위한 실천에 주요 관심을 둔다(Fook, 2002: 18). 이를 대표하는 것이 1960년대 후반 영국에서 발전한 반억압실천과 반차별실천이다. 대표적으로 반억압실천은 심리적 역량 강화를 중시하는 전통적인 사회복지실천 접근을 극복하고, 불평등한 사회구조를 변화시켜 클라이언트의 존엄성을 강화하고 사회정의를 실현하는 것을 지향한다. 인간에게 부여된 성, 나이, 장애, 인종, 계급, 성적 지향 등에 따른 억압과 차별을 거부하며 평등의 가치를 실현하는 해방적 접근emancipatory approach을 추구한다(양만재, 2016). 반억압실천은 무엇보다 다양성의 수용을 강조하고, 차이를 인정하지 않는 정상normal과 비정상abnormal의 구분을 비판한다(Dominelli, 2002: 9). 따라서 사회적으로 용인되는 정상의 규범이 어떤 방식으로 확립되는지, 그리고 그 규범을 충족하지 못하는 것이 개인의 문제인지 규범의 문제인지부터 비판적으로 사고할 수 있어야 한다고 강조한다 (Thompson, 2001). 그리고 실천가와 클라이언트 간 위계의 부정적인 효과를 최소화하면서 클라이언트의 역량을 강화하고자 한다(Dominelli, 2002: 6). 반억압 사회복지실천에 대해서는 10장에서 보다 상세히 다룰 것이다.

### 3) 기여와 한계

비판사회복지 관점은 사회복지실천에 비판사회과학 패러다임을 도입하여 비판적 사고의 중요성을 일깨워 주었다. 그리고 사회복지사들이 실천 현장에서 거시적 변화를 추구할 때 부딪히게 되는 여러 복잡한 사회구조적 문제들을 설명해 주는 이론적 토대를 제공하였다. 이를 통해 사회복지사는 개인과 사회구조, 그리고 그 관계에 대한 비판사회학적 지식과 지속적인 성찰을 요구받게 되었다(Gray & Webb, 2009/2012).

개인주의가 확산되고 사회복지실천이 성과 위주로 표준화되고 있는 현실에서, 실천의 '사회적 의미'를 회복하고 변혁적 정치에 관심을 둘 것을 강조하는 비판사회복지 관점은 더욱 중요한 의미를 갖는다. 아울러 최근 국내외에서 피에르 부르디외, 미셸 푸코, 위르겐 하버마스 Jürgen Habermas, 앤서니 기든스Anthony Giddens, 지그문트 바우만Zygmunt Bauman, 악셀 호네트Axel Honneth 등의 비판사회과학 이론과 사회복지실천을 접목한 연구들이 활발하게 시도되고 있다는 점을 고려하면(이혁구, 2000; 김기덕, 2004; 김기덕, 2006; Gray & Webb, 2009/2012; 최명민·김기덕, 2013; 김기덕·최명민, 2014; 김기덕, 2015; 최명민·정병오, 2015 등), 향후 비판사회복지실천은 계속 발전하고 그 위상도 더욱 강화될 것으로 전망된다. 이러한 비판사회복지실천은 이 책을 관통하는 주요 관점이기도 하다.

# 사회복지실천 체계론

이 장에서는 사회복지실천의 체계로서 실천 주체와 실천 현장에 대한 이해를 돕고자 한다. 사회복지실천 주체론에서는 서비스를 제공하는 사회복지사와 서비스를 제공받고 그 과정에 참여하는 클라이언트가 각각 어떤 존재이며 서로 어떠한 관계에 있는지를 다룬다. 또한 사회복지실천 현장론에서는 이러한 사회복지실천 주체들이 만나고 상호작용하는 실천 현장이 어떤 곳인지에 대해 살펴볼 것이다.

## 1. 사회복지실천 주체론

사회복지실천의 주체는 크게 두 축으로 구성된다. 하나는 서비스 제공자인 사회복지사이고, 다른 하나는 서비스 이용자인 클라이언트이다. 1장의 그림 1-1에서 살펴보았듯이 이 둘은 서로가 있기에 존재할 수 있으며 상호 영향을 주고받는 순환적인 관계이다. 이러한 관계를 염두에 두고 사회복지사와 클라이언트에 대한 개념을 살펴보면 다음과 같다.

## 1) 사회복지사란 누구인가

'사회복지사란 누구인가'는 곧 사회복지전문직의 정체성에 관한 질문이다. 전문직 정체성은 고정불변하는 것은 아니지만, 역사적으로 일관되게 명맥을 유지해 온 속성과 현재 사회적으로 천명하고 있는 내용이 있다. 또 인접한 다른 전문직과의 비교를 통해 그 차별성을 이해할 수도 있다. 여기서는 사회복지사의 정체성으로 언급되고 있는 내용 및 사회복지사와 타 전문직의 차이점을 살펴본 후, 사회복지사의 전문성을 법적으로 규정한 자격제도와 사회복지사가 현장에서 실제 수행하고 있는 역할들을 알아보고자 한다. 아울러 한국사회에서 사회복지사가 갖춰야 할 핵심역량에 대해서도 설명할 것이다.

### (1) 사회복지사의 정체성

정체성identity이란 자신이 누구인지와 관련된 판단의 집합을 뜻하며, 자신의 내부에서 일관된 동일성을 유지하는 것과 어떤 본질적인 특성을 타인과 지속적으로 공유하는 것 모두를 의미한다(Erikson, 1956: 57). 이를 고려하면 전문직 정체성은 전문직 종사자가 자신의 직업에 대해 일관되게 부여하는 의미이자, 동일한 직업 범주에 속한 사람들과 공유하는 특성이라 할 수 있다. 전문직 정체성은 전문직으로서 지식, 기술, 그리고 가치와 태도를 내재화하는 사회화 과정을 통해 형성된다(Weiss et al., 2004). 따라서 사회복지사의 정체성은 전문직 사회화 과정의 배경이 되는 시간과 공간을 반영할 수밖에 없다.

이러한 측면에서 사회복지사는 오래전부터 존재했던 의사나 법률가, 건축가 등과 달리, 자본주의가 발달한 근대 서구에서 처음 출현했다는 사실에 주목할 필요가 있다. 사회복지사는 특히 현대에 와서 제3세계뿐 아니라 냉전 종식 이후 새로운 정치체제를 구축한 지역에 이르기까지 전 세계적으로 급격히 증가한 직종 중 하나이다. 그 이유는 빈곤과 불평등, 차별과 배제, 질병·장애·노화에 따른 의존, 정신질환과 중독, 가족해체, 학대와 폭력, 비행과 범죄, 외상과 같은 현대사회의 문제들을 효과적으로 다루고 그러한 문제를 지닌 대상을 도울 수 있는 체계가 요구되었기 때문이다.

사람은 누구나 살면서 어려움을 겪게 되는데, 어떤 사람들은 여러 복합적인 요인으로 인해 당면한 어려움에 잘 대응하지 못한다. 이들은 적절한 도움이 없다면 낙오자나 희생자가 될 가능성이 높다. 따라서 이들을 돕는 것은 궁극적으로 인권을 보장하고 사회정의를 도모하는 일이며, 이러한 역할을 하는 사람들이 바로 사회복지사라고 할 수 있다(Thompson, 2009). 그런데 사회복지사의 모습은 시기와 국가에 따라 차이를 보인다. 예를 들어 사회복지실천이 본격적으로 시작된 19세기 말 영국에서는 사회복지사가 산업화와 도시화의 부작용을 해결하기 위한 자발적인 비영리 활동에 치중했다면, 20세기 이후에는 주로 공공 영역에서 사회서비스를 담당하고 있다. 이에 비해 미국의 사회복지사는 개인과 가족을 대상으로 치료적 역할을 수행하는 임상가로 인식되는 경우가 많으며, 비영리 분야뿐 아니라 영리 조직에서도 활발히 활동한다. 한편 개발도상국에서 사회복지사의 활동은 지역사회 개발을 중심으로 전개되었다. 우리나라 역시 고유한 형태의 사회복지사 제도와 기능이 형성되어 왔다.[1]

이처럼 사회복지사의 모습은 전 세계적으로 동일하지도 고정적이지도 않다. 그럼에도 현재 사회복지사의 정체성을 규정하는 핵심을 이해하는 일은 필요하다. 1장에서 일부 살펴본 것처럼, 국제사회복지사연

---

1    이 책의 2장을 참고.

맹IFSW과 국제사회복지교육연합IASSW은 사회복지전문직Social Work Profession 을 다음과 같이 정의한다.[QR]

### 사회복지전문직의 표준적 정의

사회복지social work는 사회변화와 개발, 사회통합, 임파워먼트, 인간해방을 증진하고자 하는 실천practice 기반의 직업이자 학문 분야이며 그 핵심은 사회정의, 인권, 집단 책임, 다양성을 존중하는 원칙이다. 사회복지는 사회복지이론, 사회과학, 인문학, 토착지식에 기반을 두고 사람과 구조에 관여하여 삶에서의 도전을 다루고 복지를 향상시키고자 한다. 단, 이 정의는 국가적, 지역적 차원에서 덧붙여질 수 있다.

IFSW와 IASSW는 이 정의와 함께 사회복지사에게 요구되는 핵심 의무와 원칙, 지식 및 실무 등을 상세히 제시하고 있다. 이 중 일부 내용을 소개하면 다음과 같다.

### 핵심 의무

(…) 사회복지는 상호연결된 역사적, 사회경제적, 문화적, 공간적, 정치적, 개인적 요소들이 인간의 복지와 발달에 기회를 제공하기도 하고 장애물로 작동하기도 한다는 사실을 인식하는 실천기반의 직업이자 학문 분야이다. 구조적 장애물은 불평등, 차별, 착취, 억압을 영속화한다. 인종, 계급, 언어, 종교, 젠더, 장애, 문화, 성적 지향 등에 근거한 억압과 특권의 구조적 근원에 대해 성찰하는 비판적 인식을 발전시키고, 구조적·개인적 장벽을 해결하기 위한 행동 전략을 개발하는 것은 인간해방과 임파워먼트를 목표로 하는 해방적 실천의 중심이다. 이 직종은 불이익을 받는 사람들과 연대하여, 빈곤을 감소시키고 억압받는 약자들을 해방하며 사회적 포용과 사회통합을 촉진하기 위해 노력한다. (…)

## 원칙

사회복지의 가장 중요한 원칙은 인간 존재의 타고난 가치와 존엄성을 존중하고, 어떤 위해도 가하지 않으며, 다양성을 존중하고, 인권과 사회정의를 옹호하는 것이다. (…)

이러한 설명은 사회복지사의 정체성을 잘 표현해 준다. 그러나 한편으로는 인권이나 사회정의 등 추상적인 개념이 많다 보니 사회복지사가 수행해야 할 역할이 다소 모호하게 느껴지기도 한다. 예를 들어 인권 및 사회정의와 관련하여 사회복지 현장에서 공통적으로 다루는 빈곤 문제를 보자. 그 원인만 하더라도 개인, 가족, 사회 차원에서 이해될 수 있으며 교육, 건강, 경제, 문화, 정치 등이 복합적으로 작용하고 있다. 따라서 사회복지사가 빈곤 문제를 해결하기 위해 어떤 개입을 한다고 할 때, 그 원인을 무엇으로 이해하고 어떻게 접근해야 할지 결정하는 일은 쉽지 않다. 또한 빈곤이 사회적 불평등과 체계적 박탈 때문에 발생한다는 비판적 시각을 갖고 있다고 해도, 실제 현장에서의 개입은 사회구조적 측면보다는 개인이나 가족의 변화에 초점을 두기 쉽다. 이처럼 인권과 사회정의를 실현하기 위한 사회복지실천에는 모순적으로 보이거나 모호한 부분이 존재하기 마련이다.

흥미로운 것은 사회복지실천의 이러한 포괄적이고 다층적이며 종합적인 특성이 바로 사회복지사 정체성의 한 부분이라는 점이다. 사회복지사는 특정 대상과 개입방법에 초점을 두는 경우도 있지만, 문제를 다차원적으로 이해하고 다양한 접근방식을 종합할 수 있는 역량이 더 중시된다. 이러한 측면 때문에 사회복지사는 대개 특정한 문제나 접근법에 기초하여 단일한 역할을 하는 '특수 전문가specialist'라기보다 여러 문제에 다양한 방식으로 접근하며 복합적인 역할을 수행하는 '일반주의 전문가generalist'로 규정된다. 앞에서 제시한 '사회복지전문직의 표준적 정의'도 일반주의 전문가의 개념과 거의 일치한다고 볼 수 있다. 특히 복잡하게 연결되어 있으며 급변하는 현대 사회복지실천 현장에서는 특수한 개입에 한정하지 않고 효과적인 방법들을 융통성 있게 활용할 수 있는 일반주의 사회복지사가 바람직하다는 주장이 커지고 있다 (Cohen, 2003; Lavitt, 2009).

이와 같은 주장이 특정 영역에 대해 깊이 있는 이해와 경험을 갖춘 전문가의 활동을 폄하하는 것은 아니다. 특수 전문가의 활동 역시 우리 사회에 반드시 필요하다. 다만 사회복지사는 특수 전문가라 할지라도 특정한 개입방법에만 의존하지 않기 때문에 일반주의적 기초 위에서 특수 영역을 심도 있게 다룰 수 있는 역량을 강조해 왔다. 예를 들어 래빗 (Lavitt, 2009)은 '숙련된 일반주의 사회복지사advanced generalist social worker'라는 표현을 통해 사회복지사의 전문성에는 다양한 측면의 문제 사정 능력, 리더십과 자기 성찰, 윤리적 옹호 등이 포함된다고 설명한 바 있다.

실제로 다수의 해외 연구들은 사회복지사가 자신의 정체성을 복합적이고 전체적이라고 인식한다는 사실을 보여 준다(Austin, 1983; Gibelman, 1999; Fargion, 2008). 한국에서도 사회복지사들은 실천 영역과 방법, 그리고 필요한 지식 분야가 다양하다는 점을 직업적 정체성의 하나로 꼽고 있다. 여러 요소들을 목적에 맞게 연결하고 활용하는 것 자체가 사회복지사의 핵심적인 역할이라는 것이다(최명민·이현주, 2017). 요컨대 사회복지실천의 포괄적이고 복합적인 특성 때문에 사회복지사의 정체성에 대한 논란이 생기기도 하지만, 동시에 사회복지사가 인공지능과 같은 기계문명이 쉽게 대신할 수 없는 고유한 역할을 갖는다고 할 수 있다.

### (2) 타 전문직과의 차별성

사회복지사는 휴먼서비스human service 직종에 속한다. 휴먼서비스란 교육, 간호, 사회복지, 법률 등 관련 지식을 기반으로 인간의 욕구 충족, 당면한 문제의 예방 및 개선, 전반적인 삶의 질 향상 등을 위해 노력하는 것을 목적으로 하는 다학제적 연구 분야이다. 이보다 협소한 규정에 따르면 휴먼서비스는 주로 급성적·만성적 위기상황에서 소득이나 주거 등의 외적인 문제, 질병이나 장애, 외로움 등의 내적인 문제로 인해 도움이 필요한 이들에게 적절한 서비스를 제공하는 직종으로 한정된다. 미국의 경우 휴먼서비스 직종으로 심리학자, 임상사회복지사Licensed Clinical Social Worker, 작업치료사, 보건교육사, 약물중독상담사 등이 열거되곤 한다(HumanServicesEDU.org, 2020).

그렇다면 휴먼서비스에 속하는 다른 직종과 사회복지사의 차이점은 무엇일까? 가장 일반적으로 거론되는 차이점은 문제를 바라보고 접근하는 방식이다. 다른 휴먼서비스직은 대부분 '개별 인간'에 초점을 두며 그중에서도 당면한 문제나 특정 요구에 한해 서비스를 제공하는 경향이 있다. 이에 비해 사회복지사는 개인뿐 아니라 그가 처한 '사회환경적 측면'을 포괄적으로 이해하고자 하며, 개인과 사회환경, 그리고 그 관계의 변화를 함께 추구한다. 다시 말해 인간과 그를 둘러싼 사회적 관계에 관심을 기울이고 총체적인 변화를 지향하는 접근방식이 현대 사회복지의 차별화된 특징이다.

나아가 톰슨(Thompson, 2015: 1-9)은 현대사회에서 여타 휴먼서비스직과 구별되는 사회복지사의 특징을 다각도로 제시하고 있다. 그 내용을 정리하면 다음과 같다.

① 법에 명시된 의무에 대한 책임성　사회복지사가 개인적인 판단이나 재량에 따라 실천활동을 수행한다고 생각하기 쉽지만, 사실 사회복지사의 활동은 상당 부분 법률에 기반을 두고 있다. 또한 사회복지서비스의 재원이 세금으로 충당되는 만큼 공적 책무성이 강조된다. 이로 인해 사회복지사는 법적으로 권한을 부여받는 동시에 규제를 받기도 한다.

우리나라에서도 사회복지실천은 대부분 「사회복지사업법」과 각 분야의 관련 법률(「아동복지법」, 「장애인복지법」, 「노인복지법」, 「가정폭력범죄의 처벌 등에 관한 특례법」 등), 정부 지침 등에 따라 수행되고 있다. 사회복지사는 법에 명시된 의무를 이해하고 준수해야 하며, 이를 위한 적절한 훈련과 슈퍼비전을 받아야 한다. 단, 클라이언트의 이익과 법률 준수가 상충되는 경우에는 반드시 이를 슈퍼바이저에게 공식적으로 보고해야 한다. 특히 사회복지전담공무원처럼 공공 분야에서 일하는 사회복지사에게는 더 큰 공적 책임이 요구된다.

② 돌봄과 통제 사이의 긴장  사회복지사가 제공하는 서비스에는 다른 사람을 돌보고 보호하는 기능은 물론, 치료와 교정을 통해 사회규범에 따르도록 하는 사회통제 기능도 포함된다. 예를 들어 비협조적인 비행청소년이나 알콜중독자를 상대로 사회복지서비스를 제공하는 경우, 이는 보호와 안전을 위한 것인 동시에 규율과 통제를 수행하는 것이기도 하다. 이때 사회복지사는 클라이언트의 자기결정권 보장과 이들에 대한 통제적 개입 사이에서 딜레마를 경험한다. 이러한 긴장 속에서 사회복지사는 적절한 균형을 유지하고자 노력해야 한다. 통제 기능에만 충실하면 사회복지의 본질인 돌봄을 간과하여 강제와 억압이 발생할 수 있고, 통제적 속성을 무시하고 돌봄에만 치중하면 실천의 효과성이나 사회적 안정이 약화될 수 있기 때문이다(김기덕 · 최명민, 2014).

③ 경계에서 오는 모호함  사회복지의 주 관심사인 인간의 행복과 고통은 그 자체로 복잡한 영역이다. 따라서 이와 관련된 문제를 다루는 사회복지사의 활동 역시 삶의 다양한 측면들이 교차하는 지점, 즉 경계에 위치할 수밖에 없다. 사회복지는 우리 삶을 구성하는 본질과 현상, 이성과 감정, 의식과 무의식, 개인과 사회, 주체와 구조, 부자와 빈자, 리얼리즘과 유토피아니즘, 신학과 기술, 자기결정과 공공성, 원인과 결과, 경제와 문화, 내국과 외국, 언어와 비언어 등 다양한 요소 사이에서 이들을 아우르는 역할을 한다. 이로 인해 사회복지사는 때로 어느 한쪽을 선택하기 어려운 딜레마를 경험한다(김기덕, 2013). 반면 대부분의 전문

직은 그 역할이 배타적이고 독점적이며 관심사도 한정적인 편이다. 이는 사회복지사가 간혹 다른 전문직에 비해 확신이나 자신감이 부족해 보이는 이유이기도 하다.

④ 사회에 꼭 필요한 일을 수행   사회복지는 주로 잘못된 사회구조나 제도로 인해 발생하는 빈곤, 비행과 범죄, 노숙, 중독, 만성질환, 장애, 고독사, 자살 등의 문제를 다룬다. 그런데 이러한 문제를 바라보는 사회적 시선은 이중적이다(예: 개입의 필요성은 지지하지만 많은 자원을 투입하는 것에는 반대함). 또한 사회복지사에 대해서도 좋은 일을 하는 착한 사람이라고 찬사를 보내는 한편, 원래 힘든 일을 하는 직업이라며 희생과 봉사를 당연시하기도 한다.

하지만 사회복지사가 하는 일은 단순히 좋은 일이나 힘든 일이 아니라, 사회에 꼭 필요한 일이다. 실제로 사회복지사들은 자신을 '미비한 사회제도나 정책의 사각지대를 채움으로써 인간존엄의 기초선을 지키는 파수꾼'으로 인식하고 있다(최명민·이현주, 2017). 이러한 사회복지사의 역할은 '상선약수上善若水'[2]에 비견되기도 한다. 세상의 잣대로 사람들을 구분하거나 배제하지 않으며 보다 포용적인 사회를 지향하는 사회복지사의 역할이 어떤 지류도 가려서 받아들이지 않고 낮은 곳을 향해 흐르며 그 과정에서 정화의 기능을 수행하는 물의 속성과 유사하기 때문이다(김기덕 외, 2014).

⑤ 사회정의를 향한 노력   사회복지사는 휴먼서비스 분야에서 사회적 불평등의 개선 및 차별에 대한 도전을 주요 지향으로 삼는 거의 유일한 직종이다. 따라서 사회문제에 비판적인 시각을 견지하고 개인과 사회가 만나는 접점에서 불평등과 부정을 근절하려는 노력을 기울인다.

..................

2    노자의 『도덕경』에 나오는 구절로 '최고의 선은 물과 같다' 또는 '최고로 잘하는 사람은 물과 같다'는 뜻이다(박승희, 2015).

다른 직종도 이러한 이슈들을 다루기는 하지만, 사회복지사는 이 부분이 직업적 정체성의 핵심이라는 점에서 차별성이 있다(Thompson, 2015).

소비주의와 개인주의가 팽배하고 다양한 형태의 사회적 위험이 나타나는 현대사회에서, 사회경제적으로 취약한 이들은 예전처럼 예비노동력으로서의 가치도 인정받지 못한 채 사회적 부담을 가중시키는 존재로 인식되곤 한다. 양극화의 말단으로 밀려난 사회적 취약계층은 과거 어느 때보다 무가치하게 취급받고 있다(Bauman, 2000/2005). 그만큼 불평등이 심화되는 현시대에 초창기부터 사회적 약자에 초점을 두었던 사회복지실천의 중요성은 더 커지고 있다(최명민, 2014).

### (3) 자격제도와 전문성

사회복지실천이 포괄적이고 다층적이다 보니 이 직업이 발전하던 초기에는 사회복지사의 전문성과 단일 직업으로서의 정체성에 의문이 제기되기도 했다(Flexner, 1915). 그러나 19세기 들어 사회복지는 개별사회사업, 집단사회사업, 지역사회조직 등 사회복지 고유의 기술과 더불어 사회복지사 자격에 대한 법적 근거를 마련해 나갔다. 그 결과 이제 대부분의 국가에서 사회복지사가 활동하고 있으며, 국가마다 고유의 사회복지사 자격제도를 갖추게 되었다.

우리나라의 사회복지사 자격제도는 「사회복지사업법」에서 규정하고 있다. 이에 따르면 사회복지사 자격은 교과목 이수를 골자로 한 2급과 국가시험 합격이 필요한 1급으로 구분된다. 사회복지사 2급의 경우 '「고등교육법」에 따른 대학에서 보건복지부령으로 정하는 사회복지학 전공교과목과 사회복지 관련 교과목을 이수하고 학사학위를 취득한 사람'을 기본으로 하되, '대학원에서 사회복지학 또는 사회사업학을 전공하고 석사학위 또는 박사학위를 취득한 사람' 등에게도 자격을 부여한다. 사회복지사 1급은 국가자격시험에 합격한 사람에게만 부여한다.

2018년에 「사회복지사업법」 개정 법안이 통과되면서 사회복지사

1·2급 자격제도에 더하여 정신건강사회복지사, 의료사회복지사, 학교 사회복지사 국가자격이 신설되었다. 이 자격은 1급 사회복지사 자격이 있는 사람 중에서 보건복지부령으로 정하는 수련기관에서 수련과정을 이수한 사람에게 부여한다. 이러한 변화는 사회복지사의 영역별 전문성 강화를 목적으로 한다.

그러나 교육과정이나 시험제도에 의한 자격증 취득만으로 사회복지사의 전문성이 충분히 담보되는 것은 아니다. 법적으로 인정되는 자격뿐 아니라 사회복지사에게 요구되는 규범과 가치를 준수하고 적절한 실천 경험이 수반될 때 진정한 전문성을 갖출 수 있다.

| 더 알아보기 |

## 사회복지사의 등급별·영역별 자격기준

「사회복지사업법」(법률 제18618호) 제11조 제2항에서는 "사회복지사의 등급은 1급·2급으로 하되, 정신건강·의료·학교 영역에 대해서는 영역별로 정신건강사회복지사·의료사회복지사·학교사회복지사의 자격을 부여할 수 있다"라고 규정하고 있다. 이 조항에 따라 「사회복지사업법 시행령」(대통령령 제31236호) 별표 1[QR]에서는 사회복지사 1급과 2급의 자격기준, 정신건강사회복지사와 의료사회복지사 또는 학교사회복지사의 자격기준을 명시하고 있다. 그 내용은 다음과 같다.

표 4-1 사회복지사 등급별 자격기준

| 등급 | 자격기준 |
|---|---|
| 사회복지사 1급 | 법 제11조제3항에 따른 국가시험에 합격한 사람 |
| 사회복지사 2급 | 가. 「고등교육법」에 따른 대학원에서 사회복지학 또는 사회사업학을 전공하고 석사학위 또는 박사학위를 취득한 사람. 다만, 사회복지학 또는 사회사업학이 아닌 분야의 학사학위를 취득하고 사회복지학 또는 사회사업학 석사학위를 취득한 사람은 보건복지부령으로 정하는 사회복지학 전공교과목과 사회복지 관련 교과목 중 사회복지현장실습을 포함한 필수과목 6과목 이상(대학에서 이수한 교과목을 포함하되, 대학원에서 4과목 |

이상을 이수해야 한다), 선택과목 2과목 이상을 각각
이수한 경우에만 사회복지사 자격을 인정한다.

나. 「고등교육법」에 따른 대학에서 보건복지부령으로
정하는 사회복지학 전공교과목과 사회복지 관련
교과목을 이수하고 학사학위를 취득한 사람

다. 법령에서 「고등교육법」에 따른 대학을 졸업한 사람과
동등 이상의 학력이 있다고 인정하는 사람으로서
보건복지부령으로 정하는 사회복지학 전공과목과
사회복지 관련 교과목을 이수한 사람

라. 「고등교육법」에 따른 전문대학에서 보건복지부령으로
정하는 사회복지학 전공교과목과 사회복지 관련
교과목을 이수하고 졸업한 사람

마. 법령에서 「고등교육법」에 따른 전문대학을 졸업한
사람과 동등 이상의 학력이 있다고 인정하는
사람으로서 보건복지부령으로 정하는 사회복지학
전공교과목과 사회복지 관련 교과목을 이수한 사람

바. 종전의 「사회복지사업법」에 따라 사회복지사 3급
자격증을 취득한 이후 3년 이상 사회복지사업의
실무경험이 있는 사람

표 4-2 사회복지사 영역별 자격기준

| 영역 | 자격기준 |
| --- | --- |
| 정신건강<br>사회복지사 | 「정신건강증진 및 정신질환자 복지서비스 지원에 관한<br>법률 시행령」 별표 1에 따른 정신건강사회복지사의<br>자격기준을 갖춘 사람 |
| 의료사회복지사/<br>학교사회복지사 | 사회복지사 1급 자격을 취득한 후 법 제11조제3항에<br>따른 수련기관에서 1년 이상 보건복지부령으로 정하는<br>수련과정을 이수한 사람 |

## (4) 사회복지사의 역할

복합적인 문제를 다룬다는 사회복지실천의 특성상 사회복지사의
역할을 단일하게 규정하기는 어렵다. 사회복지사는 실천 현장의 상황에
따라 다양한 역할을 수행한다. 다음은 페인(Payne, 2005)이 제시한 세 가
지 유형의 사회복지사 역할이다.

- **성찰적 치료자**reflexive therapeutic: 치료적 관계를 통해 클라이언트가 고통과 불리한 조건을 극복하고 힘을 얻을 수 있게 한다. 주로 개인, 가족, 소집단을 대상으로 심리적 고통이나 관계 문제에 대해 상담과 심리치료 등을 수행하는 임상가로서의 사회복지사를 의미한다. 정신건강복지센터에서 만성정신질환자의 회복 및 재활 프로그램을 진행하는 정신건강사회복지사, 학교에서 따돌림으로 고통받는 학생을 상담하고 문제를 해결하는 학교사회복지사 등의 역할이 여기에 해당한다.
- **사회주의적 집합주의자**socialist-collectivist: 불평등과 착취 구조로 인해 사회적으로 소외당하고 억압받는 사람들의 임파워먼트를 실현함으로써 사회정의를 추구한다. 취약계층이나 소수자가 경험하는 문제에 대한 사회적 책임을 인식하고, 관련된 제도와 자원, 규칙 등의 차원에서 개선 또는 개혁을 추구하는 사회복지사를 가리킨다. 예로는 차별받는 장애인의 권익을 옹호하는 사회복지사나 난민아동을 돕는 아동구호기관에서 일하는 사회복지사를 들 수 있다.
- **개인 차원의 개선가**individualist-reformist: 필요한 자원이나 정보를 수집하여 전달함으로써 개인의 문제해결을 돕고자 한다. 이러한 역할은 사회적 약자의 복지 욕구를 충족시켜 사회질서를 유지하는 데 기여하지만, 자칫하면 사회정치적 책임을 간과한 채 개인의 순응만을 유도할 수 있다는 점에 유의해야 한다. 기초생활보장과 관련하여 자격을 심사하고 급여를 지급하는 행정복지센터의 사회복지전담공무원이나 지역에 거주하는 독거노인들에게 반찬서비스를 제공하는 노인종합복지관의 사회복지사 등을 예로 들 수 있다.

베킷(Beckett, 2006)도 페인(2005)의 구분과는 조금 다른 형태로 사회복지사의 역할을 제시하였는데, 그 내용은 다음과 같다.

- **옹호자**advocacy: 클라이언트를 위해 옹호활동을 수행한다. 여기에는 억압받고 배제당하는 클라이언트를 대신하여 목소리를 내는 직접적인 옹호활동과, 클라이언트가 스스로 목소리를 내고 자신의 권익을 주장하도록 돕는 간접적인 옹호활동이 모두 포함된다. 페인(2005)이 제시한 역할 유형 중 '사회주의적 집합주의자'의 역할에 해당한다. 옹호활동을 하는 사회복지사는 대변인, 협상가, 운동가로서의 역할도 하게 된다.
- **직접적 변화주도자**direct change agent: 상담자, 매개자mediator,[3] 교육자, 조력자facilitator[4] 등 폭넓은 활동을 통해 클라이언트의 삶과 환경에 변화를 도모한다. 페인(2005)의 역할 유형 중 '성찰적 치료자'와 '개인 차원의 개선가'를 포괄하는 역할이다. 현재 한국의 실천 현장에서 사회복지사가 가장 많이 수행하고 있는 역할이라 할 수 있다.
- **행정가**executive: 변화를 끌어내기 위해서는 직접적인 대면활동뿐만 아니라, 물질적·법률적·인적 차원에서 다양한 자원을 발굴하고 수집하고 관리하는 일도 필요하다. 사회복지사는 일선에서 서류 업무를 비롯한 다양한 행정적인 일을 처리하는데, 조직의 중간관리자 또는 책임자가 되면 행정가로서의 역할 비중이 더욱 높아진다. 우리나라에서도 기관에 따라 편차가 있기는 하지만 일반적으로 사회복지사에게 주어지는 행정 업무의 비중이 꽤 높은 편이다.

이러한 역할 유형들은 엄격히 구분된다기보다 서로 연결되어 있는 경우가 많다. 예를 들어 집단따돌림 피해 청소년에게 개입하는 사회복지사는 해당 청소년과 그 가족이 당면한 문제를 해결하기 위해 심리적

---

3    중개자라고도 하며, 둘 사이에서 양쪽의 관계를 맺어 주거나 자원 등을 이어 주는 사람을 의미한다.
4    촉진자라고도 하며, 일방적으로 지시하는 대신 목표를 달성할 수 있도록 옆에서 협력하고 돕는 사람을 의미한다.

고통을 다루는 면담을 시행하고 결핍된 자원을 제공할 것이다. 사회복지사는 여기에 그치지 않고 가해 학생들의 교화를 위한 프로그램을 마련하며, 집단따돌림 문제를 유발하는 교육환경을 개선하고자 학교 전체 차원에서 폭력예방교육을 시행할 수 있다. 또 학교나 사법부를 대상으로 해당 청소년의 입장을 대변하는 옹호활동을 할 수 있으며, 이 경우 관련된 서류 업무도 수행해야 한다. 나아가 사회적으로 유관 단체 및 기관과 연대하여 미비한 제도의 보완을 제안할 수 있다.

### (5) 사회복지사의 핵심역량

사회복지사가 자신에게 요구되는 역할을 수행하려면 일정한 역량을 갖추어야 한다. 이에 따라 사회복지 교육의 초점을 핵심역량 습득에 두는 것이 최근의 추세이다. 미국 사회복지교육협의회Concil of Social Work Education(CSWE, 2015)에서는 사회복지사의 핵심역량을 다음과 같이 제시하고 있다.[QR]

- 윤리적이고 전문적인 활동 수행 역량
- 다양성과 차이를 고려한 실천 역량
- 인권 및 사회적·경제적·환경적 정의 증진 역량
- 연구에 의거한 실천 및 실천에 의거한 연구 역량
- 정책실천에 대한 참여 역량
- 개인, 가족, 집단, 조직, 지역사회와의 관계 역량
- 개인, 가족, 집단, 조직, 지역사회에 대한 사정 역량
- 개인, 가족, 집단, 조직, 지역사회에 대한 개입 역량
- 개인, 가족, 집단, 조직, 지역사회에 대한 평가 역량

한편 영국사회복지사협회British Association of Social Workers(BASW, 2018)가 제시하는 사회복지사의 핵심역량은 다음과 같다.[QR]

- 전문성
- 가치와 윤리
- 다양성과 평등
- 인권, 정의, 경제적 안녕
- 지식
- 비판적 성찰과 분석
- 기술과 개입
- 맥락과 조직
- 전문가적 리더십

이처럼 사회복지사의 핵심역량은 유사한 듯하면서도 국가마다 조금씩 다르다. 국가의 법률과 제도 등 여러 여건에 따라 사회복지사에게 요구되는 역할이 달라지기 때문이다. 우리나라는 최근 개정된 『사회복지학 교과목지침서』(한국사회복지교육협의회, 2018)에서 사회복지사의 핵심역량을 다음과 같이 일곱 가지로 제시하고 있다.

- 통합적 사회복지실천에 대한 이해와 창의적 적용 역량
- 근거기반 실천 역량 및 실천기반 연구 역량
- 인권과 사회정의에 대한 민감성과 실천 역량
- 다양성과 차이를 이해하는 문화적 민감성과 이를 적용하는 역량
- 사회복지사로서의 자기인식 역량
- 사회복지실천 과정에서 요구되는 관계와 의사소통 역량
- 사회복지실천 과정에서 요구되는 개입 역량

다만, 이 지침서에는 각 역량의 근거나 의미에 대한 설명이 충분하지 않다. 따라서 아래에서는 최명민 외(2015)가 제시한 일곱 가지 역량에 '평가와 연구 역량'을 더하여 여덟 가지 핵심역량을 제시하고자 한

그림 4-1 사회복지사의 핵심역량

다(그림 4-1 참조). 이 역량들은 사회복지를 분류하는 방식인 정책, 행정, 실천 중에서 실천 분야에 국한된 것으로, 우리나라의 사회복지사가 수행하고 있는 역할과 직무, 그리고 정체성에 관한 기존 문헌 및 연구를 통해 도출한 것이다.

① 통합적 사정 역량　사정은 사회복지 고유의 시각을 반영하여 주어진 상황을 적절히 파악하고 효과적인 개입방향을 결정하는 사회복지실천의 주요 과정이다. 사회복지실천의 모든 과정이 중요하지만 사정은 접근방식이나 결과를 좌우한다는 점에서 그 중요성이 매우 크다. 적절한 사정을 위해서는 실천 대상 및 상황에 대한 가치와 이론을 종합할 수 있는 사고력과 판단력을 갖추어야 한다. 특히 현대사회의 문제들은 원인과 양상이 복잡하기 때문에 이를 다루려면 인간 존재를 이해하고

다양한 체계와 그들 간의 역동을 파악할 수 있는 통합적 사정 역량이 필요하다.

② 관계와 소통 역량　휴먼서비스 직종에 속하는 사회복지사는 사람들과 관계를 맺고 소통하며 일을 수행한다. 긍정적인 관계와 소통은 효과적인 실천의 전제조건이자 실천이 지향하는 목표이다. 따라서 관계와 소통 역량은 사회복지실천을 위한 가장 기본적인 역량이라 할 수 있다. 사회복지실천에서 관계는 클라이언트와의 일대일 관계, 집단과의 관계, 상호 연대와 공동체 형성에 이르기까지 다양한 층위가 존재한다. 또한 실천 현장에서는 클라이언트와의 면담을 위한 기술뿐 아니라, 다른 분야의 전문가와 협력하고 관련 기관의 관리자나 정책가를 설득하며 클라이언트를 옹호하기 위한 소통 기술도 필요하다(Richard et al., 2005). 이처럼 사회복지에서 관계와 소통은 그 대상과 방식이 다양한 것이 특징이다.

③ 다체계 개입 역량　사회복지사는 주로 개별 인간에 초점을 두는 다른 휴먼서비스직과 달리, 인간과 사회의 복지 향상을 위해 개인, 가족, 집단, 조직, 지역사회와 같은 다양한 체계에서 실천활동을 수행한다. 따라서 사회복지실천은 전통적으로 개별사회사업, 집단사회사업, 지역사회조직이라는 3대 방법론으로 전개되어 왔다. 또한 이를 포괄하는 생태체계 관점에 기초하여 통합적 사회복지실천 모델을 발전시켜 왔으며, 최근에는 대안적 관점에 입각한 새로운 접근도 모색되고 있다. 사회복지사는 다양한 체계에 속해 있는 대상의 속성을 파악하고 여기에 통합적으로 접근할 수 있는 다체계 개입 역량을 갖추어야 한다.

④ 생활실천 역량　서구의 사회복지사는 치료자이자 임상가로서의 역할이 중시되지만, 우리나라의 사회복지사는 지역주민들의 일상과 직결된 실천활동을 수행하는 경우가 많다. 따라서 특정한 상담 공간에 머

물며 전문적 거리를 유지하기보다는 지역주민이 살아가는 실제 삶의 현장에서 크고 작은 도전들을 함께 헤쳐 나가는 역할이 요구된다. 이러한 측면 때문에 사회복지사는 다른 휴먼서비스 직종에 비해 친근하고 다가가기 쉬우며(강철희·최명민, 2007), 어려움에 처할 때 비교적 쉽게 도움을 구할 수 있는 '문턱 낮은 원조자'로 인식되기도 한다(최명민·이현주, 2017). 이처럼 지역주민이 생활하는 곳에서 문제해결을 지원하는 역할을 하는 데 필요한 역량이 바로 생활실천 역량이다(최명민 외, 2015).

⑤ 사회정의실천 역량    브릴(Brill, 2001: 233)은 미국의 사회복지사이자 교육자인 샬럿 타울Charlotte Towle이 했던 '사회복지사의 역할은 사회의 양심을 움직이는 것'이라는 말을 인용하면서, 사회정의에 대한 책임성이 사회복지전문직의 특성이라고 강조한 바 있다. 사회정의는 인간존중과 더불어 사회복지실천의 주된 가치이자 사명으로 간주되어 왔다. 부조리한 사회구조를 비판적으로 바라보고 개인과 사회가 만나는 접점에서 불평등과 부정을 근절하려는 노력을 기울이는 것은 사회복지실천의 본질이다. 특히 양극화가 확대되고 사회적 위험이 증가하면서 불평등과 배제로 인해 고통받는 사람들이 많아진 오늘날에는 사회정의를 위한 실천이 더욱 중요하게 여겨지고 있다.

⑥ 윤리적 실천 역량    전통적으로 가치, 윤리, 규범 등은 지식 및 기술과 더불어 사회복지전문직의 본질을 구성하는 요소였다. 휴먼서비스 전문가의 실천이란 관련 문제에 대한 지식체계와 가치체계를 활용하여 과학적이고 규범적으로 적절한 활동을 수행하는 것을 말하며, 이 과정에서 전문가가 내리는 결정은 윤리적 속성을 가질 수밖에 없다(김기덕 외, 2013: 59) 그러나 최근 사회복지실천이 점차 표준화된 매뉴얼에 의존하고 측정 가능한 성과에 치중하면서, 윤리적 측면에는 상대적으로 둔감해지고 있다는 경고가 제기된다(Smith, 2011). 따라서 도덕성의 회복은 현시대의 사회복지사에게 가장 중요한 덕목 중 하나이다.

⑦ 성찰적 실천 역량　성찰은 인간이 자율적으로 판단하고 행동하는 데 필수적인 요소이다. 사회복지사 역시 성찰을 수행할 때, 이미 알고 있는 지식을 실천 상황에 맞게 비판적으로 수정하여 적용할 수 있으며 이 과정에서 새로운 깨달음을 얻을 수 있다. 그러므로 기존 지식을 답습하는 것을 넘어 상황에 적합한 새로운 지식을 발견하기 위해서는 성찰적 실천 역량을 갖추어야 한다(Ruch, 2002). 특히 현대사회는 변화의 속도가 빠르고 유동성이 크기 때문에 보편적이고 규격화된 지침만을 따르는 실천은 한계에 부딪히기 쉽다. 사회복지사가 자신과 사회구조를 성찰하는 역량을 갖추어야 일상적으로 반복되는 절차에 매몰되지 않고 실천가로서 자기인식과 반성이 가능하며, 주체 간 연대를 통해 바람직한 변화를 도모할 수 있다(최명민·김기덕, 2013).

⑧ 평가와 연구 역량　사회복지실천을 위해서는 수행의 과정과 개입의 효과성을 적절히 평가할 수 있는 역량이 요구된다. 사회복지실천에서 평가는 클라이언트 및 사회에 대한 책무성과 실천의 전문성을 실현하기 위해 반드시 필요한 요소이다. 애덤스(Adams, 2003/2007)는 사회복지실천에서 평가가 중요한 이유로 성찰적 실천에 기여한다는 점과 실천의 질에 대한 체계적인 피드백 수단을 제공한다는 점을 들었다. 그러나 평가가 서비스 성과를 관리하는 수단으로만 강조될 경우 클라이언트가 사회복지사와 분리되고 무기력한 평가 대상의 위치에 놓일 수 있으므로, 평가 과정에서도 임파워먼트 효과를 고려해야 한다. 이러한 평가는 근거기반 실천이나 실천기반 연구와도 밀접하게 관련된다.[5]

---

5　이 책의 3부에서는 앞에 제시한 일곱 가지 역량을 개별 장으로 다루고 있다. 그러나 평가와 연구 역량은 '사회복지조사론'과 '사회복지실천기술론'에서 상세히 설명하기 때문에 별도의 장을 할애하여 다루지 않았다.

## 2) 클라이언트란 누구인가

우리가 우리의 서비스를 이용하는 사람들을 묘사하기 위해 사용하는 단어들은, 우리가 그들을 어떻게 인식하고 있는지를 나타내는 하나의 은유이다. 동시에 그러한 명칭(label)은 담론으로 작용하여 관계와 그 관계에 참여하는 사람들의 정체성을 구성하며 실질적이고 중요한 결과물로 드러난다.

(McDonald, 2006: 115)

이 말은 대상의 명칭이 단순히 그 대상을 지칭하는 것이 아니라, 의미와 가정assumption을 구성하고 관계의 성격을 규정하며, 나아가 실천 결과에도 상당한 영향을 미친다는 것을 일깨워 준다. 이러한 측면에서 흔히 클라이언트라고 불리는, 사회복지실천의 또 다른 주체이자 사회복지사의 파트너에 대한 다양한 용어들을 살펴봄으로써 그 본질을 이해해 보고자 한다.

### (1) 클라이언트

클라이언트client는 사전적으로 고객 또는 의뢰인이라는 뜻이다. 이 용어가 사회복지에서 서비스 수혜자라는 의미로 사용되기 시작한 것은 1970년대라고 알려져 있다. 당시 문헌인 『클라이언트가 말한다 The Client Speaks』(Mayer & Timms, 1970), 『개별사회사업: 심리사회적 치료 Casework: A Psycho-Social Therapy』(Hollis, 1964), 『사회복지개론Introduction to Social Work』(Siporin, 1975)을 비롯하여 『급진사회복지Radical Social Work』(Bailey & Brake, 1975) 등에서 클라이언트라는 용어가 사용되었음을 확인할 수 있다.[6]

--------

6    클라이언트 이전에는 '환자(patient)'라는 용어가 사용되기도 했다. 이는 초기 사회복지실천이 의료사회복지사들의 활동을 통해 전문화되었기 때문이다.

이후 클라이언트는 사회복지에서 더욱 일반화되어 현재는 사회복지 직무관계를 기술하는 데 국제적으로 가장 널리 사용되는 용어로 자리매김하였다. 그러나 클라이언트라는 용어가 사회복지 수혜자라는 의미로 고정되면서, 개인의 결함으로 인해 자조 능력이 없고 전문가에게 의존하는 수동적인 존재를 함의하게 되었다는 비판도 있다. 클라이언트에게는 전문가의 권력 아래에서 그들의 전문성을 인정하고 따라야 하는 순종적인 역할이 주어진다는 것이다(McDonald, 2006). 국내 연구에서도 실천 현장의 사회복지사들이 사용하는 클라이언트라는 용어에는 나태하고 비전이 없으며 받기만 바라는 대상이라는 인식이 반영되어 있는 것으로 나타났다(최옥채, 2003; 권지성 외, 2004).

클라이언트라는 용어는 그 자체가 부정적인 의미를 갖는 것이 아니라, 사회복지에서 수혜자라는 의미로 사용되면서 일종의 낙인이 되었다고 볼 수 있다. 따라서 이 용어를 사용할 때는 이들을 일방적인 수혜자로 보기보다 강점과 가능성에 초점을 두고 협력자이자 동반자로 받아들이려는 의식적인 노력이 요구된다(최명민, 2011).

### (2) 고객 또는 소비자

1980년대 서구를 중심으로 신자유주의가 확산되면서 민간 영역은 물론 공적 영역에서도 경제성economy, 효과성efficiency, 효율성efficacy이라는 소위 '3E'가 강조되었다. 그 결과 사회복지 분야에도 시장경제 논리가 적용되어 바우처와 같은 제도들이 도입되었고, 사회복지사와 클라이언트의 관계에도 변화가 일어났다. 사회복지사의 역할은 직접적인 서비스 제공자에서 '관리자manager'로 전환되고, 수동적인 서비스 수혜자였던 클라이언트도 '고객costomer' 또는 '소비자consumer'로 불리게 된 것이다. '고객은 왕'이라는 표현처럼 클라이언트의 참여와 선택권을 강조하는 이러한 흐름은 사회복지사와 클라이언트의 수평적 파트너십을 강화하는 데 기여하였다(McLaughlin, 2009).

그러나 이에 대한 비판도 존재한다. 비판의 핵심은 클라이언트를 복지 소비자로 보게 되면 서비스 구매를 선택할 수 있는 사람들의 권리는 커지지만, 서비스가 부족한 지방 거주자나 비용을 지불할 수 없을 정도로 가난한 사람들은 서비스에 접근하거나 서비스를 선택하기가 더 어려워진다는 것이다(Adams, 2003/2007). 이러한 소비자주의consumerism는 결국 합리적 소비자인 클라이언트와 그렇지 못한 클라이언트를 구분하고, 후자에 대한 부정적 인식을 심화시킬 수 있다. 또한 소비자의 선택권이 지나치게 중시될 경우 전문가가 자신의 책임을 소홀히 할 수 있고, 이것이 결과적으로 사회적 약자에게 불이익을 가져오게 된다는 우려도 있다(김기덕, 2006).

### (3) 서비스 이용자

서비스 이용자service user는 클라이언트의 대체 용어 중 가장 널리 사용되고 있다. 이 용어는 소비자주의에도 영향을 받았지만 민주주의 이념인 참여정신을 반영한다고 보는 것이 더 적절하다. 서비스 이용자라는 용어에는 서비스를 선택할 수 있는 자율적인 주체와 그 주체가 서비스 결정에 참여하여 선택권을 행사할 수 있다는 전제가 내포되어 있기 때문이다. 특히 관료주의 체제에서 이 용어는 서비스를 이용하는 사람이 보장받아야 할 권리와 이에 대한 사회복지사의 책임을 중시한다(Leung, 2011). 즉, 서비스 이용자는 클라이언트라는 용어에 비해 그들의 권리와 영향력을 강조하는 용어라고 할 수 있다.

그러나 서비스 이용자라는 용어 역시 한계가 있다. 이용 자격은 없지만 서비스를 필요로 하는 사람이나 서비스가 필요하지만 낙인에 대한 두려움으로 서비스를 거부하는 사람을 포괄하지 못하기 때문이다. 또한 서비스 이용이라는 하나의 측면만을 부각하여 사람을 지칭한다는 점에서 비판을 받기도 한다. 한편, 영어권에서 'user'는 일반적으로 술과 관련된 문제가 있는 알코올 사용자alcohol user에게 쓰이기 때문에 어감이 부정적이라는 비판도 있다. 그럼에도 불구하고 이 용어는 현재 사회복지 현장에서 통용되고 있으며 현재도 그 의미를 계속 형성해 가고 있다(McLaughlin, 2009).

### (4) 경험전문가로서의 당사자

당사자란 자신의 삶에서 마주하는 문제를 해결하는 데 주체적으로 참여하고 의사결정하는 이해당사자를 뜻한다. 또한 경험전문가expert by experience는 앞의 용어들과 달리, 클라이언트의 경험과 이에 기반한 구체적 앎을 인정한다는 점에서 사회복지사와 클라이언트의 관계를 새롭게 규정하는 용어로 받아들여진다. 다시 말해 사회복지사를 교육과 수련을 거친 전문가professional로 본다면, 당사자도 해당 문제에 대한 경험과 정보를 갖춘 나름의 전문가expert이므로 이들의 관계는 동등하다는 것이다. 경험전문가로서의 당사자 관점을 따르는 사회복지사는 전문지식에만 의존하지 않으며, 당사자의 경험과 고유한 지식을 인정하고 확인하고자 한다. 영국에서는 이 용어가 지적장애인 영역에서 활발히 사용되고 있다(McLaughlin, 2009).

경험전문가로서의 당사자라는 용어에도 몇몇 한계가 지적된다. 여러 당사자의 경험이 상반될 경우 누구의 경험을 선택해야 하는지가 모호하다는 문제, 경험을 했다는 사실이 곧 그 경험에 대한 전문가임을 보장하지는 않는다는 한계, 사회복지사도 경험에 근거한 지식을 갖춘 경험전문가로 볼 수 있다는 견해 등이 그것이다(McLaughlin, 2009).

### (5) 기타 용어들

이 외에도 클라이언트를 대체하는 다양한 용어들이 우리나라 사회복지 현장에서 사용되고 있다. 예를 들어 지역사회에서는 '주민', 이용시설에서는 '이용인', 생활시설에서는 '생활인', 정신건강 관련 기관에서는 '회원' 등의 용어가 사용되고 있으며, 노인을 직접 부를 때는 '어르신', '아버님', '어머님' 같은 용어도 사용된다. 한편 '서비스 대상(자)'이라는 용어도 있는데, 이는 서비스를 받는 수동적 대상으로만 클라이언트를 규정한다는 비판을 받기도 한다.

어떤 용어를 사용하느냐보다 중요한 것은 사회복지사가 쓰는 용어가 상대와의 관계 및 실천의 성격에 영향을 미친다는 사실을 인식하는 것이다. 우리가 사용하는 언어와 명칭은 상대를 규정하는 힘을 갖고 있기에 상대를 특정한 용어로 부른다는 것은 곧 권력과 통제가 작용하는 위계를 설정하는 일이다. 그리고 여기에는 관계를 왜곡할 가능성이 상존한다. 따라서 사회복지사는 어떤 용어도 완벽하지 않음을 인식하고 자신이 사용하는 용어를 비판적으로 성찰할 수 있어야 한다. 그리고 상대방이 원하는 대로 호칭을 결정할 기회를 제공해야 하며(예: "어떻게 불러 드릴까요?"), 현장에서 사용되는 용어가 실천 관계에 미치는 영향에 대해서도 민감해야 한다. 특히 반억압적 실천 관계를 통해 임파워먼트와 사회정의를 실현하고자 하는 사회복지사에게 이는 매우 중요한 부분이다(McLaughlin, 2009).

## 2. 사회복지실천 현장론

사회복지실천의 주체인 사회복지사와 클라이언트가 만나 서비스를 주고받으며 상호작용하는 시공간을 사회복지실천 현장이라고 한다. 여기서는 다양한 실천 현장을 여러 기준에 따라 구분하여 살펴볼 것이다. 그러나 우선 권력이 작동하는 장場이라는 실천 현장의 특성부터 짚고자 한다. 사회복지사가 자신이 활동하는 현장의 속성을 제대로 이해할 때, 본연의 사명과 역할을 적절히 구현할 수 있기 때문이다.

# 1) 사회복지실천 현장의 특성

사회복지실천 현장이 지닌 특성은 여러 가지이나, '권력power'을 중심으로 이를 이해할 필요가 있다.[7] 그 이유는 다음과 같다.

첫째, 사회복지는 법적·제도적으로 정당성을 부여받은 권력을 사용함으로써 그 기능을 수행하기 때문이다. 흔히 사회복지사는 사회경제적 권력이 별로 없다고 생각하기 쉽다. 그러나 사회복지사가 원조자로서 다른 사람의 삶에 개입하는 것 자체가 클라이언트보다 많은 권력을 갖고 있기에 가능한 일이다. 사회복지사가 사회적 요구에 따라 통제자 역할을 수행할 때는 이러한 권력 행사가 좀 더 분명해진다. 이 점을 간과하면 사회복지실천이 클라이언트에 대한 강요나 학대 등 권력의 남용으로 이어질 수 있다. 따라서 사회복지사는 사회복지실천 관계에 일정한 권력작용이 내포되어 있음을 인식하고, 자신의 권력을 사용하는데 신중해야 한다. 다만 클라이언트도 사회복지사에게 영향을 미친다는 점에서 권력이 없다고 할 수는 없다(Davies, 1997). 최근에는 권리의식이 높아지면서 클라이언트의 이의 제기나 민원으로 인해 갈등이 일어나는 사례가 늘고 있는데, 이 역시 권력관계의 문제로 이해할 수 있다.

둘째, 사회복지실천에서 다루는 대부분의 문제가 우리 사회의 권력구도나 권력 차에서 발생하기 때문이다. 빈곤, 장애, 차별 같은 사회구조적 문제는 물론이고, 가족 구성원 간의 갈등(예: 부모-자녀, 보호자-피보호자, 성인-미성년자) 같은 다소 미시적인 차원의 문제도 권력의 역동과 불가분의 관계이다.

셋째, 사회복지실천 현장에는 여러 층위의 권력이 작동하기 때문이다. 기관 간 위계, 기관 내 서열, 정부기관의 요구와 압력, 다양한 민간기

---

7    'power'는 힘, 권력, 권한, 능력, 역량 등 다양한 의미로 번역될 수 있지만, 사회복지실천 현장에서는 'power'를 권력의 개념으로 논하는 경우가 많다(Davies, 1997; McDonald, 2006; Smith, 2011). 따라서 여기서도 '권력'이라는 용어를 사용한다.

관이나 지역사회 자원들과의 관계는 모두 사회복지사의 활동에 크고 작은 영향을 준다. 때로는 이러한 권력관계에서의 불평등이 소위 '갑질'을 가져오고, 그 속에서 사회복지사가 무력감을 경험하기도 한다. 하지만 앞서 설명했듯 사회복지사에게도 권력이 있으며 모든 권력은 상대적이기 때문에, 권력작용을 이해하고 적절히 활용하는 것이 중요하다.

이러한 측면에서 보면 사회복지실천은 곧 권력이 작동하는 장에서 사회복지사가 자신의 권력을 행사하고, 부당한 권력에 저항하며, 새로운 권력을 생산하기도 하는 활동이라고 이해할 수 있다. 그만큼 사회복지사는 매우 정치적인 직종 중 하나이며, 따라서 권력에 대한 이해는 필수적이다(Yelloly & Henkel, 1995).

### (1) 권력에 대한 이해

일반적으로 권력은 의도한 가시적 성과를 산출하고 환경을 변화시킬 수 있는 능력을 뜻한다. 그런데 권력을 일종의 능력 또는 기능으로 규정한 이 정의는 권력의 양적 차원에 초점을 둔 것이다. 이에 비해 '권위authority로서의 권력'은 권력의 질적 차원에 주목하는 개념이다. 권위로서의 권력에서는 권력의 도덕적·사회적 정당성을 중시하며, 권력의 정당한 사용과 부당한 사용을 구분한다. 다시 말해 권력이 상대방의 동의에 기초해 있는가 하는 점이 중요하다(Fitzpatrick, 2001/2013). 사회복지사는 양적 차원의 권력인 역량이나 능력도 필요하지만, 질적 차원에서 윤리적으로 정당한 권력을 갖추도록 노력해야 한다.

일반적으로 권력은 지배하고 통제하며 억압하는 힘으로 인식된다. 그러나 미셸 푸코Michel Foucault는 권력이란 무언가를 생산하고 지식을 형성하며 담론을 만들어 내는 기능을 하므로 사회유기체 전체를 관통하는 생산적 네트워크로 이해되어야 한다고 주장하였다(Foucault, 2004/2012). 이와 맥을 같이하는 한병철은 타자를 수동적 사물로 만드는 폭력과 권력은 다르다고 강조하면서, 권력은 원래 자기중심적인 속성을

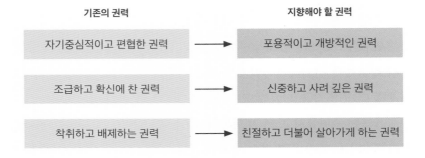

| 기존의 권력 | | 지향해야 할 권력 |
|---|---|---|

그림 4-2 사회복지사가 지향해야 할 권력

띠지만 개방적이고 포용적인 태도로 행사한다면 명령하고 금지하는 권력이 아니라 자신과 타인에게 더 많은 자유를 부여하는 윤리적인 권력이 될 수 있다고 하였다(한병철, 2005/2011). 이러한 논의들을 종합하여 사회복지사가 지향해야 할 권력의 성격을 정리하면 그림 4-2와 같다.

### (2) 권력의 활용

사회복지사는 합법성, 전문적 권위, 책임성, 신뢰에서 비롯된 권력을 지닌다. 그리고 클라이언트는 저마다 인종·성·장애유무 등 개인적 특성이 다르다. 이러한 요소들이 상호작용하면서 사회복지사와 클라이언트 간 권력의 역동을 만들어 낸다. 권력이 작동하는 관계에서는 동일한 행동이라도 누가 했느냐에 따라 해석이 달라질 수 있다. 예를 들어 사회복지사가 클라이언트와 약속한 시간에 늦으면 양해를 구할 수 있지만, 클라이언트는 서비스 대상에서 탈락하게 될 수도 있다. 게다가 클라이언트들은 대개 불이익, 억압, 사회적 배제, 차별을 겪고 있으며 기본적 권리를 박탈당한 경험을 갖고 있는 경우가 많으므로 사회복지사의 작은 권력 행사에도 큰 영향을 받는다(Davies, 1997; Smith, 2008).

그러므로 사회복지사는 조언이나 자원할당 같은 자신의 실천이 클라이언트의 삶에 깊은 영향을 미친다는 것을 알아야 한다. 특히 아동양육권의 결정, 폭력 문제에 대한 개입, 정신보건에서의 위험성 판정, 지적장애인의 자율성 보장 정도와 같은 문제들에는 이해관계의 상충, 개인의 자율성과 공공선의 충돌 등의 이슈가 내포되어 있다. 이를 고려하면 사회복지사는 단순히 자원의 관리나 자선 기준의 적절한 적용을 넘어 불평등한 권력관계에 관여할 수 있어야 한다. 사회복지사는 실천 현장에서 다음과 같은 질문들에 대해 생각해 볼 필요가 있다(Smith, 2008).

- 주어진 상황에서 억압받고 불이익을 당하는 사람은 누구인가?
- 억압의 근원은 어디에 있는가?
- 권력의 불평등과 교환관계는 어떻게 작동하는가?
- 불평등한 관계를 바람직하게 변화시키기 위해 접근 가능한 부분은 무엇인가?
- 필요한 자원에 접근할 수 있는 사람은 누구인가?
- 개인적이면서도 집단적인 이익을 가져오는 변화를 확산하는 방법은 무엇인가?
- 이를 위하여 같이 일할 사람들은 누구인가?

다만 권력관계는 다층적이고 도전적이며 때로는 역설적이기 때문에 권력이 사회복지사와 클라이언트 간에만 작용하는 것은 아니다. 사회복지사도 '을'이 되어 '갑'과의 관계에 놓일 때가 있다. 예를 들어 기관 후원자를 상대하는 일, 관리감독기관으로부터 평가받는 일, 홍보를 위해 언론매체와 접촉하는 일 등에서는 사회복지사가 또 다른 권력관계에 놓인다. 이처럼 사회복지실천 현장에서 권력으로부터 유리된 공간은 없으며 관련자들 간 권력은 불균형적이기 마련이다. 따라서 사회복지사는 다양한 형태의 권력이 여러 방식으로 작동하는 장에서 실천활동이 수행된다는 점을 유념해야 한다.

## 2) 사회복지실천 현장의 종류

사회복지실천 현장은 개입 수준, 운영 주체, 설립 목적, 서비스 제
공 장소, 사회복지 분야 등 다양한 기준에 따라 구분할 수 있다. 아래에
서는 사회복지실천 현장의 종류를 구분별로 살펴보고, 최근에 등장한
새로운 실천 현장에 대해 소개한다.

### (1) 개입 수준에 따른 구분

사회복지실천 현장은 주된 개입 수준이 미시적인지, 중범위적인지,
거시적인지에 따라 구분할 수 있다. 첫째, 미시적 수준의 현장은 개인이
나 소집단, 가족 등을 대상으로 직접적인 대면 실천을 수행하는 곳이다.
이곳의 사회복지사는 면접이나 상담 등 임상적 접근 위주의 실천을 하
거나 직접적인 원조자로서의 역할을 수행한다. 둘째, 중범위적 수준의
현장은 지역사회를 대상으로 사회복지서비스를 제공하는 곳이며, 대표
적으로 지역사회복지관을 들 수 있다. 셋째, 거시적 수준의 현장은 조직
이나 지역사회 수준에서 기관들 간 연합을 추진하거나 정책을 개발하고
분석하는 일 등을 수행하는 곳이다. 각종 협회나 연합회 등이 그 예이다.

그러나 실제 사회복지실천 현장은 이 중 하나의 수준으로 엄격히
구분되지 않는 경우가 많다. 대표적인 예로 지역사회 종합사회복지관은
상담 등 개별서비스를 제공하는 동시에, 지역주민 대상 프로그램을 개
발하여 실행하기도 하고, 시도별 사회복지관협회의 구성원으로서 대외
적인 정책 관련 활동에 참여하기도 한다. 이처럼 사회복지실천 현장은
특정 수준의 개입에만 초점을 두기도 하지만, 보통 미시에서 거시에 이
르기까지 다양한 수준의 개입활동을 복합적으로 수행한다.

### (2) 운영 주체에 따른 구분

사회복지실천 현장은 운영 주체에 따라 공공과 민간으로 구분할

수 있다. 공공이 운영 주체인 현장은 국가나 지방자치단체가 운영하는 곳을 말하며, 여기서는 주로 사회복지전담공무원이 실천활동을 수행한다(예: 행정복지센터). 또 국가나 지방자치단체가 설립하고 그 기관을 직영하는 경우도 있다(예: 구립노인종합복지관). 이에 비해 우리나라 사회복지시설의 대부분을 차지하는 민간 운영 시설들은 국가나 지방자치단체가 설립한 후 「사회복지사업법」 제4조에 따라 사회복지법인, 사단법인, 재단법인 등 민간 비영리법인에 위탁하여 운영하는 방식을 취하고 있다. 그러나 이러한 민간 사회복지시설들도 공공이 제시하는 지침을 따르고 공공으로부터 보조금 지원과 관리 감독을 받기 때문에 상당한 공공성을 확보하고 있다.

### (3) 설립 목적에 따른 구분

사회복지실천 현장 중에는 사회복지관처럼 사회복지를 일차적 목적으로 하는 기관이 있는가 하면, 학교나 병원처럼 교육이나 의료 등 다른 목적으로 설립되었지만 부수적으로 사회복지사의 역할을 필요로 하는 기관도 있다. 전자를 '1차 세팅'이라고 하는데 이곳에서는 사회복지사가 직원의 대다수를 이룬다. 1차 세팅은 사회복지의 실현을 주요 사명으로 하는 만큼 사회복지사가 보다 주인의식을 갖고 활동할 수 있다는 장점이 있다. 후자는 사회복지가 부차적인 목적이기 때문에 '2차 세팅'이라고 부른다. 이곳의 사회복지사는 주로 다른 전문직과 함께 팀워크 활동을 수행하므로 사회복지사로서의 확고한 정체성과 객관적으로 입증 가능한 전문성을 요구받는 경우가 많다.

### (4) 서비스 제공 장소에 따른 구분

사회복지실천 현장을 구분하는 또 하나의 기준은 서비스 제공 장소이다. 먼저, 이용시설은 클라이언트가 자신의 거주지에서 일시적으로 방문하여 서비스를 제공받는 곳이다. 각종 사회복지관, 지역아동센터,

주간보호시설 등이 해당한다. 반면 생활시설은 클라이언트가 거주하면서 서비스를 이용하는 곳이다. 아동양육시설, 장애인공동생활가정, 각종 요양시설 등이 해당한다. 물론 최소한의 생활시설은 반드시 필요하겠지만, 최근에는 지역사회와 분리된 별도의 시설에 머물기보다 가능한 한 자신의 거주지에서 필요한 서비스를 이용하며 살아갈 수 있도록 돕는 지역사회통합돌봄community care을 지향하는 추세이다.

### (5) 사회복지 분야에 따른 구분

사회복지의 분야는 주로 다루는 대상과 문제에 따라 아동복지, 청소년복지, 노인복지, 장애인복지, 정신건강복지, 의료복지, 여성복지, 가족복지, 다문화복지, 교정복지, 군복지, 부랑·노숙인복지, 지역자활 등 다양하게 나뉜다. 이에 사회복지학계에서도 분야별로 많은 학회와 협회가 설립되어 있다. 다만 사회복지 분야는 시대나 사회의 변화에 따라 쇠퇴하기도 하고, 새롭게 부상하기도 한다. 예를 들어 과거 우리나라에서는 한센인복지가 중요한 영역이었지만 의학이 발달하여 대상자가 감소하면서 그 영역이 점차 축소되었다. 반면 20세기 후반부터 다문화인이 급증하면서 다문화복지가 독자적 영역으로 자리 잡게 되었다. 중요한 것은 이처럼 세분화된 분야들을 사회복지라는 정체성으로 포괄하여 조망하고, 전체 사회복지실천 현장의 변화와 흐름을 파악할 수 있는 역량을 갖추는 것이다.

### (6) 사회복지실천 현장의 변화: 사회적 기업과 사회적 협동조합

최근 들어 전통적인 사회복지기관의 틀을 벗어난 새로운 형태의 실천 현장이 형성되고 있다. 대표적인 것이 사회적 기업과 사회적 협동조합이다. 「사회적기업 육성법」에 따르면 사회적 기업은 '취약계층에게 사회서비스 또는 일자리를 제공하거나 지역사회에 공헌함으로써 지역주민의 삶의 질을 높이는 등의 사회적 목적을 추구하면서 재화 및 서비스의 생산·판매 등 영업활동을 하는 기업'을 뜻한다. 2007년 법 제정 이후 지속적으로 성장해 온 사회적 기업은 사회복지기관의 한 형태로서 일자리 제공, 사회서비스 제공, 지역사회 공헌 등의 기능을 수행하는 경우가 많아지고 있다.

사회적 협동조합은 사회적 기업과 마찬가지로 사회적 경제 조직이지만, 비영리 법인이라는 점에서 차이가 있다. 「협동조합 기본법」에 따르면 사회적 협동조합은 '지역주민들의 권익·복리 증진과 관련된 사업을 수행하거나 취약계층에게 사회서비스 또는 일자리를 제공하는 등 영리를 목적으로 하지 아니하는 협동조합'을 뜻한다. 최근에는 사회적 협동조합이 사회복지기관을 위탁받아 운영하거나 사회적 기업을 운영하는 사례도 보고되고 있다. 사회적 협동조합은 사회서비스의 시장화에 대응하는 사회서비스의 시민화 및 공공성을 내포하며, 사회서비스 실천에서 지역사회 기반, 참여와 신뢰, 네트워크, 협동과 호혜에 바탕을 둔 공공성을 실현할 수 있는 새로운 기회를 창출한다고 평가받으면서 지역사회복지의 새로운 실천 주체로 자리매김하고 있다(이해진·김철규, 2014; 류만희, 2013; 백희원 외, 2016). 한편, 사회적 협동조합이 아닌 일반 협동조합도 조합원이나 지역사회 공동체성을 강조하는 활동을 전개하고 요양서비스나 바우처서비스 등 사회적 서비스를 제공하지만, 기본적으로 영리를 목적으로 한다는 점에서 사회적 협동조합과 차이가 있다.

# 사회복지실천 과정론

주어진 과업을 달성하고자 할 때, 우리가 가장 먼저 하는 일은 그 과업을 단계별로 세분화하고 진행 순서를 정하는 것이다. 사회복지실천도 서비스 이용자의 문제를 해결하고 삶의 질을 증진하기 위한 일종의 과업이므로, 시간의 흐름에 따른 단계와 순서를 필요로 한다. 이와 같이 사회복지실천이 진행되는 과정을 다루는 영역이 '사회복지실천 과정론'이다.

그러나 사회복지실천 과정이 정해진 법칙 같은 것은 아니다. 실천 과정은 학자에 따라 또는 단계 구분의 세분화 정도에 따라 조금씩 다르게 규정되며, 현장에서 적용되는 절차는 더욱 다양하다. 그럼에도 사회복지사는 일련의 사회복지실천 과정을 통해 실천의 전반적인 흐름과 각 단계를 이해할 필요가 있다. 그래야만 자신의 실천을 전체적으로 조망하면서 각 단계의 과업을 체계적으로 수행하고 성찰하고 책임질 수 있으며, 단계마다 특정 과업에 참여하는 이유를 인식하고 이를 서비스 이용자와 공유하며 협력할 수 있기 때문이다.

따라서 이 장에서는 사회복지실천 과정의 전체적인 흐름을 이해하는 데 초점을 두고 단계별 주요 과업들을 살펴볼 것이다. 이와 더불어 한국 사회복지실천 현장에서 널리 쓰이고 있는 자연주의 사회사업의 실천 과정도 소개한다. 자연주의 사회사업의 실천 과정은 간략하고 소박하지만 사회복지실천의 기본을 충실히 다지는 기회를 제공할 것이다.

## 1. 사회복지실천 과정의 개념과 특징

사회복지실천 과정은 '사회복지사와 서비스 이용자가 추구하는 일정한 목적을 효과적으로 달성하기 위한 실천활동의 순차적 흐름이자 단계의 연속'이라고 정의할 수 있다. 사회복지실천 과정은 다음과 같은 속성들을 지닌다(최혜지 외, 2013: 282; Open University, 2021).

- 목적성: 사회복지실천 과정은 우연히 이루어지거나 저절로 형성되는 것이 아니라, 처음부터 분명한 목적을 향해 체계적으로 진행되는 과정이다.
- 보편성: 사회복지실천 과정은 특정 대상이나 문제에 초점을 둔 특수한 과정이 아니라, 일반적으로 적용할 수 있는 공통적인 과정이다. 따라서 개인이나 가족을 비롯한 다양한 체계를 포괄하는 보편적인 성격을 지닌다. 다만 집단 발달에 따른 실천 과정, 지역사회 대상 개입 과정, 프로그램 개발과 실행 단계, 위기 개입 과정과 같이 특별히 고려되어야 할 사항이 있는 경우에는 해당 교과목('사회복지실천기술론', '지역사회복지론', '사회복지 프로그램 개발과 평가' 등)에서 그 과정을 별도로 다루고 있으므로 이를 참고한다.
- 유동성: 실천 과정의 각 단계를 진행하는 순서는 고정적이라기보다 상황에 따라 유동적이다. 실제 현장에서 어떤 단계들은 동시에 수행

되기도 하고 생략되기도 하며 순서가 뒤바뀌기도 한다. 예를 들어 사정 단계 다음에 개입이 이어지는 것이 일반적이지만, 급박한 위기 상황에서는 개입이 먼저 이루어지고 이후에 사정이 이루어질 수도 있다.

- 선형성과 순환성: 사회복지실천 과정은 시작과 끝이 분명한 경우도 있지만, 순환적 경로를 보일 수도 있다. 예를 들어 평가 단계에서 다른 서비스의 필요성이 사정되면 종결 단계로 나아가는 대신 새로운 실천 과정을 진행하기도 한다.

그렇다면 사회복지실천 과정은 어떤 단계들로 구성될까? 그림 5-1에서 보듯이 미국의 사회복지교육협의회(CSWE, 2015)는 전문적 사회복지실천이 개인, 가족, 집단, 조직, 지역사회 등 다양한 수준에서 '참여-사정-개입-평가'의 역동적이고 상호작용적인 과정을 포함한다고 규정하였다. 마일리 등(Miley et al., 2017)은 이를 임파워먼트 접근의 일반주의 사회복지실천에 적용하였는데, 여기서는 참여를 대화 단계로, 사정

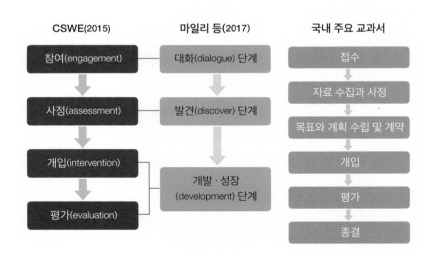

그림 5-1 국내외 문헌에 제시된 사회복지실천 과정

을 발견 단계로, 개입과 평가를 개발·성장 단계로 제시하였다. 한편, 국내 교과서들에서 사회복지실천 과정은 주로 '접수-자료 수집과 사정-목표와 계획 수립 및 계약-개입-평가-종결'로 제시되고 있다(엄명용 외, 2016; 양옥경 외, 2018).

이처럼 사회복지실천 과정은 조금씩 다르게 제시되지만 사회복지사가 서비스 이용자와 처음 만나 관계를 맺고, 그 사람과 상황에 대해 파악한 내용을 토대로 수행할 과업을 정하고, 계획에 따라 실천한 후 성과를 평가하고 마무리하는 전체적인 흐름은 유사하다. 그리고 사회복지사가 수행하는 행위에 초점을 두어 단계별 명칭을 부여했다는 점도 동일하다.

이 책에서는 사회복지실천 과정을 그림 5-2와 같이 '상호참여-사

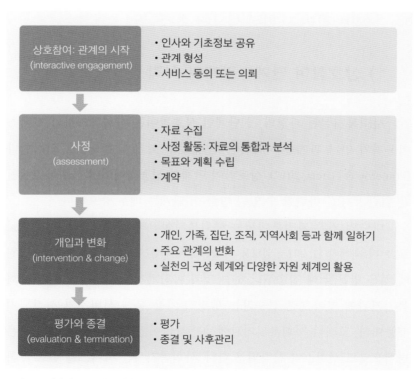

그림 5-2 일반적인 사회복지실천 과정과 단계별 주요 과업

정-개입과 변화-평가와 종결'이라는 네 단계로 구분하고자 한다. 이는 기존의 과정론을 참고하되, 사회복지실천 과정이 사회복지사의 일방적 행위라기보다 서비스 이용자와 함께하는 활동이라는 관점을 반영하여 각 단계의 명칭을 보다 상호적인 용어로 서술한 것이다. 또 실천 과정을 너무 세세하게 나누지 않은 이유는 사회복지실천 과정이 포괄적일 때 보편성을 담보하기에 적합하며, 큰 틀을 염두에 두고 그 안에 세부 요소들을 배치하는 것이 동시적 과업을 체계적으로 고려하는 데 유용하다고 보았기 때문이다. 그림의 오른쪽에는 각 단계에서의 주요 과업이 정리되어 있다.

## 2. 일반적인 사회복지실천 과정

### 1) 상호참여 단계: 관계의 시작

사회복지실천 과정의 첫 단계인 상호참여는 사회복지사와 서비스 이용자가 만나 관계를 시작하는 단계로서, 초기 상호작용을 의미한다 (Pomeroy & Garcia, 2017). 상호참여 단계가 성공적이어야 사회복지실천을 위한 토대를 마련할 수 있는 만큼 이 단계는 매우 중요하다.

다수의 기존 과정론에서는 사회복지실천의 첫 단계를 '접수intake'로 본다(최혜지 외, 2013; 엄명용 외, 2016; 양옥경 외, 2018 등). 환자가 병원에 처음 방문할 때 접수부터 하는 것과 마찬가지로, 클라이언트가 사회복지기관에 찾아오면 접수라는 행정 절차를 통해 서비스가 시작되기 때문이다. 그러나 사회복지기관에서는 클라이언트의 방문이 아닌 다른 방식으로도 서비스가 시작되곤 한다. 사회복지사는 서비스를 필요로 하는 대상을 발굴하기 위해 먼저 찾아가기도 하고, 클라이언트라는 지위가 아니더라도 지역주민으로서 사회복지관이 추진하는 사업에 참여하도록 초대하기도 한다(예: "같이 하시겠어요?"). 또 실질적으로는 접수와 같은 과정을 거친다 하더라도 접수처와 접수 담당 직원 등 별도의 공간과 인력을 두지 않는 경우도 많다.

따라서 사회복지실천의 첫 단계는 행정 절차인 접수를 포함하여 사회복지사와 서비스 이용자 모두의 참여를 통해 전문적 관계를 시작하는 과정에 초점을 맞출 필요가 있다. 이때 실천의 대상을 개인 클라이언트에 한정하기보다 가족, 집단, 조직, 지역사회 등 다양한 체계로 상정하고 이들과 함께할 수 있도록 준비해야 한다(CSWE, 2015; Miley et al., 2017).[1] 특히 성찰적 · 대화적 사회복지실천의 개념틀에서는 이 과정을 사회복지사가 능동적 주체로서 접수하고 서비스 이용자가 수동적 주체로서 접수받는 과정이 아니라, 사회복지사와 서비스 이용자가 상호적 관계를 형성해 가는 과정으로 이해한다.

상호참여 단계는 향후 이어질 실천의 토대가 되는 준비 과정이다. 이 단계의 주요 목표는 서비스 이용자가 사회복지사에게 좋은 인상을 받고 서비스에 대한 기대를 갖는 것이다. 이는 사회복지사와 서비스 이용자가 서로 공감대를 형성하고 과업의 방향을 함께 조율함으로써 달성될 수 있다(Hepworth et al., 2015: 38).

### (1) 인사와 기초정보 공유

모든 관계는 인사에서 시작된다. 인사를 나눌 때는 상대방을 환영하는 메시지가 전달되도록 하며(예: "안녕하세요?", "어서오세요. 만나서 반갑습니다."), 자신의 신분을 먼저 밝힌다(예: "□□복지관의 사회

---

1 　따라서 이 장에서는 클라이언트와 서비스 이용자라는 용어를 혼용한다. 특정한 서비스를 제공하기 위해 계약을 맺은 대상에 한정하여 지칭할 때는 클라이언트라는 용어를, 클라이언트뿐 아니라 사회복지서비스를 이용하는 사람들을 폭넓게 가리킬 때는 서비스 이용자라는 용어를 사용한다.

복지사 ○○○입니다.”). 이후에는 서로에 대해 기초적인 정보를 공유하는 시간이 필요하다. 기초정보 공유는 주로 기관의 접수기록지 양식을 참고하여 서비스 이용자에게 질문하는 방식으로 진행된다. 준비된 질문을 처음부터 하나씩 물어볼 수도 있지만, 서비스와 관련된 상황, 문제, 욕구 등을 이야기해 달라고 요청하여 들은 뒤 미진한 부분에 대해 보충적으로 질문하는 것도 좋다. 첫 대면에서 너무 일방적이고 연속적으로 질문하면 상대를 방어적으로 만들 수 있으므로, 답변에 적절한 반응을 보이면서 경청하는 자세(반영적 경청)로 진행한다.

이 단계에서는 사회복지사가 서비스 이용자를 파악하는 것도 중요하지만, 서비스 이용자가 사회복지기관과 사회복지사에 대해 이해하는 것도 중요하다. 따라서 서비스 이용자가 직접 찾아오거나 외부에서 의뢰된 경우, 어떻게 오게 되었는지를 물어보며 참여 경로와 사유를 확인한다. 또한 서비스 이용자가 사회복지기관과 사회복지사에 대해 어떤 정보와 경험을 갖고 있는지를 들어 보고, 이에 기초하여 기관과 서비스, 그리고 사회복지사 자신에 대한 정보(예: 해당 기관의 기능, 비밀유지 정책, 서비스 제공 유형과 방식, 기대할 수 있는 결과, 기관 내 사회복지사의 역할과 서비스 관련 자격 및 경험)를 상대의 눈높이에 맞게 설명한다. 이때 서비스 이용자가 궁금해하는 것이 있다면 답변해 준다.

### (2) 관계 형성

모든 서비스 이용자가 자신의 필요에 따라 자발적으로 기관을 방문하는 것은 아니다. 공식적·비공식적 외부 체계에 의해 의뢰된 서비스 이용자 중에는 자신의 의사와 상관없이 의무적으로 참여해야 하는 경우(예: 법원 명령에 따른 이혼가정 부모교육, 학교폭력 가해자 상담)도 있기 때문에 사회복지사가 먼저 접근하기도 한다. 따라서 초반에 서로 마음을 맞춰 가는 라포rapport 형성은 도전적이면서 그만큼 중요한 과업이다. 특히 첫 만남에서 개인적인 문제를 토론하거나 자신의 치부를 드러내야 하는 서비스 이용자의 입장에서는 비판이나 비난이 아닌 존중을 받고 있으며 안전하다고 느끼는 것이 중요하다.

성공적인 라포 형성을 위해서는 서비스 이용자가 편안하게 이야기할 수 있는 환경, 사회복지사의 친절하고 우호적인 태도와 진심, 도우려는 의지의 적극적인 표현 등이 필요하다. 또한 서비스 이용자의 입장에서는 자신의 약점과 한계보다 장점이나 희망을 표현할 때 저항감이나 거부감이 덜하므로, 사회복지사는 서비스 이용자의 문제와 욕구뿐 아니라 강점과 자원, 그리고 궁극적으로 희망하는 삶에 대해서도 이야기를 나누도록 한다.

### (3) 서비스 동의 또는 의뢰

기관이 서비스 이용자의 요구나 필요에 부응할 역량을 갖추고 있고 서비스 이용자의 문제도 기관의 취지에 부합한다면, 사회복지기관 및 사회복지사와 서비스 이용자 간에 서비스에 대한 상호 동의가 이루어진다. 이러한 서비스 동의는 구체적인 서비스 내용을 결정하고 합의하는 계약과 달리, 실천 관계에 참여하여 서비스를 제공하고 제공받는 것에 대한 기본적인 동의를 의미한다(최혜지 외, 2013: 291).

만약 기관이 제공하는 서비스와 서비스 이용자의 요구가 부합하지 않을 경우에는 보다 적절한 기관이나 서비스로 의뢰한다. 이에 대비하여 사회복지사는 지역사회의 다양한 정보를 파악하고 있어야 한다. 타 기관에 의뢰할 때는 서비스 이용자에게 의뢰 사유를 충분히 설명하고 동의를 받아 진행한다. 이때 단순히 기관 정보를 제공하는 것을 넘어 담당자와 직접 통화하거나 방문예약을 하도록 지원한다면 의뢰 이후 연결 가능성을 높일 수 있다.

### (4) 상호참여 단계에서 유의할 사항

사회복지사가 상호참여 단계에서 유의할 점은 서비스 이용자를 이해하고 지지하며 존중하는 태도를 견지하는 것이다. 이를 자세히 살펴보면 다음과 같다.

첫째, 사회복지사는 서비스 이용자의 양가감정과 저항을 이해하고 이를 적절하게 다룰 줄 알아야 한다. 사람은 어떤 기회나 선택 앞에서 변화를 원하면서도 익숙한 상황을 흩뜨리고 싶지 않은 마음, 불확실성에 대한 두려움을 느끼곤 한다. 사회복지서비스를 받아야 하는 상황에 선 사람도 이러한 이유로 주저할 수 있는데, 이것이 서비스에 대한 '저항'으로 이해되기도 한다. 사회복지사는 서비스 이용자의 양가감정을 비정상적으로 인식하며 문제시하기보다, 그러한 감정을 표현하도록 돕고 공감을 표하며 변화에 대해 기대와 확신을 갖도록 지지해야 한다 (Miley et al., 2017: 182). 만약 이러한 감정이 이전의 부정적인 서비스 경험 때문에 생긴 것이라면, 서비스 이용자의 말을 경청하고 앞으로 제공될 서비스가 이전의 서비스와 어떻게 다른지를 설명해 주는 것이 좋다. 특히 비자발적 클라이언트의 경우에는 그가 변화하기를 압박하는 대신 문제해결을 위해 함께 노력해 보자는 제안이나 초대의 형식으로 접근할 수 있다.

둘째, 사회복지사는 자신의 선입견을 성찰하고 서비스 이용자를 존중해야 한다. 타인의 도움이나 개입이 필요하여 새로운 관계를 맺어야 하는 입장에서, 자신을 고정관념으로 유형화하지 않고 있는 그대로 바라보며 존중해 주기를 바라는 것은 인간의 보편적인 소망이라 할 수 있다. 특히 사회적 관념이나 제도에 의해 억압과 편견을 경험한 사람이라면 새로운 관계 형성이 더 도전적으로 느껴질 것이다. 사회복지사가 서비스 이용자를 존중하고 사려 깊게 행동하며 진실해야 할 이유가 여기에 있다. 서로에 대한 존중을 통해 긍정적이고 협력적인 관계를 형성할수록 서비스 이용자의 참여 의지가 강화되며 다음 단계로 나아갈 수 있는 튼튼한 토대가 마련된다(Miley et al., 2017: 124).

## 2) 사정 단계

사회복지실천 관계를 맺고 해당 기관의 서비스를 이용하는 것에 동의했다면, 이제 필요한 자료를 수집하고 검토하여 문제의 우선순위를 정하고 해결방법을 도출하는 작업이 필요하다. 이 과정을 통틀어 '사정査定'이라고 한다.[2] 사정의 사전적 의미는 '조사, 판단, 감정鑑定을 통해 대상의 가치를 결정하는 것'이다. 우리는 실생활에서 이 용어를 자주 쓰지 않지만, 특정한 상황이나 사물 또는 사람의 본질에 다가가기 위해 정보를 수집하고 그 정보에 따라 의미의 경중을 가르며 대처법을 생각하는 방식으로 이러한 활동을 하고 있다. 사회복지실천에서도 사정은 서비스 이용자가 호소하는 어려움, 당면한 상황, 가용한 강점 및 자원을 파악하고 그에 대한 검토와 해석을 거쳐 해결방안, 즉 개입의 내용과 방식을 결정하는 판단 과정을 의미한다.

사정 단계의 목표는 서비스 이용자를 이해하는 것과 이를 통해 개입의 토대를 마련하는 것이다(Johnson & Yanca, 2007). 이를 서비스 이용자의 입장에서 보면 자신의 상황과 인식을 사회복지사와 공유함으로써 최선의 해결책을 찾는 과정이라 할 수 있다. 따라서 사정은 사회복지사의 일방적 활동이 아니라, 서비스 이용자와의 파트너십에 기초한 상호적 활동으로 이해되어야 한다. 초기 상호참여 단계를 통해 잘 형성된 관계는 이러한 파트너십에 기초한 사정에 도움이 된다. 아울러 사정은

---

[2]　사회복지실천 과정의 단계를 구분하는 방식에 따라 '사정'이 포괄하는 범위가 다르다(앞의 그림 5-1 참조). 실천 과정을 보다 간략히 구분하는 경우, 사정을 자료 수집, 자료의 검토 및 해석, 개입 목표와 계획 수립, 서비스 동의 및 계약을 모두 포함하는 과정으로 본다(Miley et al., 2017; Badger, 2021). 반면 실천 과정을 좀 더 세분화하는 경우, 사정은 목표와 계획 수립 이전에 자료를 수집하고 분석하여 문제와 자원을 규명하는 활동으로 한정된다(엄명용 외, 2016; 양옥경 외, 2018). 이 장에서 말하는 '사정 단계'는 전자에 해당하는 포괄적인 사정 과정을 뜻한다. 따라서 사정 단계에서 수행하는 자료의 통합과 분석 활동은 '사정 활동'이라 구분하여 지칭하였다.

향후 진전과 성과를 측정하기 위한 자료로도 유용하다.

사회복지사에게 사정은 지식에 의거하여 서비스 이용자의 문제와 강점과 자원을 규명하고 우선순위를 정하는 연속적인 판단 과정이다 (Hepworth et al., 2006). 그러므로 사회복지사가 사정을 적절히 수행하려면 이론적 식견과 전문적 판단 능력, 다차원적인 요소들을 통합적으로 다루는 능력을 갖추어야 한다. 이러한 사정 역량과 사정의 구체적인 내용 및 방법에 대해서는 6장에서 상세히 다루고 있으므로, 아래에서는 사정 단계의 세부 요소들을 개괄적으로 살펴본다. 사정 단계에서는 자료 수집, 자료를 통합하고 분석하는 사정 활동, 목표와 계획 수립, 계약 등이 진행된다.

### (1) 자료 수집

상호참여 단계에서의 기초정보 공유가 서비스 제공 여부를 결정하기 위한 것이라면, 사정 단계에서의 자료 수집은 보다 심층적인 조사를 수행하여 구체적인 개입 계획을 세우기 위한 것이다. 자료는 주로 서비스 이용자 및 그 주변인(예: 이웃, 친지 등)과의 면담 내용, 접수기록지, 심리검사, 비언어적 행동, 현장방문 및 관찰, 그리고 이 과정에서 느끼는 사회복지사의 감정 등을 통해 수집한다. 때로는 당사자로부터 얻은 정보와 주변인이 알려 준 정보가 다를 수 있으므로 정보의 신뢰성을 교차 검토할 필요가 있다(Zastrow, 1995: 78).

사회복지사는 서비스 이용자의 주된 문제와 욕구, 강점과 자원, 당면한 상황과 여기에 작동하는 권력관계 등을 중심으로 자료를 수집한다. 그리고 이 자료들을 개인적 맥락, 대인관계적 맥락, 사회구조와 문화적 맥락 등 다양한 차원에서 파악한다. 단, 이러한 통합적이고 포괄적인 자료 수집이 항상 필요한 것은 아니다. 예를 들어 집중적인 사례관리가 요구되는 클라이언트의 경우 제시된 거의 모든 항목에 대해 조사해야겠지만, 집단 프로그램이나 공동체 활동에 참가하는 지역주민의 경우 일부 정보만 선택적으로 수집할 수 있다.

또한 사회복지사가 수집하는 자료는 대부분 서비스 이용자의 입장에서 매우 민감하고 사적인 정보이다. 그러므로 사회복지사는 개인적 호기심 때문에 불필요한 정보를 과도하게 수집하지 않도록 유의해야 한다. 또한 수집한 정보에 대해서는 비밀보장의 원칙을 지켜야 하며, 특히 「개인정보 보호법」에 해당하는 민감한 개인정보를 수집하거나 사용할 때는 반드시 그 목적을 밝히고 당사자의 동의를 받아야 한다.

### (2) 사정 활동: 자료의 통합과 분석

사정 활동은 '자료 수집을 통해 얻은 자료들을 통합적으로 검토하고 이론과 관련지어 해석하는 활동'이다. 그런데 실제로 자료 수집과 사정 활동은 거의 동시에 진행된다. 사회복지사는 자료를 검토하고 분석하는 도중에 또 다른 자료를 수집하기도 하고, 자료를 수집하는 동시에 그 자료의 의미를 분석하기도 한다. 자료 수집을 위한 대표적인 사정도구인 가계도, 생태도, 사회도, 문화도 등도 작성 과정에서 자료의 통합과 해석이 함께 이루어진다.

사정 활동에서 중요한 것은 자료 수집의 초점이었던 클라이언트의 주된 문제와 욕구, 강점과 자원, 당면한 상황에 대해 종합적으로 분석하고, 이를 통해 가장 핵심적인 사안과 개입의 우선순위를 도출하는 것이다. 즉, 사정 활동은 서비스 이용자와 그가 처한 상황을 설명하고 변화 또는 개선을 이룰 방법을 계획하기 위한 기초로서 의의가 있다. 사회복지사가 이러한 사정 활동 본연의 목적을 달성하기 위해서는 서비스 이용자와 주변 상황을 분리해서 사정하기보다, 문제나 욕구를 둘러싼 다양한 차원의 맥락과 여기에 작동하는 권력관계를 파악하고 변화가 필요한 지점을 탐색해야 한다.

그런데 이러한 사정 활동은 사회복지사가 취하는 이론이나 관점에 영향을 받기 마련이다. 특정한 관점은 '무엇을, 어떻게, 왜 사정할 것인가' 하는 질문에 대해 다른 초점을 제시하기 때문이다. 표 5-1은 동일한 사례라 하더라도 관점에 따라 사정의 초점이 달라진다는 것을 보여 준다. 이는 사정 대상의 본질에 가장 부합하는 관점을 취해야 함을 의미하는 동시에, 어떤 관점도 대상을 완벽하게 설명하기에는 한계가 있음을 뜻한다. 따라서 사회복지사는 절충적이고 통합적인 접근을 시도할 필요가 있으며, 그럼에도 완전무결한 사정은 없다는 인식을 가지고 자신의 관점이나 편견이 사정에 미치는 영향을 성찰할 수 있어야 한다.

표 5-1 사회복지실천 관점에 따른 사정 활동의 초점

| 사례 | 관점 | 사정 활동의 초점 |
|---|---|---|
| 요구사항이 있으면 술에 취한 채 주민센터나 사회복지관에 찾아와 행패를 부리는 50대 1인 가구 남성 B씨 | 생태체계 관점 | B씨의 관계망과 고립 정도, 자원의 충분성과 접근성 등을 분석하고, 문제해결을 위해 어떤 체계를 동원할 수 있는지 규명한다. |
| | 강점 관점 | 술에 취하지 않았을 때 B씨의 모습을 확인하고 문제를 해결할 수 있는 잠재력 등을 탐색한다. 또한 지지체계 형성이나 효과적인 의사소통을 위해 동원할 수 있는 자원을 찾아본다. |
| | 임파워먼트 관점 | B씨가 삶의 과정에서 어떤 차별과 억압을 경험해 왔으며 왜 이런 극단적 방식으로 의사를 표현하게 되었는지를 알아보고, 자신의 삶에 대해 현재 어느 정도 통제력을 갖고 있는지 또 술에 얼마나 의존하고 있는지 등을 파악한다. 그리고 현재 사회복지관에서 음주 후 행패를 부리는 행동을 통해 어떤 힘을 행사하고자 하며 이를 통해 원하는 바를 얻고 있는지를 확인한다. 또한 이러한 문제행동이 아니라 원하는 바를 얻을 수 있는 더 나은 대안적 방안이 있는지 등에 대해서도 함께 탐색해 본다. |
| | 비관사회복지 관점 | B씨의 삶에서 경제, 계급, 학력, 성, 장애, 인종, 문화 등과 관련된 사회적 억압이나 차별이 어떤 식으로 작용해 왔는지 분석하고, 현재 상황에서 접근 가능한 기회를 탐색한다. |

## (3) 목표와 계획 수립

사정 내용에 대해 사회복지사와 클라이언트가 합의한 다음에는, 개입의 목표와 우선순위를 정하고 이를 달성하기 위한 방법을 선택해야 한다. 여기서 목표objective란 '클라이언트가 현 상황에서 벗어나기 위한 바람직한 변화의 방향을 구체화한 것'(엄명용 외, 2016: 371), '문제가 해결된 상태, 또는 개입을 통해 일어나기를 바라는 변화'(양옥경 외, 2018: 271)를 의미한다.[3] 그러므로 사정 활동을 통해 파악된 문제를 욕구 형태로 표현하면 목표 서술에 도움이 된다(그림 5-3 참조).

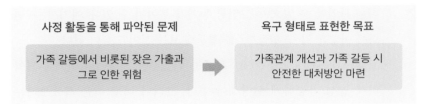

그림 5-3 목표 서술의 예

목표를 잘 설정해야 적절한 개입방법을 선택할 수 있고, 실천 과정에서 개입방향을 일관되게 유지할 수 있으며, 향후 효과성 평가의 기준으로 삼을 수 있다. 클라이언트의 삶에 구체적인 변화를 가져오지 못하는 무의미한 목표, 클라이언트에게 지나치게 큰 부담을 주는 과도한 목표, 부정적인 표현으로 서술한 목표(예: 가족 갈등 감소, 무절제한 소비 줄이기)[4]는 동기를 저하시킬 수 있으므로 바람직하지 않다. 그렇다면 적절한 목표는 어떻게 설정할 수 있을까? 목표 설정의 일반적 원칙으로 알려져 있는 S·M·A·R·T 요소를 적용해 보자.

......

3    목표와 목적은 다소 차이가 있다. 목적(goal)은 '궁극적으로 지향하는 좋은 삶에 대해 공유된 비전'(Cottam, 2018/2021: 99)으로서, 목표보다 가치지향적이며 장기적인 과제이다.

4    '가족 갈등 감소'는 가족관계 개선, 가족과의 의사소통방식 습득 등으로, '무절제한 소비 줄이기'는 재정계획 세우기, 일정 금액 저축하기 등으로 바꾸어 서술할 수 있다.

- Specific(구체적일 것): 목표는 일반적이고 추상적이기보다 명료하고 구체적이어야 한다. 목표를 구체화할 때는 'W 질문'(무엇what, 왜why, 누구who, 어디where, 언제when, 어떤which 등에 관한 질문)에 답해 보는 것이 도움이 된다. 과거에 농사를 지었지만 현재는 사회활동 없이 고립되어 있는 클라이언트를 예로 들어 보자. 막연하게 생각하면 '사회활동 증진'처럼 단순한 목표를 세우기 쉽다. 그러나 W 질문을 고려하면 '복지관에서 운영하는 원예 프로그램에 주 1회씩 3개월간 참석하기'와 같이 목표를 구체화할 수 있다.
- Measurable(측정 가능할 것): 측정 가능한 목표를 세워야 진전과 성취를 확인할 수 있으며, 그만큼 동기가 부여될 수 있다. 여기서는 '변화를 어떻게 알 수 있을까?'를 질문해 보는 것이 도움이 된다.
- Attainable(달성 가능할 것): 목표는 현실적인 제한이나 한계를 파악하여 달성 가능하게 설정해야 한다. 그러나 너무 쉬운 목표보다는 적절하게 도전적인 목표가 더 바람직하다. 어느 정도 기회나 자원을 동원하고 능력을 발휘하여 목표를 달성할 때, 성취감을 느끼고 자신감이 향상될 수 있기 때문이다.
- Relevant(관련성이 있을 것): 목표 설정에서 '관련성'이란 장기적인 목적과의 관련성, 서비스 이용자의 욕구와의 관련성, 사회복지사의 가치 및 지식, 기술과의 관련성, 그리고 기관의 기능 및 자원과의 관련성을 의미한다. 이러한 관련성을 검토해야 합리적인 목표를 설정할 수 있다.
- Time-based(시간을 고려할 것): 목표에는 기간 또는 달성 시점이 담겨 있어야 한다. 이는 한정된 시간 동안 어떤 활동에 우선순위를 두어야 할지를 제시해 주어 목표를 달성할 가능성을 높인다.

지금까지 설명한 목표 설정은 '무엇을 성취하고자 하는가?'에 대한 답을 찾는 과정이었다. 그다음에 이어질 질문은 '그 목표를 어떻게 달성할 것인가?'일 것이다. 계획 수립은 이 질문에 대한 답을 구하는 과정이다. 즉, 계획 수립은 목표를 가장 효과적으로 달성할 수 있는 전략을 선택하는 것이다. 예를 들어 '복지관에서 운영하는 원예 프로그램에 주 1회씩 3개월간 참석하기'가 목표라면, 계획 수립에서는 서비스 이용자의 참여 동기를 강화하기 위해 관련 정보를 제공하고 참여에 대한 보상을 마련하는 전략을 세울 수 있다. 전략을 선택할 때는 사정 활동에서와 마찬가지로 다차원적 맥락을 고려해야 하며, 클라이언트의 잠재력과 강점에 초점을 두고 전략들 간 장점과 단점을 평가해 보아야 한다(최혜지 외, 2013: 316).

목표와 계획 수립 단계에서 가장 중요한 것은 실천 과정에 참여할 주체인 클라이언트와의 대화이다. 개입의 목표와 계획을 사회복지사가 일방적으로 마련할 경우 클라이언트 자신의 것이 될 수 없다. 사회복지사는 대화를 통해 클라이언트의 상황과 욕구, 변화 의지를 파악하고 이를 바탕으로 목표와 계획을 세워야 한다. 나아가 클라이언트가 주도적으로 자신의 목표를 세우고 계획하는 과정이 된다면 그 결과가 더욱 성공적일 수 있다.

### (4) 계약

계약은 사회복지사와 클라이언트가 함께 참여하는 사정 단계의 결과물이라고 할 수 있다. 사회복지사와 클라이언트는 계약을 통해 사정 내용과 그에 기초한 목표와 전략, 각자의 역할, 개입 및 평가 방법 등을 공유하고 합의한다(양옥경 외, 2018: 276). 사정 활동과 목표 및 계획 수립이 사회복지사와 클라이언트의 공동 참여 과정이 되었다면, 이후 계약은 이를 종합적으로 확인하는 자연스러운 절차가 될 것이다. 이러한 계약은 암묵적으로 혹은 구두로 이루어지기도 하고, 문서를 통해 공식적으로 진행되기도 한다.

계약은 클라이언트의 자기결정권을 구체화하는 중요한 절차이므로 사회복지사 개인의 판단보다는 기관의 방침에 따라 이루어져야 한다. 따라서 기관은 그 특성에 맞게 계약서 양식을 구비하고 계약 절차를 제도화하는 것이 좋다. 또한 계약은 사회복지사가 작성한 내용을 클라이언트가 검토만 하는 방식이 아니라, 사회복지사와 클라이언트가 함께 논의해 온 요소들을 다시 한번 확인하며 필요시 수정하고 보완할 기회를 주는 방식으로 이루어져야 한다.

계약은 통상 법적 효력이 없으나 클라이언트가 자신의 역할을 분명히 인식하게 되어 참여 동기가 높아지고 자존감이 증진되는 효과가 있다. 그런 측면에서 비자발적 클라이언트일수록 계약 절차는 더욱 중요하다(엄명용 외, 2016: 373, 375). 특히 비자발적인 클라이언트에게는 독단적으로 개입을 결정하기 쉬운데, 클라이언트가 모르는 상태에서 사회복지사 혼자 사정 과정을 진행하고 개입하는 일은 없어야 한다.

### (5) 사정 단계에서 유의할 사항

사회복지사는 사정을 수행할 때 다음과 같은 사항에 유의해야 한다(Bolger & Walker, 2018: 172-175).

첫째, 서비스 이용자의 필요needs를 파악하고 그 우선순위를 규명해야 한다. 예를 들어 안전을 위협하는 급박한 문제가 있다면, 이를 삶의 질 향상이나 대인관계상의 갈등보다 우선적으로 다루어야 한다.

둘째, 다차원적으로 접근해야 한다. 어떤 사람도 타인 또는 사회와 분리된 진공상태에 존재하지 않는다. 다시 말해 사람은 미시체계에서 거시체계에 이르는 다양한 체계, 관계, 네트워크와 상호작용하면서 살아가며, 그가 직면한 문제 또한 다차원적 맥락의 영향을 받아 발생한 것이다. 따라서 서비스 이용자와 그의 문제를 둘러싼 맥락 및 시간의 흐름을 고려한 사정이 필요하다.

셋째, 강점을 찾아야 한다. 사회복지 현장에서 만나는 사람들은 억압과 박탈의 경험이 누적되어 무기력하거나 좌절에 빠져 있는 경우가 많다. 사회복지사가 이들의 강점과 자원을 놓치고 문제와 결함에만 초점을 맞추어 서비스를 제공한다면, 오히려 의존과 무기력이 심화되는 결과를 초래할 수 있다. 사회복지실천은 서비스 이용자와의 협업이다. 그러므로 역량, 강점, 자원, 보호 요인, 가능성을 탐색하고 이를 활용하며 강화할 때 더 바람직한 결과가 산출된다.

넷째, 당사자 중심을 고수해야 한다. 사정을 할 때는 다차원적 체계들을 고려하되, 그 중심에 있는 당사자와 그의 요구를 간과해서는 안 된다. 때로 자료 수집을 위해 여러 사람들을 만나다 보면 힘없는 당사자의 목소리가 무시되곤 한다. 사회복지사에게는 대상에 대한 이론 및 지식을 아는 것뿐만 아니라, 당사자를 자기 삶의 전문가로 인정하고 파트너십을 통해 참여를 보장하려는 자세가 필요하다.

다섯째, 다학제적으로 접근해야 한다. 어떤 한 분야의 관점만으로는 전체적인 그림을 그리기 어렵다. 따라서 총체적인 사정을 위해서는 관련된 분야에 속한 여러 전문가들의 이해를 통합할 필요가 있다. 특히 다양한 분야의 전문가가 팀을 이루어 일하는 영역(예: 의료, 정신건강, 학교)에서는 이러한 전문가 간 협력이 필수적이다.

여섯째, 법적·정책적 맥락을 고려해야 한다. 사정은 대상에 대한 이해만큼이나 사회복지사 자신에 대한 이해가 중요하다. 그중에서도 사회복지사가 처한 법적·정책적 맥락은 사회복지실천의 권한과 제한, 즉 무엇을 할 수 있고 무엇을 해야 하며 무엇을 해서는 안 되는지 등을 규정한다(Thompson, 2009).

일곱째, 연속성을 가져야 한다. 사정은 정답을 찾으면 끝나는 일회적 활동이 아니라, 실천 과정에서 지속적으로 수정·보완되어야 하는 과정이다. 따라서 사정 단계 이후에도 계속 사정이 이루어져야 한다(Coulshed & Orme, 2012).

## 3) 개입과 변화 단계

사정을 통해 실천의 목표와 계획이 적절히 수립되고 계약이 이루어졌다면, 이를 실제로 수행해 가는 과정이 개입이다. 흔히 개입이라고 하면 개입의 주체가 모든 것을 주도하고 개입의 대상은 수동적인 위치에서 도움을 받기만 하는 것처럼 이해하기 쉽지만, 사회복지실천에서 개입은 그런 의미가 아니다. 개입 역시 이전에 진행된 상호참여 단계 및 사정 단계와 마찬가지로 변화를 위한 공동의 협력적 활동이다. 즉, 개입은 사정에 기반을 두고 사회복지사와 서비스 이용자가 동의한 변화를 함께 도모해 가는 과정이라 할 수 있다.

그러므로 개입은 부족함을 메꾸어 주는 일방적인 시혜나 병리를 고쳐 주는 치료 행위를 넘어서는 개념이다. 빈곤으로 인해 자녀양육에 어려움을 겪는 미혼모 클라이언트를 예로 들어 보자. 사회복지사의 개입이 클라이언트에게 필요한 물품을 지원하는 것에 그친다면, 당장의 욕구는 채워지겠으나 클라이언트의 자존감을 손상시키고 의존도를 높이는 결과를 가져올 수 있다. 그보다는 물품 지원과 더불어 의미 있는 활동을 조직하고, 학습 프로그램을 제공하며, 받은 것을 사회로 환원하는 일에 동참할 기회를 마련하는 식의 개입이 클라이언트의 주체성을 고양할 수 있다는 점에서 더 바람직하다. 이처럼 사회복지실천에서 개입은 욕구나 문제당 서비스를 하나씩 할당하는 개념이 아니며, 서비스 이용자의 근본적인 요구와 변화에 대한 포괄적이고 장기적인 안목을 갖고 수행되어야 한다.

이와 관련하여 마일리 등(Miley et al., 2017)은 역량 있는 사회복지사라면 필요한 활동을 수행하면서도 클라이언트의 잠재력을 훼손하지 않도록 개입의 수준을 적절히 조절하며 균형을 맞출 수 있어야 한다고 하였다. 긴급한 위기 시에는 적극적으로 개입하는 역량이 필요하지만, 평소에는 클라이언트가 자기 삶의 주인으로 설 수 있도록 한발 물러서서 촉진자로서 개입하는 역량이 필요함을 강조한 것이다.

또한 사회복지실천에서 사정이 다차원적이고 통합적으로 수행되듯이, 개입을 통한 변화도 그러한 방식으로 진행되어야 한다. 이를 위해 사회복지사는 사회복지실천을 구성하는 체계 구도와 동원할 수 있는 자원에 대한 이해 및 활용 능력, 그리고 변화의 대상인 개인, 가족, 집단, 조직, 지역사회와 그들 간의 관계에 대한 효과적인 개입 역량을 갖추어야 한다. 사회복지사의 개입 역량에 관해서는 8장에서 구체적으로 다루므로 이를 참고한다.

## 4) 평가와 종결 단계

사회복지실천 과정의 마지막 단계인 평가와 종결은 서로 밀접하게 관련되어 있다. 사전에 종결 시점을 정해 두지 않은 경우에는 개입 단계부터 지속적으로 평가를 수행하면서 목표가 달성되었다고 판단되는 시점에 종결을 결정하기도 한다. 혹은 종결을 앞둔 시점임에도 목표를 달성하지 못했다고 평가되는 경우에는 종결 대신 재사정을 하거나 다른 방식의 개입을 진행할 수 있다. 또 어떤 경우에는 평가 후에 종결하는 것이 아니라 종결 후에 평가를 진행하기도 한다. 예를 들어 회기가 정해진 구조화된 집단 프로그램에서는 개입을 완전히 종결한 이후에 효과성 검증 평가가 이루어진다.

### (1) 평가
평가는 사회복지실천의 책임성과 관련된 활동이다. 실천 과정에서 사회복지사는 최선의 서비스 결과는 물론이고, 서비스의 과정, 수단, 재원, 전문성 등과 관련해서도 책임이 있다. 이 책임을 증명할 수 있는 활동이 평가인 것이다. 사회복지실천에 관한 평가의 종류는 표 5-2와 같이 구분된다. 이러한 평가들을 통해 사회복지사는 서비스나 프로그램의 장점을 확대하고 부족한 부분을 보완하며 자신의 실천과 역량을 성찰할 기회를 마련할 수 있다.

사회복지실천 과정에서 평가의 대상은 개입의 과정과 결과, 그리고 사회복지사 자신이다. 평가는 서비스 이용자, 사회복지사, 또는 동료나 슈퍼바이저 등 제3자에 의해 이루어질 수 있다. 평가 수단으로는 설문지나 척도 등을 이용하는 수량적 방식과 개별/집단 면접이나 피드백 등을 통한 질적 방식이 있다.

표 5-2 사회복지실천에 관한 평가의 종류(Hepworth et al., 2006; Adams, 2003/2007; 양옥경 외, 2018; Begun, 2021)

| 종류 | 내용 |
|---|---|
| 결과 평가<br>(총괄 평가) | 목표 달성, 즉 개입의 효과성에 대한 평가로서 개별 사례, 프로그램 및 정책 등 여러 수준에서 활용할 수 있다. 예를 들어 개인의 출석률 증가, 부부가 함께하는 활동 증가, 학교폭력 감소와 같이 다양한 수준에서 개입의 영향과 가치를 평가하는 것이 가능하다. 또한 의도되지 않은 부수적 결과에 대해서도 조사할 수 있다. 이러한 결과 평가는 주로 개입 전과 후의 비교 또는 실험집단과 통제집단 간 비교를 통해 수행된다. |
| 과정 평가<br>(형성 평가) | 목적 달성 여부나 정도가 아닌, 목적을 달성해 가는 과정에 대한 평가이다. 목적 달성을 위해 선택한 방법이나 수단이 얼마나 효율적이고 적절했는지 등을 평가한다. 따라서 과정 평가에서는 의사소통방식, 매뉴얼 준수 정도, 소요 시간, 참여도, 자원과 장애물 등이 조사 대상이 된다. |
| 만족도<br>평가 | 참여자를 대상으로 서비스의 과정과 결과에 대해 어떤 부분이 얼마나 만족스럽거나 불만족스러웠는지를 조사하는 것이다. 만족도 평가는 제공된 서비스의 질을 확인하는 수단이지만, 참여자의 성향이나 참여도에 영향을 받기 쉽고 만족도가 성과를 보장하지 않는다는 한계가 있다. |
| 비용편익<br>평가 | 자원투입 대비 효용에 대한 평가이다. 개입으로 인한 이득과 소요된 비용의 비율을 따져 보고, 해당 서비스가 다른 서비스에 비해 얼마나 유리하거나 불리한지를 조사한다. 예를 들어 아무리 좋은 효과를 낸다 하더라도 지나치게 많은 자원이 투입되어야 하거나 불균형적인 집중을 요한다면, 그러한 개입방법은 추후 사용되기 어려울 것이다. |
| 실무자<br>평가 | 사회복지사의 행동, 태도, 역량에 대한 피드백을 요청하여 수행되는 평가이다. 사회복지사는 긍정적 혹은 부정적 피드백을 통해 자신을 돌아보고 이를 성장의 기회로 삼을 수 있다. |

## (2) 종결 및 사후관리

전미사회복지사협회NASW의 『사회사업사전The Social Work Dictionary』(Barker, 2013)에 의하면, 종결은 '사회복지사가 클라이언트에게 개입하는 과정의 결론이자 계약관계를 해지하기 위한 체계적인 절차'이다. 종결은 개입이 언제, 왜, 어떻게 종료되는지를 상호 이해하고 종결에 대한 각자의 입장을 논의할 수 있는 기회가 된다. 또한 종결에서 전체적인 과정을 다시 점검하면서 클라이언트가 어떻게 노력했고 무엇을 이루었는지를 분명히 한다면 임파워먼트 효과를 가져올 수 있다(양옥경 외, 2018: 294). 종결에 관한 내용은 문서로 기록하여 클라이언트와 공유하는 것이 바람직하며, 여기에는 클라이언트의 이름, 서비스 시작일과 종료일, 종결 사유, 추가적으로 추천할 만한 서비스나 프로그램 및 관련 정보 등을 포함하도록 한다(Felton & Polowy, 2015).

종결은 목표 달성과 진전에 대해 함께 확인하고 동의하여 이루어지는 것이 이상적이지만, 목표 달성 여부와 상관없이 사전에 정한 시점이 되거나 클라이언트가 더 지속할 의사가 없을 때 이루어질 수도 있다. 문제는 예기치 않은 상황에서의 종결이다. 여기에는 이직이나 사직 등 사회복지사의 개인적 사유로 계속 개입할 수 없는 경우, 클라이언트가 계약사항을 준수하지 않는 경우(예: 폭력 행사, 권고사항 미준수, 비용 미지불), 클라이언트가 서비스에 불만족하는 경우, 클라이언트의 요구사항이 사회복지사의 전문 영역을 벗어나는 경우 등이 포함된다. 이러한 경우에도 클라이언트와 종결을 위한 마지막 시간을 갖는 것이 좋지만, 클라이언트 쪽에서 일방적으로 서비스 참여를 중단하거나 연락을 끊으면 그마저 여의치 않을 수 있다. 따라서 기관은 일정 기간이 지난 후에도 클라이언트로부터 연락이 없을 때는 종결을 결정한다는 방침을 정해 두어야 한다. 이때 "만약 향후 ＿＿＿일 동안 연락을 주지 않으실 경우, ○○○ 님의 사례는 기관의 방침에 따라 종결될 것입니다. 계속 서비스에 참여하기를 희망하신다면 다시 연락을 주시기 바랍니다."와 같은 메시지를 보내는 것도 대안이 될 수 있다. 단, 위기에 처한 클라이언트에 대한 서비스 종료는 매우 신중해야 하며, 가능한 한 관계를 유지하는 것이 바람직하다(Felton & Polowy, 2015).

종결로 인한 부작용 중 가장 문제가 되는 것은 클라이언트가 자신이 버림받았다고 느끼고, 이로 인해 분노, 부정, 회피 등의 감정을 경험하며, 그 결과 그동안 이루어 온 변화와 성과가 후퇴하는 것이다. 이러한 문제를 최소화하기 위해 사회복지사는 개입 초반부터 종결을 염두에 두어야 하며, 사전에 클라이언트와 종결에 대해 논의해야 한다. 더 근본적으로는 클라이언트의 의존성이 심화되지 않도록 실천의 전 과정에서 클라이언트가 주도적으로 참여할 기회를 제공해야 한다. 다만 실제로 클라이언트에게 지속적인 서비스가 필요한 상황이라면 남은 문제들이 적절히 해결될 수 있게 지원해야 한다. 이를 위해 클라이언트를 다른 기관이나 서비스로 의뢰할 경우에는 초기 단계의 의뢰와 마찬가지로 사회복지사가 직접 연결을 지원함으로써 서비스 이용 가능성을 높일 수 있다.

종결로 인한 충격을 완화하고 실천 과정에서 성취한 변화를 유지하기 위한 전략으로 '사후관리follow-up'를 수행할 수 있다. 사후관리는 종결 이후 일정 기간(통상 1~6개월) 동안 전화, 이메일, SNS, 개별/집단 면접 등을 통해 변화가 유지되고 있는지를 점검하고 격려하며, 필요시 추가적 원조를 제공하는 활동을 의미한다(엄명용 외, 2016: 415). 일반적으로 모든 개입에서 사후관리가 필요한 것은 아니지만, 상습적인 문제나 클라이언트의 안전과 관련된 문제라면 사후관리가 필수적이다. 이러한 문제의 경우 개입 과정에서 개인의 변화나 일부 상황의 개선이 있었다고 해도, 적절한 지원 없이는 그 변화가 지속되기 어려우며 위험이 재발할 가능성이 크기 때문이다.

예를 들어 학대 피해 아동의 경우 원가족에 복귀하는 것으로 실천 과정이 종결되어서는 안 된다. 복귀 후 초기 몇 주는 서로 떨어져 있는 동안 결심한 대로 잘해 보려는 이른바 '허니문 시기'를 보낼 수 있지만, 이 시기가 지나면 기존에 있었던 경제적 문제, 중독 문제, 관계 갈등 등으로 인해 학대나 방임의 위기가 다시 고조될 수 있기 때문이다. 따라서 그동안의 성취를 확고히 하고 재발을 방지하며 위험 요인을 예방하기 위해서는 잘 조정된 사후관리를 지속할 필요가 있다. 나아가 안정화된 생활환경 유지, 가족 스트레스 완화, 견고한 지지망 형성, 의사소통방식 개선 등의 서비스를 제공하여, 아동과 가족이 겪게 될 위기를 감소시켜 주는 것이 좋다(Walsh, 1998/2002: 408-409).

### (3) 평가와 종결 단계에서 유의할 사항

평가 단계는 기본적으로 실천의 목표 달성 여부 및 정도, 개입의 효과 등을 판단하는 단계이다. 그런데 이 단계에서도 클라이언트가 스스로 평가방식을 정하고, 모니터링이나 평가 과정에 주도적으로 참여하게 한다면 임파워먼트 효과를 거둘 수 있다(Adams, 2003/2007). 또한 평가 단계에서 사회복지사는 그간 확인된 클라이언트의 강점과 노력을 다차원적으로 검토하고 공유해야 하며, 부정적인 결과에 대해 클라이언트를 비난하지 않아야 한다.

종결 단계에서는 특히 사회복지 윤리 측면에서 점검이 필요하다. 종결이 필요한 상황임에도 클라이언트와 제대로 종결을 짓지 못하고 친구나 연인 등 다른 식으로 관계를 이어 갈 경우, 자칫 이중관계나 다중관계의 문제를 초래할 수 있다. 반면 여전히 사회복지사의 개입이 필요한 상황에서 종결 후 합리적인 조치를 취하지 않는다면, 이는 클라이언트를 위한 최선의 서비스와 충실성의 원칙을 위반하는 것이 된다. 또한 종결된 사례에 대해서도 클라이언트의 사생활을 보호하고 비밀보장 의무를 준수해야 한다(NASW, 2021).

## 3. 자연주의 사회사업의 실천 과정

지금까지 살펴본 사회복지실천 과정론은 대부분 서구에서 개발된 것으로, 문화적 상황에 구애받지 않고 보편적으로 적용되고 있다. 이와 병행하여 우리나라 실천 현장에서는 자연주의 사회사업에 기초한 실천도 활발히 이루어지고 있다. 자연주의 사회사업의 실천 과정은 어떤 이론이나 수량적인 효과성 검증을 근거로 한다기보다는, 현장 경험을 통해 도출된 실천 지혜이자 철학적 지향이라는 점에서 기존의 과정론과 다소 결을 달리한다. 이러한 이유로 자연주의 사회사업은 그간 제도권 교육과정에서 잘 다루어지지 않았다. 하지만 사회복지실천은 지식과 실천의 순환을 통해 발전하는 만큼, 사회복지실천가들에 의해 공감을 얻고 현장에서 널리 사용되고 있는 내용이라면 이를 교육에 반영할 필요가 있겠다.

자연주의 사회사업에서는 사회복지실천을 일상과 괴리된 특출한 조건이나 기술을 요하는 일로 규정하지 않는다. 사회복지실천이란 일상적으로 수행하는 평범한 활동을 통해 당사자[5] 스스로 자신의 삶의 바탕을 만들어 가는 과정이며, 그럴 때 타인의 인위적 개입에 따른 부작용이나 무리 없이 진정한 삶의 변화를 이룰 수 있다고 본다.

이어질 내용은 자연주의 사회사업을 소개하고 있는 『복지요결』(한덕연, 2022)[QR]의 일부를 정리한 것이다. 여기서는 사회사업의 실천 과정을 '인사하기-묻고 의논하고 부탁하기-감사하기' 순으로 제시하고 있다. 단, 이 과정은 상담, 치료, 위기 개입, 케어의 영역보다 지역사회와 지역주민을 대상으로 하는 사회복지실천에 초점을 둔 것임을 염두에 두길 바란다.[6]

..................

5    자연주의 사회사업에서는 클라이언트나 서비스 이용자 대신 당사자라는 용어를 사용한다.

## 1) 인사하기

사회복지실천은 '인사하기'로 시작한다. 인사할 대상은 당사자뿐 아니라 주변인과 지역사회 구성원을 포함한다. 우리 문화에서는 인사가 매우 중요한 의미를 가지며, 인사를 통해 관계 맺기가 시작된다고 볼 수 있다.

인사는 당사자가 있는 곳으로 찾아가서 한다. 그리고 당사자에게 묻고 의논하고 부탁하여 주변 사람들에게도 인사한다. 또 맡은 일이나 기관과 관련된 사람들에게도 찾아다니며 인사한다. 인사를 하다 보면 '사람'을 알게 되고, 사람 사이의 관계를 알게 되고, 지역의 정서와 문화를 알게 되고, 지역에서 처신할 바를 알게 된다. 그러면 살려 쓸 강점이 보이고, 잘 돕고 싶은 마음이 생기며, 하고 싶은 일이 그려진다.

인사를 받는 사람은 인사하는 사람에게 우호적인 마음을 갖게 된다. 따라서 인사를 잘하면 옹호와 협력이 가능해지고, 오해와 비난, 견제로부터 멀어질 수 있다. 또 인사를 다니면서 만나는 사람에게 보고 듣고 느끼고 알게 되는 것이 실천의 실마리이자 밑천이 된다. 사회복지사의 지혜, 열정, 희망, 용기, 저력, 자신감도 여기서 나온다. 특히 신입이나 전입 직원의 경우에는 한두 달 정도를 인사하는 기간으로 정하고, 꼼꼼히 그리고 충분히 인사를 다니는 것이 좋다.

## 2) 묻고 의논하고 부탁하기

도움이 필요한 사람에게 도움을 준다고 해서 언제나 긍정적인 결과를 낳는 것은 아니다. 도움을 받아 고마워하고 그 도움을 통해 성장하

---

6    이하의 내용은 『복지요결』의 저자인 한덕연 선생님의 허락을 받아 제시하였으며, 필요에 따라 일부 설명을 덧붙였다. 『복지요결』은 사회복지정보원(http://www.welfare.or.kr)에서 열람 가능하다.

는 경우도 있지만, 오히려 도움 때문에 의존이 생기고 자존감에 손상을 입는 경우도 있다. 사회복지실천에서도 적절하지 않은 방식의 도움은 당사자에게 부정적인 영향을 미칠 수 있다. 그러므로 당사자에게 도움을 제공할 때는 결과적으로 당사자가 빛나고 당사자에게 칭찬과 감사의 공이 돌아가는 방법, 즉 당사자가 자존심과 체면, 품위를 지킬 수 있는 방법으로 접근해야 한다. 그러한 방법이 바로 '묻고 의논하고 부탁하기'이다. 묻고 의논하고 부탁한다는 것은 당사자를 '자기 삶의 주인'으로 대하고 존중한다는 것을 의미한다. 따라서 복지서비스 수혜에서 발생할 수 있는 부작용을 줄이고 당사자의 자존심과 체면을 지킬 수 있다.

### (1) 묻기

당사자에게 어떻게 물어보느냐에 따라 답이 달라진다. 물어볼 때는 다음과 같이 당사자가 잘 알고 대답하도록, 희망과 강점을 이야기하도록, 그리고 당사자가 능동적 주체가 되도록 묻는 것이 좋다.

> • **잘 알고 대답하도록 묻기**  당사자가 스스로 알아보고 검토하며 궁리해 볼 수 있게 묻는다. 또한 질문을 통해 여러 가지 대안을 살펴보고 선택할 수 있게 묻는다.
> • **희망과 강점을 이야기하도록 묻기**  문제나 욕구를 묻기보다 '어떻게 하고 싶은지'를 물음으로써 희망을 구체화하게 한다. 이를 위해 그동안 어떻게 해 왔는지, 잘했거나 좋았던 일은 무엇인지, 활용한 강점과 자원은 무엇인지, 함께했거나 도와준 사람은 누구인지 등을 질문한다. 또한 잘하고 싶은 마음, 할 수 있는 것, 할 수 있겠다 싶은 것, 가지고 있는 것, 함께하거나 도와줄 만한 사람을 이야기하도록 묻는다.
> • **당사자가 능동적 주체가 되도록 묻기**  당사자가 스스로 묻고 답하게 한다. 예를 들어 집단 활동이나 행사를 계획할 때, 사회복지사가 당사자들의 의견을 참고하여 계획할 것처럼 묻지 않는다. 그 대신 당사자들이 기획단 같은 조직을 만들어 두루 알아보고 의논하여 계획하게 한다.

### (2) 의논하기

당사자나 지역사회의 의견을 존중한다고 해서 모든 의견을 그대로 따를 수는 없다. 사회복지의 가치·이상·철학, 사회복지기관의 정책·형편·가용 자원·기회비용, 사회복지사의 처지·역량·권한·책임, 당사자나 지역사회에 미칠 영향 등을 고려해야 하기 때문이다. 그러므로 묻는 데서 그치지 말고 의논도 해야 한다. 의논 과정에서는 적극적으로 권하거나 말릴 수도 있고, 변론하거나 설득할 수도 있다. 다만 비판, 간섭, 훈계, 지시, 통제로 느낄 수 있는 표현은 삼간다.

서로 의견이 다를 때 의논하기는 하나의 도전이 될 수 있다. 이때는 다른 의견을 내세우거나 당사자의 의견과 다르게 도와야 할 만큼 당위성이나 실익이 있는지 헤아려 본 후 경우에 따라 다르게 대처한다.

---

- **당위성이나 실익이 충분할 경우** 사회복지사의 의견에 대해 직접 설명하거나, 근거 자료를 제공하거나, 당사자가 알아보게 돕는다. 당위성이나 실익 면에서 당사자의 의견을 그대로 따르기 어려운 이유에 대해서도 충분히 설명한다. 그럼에도 당사자가 수긍하지 않거나 이해하지 못한다면, 당위성과 실익에 근거한 사회복지사의 판단에 따른다.
- **당위성과 실익이 충분하지 않을 경우** 조심스럽게 절충안을 제시하며 타협을 시도한다. 그마저 안 되면 '현실적으로 가능한 범위 내에서는' 일단 당사자의 의견을 따른다.

---

사회복지사는 의논 과정을 상세히 기록하고, 적절한 때에 당사자에게 보여 주며 공유한다. 이러한 방식은 개인 당사자뿐 아니라 지역사회에 대해서도 동일하게 적용된다.

### (3) 부탁하기

사회복지실천은 사회복지사가 모든 활동을 주도하기보다, 당사자에게 부탁하여 되도록 당사자가 할 수 있게 돕는 것이 좋다. 당사자가 할 수 있는 만큼 스스로 하게 돕고, 나머지는 같이 하거나 마치 심부름 해 주듯 대신 해 준다. 그래야 당사자의 삶이 튼실해지고 복지도 자연스러워진다.

부탁할 때는 당사자가 알아서 하라며 무책임하게 맡기지 않는다. 꼭 당사자와 의논하고 부탁해야 한다. 의논 없이 그냥 맡기면 사회복지실천이나 기관의 방향에 반하는 일이 생길 수 있다. 특히 당사자의 경험, 지식, 정보가 부족한 경우 더 나은 선택을 하지 못하거나 엉뚱한 선택을 하기도 한다. 또한 부탁한 뒤에는 부족한 부분을 거들어 주고, 때때로 살펴서 조정하고 중재하며, 칭찬하고 감사해야 한다. 그렇지 않으면 사회복지사가 남에게 일을 미루거나 사람을 이용하려 든다는 느낌을 줄 수 있다. 당사자와 지역사회에 부탁하는 방법은 다음과 같다.

---

- **당사자에게 부탁하기**  우선 당사자가 하게끔 부탁한다. 어려워 보이면 과정을 세분하거나 단계를 나누어 우선 할 수 있는 만큼 하도록 부탁한다. 때로는 본을 보여 주고 같이 해 본 뒤에 다시 부탁한다. 만약 당사자 혼자 할 수 없으면 같이 하는 것도 대안이 될 수 있다. 사회복지사가 대신 해 줄 경우에도 당사자가 알고 동의하거나 요청하는 방식으로 하여, 그 일이 '당사자의 일'로 인식되게 한다. 즉, 당사자의 일에 사회복지사가 협조하는 형태가 되도록 한다.
- **지역사회에 부탁하기**  당사자가 자연스럽게 접촉하고 소통할 수 있는 사람에게 부탁한다. 하는 김에 같이 하거나 조금 더 하는 방식으로, 그리고 하고 싶고 할 수 있는 만큼 하도록 부탁하여 너무 큰 부담이 되지 않게 한다. 또한 당사자 모르게, 당사자의 동의나 요청 없이, 당사자를 대신하여 부탁하지 않도록 유의한다.

---

묻고 의논하고 부탁하기가 잘되지 않을 수 있다. 이 경우 '때'가 적

절한지 점검해 본다. 때가 아닌데 묻고 의논하고 부탁하면 상대가 언짢아하거나 귀찮아하거나 마지못해 응하게 된다. 적절한 때를 판단하는 핵심은 '관계'이다. 그럴 만한 관계가 되기 전에는 묻고 의논하고 부탁하는 데 매우 신중해야 한다. 다만 명분과 진정성은 관계를 초월하기도 하므로 뜻을 잘 설명하고 성심성의껏 이야기한다. 상대방의 관심사, 이해, 의지, 역량, 기색, 분위기를 살펴 때를 판단할 수도 있다.

또 '자리'가 적절한지 점검할 필요도 있다. 사안에 따라 여럿이 모여 있는 데서 불특정 다수에게 말해도 될지, 몇 명 또는 한 명씩 따로 만나 이야기해야 할지, 기관에서 이야기해도 될지, 찾아가서 이야기해야 좋을지 등이 다르므로 이를 헤아려 봐야 한다.

마지막으로 강조할 것은 약자일수록 더 예를 갖추어 묻고 의논하고 부탁해야 한다는 것이다. 어린아이나 지적 약자, 자폐성 약자, 치매 증상이나 술 중독증이 있는 사람, 귀가 어둡거나 말이 어눌한 사람, 마비나 의식불명 따위로 말을 할 수 없는 사람에게는 더욱 그렇게 해야 한다. 소외되기 쉬운 약자와 더불어 사는 것이 사회복지의 지향이기 때문이다. 또 약자를 정성스럽게 대하면 당사자의 자아상과 자존감에도 좋은 영향을 준다. 따라서 사회복지사는 이들을 귀하게 대하도록 노력해야 한다.

## 3) 감사하기

'감사하기'는 잘했거나 고마운 점에 대해 마음을 표현하는 행위이다. 앞서 묻고 의논하고 부탁하기에 따라오는 자연스러운 결과가 감사하기이다. 묻고 의논하고 부탁하기는 감사하기로 완성되며, 감사를 잘해야 관계가 지속될 수 있다. 감사는 사회복지사가 당사자와 지역사회를 대상으로 하는 것과, 당사자가 주변 사람과 지역사회를 대상으로 하는 것 모두를 포함한다. 이처럼 감사는 서로 할 일이지만 사회복지사가 돌리는 감사가 많아야 성공적인 실천이라 할 수 있다. 감사는 긍정적인 강화의 순환을 일으킨다. 감사하는 방법은 다음과 같다.

---

- **구체적으로 표현하기**  잘했거나 고마운 점을 구체적으로 표현한다. 무엇이 어떤 의미, 감동, 효용이 있었는지 이야기한다. 중요한 것은 내용이므로 잘했다거나 고맙다는 말 자체는 직접 하지 않아도 된다.
- **소박하게 표현하기**  감사는 소박하게 표현한다. 이야기와 사진이 있는 엽서도 좋고, 간단한 다과나 선물도 감사를 표현하는 수단이 될 수 있다.
- **어른에게는 간접 표현을 사용하기**  어른을 칭찬할 때는 은근히 높여 드리는 간접 표현이 좋다. 잘하신 일에 대해 구체적으로 여쭙거나(예: "와! 이 부분은 어떻게 하신 거예요?") 가르침을 청하거나(예: "저도 어르신처럼 하고 싶어요. 저도 좀 가르쳐 주세요.") 다시 해 주시기를 부탁드린다(예: "도움이 많이 되었어요. 혹시 한 번 더 해 주실 수 있으세요?"). 평가하듯 직접 칭찬하면 하대하거나 아이 취급하는 느낌을 줄 수 있으므로 유의한다.
- **주변 사람들에게 알리기**  잘한 일, 고마운 일, 강점을 주변 사람들에게 알려서 그들이 알고 칭찬할 수 있게 하면 당사자와 주변 사람들의 관계가 더 좋아질 수 있다. 이는 모두에게 유익한 방법이다.
- **당사자가 직접 감사를 표현하게 하기**  지역사회에 감사할 때 당사자가 주인이 되게 한다. 당사자가 도와준 사람에게 직접 감사하면 좋은 인상을 주고 관계도 좋아질 수 있다.

---

지금까지 살펴본 자연주의 사회사업의 실천 과정은 당사자와 지역사회에 인사하고, 묻고 의논하고 부탁하고, 감사하는 것으로 수행된다. 이는 상당히 간략하고 단순해 보인다. 사회복지실천이란 이렇듯 기본적인 것만 충실히 해도 잘되고, 또 그렇게 해야 잘될 수 있다는 것이 자연주의 사회사업의 신념이다. 자연주의 사회사업에서는 당사자가 남의 시

혜를 받는 존재가 아니라 사회복지실천의 주인공이 되어 '우리가 우리 자신의 일을 한다'는 자부심을 가질 때, 당사자 스스로 자신의 삶과 생활에서 복지를 이루어 갈 수 있다고 본다.

# 제3부

# 사회복지실천의 핵심역량

3부는 앞의 1부와 2부를 통해 구성한 사회복지실천의 뼈대에 살을 붙이는 작업이라고 할 수 있다. 이를 위해 사회복지실천 체계론(4장)에서 제시했던 사회복지사의 핵심역량을 하나씩 살펴본다. 사회복지사의 여덟 가지 핵심역량은 통합적 사정 역량, 관계와 소통 역량, 다체계 개입 역량, 생활실천 역량, 사회정의실천 역량, 윤리적 실천 역량, 성찰적 실천 역량, 평가와 연구 역량 등이다. 이 중 평가와 연구 역량은 '사회복지조사론'과 '사회복지실천기술론' 등에서 다루므로, 여기서는 이를 제외한 일곱 가지 역량들을 차례로 소개한다. 이들 역량은 기존 사회복지실천론에서 다루어 온 내용도 있지만, 한국 사회복지실천 현장의 특성과 최근 사회복지실천의 주요 화두를 반영하여 새롭게 구성된 것들도 있다. 단, 이 책에서는 주로 각 역량에 대한 기본 개념을 안내하는 데 주안점을 두었기 때문에 구체적인 개입기법은 후속 교과목과 세부 분야별 교과목을 통해 지속적으로 학습해야 할 것이다.

# 통합적 사정 역량

한 인간으로서 세상을 살아가다 보면 여러 문제상황에 부딪히곤 한다. 그럴 때 우리는 '이 상황이 정말 문제인가?', '문제라고 본다면 어떤 문제인가?', '문제의 원인은 무엇이며 이로 인해 야기될 수 있는 결과는 무엇인가?', '어떻게 이 문제를 해결해 갈 것인가?' 등을 생각해 보게 된다. 이러한 사고 과정은 한 사람이 지닌 가치, 경험, 지식, 자원 등을 토대로 이루어지는, 다시 말해 그의 역량이 총동원되는 작업이라 할 수 있다. 그러므로 충분한 정보와 자원, 적절한 판단력을 갖출수록 우리는 상황을 더 정확하게 파악하고 이에 효과적으로 대처할 수 있다.

　　사회복지실천에서의 사정도 이와 유사하다. 사정은 클라이언트가 처한 상황, 그가 경험하는 문제의 유형과 원인, 그가 지닌 강점과 자원 등의 자료를 수집하고, 이에 대한 종합적인 판단·평가·해석을 수행하면서 적절한 해결책을 모색하는 행위이다. 이러한 사정에는 사회복지사의 가치, 경험, 지식과 같은 실천 역량의 결집이 요구된다. 특히 사회복지사는 겉으로 드러난 문제의 이면에 작용하는 근본적인 요인들과 그 역동까지 파악할 수 있어야 한다. 따라서 문제를 둘러싼 맥락과 관계를 총체적으로 고려하는 사정 역량이 필수적이다. 이것이 5장에서 '사정'을 다루었음에도 불구하고 별도의 장을 할애하여 통합적 사정을 비중 있게 다루는 이유이다. 이 장에서는 통합적 사정의 개념과 필요성을 제시한 후, 다양한 차원의 사정 내용과 그에 기초한 개입 목표 및 계획 설정 방법을 소개함으로써 적절한 사정을 수행할 수 있는 사회복지실천 역량을 확보하도록 돕고자 한다.

## 1. 통합적 사정 역량에 대한 이해

### 1) 통합적 사정의 개념

통합적 사정을 설명하기 전에 사정이라는 개념부터 살펴보자. '사정査定'으로 번역되는 'assessment'의 사전적 정의는 '무언가에 관해 조사하고 평가하여 결정하는 행위'이다. 이 개념이 사회복지실천에서 사용될 때는 '클라이언트가 제시하는 문제를 해결하고 욕구를 충족하기 위해 관련된 다양한 차원의 자료를 수집하여 분석하고 판단하며, 이를 바탕으로 클라이언트와 함께 서비스 지원 계획을 결정하는 과정'이라는 정의를 따른다(Pincus & Minahan, 1973; Goldberg, 1974; Fook, 1993/2007).

과거에는 '사정' 대신 '진단diagnosis'이라는 용어가 사용되기도 했다. 서비스 과정만 놓고 본다면 의료서비스에서 진단과 사회복지실천에서 사정은 유사한 측면이 있다. 진단과 사정 모두 본격적으로 서비스를 제공하기 전에, 대상이 지닌 문제를 파악하고 분석하고 판단하는 행위이기 때문이다. 또 의사가 검사 결과에 근거하여 정확한 진단을 내려야 환자에게 적합한 치료를 제공할 수 있는 것처럼, 사회복지실천에서도 사정이 적절하게 이루어져야 효과적인 개입이 가능하다. 하지만 진단은 질병이나 결함, 역기능에 초점을 두어 클라이언트를 치료 대상으로 규정하는 병리적 관점의 의료 용어라는 점에서 사회복지실천의 사정 개념과는 거리가 있다.

실제로 초기 전문 사회복지실천의 개척자로 평가받는 메리 리치먼드의 저서 『사회 진단』(1917)에서는 제목부터 진단이라는 용어가 사용되었다. 그러나 여기서 진단은 개인의 결함을 찾는 의료적 관점이 아니라, 개인과 더불어 사회환경의 중요성을 강조하는 심리사회적 접근을 염두에 둔 것이었다. 그리고 이 접근은 이후 생태체계론에 입각한 '환경 속의 인간'이라는 기본적인 사정틀로 발전한다. 사회복지실천은 이러한 생태체계적 관점을 받아들이면서 의료적 관점에 의거한 일방향의 인과관계가 아닌 순환적인 상호작용에 중점을 두게 되었다. 또한 서비스 대상에 대한 초점을 그들이 지닌 문제에서 자원, 강점, 동기, 역량으로 확대함에 따라 '진단'과 차별화된 '사정'이라는 용어를 채택하게 되었다(Zastrow, 1995).

이처럼 사정이라는 용어에는 인간과 그가 당면한 문제를 단편적으로 바라보는 대신, 포괄적이고 입체적으로 이해하고자 하는 지향이 담겨 있다. 그런 측면에서 사정은 이미 '통합적'이라는 형용사를 내포한다고 볼 수 있다. 그렇다면 통합적 사정이라 할 때 '통합'은 구체적으로 어떤 의미일까?

우선 통합은 관점과 이론의 통합을 의미한다. 다시 말해 통합적 사정은 특정 관점이나 이론에 치우치지 않고 절충적인 입장을 취한다. 이는 특수 전문가보다는 일반주의 전문가로서 사회복지사의 정체성에 따른 것이다. 또한 통합적 사정이란 인간과 환경, 주체와 구조, 미시와 거시의 측면 및 이들 간의 상호작용을 포괄하는 사정을 의미한다. 이는 문제의 원인이 개인에게 있느냐, 사회환경에 있느냐와 같은 이분법의 단순 합슴을 의미하는 것이 아니다. 그보다는 '관계론적 존재로서 인간'이라는 개념으로 이해될 수 있다. 즉, 문제도 해결방법도 인간이나 환경의 고정적 속성에서 찾는 것이 아니라, 그것이 놓인 상호적·관계적 맥락을 고려해야 한다는 것이다. 따라서 우리가 사정하고 변화를 모색해야 할 부분도 인간이 놓여 있는 '다차원적인 관계의 맥락'이다. 이와 같이 관계의 맥락을 고려한 통합적 사정은 다른 휴먼서비스직과 차별화되는 사회복지실천의 사회적 의미를 구현하는 기초 작업이라 할 수 있다(최명민, 2020).

## 2) 통합적 사정 역량의 필요성

사정은 사회복지실천의 가장 핵심적인 과정이자 요소이다. 그 이유는 크게 두 가지로 정리할 수 있다.

첫째, 사정에는 사회복지실천의 전문성이 응축되어 있기 때문이다. 사정은 가치, 이론, 기술 등 사회복지실천의 전문성을 구성하는 요소들에 기반하여 이루어진다. 사실 우리가 사회복지학에서 배우는 많은 내용들은 문제상황에 대한 사정을 적절히 수행할 수 있는 역량을 키우기 위한 것이다. 체계적인 사정 없이 이루어지는 온정적 지원은 자선charity이나 자원봉사활동에 가까우며 전문적인 사회복지실천이라고 하기 어렵다.

둘째, 사정을 통해 사회복지실천의 방향이 결정되기 때문이다. 문제의 원인에 대한 판단에 따라 해결방법이 달라지듯이, 사정이 어떻게 이루어지는가는 이후 개입의 방향과 결과를 결정하는 중요한 준거가 된다(Fook, 1993/2007). 그런데 클라이언트가 처한 문제상황은 겉으로 드러나는 것처럼 일면적이지 않다. 그 이면에는 개인에서 사회적 차원에 이르는 다양한 원인과 영향이 복합적으로 얽혀 있다. 그러므로 사회복지사는 통합적 관점을 가지고 주어진 상황을 적절히 파악하여 사정할 수 있는 전문적 역량을 갖추어야 한다.

물론 사회복지실천이 항상 통합적 관점을 취했던 것은 아니다. 사회복지실천의 역사를 보면 미시적 실천과 거시적 실천이 변증법적으로 발전해 왔으며(Reisch & Andrews, 2001), 이 과정은 사정에도 반영되었다. 미국에서 사회복지실천이 발달하던 초기에는 개인과 가족에 초점을 둔 개별사회사업이 주를 이루었던 만큼 개인의 심리와 가족환경에 대한 사정이 중시되었다. 이후 1960년대를 기점으로 미시적 실천에 대한 비판이 본격화되면서(Brake & Bailey, 1980; Reisch & Andrews, 2001), 불평등과 억압을 유발하는 사회구조와 제도 등 거시적 환경을 변화시키려는 급진적·비판적 실천의 움직임이 활발해졌다. 그러나 여전히 사회복지실천에서 거시적 측면에 대한 고려가 미진하다는 비판이 많다. 따라서 이 장에서는 미시와 거시를 고루 포함하는 관계 중심의 통합적 사정 방법을 다루고자 한다.

## 2. 통합적 사정의 내용과 방법

사회복지실천이 다루는 문제의 종류와 대상이 다양하기 때문에 사회복지 내 모든 분야와 영역을 아우르는 단일한 사정틀을 제시하기란 쉽지 않다. 그렇지만 사회복지사가 하나의 직업으로서 공동으로 추구하는 가치가 있듯이, 사회복지실천 방법의 핵심이라 할 수 있는 사정에도 공통분모가 존재한다. 여기서는 사정 과정을 '자료 수집과 사정', 그리고 '개입 목표와 계획 수립'으로 구분하여 제시한다.

### 1) 자료 수집과 사정

클라이언트의 문제를 사정하기 위해서는 우선 관련된 자료를 수집해야 한다. 자료 수집은 사회복지사의 일방적인 행위가 아니라 서비스 이용자와 상호 동의하에 정보를 공유하는 것이다. 인적사항과 같은 기본 정보는 초기 접수 단계에서 작성한 접수기록지를 통해 파악할 수 있다. 그러나 더 상세한 자료는 주로 사정 단계에서 클라이언트나 주변인들과의 면담을 통해 확보하게 된다. 이때 사회복지사는 어떤 자료를 어떤 방식으로 수집해야 할까?

필요한 자료의 내용과 양은 상황에 따라 다를 수 있다. 다만 사회복지사와 클라이언트에게 허락된 시간이 제한적일 뿐더러 다룰 수 있는 범위도 한정적이므로 어느 정도 초점을 둘 부분을 정해야 한다. 그 초점은 바로 '클라이언트가 호소하는 어려움이나 해결하고자 하는 과제가 무엇이며 이는 어디에서 기인하는가?', '클라이언트는 어떤 상황적 맥락에 놓여 있는가?', '문제해결의 실마리를 어디에서 찾을 수 있는가?'이다. 이러한 질문을 탐색하고 분석하는 과정에는 과거-현재-미래를 고려하는 종적인 관점과 그 사람이 속한 다양한 관계 및 맥락을 고려하는 횡적인 관점이 모두 필요하다. 이러한 종적-횡적 관점은 현재의 어려움이 고정적인 것이 아니라 상황에 따라 변할 수 있다는 것, 그리고 특정한 문제는 어떤 한 요소만이 아니라 여러 요소가 작용한 결과이기 때문에 해결방법도 다양할 수 있다는 것을 전제한다.

사정에 필요한 자료를 수집하려면 일정한 체계가 필요하다. 이를 사정틀 또는 사정체계라고 한다. 사회복지실천에서 제시하는 사정틀은 다양하지만, 거시적 측면까지 포괄하는 통합적 입장을 대표하는 것으로는 푹(Fook, 1993/2007)의 통합적 사정지침과 톰슨(Thompson, 2001)의 PCS 통합적 사정체계[1]를 들 수 있다. 이 책에서는 두 사정틀을 참고하여 표 6-1과 같은 통합적 사회복지 사정체계를 제시한다.

..................

1     PCS란 개인(person), 문화(culture), 사회구조(social structure)의 약자이다.

표 6-1 통합적 사회복지 사정체계

| 차원 | 사정 초점 | 사정 항목 |
|---|---|---|
| 개인 | "사정 대상이 어떤 사람이며 어떤 문제를 경험하고 있는가?"<br>- 문제와 고통에 대한 인식<br>- 삶의 배경 요인<br>- 자신에 대한 인식<br>- 개인 차원의 내적·외적 기능과 자원<br>- 변화 의지 | • 제시하는 문제와 욕구<br>• 기본 인적 정보: 나이, 성별, 종교, 직업, 교육 수준, 재정, 건강(질병), 주거 등<br>• 생활력: 발달력에 따른 생애 주요 사건, 현재의 발달주기, 역경 극복과 성취의 경험, 좌절과 트라우마의 경험 등<br>• 자기인식: 정체성, 자아상 등<br>• 신념체계: 주요 신념, 변화 동기, 삶의 지향점 등<br>• 정서 상태: 성격적·정서적 특성 등<br>• 행동 양상: 문제대처방식, 행동 특성 등<br>• 일상과 여가생활 양상<br>• 서비스를 통해 달성하고 싶은 변화 |
| 대인관계 맥락 | "사정 대상이 어떤 대인관계를 형성하고 있는가?"<br>- 의미 있는 대인관계 양상<br>- 대인관계상의 갈등과 고립 정도 | • 가족관계: 가족력과 가족환경<br>• 가족 외 친밀한 관계: 친구, 동료, 이웃 등<br>• 소속집단 및 그 안에서의 관계<br>• 중요한 권력관계<br>• 사회적 역할 수행 양상 |
| 사회구조와 문화적 맥락 | "사정 대상이 어떤 사회구조와 문화적 맥락 속에 있는가?"<br>- 과거부터 현재까지 경험해 온 가치와 문화적 맥락<br>- 구조적·문화적 억압과 차별<br>- 사회적 지지 체계 및 자원 | • 소속된 하위문화의 가치 및 신념과 그로 인한 영향: 종교, 인종, 문화, 지역, 조직 등<br>• 사회의 정상성 규범이나 역할 기대로 인한 낙인과 차별<br>• 사회경제적 계급에 따른 박탈과 자원의 결핍<br>• 사회제도나 법체계와의 문제<br>• 사회구조적·문화적 변화 경험<br>• 외부 체계와의 다차원적인 관계 및 활용 가능한 자원 |

　　표에서 볼 수 있듯 통합적 사회복지 사정체계는 개인 차원, 대인관계 맥락 차원, 사회구조와 문화적 맥락 차원에 따른 사정 초점과 사정 항목을 포함한다. 단, 이러한 차원 구분은 엄격하거나 상호 배타적인 것이 아니다. 예를 들어 자신의 정체성에 대한 인식은 개인 차원에 해당하지만, 여기에는 대인관계나 사회적 규범 등이 영향을 미칠 수밖에 없다.

따라서 통합적 사회복지 사정체계를 활용할 때는 각 차원들이 서로 겹쳐 있으며 상호작용한다는 사실을 염두에 두어야 한다.

사정 초점은 사회복지사가 사정 대상을 포괄적으로 이해하기 위해 각 차원별로 확인해야 할 요소이다. 사정 항목은 그러한 사정 초점을 도출하는 데 필요한 구체적인 정보를 뜻하며, 필요에 따라 가감하거나 변형할 수 있다. 사정을 통해 궁극적으로 도출되어야 하는 것은 사정 초점이므로, 사정 항목에 나열된 정보들을 수집할 때도 사정의 차원과 초점을 고려해야 한다.

사정 항목을 수집하는 기본적인 방법은 질문과 답변 형식의 면담이다. 사회복지실천 과정론에서는 흔히 사정을 통해 문제를 파악하고 목표와 계획을 수립한 다음에 본격적인 개입에 들어간다고 설명한다. 그러나 이미 사정 단계에서부터 면담을 수행하며 이때도 일정한 개입 효과를 거둘 수 있다. 그러므로 사회복지사는 사정 단계의 면담에서도 면담론(경청, 공감, 재진술 등)에 의거하여 효과적인 개입이 이루어지도록 노력해야 한다.

이제 각 차원에 따른 자료 수집의 내용과 방법을 좀 더 구체적으로 살펴보도록 하자.

### (1) 개인 차원의 자료 수집과 사정

개인 차원의 사정에서 일차적인 대상은 당연히 클라이언트이다. 그러나 오직 클라이언트만 해당하는 것은 아니다. 예를 들어 클라이언트가 자해 문제를 지닌 여학생일 때, 이 문제를 해결하기 위해서는 그와 갈등을 빚고 있는 어머니나 아버지를 사정해야 할 수도 있다. 이처럼 개인 차원의 사정은 주로 클라이언트가 대상이겠지만 변화를 필요로 하는 주변 개인도 포함될 수 있다. 개인 차원의 자료 수집과 사정 방법은 표 6-2에 제시하였다.

표 6-2 개인 차원의 자료 수집과 사정 방법

| 사정 항목 | 자료 수집과 사정 방법 |
|---|---|
| 문제와 욕구 | • 질문: "어떤 어려움이 있으십니까?", "여기는 무슨 일로 오게 되셨습니까?" 등 |
| 기본 인적 정보 | • 질문: "종교가 있습니까?", "건강은 어떠십니까?" 등<br>• 관찰: 성별, 주거 상태 등 |
| 생활력 | • 질문: "그동안 어떻게 살아오셨습니까?", "살면서 특별히 힘든 일이 있었다면 무엇인지 말씀해 주시겠습니까?", "가장 성공적인 경험에는 어떤 것이 있습니까?", "지금까지 겪은 일들 중 제가 ○○ 씨를 돕기 위해 꼭 알아야 할 것이 있다면 이야기해 주십시오." 등<br>• 사정도구: 생활력표 |
| 자기인식<br>: 정체성, 자아상 등 | • 질문: "자신이 어떤 사람이라고 생각하십니까?", "자신을 잘 표현할 수 있는 단어(동물, 식물, 물건 등)가 있다면 무엇일까요? 그 이유는 무엇입니까?", "자신에 대해 얼마나 만족하십니까?", "자신의 장단점이 무엇이라고 생각하는지 말씀해 주십시오." 등 |
| 신념체계 | • 질문: "인생의 좌우명이 있다면 무엇입니까?", "지금 상황이 변화될 수 있다고 생각하십니까?", "문제를 해결하기 위해 스스로 얼마나 노력할 수 있습니까?", "어떤 삶을 살고 싶습니까?" 등 |
| 성격과 정서 상태 | • 질문: "자신의 성격이 어떻다고 생각하십니까?", "사람들이 ○○ 씨의 성격이 어떻다고 말합니까?", "요즘 주로 어떤 감정을 느끼십니까?" 등<br>• 관찰: 말하는 태도, 자세, 표정 등 |
| 행동 양상 | • 질문: "지금까지 이런 문제가 생기면 어떻게 대응해 오셨습니까?", "그동안 어떻게 견뎌오셨습니까?", "스트레스를 받으면 주로 어떻게 하십니까?" 등<br>• 관찰: 대응방식, 제스처, 태도, 표정 등 |
| 일상과 여가생활 양상 | • 질문: "평상시 하루 일과를 이야기해 주세요.", "여가시간은 주로 어떻게 보냅니까?" 등 |
| 서비스를 통해 달성하고 싶은 변화 | • 질문: "여기 어렵게 오셨는데 어떤 변화가 있다면 잘 왔다고 생각하시겠어요?", "문제가 해결된 상태는 어떨 거라고 생각하십니까?" 등 |

개인 차원의 사정에서는 특히 다음 세 가지 사항에 주목해야 한다.

① 문제와 욕구   클라이언트의 문제와 욕구는 자료 수집에서 가장 중요한 부분이다. 클라이언트나 가족은 사회복지사에게 주로 자신들이 처한 문제에 대해 호소한다. 그래서 사회복지사도 클라이언트의 문제에 집중하여 원인을 탐색하기 쉽다. 그러나 문제를 없애더라도 클라이언트의 욕구가 충족되지 않을 때도 있다. 따라서 사회복지사는 문제를 파악함과 동시에 클라이언트가 달라지기를 원하거나 성취하고자 하는 것이 무엇인지를 파악해야 한다. 그리고 이를 위한 변화 의지나 동기 또는 자원을 클라이언트가 인식할 수 있도록 도와야 한다. 한편, 클라이언트가 자신의 문제에 대한 이해나 표현을 어려워할 경우 회피적인 태도를 보이거나 모호하게 답하기도 한다. 이때는 사회복지사가 후속 질문과 설명을 통해 클라이언트가 호소하는 문제와 욕구를 구체화해야 한다.

② 생활력   생활력 또는 사회력은 그 사람이 살아온 역사를 의미한다. 그러나 제한된 시간 내에 이를 모두 파악하는 일은 불가능하며 반드시 필요하지도 않다. 또한 지나치게 상세한 과거 정보를 요구할 경우 클라이언트가 비현실적인 기대를 갖게 되고(예: '이런 것까지 물어보다니 여기서 문제를 다 해결해 줄 건가 보다.'), 이는 사회복지사에게도 부담이 될 수 있다. 따라서 생활력 조사 시에는 제시된 문제나 욕구에 초점을 두고, 생애 주기에 따른 주요 사건들을 중심으로 진행하는 것이 바람직하다. 다만 사회복지사가 속한 기관의 성격에 따라 요구되는 정보의 구체성은 다를 것이다. 주로 아동을 상담하는 기관이라면 초기 발달상의 정보를 자세하게 알아볼 필요가 있겠지만, 성인을 대상으로 자원 연결에 초점을 두는 기관이라면 초기 발달에 관한 정보는 비교적 덜 중요할 것이다. 표 6-3은 종합사회복지관의 사례관리 대상 가족 내 자해 문제가 있는 15세 여학생의 주요 생활사건을 생활력표로 제시한 예이다.

표 6-3 생활력표 예시

| 시기 | 연령 | 거주 지역 | 가족 상황 | 건강 | 교육 | 문제 | 기타 |
|---|---|---|---|---|---|---|---|
| 2006년 | 5월 출생 | 경기도 ○○시 | 부(25), 모(23) | | | 경제적 어려움 | |
| 2008년 | 2세 | | 첫째 동생(여) 출생 | | | 거의 방치됨 | 순한 아이 |
| 2010년 | 4세 | | 어머니 시간제 취업 | | 어린이집 | 거의 방치됨 | 아버지 실직 |
| 2013년 | 7세 | | 부모 주말부부 시작 | | 초등학교 입학 | 어린 나이에 집안일을 하게 됨 | 아버지 트럭 운전 시작 |
| 2016년 | 10세 | | | | 학업부진, 교우관계 문제 | 도벽 | |
| 2017년 | 11세 | 충청남도 ○○시 | | 팔 골절 | 전학 | 학교에서의 따돌림 | |
| 2019년 | 13세 | | 둘째 동생(남) 출생 | | 중학교 진학 | 동생 돌봄 역할 가중 | |
| 2020년 | 14세 | | 어머니와 갈등 | 우울증 진단 | | 가출 | |
| 2021년 | 15세 | | 어머니와 갈등 심화 | | | 자해 행동 | |

③ 내적 기능과 자원　사회복지실천은 통상 클라이언트의 문제와 욕구에서 출발하지만, 클라이언트가 가지고 있는 내적 기능과 자원을 발견하는 것도 중요하다. 인간은 다차원적이기 때문에 그의 기능과 자원 역시 여러 측면에서 살펴보아야 한다.

• 인지 기능: 세상을 보는 방식, 윤리적 옳고 그름에 대한 이해, 자신과

타인 간 상호성에 대한 이해, 개방적 사고 정도, 이성적 판단과 문제해결 능력 등을 뜻한다.

- 정서 기능: 감정 표현 능력, 타인에 대한 관심과 애정 표현 능력, 자기통제 능력, 정서적 표현의 정도와 적절성 등을 말한다.
- 사회 기능: 친구, 가족, 타인을 이해하고 이들과 조화를 이룰 수 있는 태도, 적절한 사회적 역할 수행, 친근감, 협조성과 융통성, 타인의 애정과 관심을 수용하는 능력 등을 의미한다.
- 동기: 문제를 회피하거나 부정하지 않고 도움을 구하려는 의지, 변화를 원하는 마음, 개선과 자립을 위한 노력 등을 의미한다. 이러한 동기는 사회복지사-클라이언트 간 상호작용과 영향을 주고받는다.
- 대처 능력: 상황에 대한 분별력, 의사결정에 따른 수행 정도, 새로운 상황에 대비하고 적응하는 능력 등을 뜻한다.
- 강점: 클라이언트의 문제해결 역량, 잠재력, 자원 등을 말한다. 강점을 찾기 위한 질문으로는 의미 질문(예: "당신이 가장 귀중하게 여기는 것이 무엇입니까?"), 가능성 질문(예: "앞으로 하고 싶은 일이 무엇입니까?"), 존중 질문(예: "살면서 진정한 기쁨을 느낄 때가 언제입니까?"), 생존 질문(예: "어려움을 헤쳐 오면서 스스로에 대해 배운 것이 무엇이었습니까?") 등을 활용할 수 있다(Saleebey, 2009).

### (2) 대인관계 맥락 차원의 자료 수집과 사정

사람은 관계 속에서 규정되고 성장하며 기능한다. 그만큼 우리가 삶에서 경험하는 문제들은 다른 사람들과의 관계에서 비롯된 경우가 많다. 사회복지실천에서도 대인관계 맥락은 매우 중요한 사정 대상이다. 클라이언트가 상호작용하고 있는 관계에서 문제해결의 실마리를 찾을 수 있기 때문이다. 표 6-4는 이러한 대인관계 맥락 차원의 자료 수집과 사정 방법을 보여 준다.

표 6-4 대인관계 맥락 차원의 자료 수집과 사정 방법

| 사정 항목 | 자료 수집과 사정 방법 |
|---|---|
| 가족관계 | • 질문: "○○ 씨 부모님은 어떤 분들이신가요?", "두 분은 어떻게 만나서 결혼하게 되었습니까?", "전반적인 가족관계는 어떻습니까?", "당신에게 가장 지지적인 가족 구성원은 누구입니까?" 등<br>• 사정도구: 가계도 |
| 가족 외 친밀한 관계 | • 질문: "가족들 외에 가장 친하게 지내는 사람은 누구입니까?", "평소 직장(학교)에서 대인관계는 어떤 편입니까?", "현재 스트레스를 느끼는 대인관계에 어떤 문제가 있습니까?", "어려움에 처했을 때 가족 외에 도움을 청할 수 있는 사람은 누구입니까?" 등<br>• 사정도구: 생태도 |
| 소속집단 및 그 안에서의 관계 | • 질문: "당신에게 특별히 도움이 되는 집단이나 기관이 있습니까?", "소속된 집단이나 모임 중 ○○ 씨가 가장 중요하게 생각하는 곳은 어디입니까?", "그 모임은 ○○ 씨에게 어떤 영향을 주고 있습니까?", "그 집단의 중요한 규칙에는 어떤 것이 있습니까?" 등<br>• 사정도구: 사회도, 생태도 |
| 중요한 권력관계 | • 질문: "○○ 씨의 삶에 가장 영향력이 큰 사람은 누구입니까?", "그 사람은 주로 어떤 방식으로 당신에게 영향을 끼치고 있습니까?", "이번 일에 대한 결정권을 가진 사람은 누구입니까?", "그 관계에서 자신이 어느 정도 통제력(힘)을 갖고 있다고 생각하십니까?" 등<br>• 사정도구: 생태도 |
| 사회적 역할 수행 양상 | • 질문: "집에서 ○○ 씨는 주로 어떤 역할을 맡고 있습니까?", "당신이 수행하는 역할 중 가장 중요하다고 생각하는 역할은 무엇입니까?", "당신이 가장 자신 있게 수행할 수 있는 역할은 무엇입니까?", "자신에게 맡겨진 역할 중 가장 힘든 역할은 무엇입니까?" 등 |

이 표에 언급된 주요 사정도구들을 소개하면 다음과 같다.

① 가계도와 가족 사정　가족은 가장 친밀한 관계의 공동체 중 하나로서 구성원들이 강한 소속감과 결속을 느낀다는 특성이 있다. 그러므로 클라이언트의 문제를 사정하기 위해서는 가족에 대한 기본적인 정보가 필요하다. 이러한 가족력과 가족관계를 도식화하는 대표적인 사정도구가 '가계도genogram'이다. 가계도는 맥골드릭과 거슨(McGoldrick & Gerson, 1985/1999)이 가족에 대한 전문적 사정과 치료적 개입을 목적으로 개발하였으며, 지금도 다양한 영역에서 활용되고 있다. 가계도에서 사용되는 주요 상징은 그림 6-1과 같다.[2]

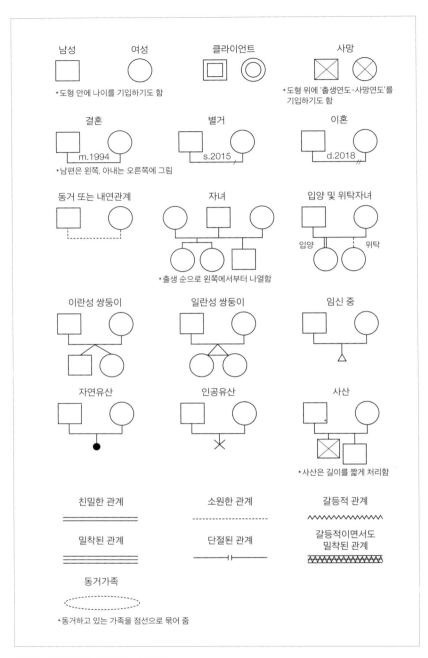

그림 6-1 가계도에 사용되는 상징들
출처: McGoldrick & Gerson(1985)을 참고

가계도에는 가족의 역사, 구성원, 관계 등의 정보가 담겨 있다. 따라서 가족 내 역동을 이해하거나 여러 세대에 걸쳐 발전시켜 온 가족 역할, 유형, 관계 등을 살펴보는 데 유용하다. 사회복지사는 가계도를 활용하여 가족에 관한 많은 정보를 신속히 파악하고, 클라이언트의 문제와 욕구가 가족과 어떻게 관련되어 있는지를 사정함으로써 개입의 목표나 방향을 보다 적절하게 설정할 수 있다(McGoldrick et al., 1999).

사회복지사가 클라이언트나 가족과 함께 가계도를 작성하는 것도 좋다. 이들이 자신과 관련된 가계도를 보면서 가족 간 관계와 문제의 배경을 직시하게 되고, 그럼으로써 문제해결에 도움을 받을 수 있기 때문이다. 특히 비자발적인 클라이언트는 자신의 문제에 대해 언급하기를 꺼리는 경향이 있는데, 가계도를 작성하는 과정에서 가족의 배경이나 분위기 등에 관한 정보를 자연스럽게 끌어낼 수 있다.

가계도를 이용하여 가족에 대한 좀 더 상세한 내용을 수집하고자 할 때는 다음 요소들이 포함되도록 한다(McGoldrick et al., 1999).

- 가족 문제: 문제에 대한 인식, 문제가 시작된 시기, 도움을 원하는 이유 등
- 기본 정보: 부모, 형제, 출생 순위와 연도, 결혼·사망 여부, 사는 곳 등
- 가족 관계: 친밀/소원, 원만/갈등, 단절/연합, 지배/종속 등의 관계 유형
- 구성원의 역할과 기능: 보호자, 병자, 문제아, 선한 사람, 악한 사람, 성공한 사람, 냉정한 사람 등 가족 내 주 역할, 직장 및 학업과 관련된 기능
- 가족 강점: 회복 탄력성을 보여 주는 행동, 강점 및 가용한 자원 등
- 기타: 문화적 요인, 성(gender)과 관련한 태도 등

..................

2   가계도의 상징은 가족 다양성이 증가하면서 변화하는 추세이다. 최근에는 다문화 요소를 색으로 표현하거나 사실혼과 법률혼을 구분하는 상징을 사용하기도 한다. 가계도는 'Creatly'(https://creately.com/usage/genogram-template-example)에서 제공하는 템플릿을 활용하여 편리하게 작성할 수 있다.[QR]

다음은 사회복지기관에 의뢰된 한 13세 클라이언트의 가계도 예시이다.

예시: 13세 클라이언트의 가계도

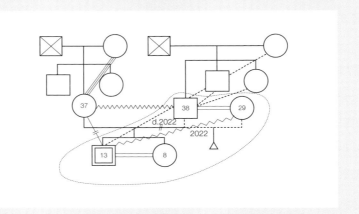

이 가계도를 보면 13세 남아인 클라이언트의 아버지(38세)와 어머니 (37세)는 20대 중반에 결혼하여 클라이언트를 포함한 남매를 두었으나 2022년에 이혼했음을 알 수 있다. 이혼 후 아이들은 곧바로 친모와 분리되어, 아버지 그리고 현재 임신 중인 아버지의 동거녀(29세)와 함께 살게 된 것으로 보인다. 클라이언트는 현재 양육자인 아버지의 무관심 속에서 아버지의 동거녀와 갈등 상태에 놓여 있으나, 동생과는 가까운 것으로 관찰된다. 또한 클라이언트의 아버지는 원가족과 소원한 상태로, 어떤 사연이 있을 것으로 짐작된다. 친모의 경우는 친정어머니와 매우 밀접한 관계였음을 알 수 있다.

따라서 이 가계도를 통해 클라이언트가 부모의 이혼, 친모와의 관계 단절 등 급격한 환경 변화를 경험하였으며, 현재 유일하게 의지할 수 있는 아버지와의 관계마저도 원만하지 못하다는 사실을 유추할 수 있다. 결론적으로 클라이언트는 현재 어머니와의 이별에 따른 트라우마를 안은 채 성인 보호자들로부터 적절한 돌봄을 받지 못하는 위기상태에 놓여 있는 것으로 판단된다.

가계도를 활용하여 가족에 대한 기본 정보를 수집했다면 가족 체계, 가족 규범, 가족 역할, 가족 권력, 가족 의사소통방식이라는 다섯 가지 차원으로 가족 사정을 진행한다(엄명용 외, 2016: 348-349).

- 가족 체계: 가족 내 하위체계와 경계의 건강성을 뜻한다. 가족 내 하위체계(부부 체계, 형제·자매 체계 등)가 어떻게 형성되어 있으며 다른 하위체계와 관계는 어떠한지, 외부 체계와의 교류가 개방적으로 이루어지는지, 아니면 지나치게 경직되거나 느슨하게 이루어지는지 등을 파악한다.
- 가족 규범: 수용 가능한 행동에 대한 가족 규칙을 의미한다. 예를 들면 "서로 의견이 다를 때 각자 자기 의견을 말할 수 있다."라는 규범을 가진 가족이 "가족 구성원 간에 의견이 다를 때 아버지 말을 무조건 따라야 한다."라는 규범을 가진 가족보다 기능적이다.
- 가족 역할: 가족 구성원이 가족 내에서 어떤 공식적·비공식적 역할을 가지고 있으며 이를 얼마나 적절히 수행하는지를 보는 것이다. 예를 들어 부모가 알코올 중독자인 가족에서는 대개 맏이가 부모를 대신해서 가사와 돌봄을 전담하는 실질적인 가장 역할을 하기도 한다. 이는 가정의 현상 유지에 이바지하지만, 발달단계에 적합한 경험을 박탈하는 결과를 초래한다.
- 가족 권력: 가족 내 권력의 분배구조로서 다른 구성원을 지배하거나 복종시키는 힘을 의미한다. 사회복지사는 가족 권력이 고르게 배분되어 있는지, 부모 중 한쪽에 권력이 집중되어 있는지, 또는 아픈 아이가 있는 경우 아이의 요구가 우선시됨에 따라 실질적으로 아이에게 권력이 있는지 등을 파악한다.
- 가족 의사소통방식: 의사소통방식은 가족의 기능성을 보여 준다. 기능적인 가족은 의사소통이 명확하고 언어적·비언어적 요소가 일치한다. 반면 역기능적인 가족은 이러한 일치성과 명확성에 문제가 있다.

② 사회도와 집단 사정　사회도sociogram는 집단 내 구성원 간 수용이나 거부 등 관계 및 상호작용을 상징으로 표현한 그림으로, 제이콥 모레노Jacob Moreno와 헬렌 제닝스Helen Jennings에 의해 처음 소개되었다. 사회도에서는 상대적 지위를 상단과 하단으로 구분하여 나타내고, 서로 가까운 성원들은 가까이, 소원한 성원들은 멀리 배치함으로써 결속의 강도를 표현한다(Toseland & Rivas, 1995). 사회도에 사용되는 주요 상징은 그림 6-2와 같다.[3]

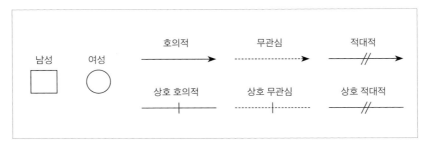

그림 6-2 사회도에 사용되는 상징들
출처: 양옥경 외(2018), 엄명용 외(2016)를 참고

이러한 사회도를 활용하면 집단 내 소외자, 하위집단, 결탁, 경쟁 관계 등을 가시화하여 파악하기에 유용하다. 또한 집단 개입 과정에서 여러 번 작성하여 비교해 보면서 집단의 특징적 상호작용과 대인관계 유형의 변화를 파악할 수 있다. 단, 사회도는 집단 내 개인의 지위나 구성원 간 상호작용을 확인할 수 있을 뿐 실제 행동을 파악하기는 어렵고, 특정한 순간만을 포착하고 있어 현상의 원인까지 알아내는 데에는 다소 한계가 있다(엄명용 외, 2016).

..................

3　사회도는 'Creatly'(https://creately.com/usage/sociogram-examples-and-maker)에서 제공하는 템플릿을 활용하여 편리하게 작성할 수 있다.[QR]

다음은 여섯 명으로 구성된 집단의 사회도 예시이다.

예시: 여섯 명으로 구성된 집단의 사회도

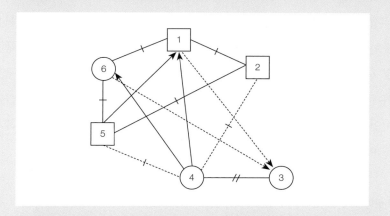

이 사회도는 남자 세 명, 여자 세 명 총 여섯 명으로 구성된 집단의 역동을 나타낸 것이다. 이 집단에서 1번, 2번, 5번, 6번은 대부분 상호 호의적 관계를 형성하고 있는 것으로 보아, 하나의 하위집단을 구성하고 있음이 관찰된다. 그중에서도 1번은 다른 하위집단의 구성원(4번)으로부터도 호의적인 관심을 받고 있어서, 집단의 분위기를 좌우할 수 있는 리더와 같은 위치에 있는 것으로 보인다. 또한 이 하위집단에는 남자 세 명이 모두 포함되어 있고, 6번만이 여자 구성원이라는 점도 눈에 띈다. 반면, 또 다른 여성인 3번과 4번은 집단 구성원들과의 상호작용이 상대적으로 적을 뿐 아니라, 둘 사이에도 사이가 좋지 않은 것이 관찰된다. 단, 이들의 양상은 다소 달라 보인다. 4번은 다른 성원(1번과 6번)에게 관심을 갖고 있지만 자신은 집단 구성원들로부터 관심을 받지 못하고 있다. 3번은 4번과의 적대적 관계 외에 다른 성원들과 상호작용 자체가 없어서 대인관계 욕구가 많지 않아 보이며 그만큼 더 소외된 양상을 보이고 있다. 이 집단을 운영하는 사회복지사라면 집단 리더(1번)의 역할과 하위집단의 역동을 주시하는 가운데, 소외되고 있는 3번과 4번 구성원에게 좀 더 개별적인 관심을 기울일 필요가 있겠다.

### (3) 사회구조와 문화적 맥락 차원의 자료 수집과 사정

삶에서 발생하는 여러 문제들은 개인이나 대인관계 차원을 넘어선 사회구조나 문화에도 많은 영향을 받는다. 따라서 불합리하고 불평등한 제도로 인한 정치적 · 경제적 압력과 통제, 사회적 배제와 억압, 차별과 부정의, 권력 갈등 등이 중요한 사정 요소가 된다. 또한 사회복지실천은 문화적 맥락에 따른 사회적 차별이나 낙인, 그리고 개인의 신념과 행동 및 사회제도의 형성 기제 등에도 주목한다. 표 6-6은 이러한 사회구조와 문화적 맥락 차원의 자료 수집과 사정 방법을 보여 준다. 이는 클라이언트와의 면담뿐만 아니라, 사회복지사의 자체 검토와 분석을 통해서도 이루어질 수 있다.

표 6-6 사회구조와 문화적 맥락 차원의 자료 수집과 사정 방법(Fook, 1993/2007; Thompson, 2001; Diller, 2007을 정리)

| 사정 항목 | 자료 수집과 사정 방법 |
|---|---|
| 소속된 하위문화의 가치 및 신념과 그로 인한 영향 | • 클라이언트가 자신의 상황에 특별한 영향을 주는 하위문화에 속해있는가?<br>- 종교: 클라이언트가 특정 종교적 가르침에 따라 고수하는 가치와 그 영향<br>- 문화: 클라이언트의 문화적 배경과 그 영향<br>- 그 외에 소속된 조직이나 집단 문화(예 청소년 하위문화)에 따른 영향<br>• 사정도구: 문화도 |
| 사회의 정상성 규범이나 역할 기대로 인한 낙인과 차별 | • 클라이언트의 문제가 다음 사항과 관련이 있는가?<br>- 인종적 · 문화적 배경/고정된 성역할/장애나 질병으로 인한 억압과 차별<br>- 사회적 상황(실직, 이민, 수급 등)으로 인한 낙인과 차별 |
| 사회경제적 계급에 따른 박탈과 자원의 결핍 | • 클라이언트의 문제가 사회경제적 계급 또는 계층과 얼마나 관련이 있는가?<br>- 소득이나 재산, 부채 등 경제적 문제의 정도와 영향<br>- 자원이나 지지 체계를 이용할 수 없는 환경 요인의 영향 |
| 사회제도나 법체계와의 문제 | • 클라이언트의 문제가 사회제도나 법체계와 얼마나 관련이 있는가?<br>- 불합리한 사회제도의 영향<br>- 범법행위 여부 |
| 사회구조적 · 문화적 변화 경험 | • 클라이언트와 가족의 과거 혹은 현재 삶에 큰 영향을 준 사회적 또는 문화적 사건이나 변화가 있다면 무엇이며, 어떠한 영향을 미쳤는가? |
| 외부 체계에서 활용 가능한 자원 | • 사정도구: 생태도 |

이 표에 언급된 주요 사정도구들을 소개하면 다음과 같다.

① 생태도　앤 하트만Ann Hartman이 1975년에 개발한 생태도ecomap는 체계 이론에 기반을 두고 개인이나 가족의 삶에 영향을 미치는 환경체계들을 시각적으로 나타낸 것이다(Hartman, 1995). 생태도는 환경체계들의 상호작용을 표시함으로써 각 체계 간 관계의 질, 개인 및 가족의 위상, 에너지의 흐름, 중재되어야 할 갈등, 메워야 할 간극, 활성화되어야 할 자원 등을 한눈에 확인할 수 있게 해 준다. 가계도가 2~3세대에 걸친 가족구성원의 내부 관계를 도식화한 것이라면, 생태도는 개인 또는 가족과 외부 체계들 사이의 상호작용에 초점을 둔다는 점에서 차이가 있다.

생태도에 사용되는 주요 상징은 그림 6-3과 같다.[4] 생태도를 그리려면 우선 중앙에 큰 원을 그리고 그 안에 개인이나 가족(가계도)을 그린다. 큰 원 주변에 클라이언트와 관계된 사람(예: 확대가족, 친구)과 기관(예: 학교, 직장, 사법기관, 사회복지기관, 의료기관, 종교기관)을 각각 작은 원으로 그려 배치한다. 다음으로 클라이언트와 이들 간의 관계를 선으로 연결하되, 관계의 종류나 방향에 따라 선을 다르게 표시한다. 생태도는 가계도와 마찬가지로 인터뷰나 조사 내용을 참고하여 사회복지사가 그릴 수도 있고, 클라이언트가 그리도록 하거나 함께 협력하여 그릴 수도 있다.

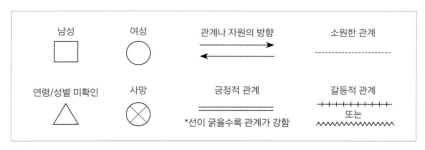

그림 6-3 생태도에 사용되는 상징들

..............

4　생태도는 'Creatly'(https://creately.com/usage/ecomap-template-example)에서 제공하는 템플릿을 활용하여 편리하게 작성할 수 있다.[QR]

생태도를 활용하면 이용 가능한 자원, 부족한 자원, 가족과 외부 체계의 상호작용 양상 등을 직관적으로 파악할 수 있다. 따라서 생태도는 특정 시점에 클라이언트와 가족이 처해 있는 다차원적 상호작용을 이해하고, 그에 따른 개입 계획을 수립하는 데 유용하다(Hartman, 1995; 엄명용 외, 2016: 355).

다음은 앞의 168쪽에서 가계도로 살펴보았던 13세 클라이언트와 가족의 생태도이다.

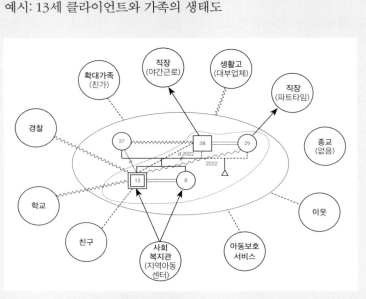

예시: 13세 클라이언트와 가족의 생태도

이 생태도에서는 클라이언트의 가족이 현재 경제적 어려움을 겪고 있으며, 주변체계들로부터 고립되어 있음을 확인할 수 있다. 13세 클라이언트의 경우 범법행위로 인해 경찰과 관련되어 있으며, 사회복지관이 유일한 사회적 지지 지원으로 기능하고 있다. 그러나 학대와 방임이 의심되는 상황임에도 아동보호서비스와 제대로 연결되어 있지 못한 것을 알 수 있다.

② 문화도  문화도culturegram/cultragram는 정착 기간, 이민 사유, 국적, 이민 당시 가족의 나이, 사용하는 언어, 건강에 대한 신념과 의료 접근성, 명절 음식과 의복 등의 고유문화, 트라우마나 위기의 영향, 교육과 직업에 대한 가치, 문화·종교 기관과의 관계, 소수자에 대한 억압과 차별, 가족에 대한 관점 등에 대한 내용을 한눈에 보기 좋게 정리한 사정 도구이다. 콩그레스(Congress, 1994)는 사회복지실천에서 다문화 가족의 문화적 배경을 사정하기 위해 이 문화도를 개발하였으나, 현재 문화도는 가족뿐 아니라 개인의 문화적 배경을 이해하기 위한 도구로도 사용되고 있다(Congress & Kung, 2013). 그림 6-4는 문화도를 나타내는 방식을 보여 준다.[5]

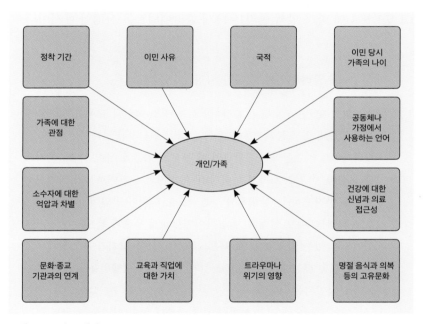

그림 6-4 문화도 예시
출처: 'Creatly' 사이트의 템플릿을 참고

..................

5   문화도는 'Creatly'(https://creately.com/usage/culturagram-social-work-assessment)에서 제공하는 템플릿을 활용하여 편리하게 작성할 수 있다.[QR]

문화도를 활용하면 기존의 가계도나 생태도가 포괄하지 못하는 다양한 문화적 영향력을 이해할 수 있다. 문화도에 표시하는 내용은 고정적이지 않으며, 클라이언트와 가족의 상황에 따라 필요한 내용을 얼마든지 더하거나 변경하여 작성 가능하다. 예를 들어 소속 문화에 대한 자긍심, 이중문화 정체성, 언어적 유능감, 문화 적응 정도와 그에 관한 스트레스, 사회복지사와의 문화적 차이 등을 추가할 수 있다.

지금까지 제시한 사정 항목과 도구를 통해 자료를 수집하면 상당한 분량이 취합될 것이다. 그러나 이 자료들을 병렬적으로 나열한다고 해서 사정이 완성되는 것은 아니다. 사회복지사는 수집한 자료에 기초하여 클라이언트의 핵심적인 문제와 욕구를 분석해야 한다. 다음은 사정 초점 (표 6-1 참고)에 따라 앞서 살펴본 13세 클라이언트를 사정한 예시이다.

예시: 13세 클라이언트에 대한 사정

- 초등학교 6학년 남학생인 클라이언트는 평소 학업과 교우관계가 좋지 않았으며 최근 문제행동(도벽)으로 경찰에 신고된 상태임.
- 클라이언트가 초등학교 저학년일 때 부모의 이혼과 어머니와의 분리를 경험함. 이후 보호자인 아버지 및 아버지의 동거녀로부터 적절한 보호를 받지 못하는 상태에서 간헐적으로 학대와 방임이 있었던 것으로 파악됨. 이로 인해 현재 클라이언트에게 우울과 분노의 정서가 형성되어 있는 것으로 보임. 특히 클라이언트가 장기간 위기상태에 방치되었을 때는 아무도 관심을 갖지 않다가 일탈행위를 보이자 문제아로 낙인찍은 상황임.
- 클라이언트는 오랜 기간 사회적 고립 상태에 놓여 있었음. 지금도 사회복지관에서 운영 중인 지역아동센터 외에 클라이언트가 의지하며 상호작용할 수 있는 가족, 친구, 친지, 이웃 체계가 부재함.
- 클라이언트와 동거하고 있는 가족 구성원은 법률상 가족으로 인정받지 못하고 있으며 경제적으로 취약한 상태에 있음.

> • 클라이언트는 그동안 어려운 상황을 인내하며 동생을 돌봐 왔으며, 현재 자신의 일탈행위를 인정하고 뉘우치고 있는 상태임.

## 2) 개입 목표와 계획 수립

사정이 이루어졌다면 이를 토대로 개입할 문제나 욕구를 선정해야 한다. 이때 사회복지사와 클라이언트가 모두 문제라고 인식하는 것을 우선순위로 두면 개입이 보다 용이하다. 그러나 서로 문제 인식이 일치하지 않는다면 그러한 상황을 해결하는 데 우선순위를 둘 수 있다(표 6-7 참조). 예를 들어 알코올 중독인 클라이언트가 자신의 술 문제를 인정하지 않는 경우, 술 문제보다 '알코올 중독을 문제로 보지 않는 것'을 우선적인 개입 초점으로 선정한다.

표 6-7 사회복지사와 클라이언트의 인식 교차에 따른 문제 우선순위 설정

| | | 사회복지사 | |
|---|---|---|---|
| | | 문제라고 인식함 | 문제라고 인식하지 않음 |
| 클라이언트 | 문제라고 인식함 | 클라이언트와 사회복지사 모두 문제라고 인식하는 경우 → 일차적으로 초점을 두어야 할 문제나 욕구로 사정하고 개입 목표와 계획에 반영 | 클라이언트는 문제라고 인식하지만 사회복지사는 아닌 경우 → 대안 ①: 클라이언트의 관점을 존중하여 해당 문제를 선정 → 대안②: 인식 불일치 자체를 다뤄야 할 문제로 사정하고 개입 목표와 계획에 반영 |
| | 문제라고 인식하지 않음 | 사회복지사는 문제라고 인식하지만 클라이언트는 아니거나 관심이 없는 경우 → 인식 불일치 자체를 다뤄야 할 문제로 사정하고 개입 목표와 계획에 반영 | 클라이언트와 사회복지사 모두 문제가 아니라고 인식하는 경우 → 문제로 다루지 않음 |

문제의 우선순위를 설정한 후에는 개입 목표를 세우고, 이를 달성하기 위한 계획을 수립한다. 개입 계획을 수립할 때는 클라이언트의 욕구를 절대시해서도, 반대로 사회복지사나 기관의 편의만 앞세워서도 안 된다. 실현 가능하며 효과적인 개입 계획을 수립하기 위해서는 클라이언트의 욕구와 사회복지사 및 기관의 역량을 모두 고려해야 한다. 만약 클라이언트가 원하는 서비스를 사회복지사가 제공할 수 있다면, 해당 서비스를 우선적으로 계획에 포함한다. 그러나 아무리 중요한 문제이고 클라이언트가 원하는 서비스라 하더라도 사회복지사가 다룰 수 없는 문제라면, 적절한 기관에 의뢰하거나 자원을 연결하는 것을 개입 계획으로 수립해야 한다(표 6-8 참조).

표 6-8 사회복지사 및 기관의 역량과 클라이언트의 욕구 교차에 따른 개입 계획 수립

| | | 사회복지사 및 기관 | |
|---|---|---|---|
| | | 역량 범위 안의 과업 | 역량 범위 밖의 과업 |
| 클라이언트 | 사정을 통해 파악된 욕구 | 클라이언트의 욕구가 사회복지사의 역량과 일치하는 경우<br>→ 일차적으로 초점을 두어 개입 목표와 계획 설정 | 클라이언트의 욕구가 사회복지사의 역량을 벗어난 경우<br>→ 적절한 기관에 의뢰 또는 자원 연결 |
| | 사정을 통해 파악되지 않은 욕구 | 사회복지사는 제공할 수 있지만 클라이언트가 원하지 않는 서비스인 경우<br>→ 대안 ①: 클라이언트의 관점을 존중하여 다루지 않음<br>→ 대안 ②: 사정에서는 다뤄지지 않았으나 문제해결을 위해 필요한 서비스인지 재점검 | 사회복지사가 제공할 수 없고 클라이언트도 원하지 않는 서비스인 경우<br>→ 다루지 않음 |

　　개입 목표와 계획 수립 과정에서 사회복지사가 명심해야 할 점은 문제, 개입 목표, 개입 계획에 대해 클라이언트가 분명히 인식할 수 있도록 충분히 소통해야 한다는 것이다. 소통이 부족하면 사회복지사가

서비스 계획을 세워서 진행하고 있음에도, 클라이언트가 그 사실을 정확히 인지하지 못하는 일이 발생한다. 예를 들어 클라이언트는 경제적 지원을 요구했으나 사회복지사는 사정을 통해 클라이언트 부모의 양육태도에 개입할 필요가 있다고 판단할 수 있다. 그런데 이러한 판단을 일방적으로 개입 계획에 반영하여 부모를 만날 때마다 양육태도에 대한 면담을 진행하려고 할 경우, 서로 관심사가 달라 관계가 혼란스러워지고 부모가 방어적인 태도를 보일 수 있다. 따라서 사회복지사는 사정의 과정과 결과를 클라이언트와 충분히 공유하고 소통해야 한다.

다음은 앞서 사정한 13세 클라이언트에 대한 개입 계획 예시이다.

---

예시: 13세 클라이언트에 대한 개입 계획

개입 계획은 사회복지사가 소속된 기관의 기능과 역할에 따라 다음과 같이 달라질 수 있다.

- 사회복지사가 클라이언트와 가족의 사례관리자인 경우: 법적 문제 해결을 위한 법률 자문이나 무료변호서비스 연결, 아동보호전문기관에 양육자의 학대와 방임 문제 조사 의뢰, 정서적 문제 해결을 위한 상담 및 치료 서비스 연계, 클라이언트를 도울 방안에 대해 학교 및 지역아동센터 교사와 협력체계 구축 등
- 사회복지사가 지역아동센터에 소속된 경우: 아동보호전문기관에 양육자의 학대와 방임 문제 조사 의뢰, 클라이언트에 대한 정서적 지지 제공, 교우관계를 개선하기 위한 개입, 학업 지도 등
- 사회복지사가 아동보호전문기관에 소속된 경우: 양육자의 학대와 방임 문제 조사 및 이를 통한 보호자의 적절성 판단, 필요시 책임성 있는 성인 보호자 탐색 및 연결 등

---

☑ **사회복지사의 통합적 사정 역량 체크 리스트**

☐ 다차원적으로 자료를 수집할 수 있는가?

☐ 사정 과정에서 정보를 제공하는 사람들이나 체계들과 관계를 형성하고 소통할 수 있는가?

☐ 수집한 정보를 토대로 클라이언트의 상황에 대해 통합적으로 사정할 수 있는가?

☐ 자신이 어떤 관점과 이론적 토대를 근거로 사정을 수행하는지 알고 있는가?

☐ 사정 내용을 기초로 적절한 개입 계획을 수립할 수 있는가?

## ✎ 용어 정리

- **사정**: 클라이언트가 처한 상황, 경험하는 문제의 유형과 원인, 강점과 자원 등의 정보를 수집하고 이에 대한 종합적인 판단, 평가, 해석을 수행하면서 적절한 해결책을 모색하는 행위를 뜻한다.
- **진단**: 개인의 질병이나 결함, 역기능에 초점을 두고 병리적 관점에서 대상을 판단하는 행위이다.
- **통합적 사정**: 특정 관점이나 이론에 치우치기보다 관계론적 존재로서의 인간관에 입각하여 인간과 환경, 주체와 구조, 미시와 거시의 측면 및 이들 간의 상호작용을 포괄하는 사정을 의미한다.
- **가계도**: 약속된 상징 기호를 통해 가족의 역사, 구성원, 관계 등의 정보를 표현하는 사정도구이다. 가족 내 역동을 이해하거나 가족이 여러 세대에 걸쳐 발전시켜 온 가족역할, 유형, 관계 등을 살펴보는 데 유용하다.
- **사회도**: 일정한 상징을 사용해서 집단 내 구성원 간 상호작용을 표현하는 사정도구이다. 집단 내 소외자, 하위집단, 결탁, 경쟁 관계 등을 파악하는 데 유용하다.
- **생태도**: 개인이나 가족의 삶에 영향을 미치는 환경 체계, 그리고 이들 간의 상호작용을 시각적으로 나타내는 사정도구이다. 각 체계 간의 관계의 질, 클라이언트 및 그 가족의 위상, 에너지의 흐름, 중재되어야 할 갈등, 메워야 할 간극, 활성화되어야 할 자원 등을 시각적으로 이해하는 데 도움을 준다.
- **문화도**: 정착 기간, 이민 사유, 국적, 이민 당시 가족의 나이, 공동체나 가정에서 사용하는 언어, 각 문화권에서 통용되는 건강에 대한 신념과 의료 접근성, 명절 음식과 의복 등의 고유문화, 트라우마나 위기의 영향, 교육과 직업에 대한 가치, 문화적·종교적 기관과의 관계, 문화적 소수자에 대한 억압과 차별, 가족에 대한 관점 등에 대한 내용을 한눈에 보기 좋게 정리한 사정도구이다.

# 관계와 소통 역량

일반적으로 사회복지실천의 관계론에서는 사회복지사와 클라이언트의 일대일 관계를 상정하지만, 실제 사회복지 현장에는 다양한 주체 및 체계가 관여한다. 사회복지사는 이들 각각은 물론 이들 간의 '관계'에도 초점을 두어야 한다. 실천과 관련된 관계 구도를 이해하고 이들과 긍정적인 관계를 형성할 때, 클라이언트 및 그를 둘러싼 사회환경의 바람직한 변화를 끌어낼 수 있기 때문이다. 그런 점에서 사회복지사가 '관계전문가'로서의 정체성을 가져야 한다는 주장도 있다(최명민, 2020).

사회복지사는 클라이언트의 문제를 해결하기 위해 당사자뿐만 아니라 여러 주변체계들과 상호작용해야 한다. 또 공동체의 위험이나 사회적 문제를 개선하고자 할 경우에는 지역주민, 타 영역 전문가, 정책가 등 다양한 주체들과 관계를 맺어야 한다. 나아가 사회적 약자를 배제하는 불합리한 사회구조에 저항하고 이를 변화시키려면 더 많은 주체들과 협력적으로 네트워크를 구축하고 사회적 연대를 추진할 필요가 있다. 그리고 이러한 관계들은 임상적 면담을 넘어선 다양한 방식의 의사소통을 통해 이루어지기 마련이다. 따라서 기존 사회복지실천론 교재의

관계론과 면담론에 해당하는 이 장에서는 보다 다양한 관계와 소통방식을 다루고자 한다.[1]

## 1. 관계와 소통 역량에 대한 이해

### 1) 관계 역량의 개념과 필요성

관계關係란 둘 이상의 사람, 사물, 현상 등이 서로 관련을 맺고 있는 것을 말하며, 그 둘 이상의 대상을 어떤 점에서 통일적으로 파악할 수 있을 때 '관계가 있다'고 한다. 그러므로 사회복지사와 클라이언트는 사회복지서비스를 매개로 한 관계라고 할 수 있다. 다시 말해 사회복지실천 관계는 일반적인 인간관계와 달리, 사회복지 원조 과정에서 특정한 목적을 갖고 맺게 되는 전문적 관계이자 원조관계이다. 이러한 실천 관계는 사회복지실천의 '영혼'(Biestek, 1957)이자, '심장'(Perlman, 1979)이며, '주요 결정 요인'(Hollis, 1970)으로 간주되어 왔다(Coady, 1993에서 재인용). 사회복지실천은 사회복지사와 클라이언트의 관계에서 시작된다고 할 수 있으며, 이러한 관계는 이후 원조 과정의 기반이자 바람직한 변화를 가져오는 핵심적인 기능을 수행하기 때문이다. 사회복지실천가는 이 관계를 통하여 자기 자신을 활용함으로써 클라이언트의 문제를 해결하고 욕구를 충족시키는 전문직으로 규정되어 왔다.

사회복지사에게 요구되는 가장 기본적인 관계 역량은 클라이언트를 돕기 위해 형성하는 '원조관계helping relationship'에 관한 역량이다. 사회복지사는 클라이언트와 일대일 관계를 통해 개별화된 서비스case work를

---

1   보다 구체적인 임상적 면담론은 '사회복지실천기술론' 교과목에서 다루게 될 것이다.

제공하기도 하고, 다수의 클라이언트와 관계를 형성하여 집단실천group work을 수행하기도 한다.

그러나 관계에 대한 이러한 설명은 다소 임상적이고 치료적인 실천 맥락에 국한된 것이기 때문에, 좀 더 확장된 관점에서 재해석될 필요가 있다. 실제로 사회복지사는 효과적인 실천을 위해 지역사회의 다양한 구성원들과 만난다. 또 제도나 정책 변화를 위해 정책결정자나 정책집행자 등과 관계를 맺기도 한다. 이처럼 사회복지실천에서 관계는 여타 원조전문직에 비해 그 폭이 훨씬 더 넓다.

특히 지역사회를 기반으로 하는 사회복지기관이 발달한 우리나라에서는 이러한 현상이 더욱 두드러진다. 서구에서 사회복지실천 관계는 주로 임상가로서 클라이언트와 맺는 관계에 초점이 맞춰져 있다. 그에 비해 우리나라 사회복지사는 임상가로서의 역할뿐만 아니라 다양한 지역사회 활동가로서의 역할까지 수행하고 있기 때문에, 실천 관계의 양상이 다를 수밖에 없다. 클라이언트의 개념 또한 일방적인 수혜자에서 서비스 이용자 등의 개념으로 대체되면서 실천 관계의 성격과 구조도 더 체계적·정치적으로 폭넓게 해석되고 있다.

이와 같이 사회복지실천에서 관계는 시대적 가치와 이념의 영향을 벗어나 독립적으로 존재할 수 없다. 시대상황적 요소에 따라 실천 관계의 개념도 의미도 실제도 다르게 나타날 수 있는 것이다(최명민, 2011). 그만큼 사회복지실천은 상당한 수준의 인간관계 능력을 요구한다고 할 수 있다.

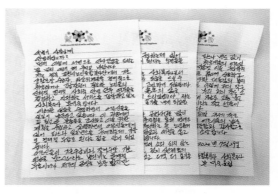

사회복지사는 효과적인 실천을 위해 사회의 여러 구성원과 관계를 맺는다. 노인종합복지관에서 근무하는 한 사회복지사의 손편지가 기업의 후원을 이끈 사례도 있다. 손편지를 받은 제약회사는 형편이 어려운 노인들을 위해 써 달라며 파스와 반창고 등을 기증하였다. ⓒ 신신제약

## 2) 소통 역량의 개념과 필요성

소통疏通의 한자를 풀이하면 '막힌 곳을 뚫어서 서로 통하게 한다'는 의미이다. 즉, 소통은 단순히 대화를 주고받는 것을 넘어 공감을 바탕으로 막힌 것을 뚫어 가면서 호의적이고 협력적인 관계를 형성하는 것을 뜻한다. 이러한 의미를 고려하여 여기서는 의사소통이라는 말 대신 그보다 넓은 개념으로서 '소통'이라는 용어를 사용한다.

사회복지실천에서 소통은 주로 사회복지사와 클라이언트 간에 일어나는 행위라고 여겨진다. 따라서 소통의 방식도 주로 면담이나 상담이라는 형식으로 간주되는 경향이 있다. 그러나 실천 현장에서 사회복지사는 면담실과 같은 한정된 공간에서 면담 방식으로 클라이언트를 만나기도 하지만, 그 외에도 다양한 소통을 통해 관계를 형성한다. 예를 들어 생활시설의 사회복지사와 클라이언트라면 이들 간의 소통은 매일 일상적으로 이루어질 것이다. 또 지역사회복지관이라면 면담실은 물론 복지관 내 교육실, 식당, 복지관 밖 마을 등 어디서든 만나서 소통할 수 있다.

또한 앞서 관계 역량에서도 언급했듯이, 사회복지실천 과정에서 소통해야 할 대상은 결코 클라이언트 개인에게 국한되지 않는다. 셰퍼 등 (Sheafor et al., 1997/1998)은 사회복지사의 소통을 두 가지 측면으로 구분하였다. 첫 번째는 클라이언트와의 소통이고, 두 번째는 기관 내 다른 동료, 타 기관의 전문가, 행정가, 시민단체 활동가, 지역사회의 자원 제공자 등과의 관계에서 이루어지는 소통이다. 여기에 더하여 최근에는 온라인 소통의 중요성도 커지고 있다.

따라서 사회복지사에게 요구되는 소통 역량은 숙련된 면담기법 이전에, 다른 사람과 원활하게 소통하는 능력에서 출발한다. 클라이언트와의 원활한 소통은 호의적인 인간관계를 형성하고 정보를 정확하게 전달하는 데 필수적이다. 바람직한 소통은 클라이언트의 문제나 상황을 이해하고 점검하는 데에도, 개입 과정에서 클라이언트의 노력과 활동 결과에 대해 피드백을 주는 데에도 매우 중요하다. 나아가 클라이언트가 현실을 객관적으로 직시하고 상황을 명확하게 인지하도록 돕기 위해서도 소통이 필요하다.

사회복지사는 다양한 영역의 전문가, 관리자, 행정가, 정책가 등과 신뢰할 만한 관계를 맺고 협력적으로 소통할 수 있는 역량도 갖추어야 한다. 사회복지조직 내·외부에서 동료 사회복지사와 소통하는 것만 해도 쉬운 일이 아니다. 게다가 의사, 간호사, 시민단체 활동가, 변호사, 사업가, 공무원 등 타 분야 전문직과 관계를 맺고 소통하는 일은 더욱 큰 도전이 될 수 있다. 하지만 이러한 소통 없이는 클라이언트의 문제를 해결하고 바람직한 변화를 끌어내기가 어렵다. 예를 들어 복지관의 사회복지사가 무기력에 빠진 빈곤 청소년의 문제를 해결하기 위해서는 담임교사나 상담교사와 지속적으로 소통하면서 서로 역할을 분담하고 협력해 가야 한다. 또한 의료사회복지사가 경제적인 어려움 때문에 치료를 중단할 위기에 있는 희귀난치성질환 아동의 문제를 해결하기 위해서는 후원기관, 보건소나 동주민센터, 사회복지공동모금회 등과 소통해야 한다. 사회복지실천의 소통 역량이란 이렇듯 다양한 사람들과 신뢰를 쌓고 협력하여 공동의 과업을 추진할 정도로 소통할 수 있는 역량을 의미한다.

## 2. 사회복지실천의 관계론

### 1) 사회복지실천 관계의 기본 원칙

미국의 사회복지사 펠릭스 비에스텍Felix Biestek은 풍부한 임상경험을 토대로 사회복지실천 관계를 '감정과 태도의 역동적 상호작용을 통해 클라이언트가 환경에 더 잘 적응할 수 있도록 돕는 원조관계'로 규정하고, 이를 위해 사회복지사가 '개별화, 의도적인 감정 표현, 통제된 정서 관여, 수용, 비심판적 태도, 클라이언트의 자기결정, 비밀보장'과 같은 원칙을 지키는 것이 중요하다고 주장하였다(Biestek, 1957).

비에스텍이 제시한 기본 원칙에 대한 내용은 표 7-1과 같다. 사회복지사는 이러한 원칙을 지킴으로써 클라이언트와 보다 긍정적인 관계를

표 7-1 사회복지실천 관계의 기본 원칙(Biestek, 1957)

| 관계의 원칙 | 사회복지사의 감정과 태도 |
| --- | --- |
| 개별화<br>(individualization) | 사회복지사는 모든 클라이언트를 고유한 욕구를 가진 존재로 개별화하여 대해야 한다. 특히 집단으로 낙인을 찍거나, 유형화하거나, 편견을 갖고 대하지 않아야 한다. |
| 의도적인 감정 표현<br>(purposeful expression of feelings) | 사회복지사는 클라이언트가 자유롭게 감정을 표현하도록 도와야 한다. 이를 위해 클라이언트의 감정에 대해 질문해야 하며, 이 과정에서 클라이언트가 자신의 감정 표현이 허용된다는 것을 느낄 수 있어야 한다. |
| 통제된 정서 관여<br>(controlled emotional involvement) | 사회복지사가 클라이언트의 감정에 반응할 때는 전문적 이해와 민감성을 갖고 적절히 관여해야 한다. 아울러 통제되지 않은 부적절한 반응을 하지 않도록 유의해야 한다. |
| 수용<br>(acceptance) | 사회복지사는 클라이언트를 한 인간으로서 있는 그대로 인정하고 받아들여야 한다. 이를 통해 클라이언트는 사회복지사로부터 자신이 수용되는 느낌을 받을 수 있다. |
| 비심판적 태도<br>(non-judgemental attitude) | 사회복지사는 클라이언트를 심판하거나 비난하지 않아야 한다. 클라이언트에게 법적·도덕적 결함이 있는 경우라도, 관계 형성을 위해 판단하거나 평가하는 태도를 삼간다. |
| 클라이언트의 자기결정<br>(client self-determination) | 사회복지사는 클라이언트를 독립된 인격체로 보고 당사자의 자기결정을 최대한 존중해야 한다. 이는 두 사람이 사회복지사와 클라이언트이기 이전에 인간 대 인간으로서 동등한 관계임을 의미하는 것이기도 하다. |
| 비밀보장<br>(confidentiality) | 인간관계에서 비밀을 지키는 것이 신뢰의 기반이듯 사회복지사도 클라이언트의 비밀이나 사생활을 보장해야 하며, 정당한 예외적 상황이 아니라면 외부에 비밀을 누설해서는 안 된다. |

맺을 수 있다. 캐런과 그래프턴(Karen & Grafton, 2009)은 이를 좀 더 단순화하여, 사회복지사가 클라이언트와 관계를 형성하고 증진하기 위해 필요한 핵심 요소를 '따뜻함, 감정이입, 진정성' 등 세 가지로 제시하였다. 표 7-2는 이 내용에 구체적인 설명을 추가한 것이다.

　　이 외에도 사회복지사가 가져야 할 전문적인 관계의 기본 요소로 자신을 관찰하는 능력, 타인에 대한 관심, 도우려는 열망, 자아노출, 권위 및 권한, 헌신, 수용, 성숙함, 창조성, 용기, 민감성, 인간적 자질 등이 제시되고 있다(엄명용 외, 2016). 특히 사회복지사는 자기 자신과 클라이언트의 관계를 활용하여 일하는 직업이므로 정직성, 진정성, 자기인식 등이 변화의 기제가 된다는 사실을 유념해야 한다(Edward & Bess, 1998; Dewane, 2006).

표 7-2 사회복지실천 관계의 핵심 요소(Karen & Grafton, 2009)

| 관계의 요소 | 의미 |
|---|---|
| 따뜻함<br>(warmth) | 사회복지사가 클라이언트의 말을 경청하며 흥미, 관심, 행복, 애정 등의 감정을 전달하는 것을 뜻한다. 눈 맞춤이나 자세 등의 비언어적 방법과 다음과 같은 언어적 표현으로 따뜻함을 전달할 수 있다.<br>• "안녕하세요. 만나서 반갑습니다."<br>• "이 문제에 대해 함께 얘기를 나눌 수 있게 되어 다행입니다."<br>• "그런 노력을 기울이시다니 대단하다는 생각이 듭니다." |
| 감정이입<br>(empathy) | 사회복지사가 자신의 관점을 유지하면서도 클라이언트의 사고, 감정, 행동, 경험 등을 그의 입장에서 생각해 보는 것을 말한다. 사회복지사는 적절한 질문과 적극적인 경청을 통해 클라이언트에게 이해와 공감을 전할 수 있다.<br>• "그런 생각까지 하시다니 그동안 얼마나 힘드셨습니까."<br>• "저라도 그런 마음이 들었을 것 같습니다."<br>• "그렇군요. 그래서 그랬던 거군요." |
| 진정성<br>(genuineness) | 사회복지사가 이해관계에 얽매이지 않고 순수한 마음으로 클라이언트를 대하는 능력이다. 이는 지키지 못할 약속을 하지 않고, 최대한 진실하며, 대화 내용이나 행동에 일관성이 있고, 정직해야 함을 의미한다.<br>• 상대방의 마음에 대해 진심으로 궁금해하기<br>• 스스로에게 '이것이 나의 진심인가?'라고 묻기<br>• "솔직히 그런 마음인지 저는 미처 몰랐습니다. 미안합니다." |

## 2) 사회복지실천 관계 모델

앞에서 살펴본 사회복지실천 관계의 요소들을 중시한다고 해도, 이를 통해 사회복지사가 클라이언트와 어떤 관계를 맺을지는 사회복지사의 지향에 따라 달라질 수 있다. 디에츠와 톰슨(Dietz & Thompson, 2004)은 전문가와 클라이언트의 관계에 대해, 기존의 전문가주의에 기초한 거리 모델과 성찰적 입장을 견지하는 관계 모델을 비교하여 제시하였다(표 7-3 참조).

거리 모델에서는 사회복지사가 전문가로서의 권위와 전문성을 토대로 클라이언트와 일정한 거리를 유지하면서 클라이언트의 문제를 객관적으로 파악하여 회복하도록 돕는 역할을 수행할 것을 강조한다. 그만큼 사회복지사의 전문적 지식과 경험, 전문가로서의 권위와 책임성이 중시된다. 여기서 관계 형성을 저해하는 것은 주로 클라이언트가 보이

표 7-3 사회복지실천 관계에 관한 거리 모델과 관계 모델 비교(Dietz & Thompson, 2004)

| 측면 | 거리 모델 | 관계 모델 |
|---|---|---|
| 목적 | 회복, 자기인식, 통찰 | 임파워먼트 |
| 이론 | 경험론, 존재론, 정신분석 | 여성주의 이론, 비판 이론, 사회구성주의, 후기구조주의 |
| 사회복지사의 역할 | 전문가, 권위적 모습, 중립, 감정이입, 한계 규정 | 상호성, 비(非) 신비주의, 대안적 가능성의 공동구성, 감정이입 |
| 클라이언트의 역할 | 소극적, 병리의 근원, 외부에 존재하는 지혜의 수신자 | 적극적, 전문가, 경험의 의미와 목적 규정 |
| 윤리적 가정 | 거리 유지, 객관성, 중립성, 사적 개입 금지, 클라이언트의 책임성 | 유대감, 개방성, 맥락적, 사회복지사의 책임성 |
| 사회복지사의 일차적 의무 | 전문직, 기관, 실천 모델, 자격증 기관에 대한 의무 | 클라이언트 및 가치와 윤리에 대한 의무 |
| 사회복지사와 클라이언트의 역동 | 거리 유지, 객관성, 해석, 불만족, 전이, 역전이 | 상호성, 개방성, 안전, 자기 자신의 활용, 비 신비주의, 교육, 옹호 |

는 저항이나 전문가에 대한 불신이다. 이러한 거리 모델은 현대사회의 대인전문직이 취해 온 원조관계의 전형이라고 할 수 있다.

이에 비해 관계 모델에서는 사회복지사가 관계의 맥락에서 작용하는 권력의 역동을 성찰하면서 클라이언트와 협력하고 의논하는 역할을 수행함으로써 함께 해결책을 창출해 가는 것을 중시한다. 그 결과 성취하고자 하는 것은 적극적 참여자로서 클라이언트의 임파워먼트이다. 관계 모델은 거리 모델에 비해 사회복지사와 클라이언트 간 위계나 거리 유지를 강조하지 않는다. 그러나 이것이 전문가와 이용자의 경계를 부인하는 것은 아니다. 단지 힘의 남용이나 억압적 실천을 방지하고, 보다 평등한 관계를 형성하는 데 초점이 있다. 이를 위해 관계 모델은 기존에 무비판적으로 수용하고 활용해 온 이론과 경험에 대해서도 클라이언트의 관점에서 점검하고 비판적으로 성찰할 것을 요구한다.

현재 사회복지실천 관계에는 이 두 가지 모델이 공존하며, 어느 한쪽이 완전히 옳거나 그르다고 할 수 없다. 특히 실천 분야나 기관의 성격에 따라 추구하는 모델이 다를 수 있다. 예를 들어 의료사회복지 현장에서는 다른 전문직과 결을 같이하면서 거리 모델에 가까운 치료적 관계를 형성하는 경우가 많다. 반면 지역사회 현장에서는 좀 더 평등하고 협력적인 관계 모델이 요구된다. 그럼에도 최근에는 거리 모델보다는 관계 모델이 사회복지의 지향성에 더 부합한다고 보는 추세이다.

관계 모델을 제대로 수행하려면 사회복지사가 전문적 역량을 갖추되, 그에 따르는 권위나 특권을 내려놓고 클라이언트와 협력적 관계를 유지하기 위해 끊임없이 성찰해야 한다. 그런데 이러한 성찰은 다양한 경험과 사고 훈련이 수반되어야 한다는 점에서 사회복지사에게 상당한 에너지와 시간을 요구한다. 그리고 이를 뒷받침할 수 있는 구조적·제도적 조건도 필요하다. 결국 사회복지사와 클라이언트의 바람직한 관계란 무엇인지, 그러한 관계를 어떻게 실천할 것인지 등은 지속적인 과제가 될 수밖에 없다.

## 3) 타자윤리와 사회복지실천 관계

현재 사회복지실천에서는 사회복지사와 클라이언트의 관계에 있어 전문성 및 일정한 거리를 강조하는 관점(거리 모델)과 평등한 권력관계에서 상호성을 강조하는 관점(관계 모델)이 병렬적으로 제시되고 있다. 그런데 사회복지사가 이들 중 어떠한 관점으로 자신의 실천을 설정할 것인가 하는 문제는 좀 더 철학적인 고민이 필요하다. 이를 위해 사회복지사는 클라이언트와 같은 타자他者에 관한 자기이해를 고찰할 필요가 있다. 4장에서 클라이언트를 부르는 다양한 호칭에 대해 살펴보긴했지만, 근본적으로 이들을 어떻게 인식하고 대우해야 하는지는 또 다른 철학적 입장을 요구하기 때문이다.

여기서 타자란 나와 다른 존재를 의미한다. 사회복지 현장에서 만나는 클라이언트들은 빈곤계층, 노인, 장애인, 환자, 어린이와 청소년, 소수 인종, 이주 노동자와 난민, 도시 철거민 등 사회적 소수자인 경우가 많다. 이들은 대부분 사회적 주류나 사회복지사가 속한 집단과는 다른 문화, 계층, 인종, 종교 등을 갖고 있을 가능성이 높다. 결국 사회복지사에게 대다수 클라이언트는 '나(우리)'라기보다 '나(우리)와 다른 낯선 부류의 사람'으로 인식되는 것이 사실이다(최명민·이현정, 2018).

타자를 수용하고 대우하는 것에 대한 문제를 다루는 '타자윤리(학) the ethics of the other'는 근대철학의 전통적인 사유방식에 대한 반성으로부터 출발하였다. 근대철학은 보편 범주나 원칙을 하나의 기준으로 설정하기 때문에(서동욱, 2011), 원래는 단순히 '다름'에 불과했던 '차이'에 좋고 나쁨의 의미가 부여되고 우열이 정해지게 된다. 그 결과 동일성은 정상성normaility으로 규정되는 반면, 동일성으로부터 벗어난 것들은 비정상성abnormality으로 인식되어 동화 또는 배제의 대상이 되곤 한다. 이와 같이 근대철학은 다름과 차이가 있는 다양한 존재와 현상 가운데 특정한 것을 '중심, 보편, 다수, 바람직한 것'으로 설정하여 절대시하고, 나

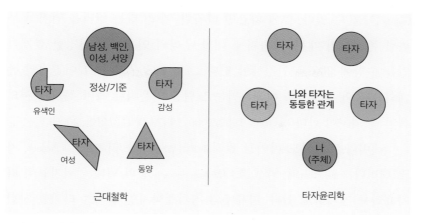

그림 7-1 근대철학과 타자윤리학의 비교

머지에 대해서는 독자적인 존재로서 타당성을 인정하지 않았다. 이에 따라 나, 우리, 남성, 백인, 자국민, 이성, 주체, 서양 등은 보편과 중심에 서고 너, 너희, 여성, 유색인, 이방인, 감성, 대상, 동양 등은 소수자와 주변인의 위치로 전락하게 되었다(김기덕, 2016). 타자윤리는 이러한 근대 인식론에 대한 비판에서 태동하였다. 즉, 타자윤리는 기존의 인식론이 갖고 있는 고립된 개인과 '나' 중심적 사고의 한계를 극복하고, 그 실천적 억압성과 비윤리성에 대해 적극적으로 대처하려는 시도라고 볼 수 있다(Adorno & Horkheimer, 1947/2001).

　　그런 측면에서 타자윤리는 다름과 차이의 철학이라 불리기도 한다. 타자윤리에서의 주요 관심은 '타자와 자기의 관계가 어떻게 설정되는가?', '타자와 자기는 서로 어떠한 위상을 갖는가?', 그리고 그에 따라 '어떠한 태도와 실천이 필요한가?'라고 할 수 있다. 이는 타자에 대한 접근을 인식론의 차원에서 존재론의 차원으로 바꿔야 함을 의미한다. 달리 말하면 나와 분명하게 다른 이질적인 타자가 여기 존재하는 이유 및 그 정당성, 내가 타자와 관계 맺고 함께 살아가기 위한 방법 등에 답하는 철학적 차원의 접근이 필요하다는 것이다(김기덕, 2016).

　　이러한 타자윤리를 대표하는 학자로는 에마뉘엘 레비나스Emmanuel

Levinas를 들 수 있다. 그에 따르면 타자란 '우리'라는 영역을 넘어선 무한한 존재이기 때문에, 타자에 대한 우리의 인식에는 일정한 한계가 있을 수밖에 없음을 인정해야 한다. 그럼에도 우리는 그 이질적인 존재의 이유와 정당성을 이해하려는 노력을 기울여야 하며 '형제로서의 책임'을 가져야 한다(Levinas, 1982/2000, 1947/2001; 강영안, 2005).

레비나스 외에도 마이클 왈저Michael Walzer, 폴 리쾨르Paul Ricoeur, 자크 데리다Jacques Derrida, 악셀 호네트Axel Honneth 등의 현대 철학자들이 타자윤리를 전개하고 있다. 자유주의 정치철학자인 왈저는 타자를 자신과 이질적인 '이교도' 같은 존재로 간주하는 한편, 공존을 위한 관용을 강조하였다(Walzer, 1999/2004). 리쾨르는 너와 나 사이의 동등성에 기초한 상호성을 강조하고, 타자를 자신에게도 필요한 존재인 '친구'로 규정하였다(Ricoeur, 1990/2006). 해체주의 탈근대론자인 데리다는 자신과 타자 모두 취약한 존재이며, 타자는 자신의 정체성을 구성해 주는 존재이므로 '손님'으로서 조건에 상관없이 환대해야 한다고 보았다(Dufourmantelle & Derrida, 1997/2004). 그리고 비판이론가인 호네트는 타자 역시 자신과 마찬가지로 '사회 구성원'으로서 승인받고자 하는 존재이기 때문에 그들을 인정함으로써 함께 성장할 수 있다고 주장하였다(Honneth, 1992/2011). 표 7-4는 각 학자별 타자윤리에 대한 내용을 정리한 것이다.

타자윤리는 타자와 내가 동등하고 나는 타자와의 상호작용을 통해 구성되므로, 나와 타자는 불가분의 관계이며 서로 윤리적 책임을 다해야 한다는 점을 일깨워 준다. 특히 그 윤리의 중심에는 내가 아니라 타자, 그리고 상호 간의 관계가 있다는 점이 강조된다. 이는 사회복지사와 클라이언트의 관계에도 분명히 적용된다. 사회복지사와 클라이언트는 업무상 관계임과 동시에 이러한 타자윤리적 관계에 놓여 있다. 그러므로 사회복지사라면 자신이 클라이언트에 대해 어떤 타자윤리적 입장을 취하고 있는지, 또는 취할 것인지에 대해 살펴야 한다.

표 7-4 타자윤리의 핵심개념 비교(김기덕, 2016을 저자의 동의하에 수정·보완)

| 구분 | | 책임(responsibility) | 관용(tolerance) | 호혜(reciprocity) | 환대(hospitality) | 인정(recognition) |
|---|---|---|---|---|---|---|
| 대표 학자 | | 에마뉘엘 레비나스 | 마이클 월저 | 폴 리쾨르 | 자크 데리다 | 악셀 호네트 |
| 타자 이미지 | | 식구, 형제 | 이교도 | 친구 | 손님 | 사회 구성원 |
| 타자 역할 | | • 나의 외부에 존재하며 고통받는 얼굴로 나를 초월적 차이로 만드는 존재<br>• 지배나 향유가 불가능한 무한 존재 | • 나와는 전혀 다른 정체성, 생활방식, 생활공간을 가지면서 공존을 원하는 존재 | • 나의 좋은 삶을 위해 필요한 존재<br>• 나의 능력을 현실화시키고 지평을 넓혀 주는 매개체 | • 내 안에 존재하며 나의 정체성을 형성하고 공존을 모색하는 존재 | • 동등한 대우를 받기 위해 투쟁하는 존재<br>• 공동체의 구성원으로 승인받으려는 존재 |
| 타자에 대한 관점의 특징 | | • 책임이란 나를 희생하고 버리는 일방적인 것이며, 주체에 의한 시혜가 될 수 있음<br>• 타자를 적극적으로 받아들이면서 동시에 타자를 수동적 존재로 간주할 수 있음 | • 관용은 나와 타자 간 이질성과 타자에 대한 차별을 전제로 하나, 개인 간 또는 집단 간 내부 동일성을 강화함<br>• 타자는 나의 부에 존재하는 공존의 대상임 | • 자기 존중에서 출발하지만 타자에 대한 배려가 포함됨<br>• 능력을 현실에서 구현하기 위해서는 타자의 도움과 제도적 삶이 필요함<br>• 나와 타자의 동등성을 전제함 | • 환대는 동일성을 전제함<br>• 무조건적 환대와 조건적 환대의 긴장 속에서 무조건적 환대로 나아가야 함<br>• 환대는 어떤 것이 존재하기 위한 기본 조건임 | • 타자는 주체의 정체성과 자의식을 능동적으로 형성하는 존재임<br>• 나는 타자의 개입과 평가에 저항하여 정체성과 자의식을 형성하고 이를 인정받으면서 성장함 |

## 4) 동양철학과 사회복지실천 관계[2]

타인과 구분되는 자기 개념이 확고한 서양에서는 독립성과 자유의 가치에 기반을 둔 개인들 간의 관계에 대한 인식이 분명하다. 따라서 개인들은 모두 개성과 자율성을 지닌 1인으로서 평등하며, 상대가 누구든 보편적 행위규범을 갖는 것을 지향한다(Nisbett, 2003/2004: 60-80). 반면 동양적 사고방식에서는 사람을 인간人間, 즉 '사람 사이'로 표현하듯이 관계 속의 존재로 보고, 조화와 어울림 그리고 상황에 따른 융통성 있는 행동원리를 중시한다. 이는 사회복지사와 클라이언트처럼 도움을 주고받는 관계에 대한 『도덕경道德經』 27장의 구절에 잘 나타나 있다.

그러므로 성인은 언제나 사람을 잘 구원해 주므로 버려지는 사람이 없고, 항상 만물을 잘 구원해 주므로 버려지는 것들이 없다. 이러한 성인의 태도를 습명襲明(밝은 지혜를 간직함)이라고 한다. 그러므로 잘하는 사람은 잘 못하는 사람의 스승이 되고 잘하지 못하는 사람은 잘하는 사람의 자원이 된다. [是以聖人 常善救人 故無棄人 尙善救物 故無棄物 是謂襲明 故善人者 不善人之師 不善人者 善人之資]

잘하는 사람이 무언가를 도와주려면 잘 못하는 사람이 있어야 한다. 즉, 도움을 주는 사람은 도움을 받는 사람이 있기에 존재한다. 사회복지실천 관계도 그러하다. 사회복지사와 클라이언트 역시 서로 배우고 함께 살아가는 상호적이며 순환적인 관계이다. 이는 곧 본질적인 상호의존성과 근원적인 관계성을 의미하는 '상생相生'의 개념으로 규정할 수 있다. 예를 들어 2020년 코로나19의 확산으로 인해 클라이언트와 접촉할 수 없게 되자 대부분의 사회복지기관들이 폐쇄되었는데, 이러한 상

--------------

2    이 부분은 최명민 외(2014: 155-156)를 발췌하여 기술하였다.

황은 클라이언트가 존재하지 않으면 사회복지사도 존재할 수 없음을 분명히 보여 주었다.

상생의 관점에서는 당사자 각각의 역할도 가변적이라고 본다. 실천 관계에 관한 기존 모델 중 거리 모델에서는 클라이언트를 소극적으로 규정하고 관계 모델에서는 그보다 적극적으로 개념화하지만(Dietz & Thompson, 2004: 15), 『도덕경』의 원리에 따르면 사회복지사와 클라이언트의 역할은 정해진 것이 아니다. 둘의 역할은 처한 상황에 따라 적극성과 소극성의 수준이 달라지며 또 상보적으로 변할 수 있다.[3] 따라서 사회복지사는 클라이언트와의 관계에서 자신의 역할에 대해 유연한 자세를 갖추고, 상호성에 근거한 상생에 관심을 기울여야 한다. 이러한 상생의 관계가 갖는 의미는 다음 『도덕경』 81장의 구절에서 좀 더 구체적으로 살펴볼 수 있다.

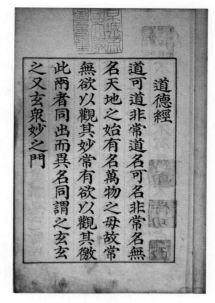

『도덕경』은 중국 도가철학의 시조인 노자가 지었다고 전해진다.
출처: 『한국민족문화대백과사전』 ⓒ 한국학중앙연구원(원자료 소장 서울대학교 규장각)

> 성인은 쌓아 두지 않고 이미 남을 위해 베풀므로 (행복하게 해 주는 것들을) 자신이 더 많이 가지게 되며 이미 남에게 주었으므로 자신이 더 많이 얻게 된다. [聖人不積 旣以爲人 己愈有 旣以與人 己愈多]

이 말은 남에게 도움을 줌으로써 자신의 것을 내주기만 하는 것이 아니라, 이를 통해 오히려 자신이 성장하고 풍요로운 삶을 살게 된다는 것을 의미한다. 여기서는 일방적으로 주는 자와 받는 자, 가르치는 자와

..................

3  『도덕경』 22장에는 "숙이면 온전해지고, 굽히면 곧아지고, 퍼내면 채워지고, 낡으면 새로워지며, 적게 가지면 얻게 되고, 많이 쌓아 두면 유혹을 당한다.[曲則全 枉則直 窪則盈 幣則新 少則得 多則惑]"라는 구절이 있다.

배우는 자가 정해져 있지 않다. 우리는 줌으로써 받고, 받음으로써 준다. 단, 이것이 일대일의 등가적 교환을 뜻하는 것은 아니다. 주고받는 내용과 방식은 다를 수 있으며, 자신이 베푼 대상이 아닌 또 다른 타인에게 베풀기도 하는 다차원적이고 순환적인 관계를 뜻한다.

실제로 사회복지사들은 자신이 누군가를 도울 수 있음을 경험하면서 존재감을 확인하는 것, 클라이언트와 좋은 관계를 형성하고 그의 성장을 바라보면서 보람을 느끼는 것이 소진을 예방하는 데 중요한 요소라고 말한다(최명민 외, 2005). 이렇듯 사회복지사와 클라이언트의 관계는 상호적이고 순환적이기 때문에, 겉으로는 위계가 있는 것처럼 보일 수 있어도 본질적으로는 평등할 수밖에 없다. 또 사회복지사와 클라이언트는 그 역동이 연결되어 있다는 점에서 하나의 근원으로부터 나온 관계라 할 수 있다.[4] 하지만 이 말이 둘을 구분할 수 없다는 뜻은 아니다. 그보다는 어느 한쪽이 관계의 주인이나 중심이 될 수 없는, 유무상생의 상관적 관계임을 의미한다. 이는 앞에서 살펴본 타자윤리적 입장과도 맥을 같이한다.

## 5) 확장된 사회복지실천 관계

사회복지사는 실천을 위해 클라이언트와의 관계를 넘어 다양한 관계를 형성한다. 우선, 효과적으로 실천을 수행하려면 클라이언트의 주변인들과 긍정적인 관계를 형성할 필요가 있다(최옥채, 2017). 클라이언트의 주변체계인 가족, 이웃, 자원봉사자, 후원자 등과 긍정적인 관계를 맺는 것은 클라이언트의 문제해결과 욕구 충족에 매우 큰 영향을 준다.

.................

4    『도덕경』 42장에는 "도는 하나를 낳고, 하나는 분화되어 둘을 낳고, 둘은 섞여서 셋을 낳고, 셋은 뒤섞이고 분화되어 만물을 낳는다. 만물은 음(陰)도 지고 동시에 양(陽)도 품어, 기운을 부드럽게 함으로써 조화를 이룬다.[道生一 一生二 二生三 三生萬物 萬物負陰而抱陽 沖氣以爲和]"라는 구절이 있다. 이는 만물이 근원적으로 서로 연결되어 있음을 설명한 것이다.

표 7-5 정을 바탕으로 한 사회복지실천의 방향

| 관계 형성 전략 | 내용 |
|---|---|
| 접착성 | 사회복지사와 클라이언트 사이에 정이 쌓이면 공감대가 형성되어 공동체로서의 연대의식이 강해질 수 있다. 그러나 자칫하면 경계가 허물어져 과도한 개입이 일어날 수 있다는 점도 염두에 두어야 한다. |
| 시간성 | 정은 시간을 두고 천천히 쌓이며 깊어진다. 따라서 정이 생기고 그 힘이 발휘되려면 충분한 시간 동안 긍정적인 상호작용의 경험이 누적되도록 해야 한다. |
| 다양성 | 정은 온도에 따라 열정, 온정, 냉정이 있고, 감정에 따라 고운 정, 미운 정이 있으며, 농도에 따라 짙은 정과 묽은 정으로 세분화할 수 있을 만큼 다양하다. 사람들 사이에 정이 든다고 할 때는 이러한 다양하고 때로는 모순된 측면이 공존할 수 있음을 고려해야 한다. |
| 복지성 | 일단 정이 들면 '우리'라는 의식 안에서 감정을 나누는 관계로 발전하고, 가족같이 서로 돕고 배려하려고 한다. 따라서 정이 든 관계는 지지체계와 안전망으로 기능할 수 있지만, 한편으로는 우리 안에 들지 못하는 대상에 대한 배제가 일어날 수 있음에 유의한다. |

예를 들어 발달장애 아동의 경우 그 부모와 신뢰 관계를 형성해야 실천의 효과를 높일 수 있다. 또한 지역사회의 여러 구성원과 좋은 관계를 형성한다면 잠재적인 자원봉사자나 후원자를 개발하는 데 도움이 된다.

사회복지사는 자신을 중심으로 한 관계뿐 아니라, 클라이언트 또는 지역주민들 간의 관계성도 적극적으로 활용하여 실천을 전개한다. 이때 중요하게 고려해야 할 것이 한국인의 관계 특성이다. 한국인의 인간관계를 특징짓는 대표적인 개념으로 '정情'을 들 수 있다(표 7-5 참조). 정에 포함된 접착성(정이 들면 공감대가 형성되고 동질화되는 성향), 다양성(열정, 온정, 냉정, 또는 고운 정, 미운 정 등 여러 감정이 공존하는 정의 속성), 소통성(직접적 표현보다 태도나 표정 등을 보고 마음을 헤아리는 정서적 특징), 집합성(정이 들면 '우리'가 되고 그 안에서 많은 것이 허용되는 공동체적 속성), 복지성(가난 속에서도 서로 나누며 어려운 시기를 견뎌 온 정의 문화) 등의 장단점을 이해하고 잘 활용하면 보다 풍부한 실천이 가능하다(최명민, 2008). 이러한 정의 정서에 기초한 실제 프로그램의 사례는 다음과 같다.

사례: 사회복지사의 정을 바탕으로 한 실천

어르신들과 꼭 해 보고 싶은 일이 있었습니다. 바로 밥 한 끼 나누는 일입니다. 어르신 댁에 방문할 때마다 늘 실랑이 아닌 실랑이를 합니다.

"이 선생, 이거 하나 가지고 가서 같이 나누어 먹어."

"아니에요. 어르신 마음만 받을게요."

저와 관계가 있다 보니 더 챙겨 주시는지 모르겠지만 어르신들은 이렇듯 정이 있습니다. 어르신들을 만나면서 이 마음을 잘 모아서 사업으로 실천하고 싶다고 생각했습니다. 함께 모여 대화하고 정을 나누는 일. 이를 가장 잘 드러낼 수 있는 구실이 무엇일지 고민했습니다.

"안녕하세요. 어르신 저는 광장복지관 이설화 사회복지사라고 합니다. ○○ 선생님 소개로 이렇게 전화드리게 되었는데요. 다름 아니라 저희 기관에서 어르신들과 '행복한 밥상 희망찬 우리'라는 사업을 진행하려고 해요. 어르신들께서 만나서 반찬도 만들고 관계도 맺고 지역사회 안에서 소소하지만 의미 있는 활동도 하고…"

어르신들에게 사업의 의도와 목적을 안내했습니다. 거동이 편치 않아 외부활동을 진행하기 부담스럽다는 어르신들이 대부분이었습니다. 그래도 사업의 취지에 동참해 주시며 기꺼이 한번 해 보고 싶다는 어르신들도 계셨습니다.

사회복지사가 구상한 사업일지라도 실천에 옮기는 일은 처음이다 보니 그저 한 가지만 붙잡고 나아갔습니다. '어르신들을 귀하게 모시자.' 사업이 중요한 것이 아니었습니다. 어르신들과 함께 무언가를 실천할 수 있는 그 과정이 중요했습니다. 결과가 훌륭하더라도 과정이 마땅치 않으면, 그 사업은 결코 좋은 사업이 될 수 없음을 어르신들을 만나면서 배웠습니다. 어르신들 앞에서 부끄럽지 않기 위해 매 순간 진심으로 만났습니다. 어르신들과 마음이 서로 통해서 합이 좋았던 것 아닌가 싶습니다. 그저 당사자를 귀하게 만나면 이후 과정은 잘 실천될 수 있음을 어르신들을 통해 배웠습니다.

출처: 김승철 외(2019)를 수정·축약

클라이언트와의 사회복지실천이 한계에 부딪힐 경우, 더 거시적인 차원에서 정책이나 제도를 바꾸려는 노력이 필요할 수 있다. 이때는 다른 사회복지사나 공공행정가, 정치인, 시민단체 활동가 등과 협력적 관계를 만들어 내는 작업을 해야 한다. 이처럼 사회복지사는 일대일 관계를 통해 클라이언트의 고통과 위기를 이해하고 공감하는 것뿐만 아니라, 고통받고 있는 클라이언트의 편에 서서 사회적 연대라는 더 큰 관계를 통해 근본적인 문제를 제기하고 해결을 촉구하는 것에도 관심을 두어야 한다(배화옥 외, 2015).

연대는 공존과 공생의 가치 위에서 형성된다. 공존은 서로 관계를 맺어 함께 존재한다는 의미이다. 사회복지사는 '나'라는 존재를 넘어 '우리'라는 존재를 이해하고, 사회 구성원들이 궁극적으로 함께 존재한다는 것을 인식하며, 클라이언트와의 공존, 동료 사회복지사와의 공존, 타 분야 전문가들과의 공존을 추구해야 한다. 또한 사회복지실천은 함께 살아간다는 의미의 공생의 가치를 기반으로 수행되어야 한다. 사회복지는 서로 돕고 나누는 것을 지향하기에, 경쟁보다는 공생이라는 개념에 더 부합한다. 그리고 공생의 전제조건은 구성원 간의 연결, 즉 사회적 맥락의 관계이다(양원석, 2016).

공존과 공생을 토대로 한 연대는 사회복지사가 사회적 약자의 입장에서 사회정의를 목적으로 다양한 사회체계와 협력해 나가기 위한 방편이자 그 결과물이다. 사회구조의 문제점을 바로잡기 위한 노력은 동일한 입장을 가진 사람들이 힘을 모을 때 가시적인 변화로 이어질 수 있다. 이렇듯 공존하고 공생하면서 공동의 목적을 추구하는 연대는 아주 작은 단위부터 지역사회나 국가 같은 큰 단위까지 포괄한다. 연대는 가치를 공유하는 여러 개인들이 횡적으로 연관을 맺고 자주적인 조직을 만들어 나가며, 이를 바탕으로 연결을 확대해 가는 것을 뜻하는 네트워킹networking과도 유사한 개념이다(두산백과, 2020).

연대에서 가장 중요한 것은 호혜적인 규범, 문화, 의식 등을 공유하는 것이다. 만약 구성원들이 공유하는 가치나 의식이 없고 서로의 문화를 이해하지 못할 경우, 공동체 차원에서 어떤 문제를 해결하거나 변화시키기가 매우 어렵다. 따라서 연대를 도모하는 사회복지사는 참여자들 간 가치와 생각의 공유에 초점을 두어야 한다. 그런 점에서 연대의 역량은 가치를 공유하고 의식의 공통분모를 확대해 갈 수 있는 소통 역량과 불가분의 관계에 있다. 다음은 사회복지사가 수행한 연대 활동의 사례를 보여 준다.

사례: 기초연금 제도 개선을 위한 사회복지사의 연대활동

2014년 7월 「기초연금법」에 따라 소득 하위 70% 미만의 65세 이상 노인에게 기초연금으로 월 20만 원을 지급하는 방안이 시행되었다. 그런데 기초생활수급권자 노인의 경우 원래 받던 생계급여에서 기초연금만큼을 삭감하여 지급하였다. 즉, 40만 명에 이르는 국민기초생활보장 수급자 노인들이 사실상 기초연금 대상에서 제외된 것이다. 이들에 대한 서비스 제공자인 사회복지사 388명은 기자회견과 성명서를 통해 제도 적용의 부당성을 비판하였다. 이후에도 '빈곤노인 기초연금 보장연대', '세상을 바꾸는 사회복지사(세밧사)' 등 시민단체와 사회복지사 단체를 중심으로 지속적으로 비판이 제기되었다. 이를 통해 기초연금에 따른 생계급여 삭감 문제가 헌법소원으로 이어질 수 있었다.

'줬다 뺏는 기초연금'의 시정을 촉구하는 사회복지사들의 출근길 기자회견
ⓒ 세밧사

# 3. 사회복지실천의 소통론

## 1) 소통의 원칙

사회복지실천은 대부분 소통을 통해 진행된다. 사회복지사는 클라이언트는 물론이고 기관 내부 구성원, 지역사회 주민, 공공기관 관계자, 자원봉사자, 후원자 등 다양한 사람들과 인사를 나누고 의견을 주고받으며 공감하고 설득하고 협상하면서 직무를 수행한다. 그래서 실무 현장에서는 사회복지사가 '소통의 달인'이 되어야 한다는 말이 나오기도 한다. 그만큼 사회복지사에게는 소통을 위한 역량이 요구된다.[5]

소통이 잘되면 소통에 참여한 사람들은 힘을 느낀다. 그 힘은 자기만 잘났다고 우기지 않고 공동의 목표를 향해 함께 나아갈 때 나온다. 자신과 마찬가지로 상대방의 의견을 존중하고, 말보다는 서로의 마음에 집중하며, 같은 것뿐 아니라 다른 것도 인정할 수 있을 때, 비로소 소통이 잘된다고 말할 수 있다. 만약 제대로 소통이 되지 않으면 오해가 생기고 관계가 막힌다.

좋은 소통을 위해서는 타인을 존중하는 태도를 갖추어야 한다. 소통은 서로 다른 사람들 간에 이루어진다. 따라서 모든 인간이 상이한 경험과 고유한 개성을 가지고 있으며, 저마다 독특한 방식으로 현상을 인식하고 사건을 판단하며 의견을 교환한다는 것을 이해해야 한다. 이러한 이해를 바탕으로, 사회복지사는 소통의 대상을 인정하고 존중하는 태도로 대해야 한다. 그리고 소통에 있어서 어느 정도 오해가 있을 수 있다는 점을 예상하고 이를 줄여 보려는 노력을 하는 것이 중요하다

---

5   특수한 형태의 인터뷰, 즉 면담이나 면접과 같은 소통방식은 '사회복지실천기술론'에서 구체적으로 다룰 것이므로, 여기서는 이를 포함하여 더 넓은 범위의 기본적인 소통에 대해 다룬다.

(Sheafor et al., 1997/1998: 187).

또한 소통은 흔히 말로 주고받는 것이라고 생각하기 쉽지만, 소통에는 언어적 소통뿐 아니라 비언어적 소통도 포함된다. 실제로 소통은 언어적 내용과 더불어 말의 크기, 높낮이, 속도, 그리고 얼굴 표정, 자세, 움직임 등을 통해 이루어진다. 그래서 같은 내용이라도 어떤 상황에서 어떤 표정으로 이야기하느냐에 따라 전혀 다른 의미로 해석되기도 한다. 사회복지사는 이러한 소통의 정교한 측면을 이해해야 하며, 가능하면 언어적 소통과 비언어적 소통이 일치하는 방식으로 메시지를 정확히 전달하여 불필요한 오해나 혼란이 생기지 않게 해야 한다.

아래에서는 소통의 과정을 메시지 받기, 생각하기, 전달하기로 나누어 구체적으로 살펴본다.

### (1) 메시지 받기: 관찰과 경청

기본적으로 소통은 메시지를 전달하는 사람과 메시지를 받는 사람 간의 상호작용이다. 이들이 역할을 계속 교환하면서 진행되는 대화가 곧 소통인 것이다. 따라서 소통은 일종의 순환 과정이라고 할 수 있다. 이때 무엇보다도 수신자가 상대방의 메시지를 정확하게 받는 것이 중요하다. 수신자가 메시지를 제대로 받지 못하면 그 이후의 소통이 막혀 버리기 때문이다.

메시지를 수신할 때는 보기, 듣기,[6] 이해하기 등이 동시에 진행되는 만큼, 메시지를 보내는 상대방에게 집중해야 한다. 특히 우리는 자신의 경험에 근거한 선입견을 갖고 있기 때문에 타인의 이야기를 듣는 도중에 지레짐작하여 단정 짓거나 자기 생각에 빠지는 경우가 많다. 상대방의 이야기가 자신과 관련이 많거나 자신의 생각과 반대될 때 더욱

..................

6    듣기와 관찰하기를 분리하여 설명하는 경우도 있지만, 여기서는 관찰하기도 경청의 과정에 포함된다고 보고 함께 설명하였다.

그러하다.

따라서 메시지 수신에 해당하는 경청하기는 귀에 들리는 소리를 그저 듣는 것과는 다르다. 의식적으로 집중하여 중간에 끼어드는 생각을 통제하면서 상대가 하는 이야기를 최대한 있는 그대로 이해하려고 노력하는 작업이 동반되어야 한다. 이러한 노력을 기울여야 하는 이유는 경청을 하면서 새로운 것을 알고 배우며 이해할 수 있기 때문이다. 다시 말해, 우리는 말하기보다는 보기와 듣기를 통해 새로운 것을 학습한다. 말하기를 통해 할 수 있는 것은 이미 알고 있는 내용을 전달하는 것이지만, 보기와 듣기를 통해서는 자신이 모르는 것을 접할 수 있다. 사회복지실천 영역에서 생각해 보면, 잘 모르기 때문에 알고자 하는 대표적인 대상이 바로 클라이언트이다. 그러므로 클라이언트를 이해하기 위해서는 경청과 같은 메시지 수신이 중요하다. 다음은 적절한 경청을 위해 갖추어야 할 태도이다(양옥경 외, 2018).

- 상대방의 이야기에 관심이 있음을 언어적 표현(맞장구, 추임새 등)과 비언어적 표현(눈 맞춤, 고개 끄덕임, 앉는 자세 등)으로 전달한다.
- 상대방이 말하는 동안 다른 곳(핸드폰 등)을 보거나 주의 산만한 행동을 하지 않는다.
- 상대방이 말하는 도중에 섣불리 말을 끊거나 동시에 말하지 않는다.
- 자기 방어를 줄이고 상대의 말을 있는 그대로 듣기 위해 노력한다.
- 잘 이해하지 못한 부분이 있다면 어림짐작하거나 넘겨짚지 말고 질문을 통해 확인한다.
- 나와 의견이 다르다 하더라도 비판적이거나 감정적인 반응을 자제하고 상대의 메시지에 집중한다.
- 상대방의 표정, 손놀림, 눈 맞춤, 안색 등을 살피며 언어적 표현과의 일치 또는 불일치를 신중히 파악한다.

### (2) 생각하기: 메시지 전달 계획

메시지를 받은 후에는 그에 적절히 반응하기 위해 어떤 메시지를 전달할 것인지 생각하게 된다. 이를 생각하기 또는 메시지 전달 계획이라고 한다. 우리는 경청하기와 동시에 전달할 메시지를 생각해 내기도 하고, 생각나는 것을 곧바로 전달하기도 한다. 그러나 중요한 메시지인 경우에는 생각하기의 과정을 좀 더 신중하게 거칠 필요가 있다. 셰퍼 등 (Sheafor et al., 1997/1998: 189)이 제시한 내용을 토대로, 메시지 전달을 계획할 때 생각해 볼 사항들을 살펴보면 다음과 같다.

- 내가 전달하고자 하는 핵심적인 내용이 무엇인가?
- 상대방이 나의 메시지를 들었을 때 혼란을 느끼거나 오해할 만한 여지는 없는가?
- 나의 메시지를 전달받을 사람이 처한 상황에서 고려되어야 할 부분이 있는가?
- 듣는 사람이 나의 메시지를 더 잘 이해하기 위해 필요한 언어적·비언어적 요소에는 어떤 것들이 있는가?
- 나의 반응이 성급한 비판, 비난, 충고, 설득, 동정 등 소통을 저해하는 요소들을 담고 있지는 않은가?

### (3) 전달하기: 말하기

같은 내용의 메시지라도 어떻게 말하느냐에 따라 그 의미가 다르게 전달될 수 있다. 따라서 사회복지사는 효과적인 메시지 전달 방법에 대해 숙고해야 한다. 다음은 메시지를 정확하고 효과적으로 전달하기 위해 고려할 사항들이다(Hargie, 1986).

- 상대방이 이해하기 쉽게 분명하고 간결한 표현을 사용한다.
- 서두르지 말고 상대방이 이해하고 반응할 수 있는 시간을 준다.

- 언어적 표현과 비언어적 표현을 일치시킨다.
- 복잡한 메시지는 한 번에 전달하기보다 나누어 표현한다.
- 중요한 메시지의 경우 상대방이 정확히 이해했는지 확인한다.
- 질문이 있는지 확인하고 질문이 있다면 성의 있게 답한다.
- 자신의 사고, 감정, 언행에 대한 책임을 인식한다.

이 중 마지막 사항과 관련하여 자신의 사고, 감정, 언행에 대한 책임을 가장 적절히 담을 수 있는 것이 '나-메시지I-Message' 대화법이다. '나-메시지'는 상대방에게 부정적인 메시지를 전달하는 경우에도 상대를 비난하는 데 초점을 두기보다는, 상대의 행동이나 말로 인해 내가 어떤 영향을 받고 있는지를 전달하는 데 초점을 둔다. 이렇듯 상대의 행위가 아닌 나의 생각과 감정을 중심으로 말하는 '나-메시지'는 상대에게 불필요한 반감을 일으키지 않으면서도 원하는 바를 명확하게 전달하는 효과가 있다. '나-메시지'를 전달하는 순서는 다음과 같다.

① 상대방의 특정 행동을 간결하고 분명하게 묘사한다.
② 상대방의 특정 행동이 나에게 미친 영향, 특히 내가 경험한 감정을 이야기한다.
③ 내가 원하는 것을 전달한다.

흔히 사용되는 '너-메시지You-Message'를 위의 순서에 따라 '나 메시지'로 바꾸어 보면 이를 더 잘 이해할 수 있다. 표 7-6은 동일한 상황에 대한 '너-메시지'와 '나-메시지'를 비교한 것이다. 이러한 '나-메시지'에 대해 일부에서는 우리나라 정서에 맞지 않는다고 비판하기도 한다. 그러나 적절히 사용하면 갈등 상황에서 부정적인 상승 작용을 차단하고 서로의 입장을 이해하는 데 도움을 줄 수 있다.

표 7-6 '너-메시지'와 '나-메시지'의 비교

| 상황 | 너-메시지 | 나-메시지 |
|---|---|---|
| 방을 어지럽히고 치우지 않는 자녀에게 부모가 말하는 상황 | "어쩌면 방을 이렇게 어지럽히고 사니? 자기 방 하나 못 치우는 사람이 뭘 제대로 할 수 있겠어? 좀 치우고 살아라." | ① "네 방이 계속 어질러져 있어서"<br>② "다른 방을 치워도 집이 정리된 것 같지 않네."<br>③ "방을 안 치우는 이유가 있으면 말해 주면 좋겠어." |
| 매번 약속한 시간보다 늦게 오거나 상담 직전에 약속을 취소하는 클라이언트에게 사회복지사가 말하는 상황 | "이제까지 한 번도 약속을 안 지키셨어요. 계속 이러시면 상담을 지속하기 어렵습니다." | ① "약속한 시간에 오지 않으시니"<br>② "걱정도 되고 기다리는 동안 다른 일을 하기도 어렵습니다. 또 갑자기 취소하면 제 업무에 상당한 지장을 받습니다."<br>③ "다음부터는 약속한 시간에 맞춰 오시고 피치 못할 사정으로 못 오실 경우에는 사전에 연락을 주시면 좋겠습니다." |

## 2) 공감의 소통

흔히 전문가의 역할은 전문지식에 근거하여 상대를 판단하고 적절한 조언(나아가 충고, 계몽, 훈계)을 해 주는 것이라고 여겨진다. 하지만 이러한 접근은 상대에게 압박을 가하여 오히려 공감empathy을 저해할 수 있다. 사회복지사는 주로 상처 입고 소외된 사람들을 만나며 우리 사회의 여러 체계들을 서로 연결하고 소통하도록 촉진하는 역할을 수행한다는 점에서, 어떤 휴먼서비스 직군보다 공감의 소통 역량이 요구된다(최명민·이현주, 2017). 소통이 '서로 통하게 한다'는 의미라 할 때, 서로 다른 존재와 마음이 맞닿는 공감이 이루어져야 진정한 소통이 가능하기 때문이다. 따라서 공감은 "제대로 된 관계와 소통의 다른 이름"(정혜신, 2018: 247)이라고 규정되기도 한다.

공감이라고 하면 대개 고개를 끄덕이며 잘 들어 주거나 "힘들었겠다."와 같은 감정 반응을 보이는 것을 떠올리지만, 진정한 공감은 상대방의 감정과 그 의미를 정확하고 민감하게 인식하고 전달하는 것이다. 공감의 소통을 하기 위해서는 다음과 같은 내용들을 염두에 두는 것이 좋다(양옥경 외, 2018; 정혜신, 2018).

- 사람은 도움을 받으러 온 상황에서도 자신의 상처나 취약성을 드러 내기보다 괜찮은 사람으로 보이기를 원하며 자신의 고통이 가볍게 다루어지지 않기를 바라기 때문에, 평가와 판단보다는 공감이 도움 이 된다.
- 사람은 누구나 자기 존재 자체로 받아들여지고 싶은 욕구가 있으며, 이를 확인받는 방법이 바로 공감이다.
- 상대방에 관한 '사실'보다는 '태도'와 '느낌'에 주목할 때, 그의 존재 에 집중하여 공감할 수 있다.
- 공감은 상대의 메시지를 그의 입장에서 받아들이고 인식하는 것과 이러한 이해를 잘 전달하는 것으로 구성된다.
- 공감이 전해지면 방어를 감소시켜 신뢰관계가 더 잘 형성된다.
- 충분한 공감은 소외감을 감소시키고 안정감을 주며 자기이해를 통 해 스스로 변화하는 원동력을 제공한다.

공감을 위해서는 클라이언트의 감정을 수용하는 동시에, 적절한 질 문을 던져 그 감정의 깊이와 원인 등을 탐색하는 과정이 필요하다(양옥 경 외, 2018: 143-144). 구체적으로 알아야 이해할 수 있고 제대로 이해해 야 공감할 수 있기 때문이다. 따라서 우선 습관적인 지레짐작이나 선입 견을 내려놓고, 진정으로 궁금해하는 자세로 그 사람의 느낌과 마음을 다정하게 그리고 구체적으로 물어보아야 한다. 이러한 측면에서 공감은 상대에 대한 이해와 앎의 과정이라고도 할 수 있다. 특히 상대방이 고통 을 드러냈을 때는 그 사람이 처한 상황과 마음에 주목하고 물어봐 주는 것이 중요하다(정혜신, 2018: 107-108, 123). 공감을 위한 질문의 예를 들

자면 다음과 같다.[7]

- "지금 마음이 어떠세요?"
- "그렇게 힘드신 줄 몰랐어요. 그동안 얼마나 힘드셨던 건가요?"
- "그런 마음이 드시는군요. 언제부터 그러셨나요?"
- "그렇군요. 오래전부터 그랬다면 그동안 많이 힘드셨겠어요. 그렇게 힘들 때는 어떻게 견디셨어요?"
- "그래서 그러셨던 거군요. 그런 줄도 모르고 사람들은 더 요구하니 얼마나 힘드셨겠어요. 요즘은 어떤 게 가장 힘드세요?"

그리고 결국 "당신이 그런 말, 감정, 행동 등을 보인 데는 그럴 만한 이유가 있었군요."와 같은 진정한 이해의 메시지가 전달되어야 한다. 단, 공감은 무조건 상대방과 똑같이 느끼는 것이 아니다. 상대의 감정이나 행동이 그럴 만하다고 느껴지고 이해되는 상태를 뜻한다. 만약 이해가 되지 않는다면 공감하려 애쓰기보다 더 물어보아야 한다. 이해할 수 없는데 공감할 수는 없기 때문이다(정혜신, 2018: 268). 그런 점에서 공감은 너와 내가 분리된 상태에서의 '동정'이나 너와 나의 구분 없이 완전히 일치된 '동감'과는 다르다(그림 7-2 참조).

공감이라고 해서 모든 것을 상대에게 맞추다 보면 사회복지사도 소진을 경험하게 된다. 공감은 말 그대로 상호적이기 때문에 사회복지사 자신의 감정도 자극을 받기 마련이다. 따라서 공감의 과정에서 자신이 힘들어진다면 스스로를 돌아보는 것이 우선되어야 한다. "자신에 대한 성찰을 건너뛰고 타인의 마음을 공감하는 일로 넘어갈 방법은 없기 때문이다."(정혜신, 2018: 229)

..................

7   이 내용은 정혜신(2018)에 나온 예문들을 참고하여 수정한 것이다. 공감과 관련하여 더 상세한 내용과 구체적인 예시를 알고 싶다면 이 책을 읽어 볼 것을 권한다.

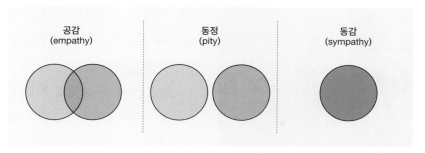

그림 7-2 공감, 동정, 동감의 비교

## 3) 온라인 소통

메시지의 송수신은 대면하여 이루어지기도 하지만, 중간 매개가 사용되기도 한다. 다시 말해 송신자와 수신자가 직접 만나지 않고 전화나 다른 전자통신매체를 활용하여 소통하는 방식도 있다. 특히 최근에는 음성 언어가 아닌 문자 언어에 기반한 소통이 늘어나고 있으며, 편지나 메모를 넘어 이메일, 핸드폰 문자메시지, SNS와 같은 전자매체를 활용한 온라인 소통방식이 더욱 증가하는 추세이다. 기술의 진보가 시간과 공간, 비용의 제약 없이 전 세계 사람들과 소통할 수 있는 세상을 만들어 가고 있기 때문이다.

문자 언어로 소통할 때는 그 내용이 모두 글자로 남아 일종의 기록이 된다는 점을 기억해야 한다. 따라서 업무와 관련된 소통을 문자로 한다면, 그 내용뿐 아니라 문법과 맞춤법 등에도 주의를 기울일 필요가 있다. 또 문자 소통에서는 비언어적 메시지를 알아차리기 어렵고 행간의 의미를 놓치기 쉬워서 자칫 오해를 유발할 수 있으므로 더욱 신중해야 한다. 때로는 대면으로 소통하면 의도가 쉽게 전달될 부분도 문자로 소통하다 보면 본의가 왜곡되는 경우가 있다. 반면, 직접 대면하여 말하기 어려운 부분을 문자로 잘 정리하여 전달하면 서로 부담을 덜고 소통의 실마리를 찾게 되기도 한다. 결국 어떤 소통방식이 좋다고 단정하기보

코로나19 발생 이후 비대면 온라인 소통의 중요성이 커짐에 따라, 한 사회복지기관에서 인터넷 라이브방송을 진행하고 있다. ⓒ 태화샘솟는집

다는 각각의 장단점을 알고 상황에 따라 적절한 소통방식을 사용하는 것이 중요하다.

한편, 4차 산업혁명 시대의 기술 발전은 사회의 연결과 소통을 강화하고 확대된 연대활동을 용이하게 만들어 주었다. 지금은 '초超연결' 시대라고 할 정도로 SNS를 통해 다양한 시간과 공간이 연결되어 있다. 이에 따라 온라인 공간에서는 사회적 여론과 조직화가 빠르게 형성되고 확산된다. 이는 곧 예전보다 공감대를 더 쉽게 넓히고 필요한 자원을 효율적으로 동원할 수 있게 되었음을 의미한다. 그러므로 사회복지사가 온라인 소통을 적절히 활용하면 클라이언트가 겪는 문제를 이슈화하고, 그 해결을 위해 동료 사회복지사 및 사회의 다양한 주체들과 연대하는 데 도움을 받을 수 있다.

## ✅ 사회복지사의 관계와 소통 역량 체크 리스트

☐ 사회복지사와 클라이언트 간 실천 관계의 중요성을 이해하고 있는가?

☐ 사회복지사와 클라이언트의 바람직한 관계란 무엇인지, 그러한 관계를 어떻게 실천할 것인지를 고민하는가?

☐ 공동의 목표를 위해 여러 구성원의 입장을 공유하고 협력해 가는 과정에서 자신의 장점이나 경험을 활용할 수 있는가?

☐ 상대의 메시지를 듣고 자신의 메시지를 생각하며 이를 전달하는 소통 과정을 정확하고 효과적으로 수행할 수 있는가?

☐ 공감을 위해 객관적 사실이나 조건이 아닌 상대의 존재 자체에 집중한다는 것의 의미와 방법을 알고 있는가?

## ✍️ 용어 정리

• **관계 역량**: 일반적으로 사회복지실천에서 관계는 사회복지사가 클라이언트를 돕기 위해 형성하는 원조관계를 의미한다. 그러나 우리나라에서 사회복지사는 임상가로서의 역할에 더해 여러 체계들과 관계를 맺고 협력하는 역할을 요구받고 있다. 따라서 이 책에서는 관계 역량을 전문적 원조관계뿐 아니라, 실천 과정에서 만나는 다양한 체계와 적절하게 관계 맺을 수 있는 역량을 포괄하는 개념으로 규정한다.

• **소통 역량**: 소통은 대화를 주고받으며 호의적이고 협력적인 관계를 형성하는 것을 의미한다. 관계에서와 마찬가지로 사회복지실천에서 가장 주된 소통방식은 사회복지사와 클라이언트 간 면담이나 상담 형식이지만, 이 책에서는 지역사회에 존재하는 다양한 환경체계와 접촉해 대화를 시도하고 문제를 해결해 나가는 것까지를 포괄하는 총체적인 소통 개념으로 접근한다.

• **타자윤리**: 독립적인 개인과 '나' 중심적 사고의 한계를 극복하고, 나와 근본적으로 다른 존재인 타자, 그중에서도 억눌린 타자를 어떻게 인식하고 그와 어떠한 관계를 맺어야 할 것인가에 초점을 두는 철학적 입장이다.

• **연대**: 사회복지사가 사회적 약자의 입장에서 사회정의를 목적으로 다양한 사회체계와 협력해 나가기 위한 방편이자 그 결과물을 뜻한다. 이를 위해 사회복지사는 다른 구성원들과 공감대를 형성하여 협력적으로 일을 추진할 수 있는 역량을 갖추어야 한다.

• **공감**: 상대방의 감정과 그 의미를 정확하고 민감하게 인식하고 전달하는 능력이다. 공감은 관계와 소통이 적절히 이루어질 때 가능하다.

# 다체계 개입 역량

사회복지의 영어 단어에 해당하는 'social welfare'를 문자 그대로 풀어 보면 '사회적 복지'라고 할 수 있다. 이때 '사회적'이라는 말은 개인적이거나 개별적이지 않다는 의미이다. 그러나 개인과 사회는 불가분의 관계이기 때문에 '개인적이거나 개별적이지 않은 것'과 '개인적이고 개별적인 것'은 서로의 관련성을 고려하여 상호 규정되어야 한다(김기덕, 2021). 그래서 사회복지는 인간을 완전히 독립적인 개별자로 보기보다, 사회적 관계 속에서 이해될 수 있는 관계론적 존재로 바라보는 관점을 취한다(최명민, 2020).

이러한 사회복지실천의 관점은 주로 도움을 요청한 개인에게만 초점을 두는 일반적인 대인전문직의 관점과 구분된다. 다른 대인서비스 분야는 주로 개인의 심리나 행동 등 특정 부분에 관심을 갖는다. 이에 비해 원조전문가로서 사회복지사는 한 개인을 전인적으로 이해할 뿐 아니라, 그 사람과 관계를 맺고 있거나 영향을 주고받는 주변 사람 및 자원에도 관심을 가지며 그들에게 개입하거나 그들과 함께 일한다. 또한 사회정책이나 조직의 변화를 통해 개인과 더불어 공동체의 복지 향상을 꾀한다. 그만큼 사회복지실천을 위해서는 인간과 상호작용하는 여러 체계들에 대한 이해가 선행되어야 하며, 이들과 함께 일하는 다양한 방식도 습득해야 한다.

이 장에서는 개인을 둘러싼 다차원적인 체계를 입체적으로 인식하고, 인간과 사회가 지속적으로 영향을 주고받으며 변화하는 과정에 관여할 수 있는 사회복지사의 실천 역량에 주목한다. 그리고 이러한 실천 역량을 향상시키는 데 도움이 되는 다체계 개입 역량의 개념과 실천방법들을 다룰 것이다.

## 1. 다체계 개입 역량에 대한 이해

인간은 누구나 살면서 어려움을 겪는다. 고난이나 역경은 삶의 일부라고 할 수 있다. 그런데 특히 사회복지실천 현장에서 만나는 사람들이 경험하는 어려움은 대개 복잡하게 얽혀 있다. 이들이 겪는 빈곤과 박탈, 실직, 장애, 질병, 정서적 문제, 관계 문제, 중독, 폭력이나 학대, 낙인, 차별, 트라우마 등은 별개의 요인처럼 보이곤 하지만, 사실은 서로 연관되어 있어서 하나의 문제가 다른 문제들을 동반하는 경우가 많다. 이처럼 복합적인 문제에 처해 있는 사람들은 적절한 지원을 받지 못하면 겨우 유지하고 있던 삶마저 무너지기 쉽다(England, 1986). 나아가 이는 한 개인의 문제에 그치지 않고 다음 세대로 이어져 더 심각한 악순환을 형성하기도 한다. 빈곤의 대물림이나 폭력의 악순환은 개인의 취약성이 가족 전체의 취약성으로 증폭된 대표적인 현상이다. 이렇게 여러 문제를 겪고 있는 클라이언트에게는 '역기능적인, 고위험의, 다중 욕구를 가진'과 같은 꼬리표가 붙고, 사회복지사는 클라이언트를 마주할 때 그 문제들에 압도되곤 한다.

실제로 실천 현장에서 사회복지사가 접하는 대부분의 사례에는 복합적인 문제가 포함되어 있다. 한 지역아동센터 아동의 사례를 보자. 이 아동은 친구들과 잘 어울리지 못하고 학업능력이 떨어지며 인터넷 게임에 과몰입한다. 그리고 산만함을 이유로 정신건강의학과에서 주의력결핍 과잉행동장애ADHD로 진단받아 약을 복용하고 있다. 그러나 이 아동의 문제는 정신과적 결함이 아닌 부적절한 양육환경에서 기인했을 수 있다. 이 사례에서 아동은 부모 중 한쪽이 부재하고 나머지 한쪽은 직업이 불안정하다. 양육자가 경제적으로 어렵다 보니 밤에도 일을 할 수밖에 없어 자녀와 보낼 시간이 절대적으로 부족하다. 게다가 양육자는 자신도 어린 시절에 제대로 보살핌을 받지 못했던 터라 아이와의 상호작용을 어려워한다. 이처럼 양육자는 배우자에게 버림받았다는 상처, 마음을 터놓고 기댈 부모나 형제의 부재, 낮은 자존감, 앞날에 대한 걱정 등으로 인해 자신의 삶을 감당하는 것조차 버거운 상태여서 우울증 약을 복용하며 겨우 버티고 있다. 아동의 부적응적 행동문제만 다루고자 했던 사회복지사는 이 문제가 가정의 경제적 어려움, 양육자의 정서적 문제, 주변 지지체계의 부족, 한부모가정을 위한 지역사회서비스의 공백 등과 관련이 있음을 파악하게 된다.

이 사례와 같이 클라이언트가 경험하는 어려움들은 대체로 다중적이고 복합적이며 종종 만성적이다. 이는 곧 사회복지실천이 클라이언트의 문제에 일면적으로 접근하는 것만으로는 충분하지 않음을 의미한다. 이 경우 사회복지사는 클라이언트를 '문제가 많은 사람'으로 단순하게 결론짓기보다 여러 차원의 문제들이 통제 가능한 범위 이상으로 발생하고 지속되어 감당하기 힘든 상황에 처한 사람이라고 이해하는 것이 적절하다. 또 이러한 상황은 개인적 결함이나 대인관계 차원의 문제를 넘어, 가용한 지역사회 자원의 부족이나 더 큰 사회적 모순에 의해 유발될 수 있다는 점도 고려해야 한다.

문제가 복합적이라 할지라도 적기에 효과적으로 다루면 오히려 클라이언트의 회복탄력성이 강화될 수 있다(Walsh, 1998/2002). 효과적인 개입을 위해 사회복지사는 클라이언트 개인은 물론 그의 가족, 집단, 조직, 지역사회 또는 더 거시적인 체계들의 작용을 잘 이해해야 한다. 그리고 필요에 따라 체계의 변화를 도모하거나 이들을 자원으로 활용하여 갈등을 조정하고 문제에 개입할 수 있는 역량을 갖추어야 한다. 특히 다양한 체계를 대상으로 하는 사회복지실천은 처음부터 개별 클라이언트를 돕기 위한 목적이 아니라, 지역사회나 정부조직과 같은 체계 자체를 변화시키는 것을 목표로 하여 진행되기도 한다. 따라서 사회복지사에게는 인간과 사회의 복지 향상을 위해 여러 층위의 체계들과 관계를 맺고 다양한 방식으로 일할 수 있는 입체적이며 통합적인 역량이 요구되는데, 이를 다체계 개입 역량이라고 지칭한다(최명민 외, 2015).

이러한 사회복지실천의 속성은 사회복지가 초기부터 다음과 같은 소위 3대 방법론으로 전개되어 온 것을 통해서도 알 수 있다.

- 개인이나 가족 등 개별 사례의 문제, 욕구, 적응 등을 직접적으로 다루는 개별사회사업
- 학습, 치료, 성장, 사회화 등의 목표를 달성하기 위해 집단의 역동을 활용하는 집단사회사업
- 지역사회[1]를 접근 단위로 하여 그 개선을 도모하는 지역사회조직

이처럼 다양한 체계에 개입해야 하는 사회복지사는 개인, 가족, 집단 대상의 상담과 같은 임상적 개입방법 외에도 위기 개입, 사례관리, 교육 및 프로그램 기획과 진행, 옹호, 자원 개발, 네트워킹, 조직화 등에 관한 역량이 필요하다. 물론 미시적 측면(예: 심리상담)이나 거시적 측면

----

[1] 지역사회란 일정한 지역 범위 안에서 이루어진 생활공동체를 뜻하며, 주민뿐만 아니라 제도·기관·조직 등 다양한 부문이 관여한다(지은구 외, 2021: 20-23).

(예: 정책 개발) 중 한 가지만을 집중적으로 다루는 사회복지사도 있다. 그러나 대부분의 사회복지사들은 전체를 조망하면서 다양한 규모의 체계들과 상호작용하며 문제에 개입한다(Reisch, 2018).

단, 이것이 사회복지사가 모든 문제에 다각적 개입을 수행하는 만능 해결사가 되어야 한다는 의미는 아니다. 그보다는 실천을 수행할 때 문제를 호소하는 당사자에게만 초점을 두는 대신, 체계적이고 통합적인 사정에 따라 다양한 체계들 그리고 그들 간의 관계까지 볼 수 있어야 함을 강조하는 것이다. 아울러 점차 분야별로 세분화되고 다원화되는 사회적 흐름 속에서 사회복지사가 통합적·융합적으로 접근하는 다체계 개입 역량을 갖추는 일은 중요한 의미를 지니는 동시에, 그만큼 도전이 될 수도 있다는 사실을 염두에 두어야 하겠다.

## 2. 사회복지실천의 체계 구분

사회복지실천은 사회복지사와 클라이언트의 일대일 관계에서 수행되는 것으로 개념화하기 쉽지만, 실제 실천 과정은 문제상황과 해결에 영향을 미치는 다양한 대상과의 상호작용으로 구성된다. 인간은 가족, 집단, 여러 사회관계, 그리고 보다 큰 공동체에 속해 있으며 그 관계 속에서 살아가기 때문이다. 사회복지실천의 근간을 이루는 체계론적 접근에서는 개인을 포함한 이러한 대상들을 각각 하나의 체계로 간주하고, 이들이 서로 상호작용하고 있다고 본다. 여기서는 체계론적 관점에 따라 사회복지실천의 구성 체계와 자원 체계를 알아보기로 한다. 이러한 구분은 개입 계획을 조직화하고 과업을 효과적으로 수행하는 데 도움이 될 것이다.

## 1) 사회복지실천의 구성 체계

핀커스와 미나한(Pincus & Minahan, 1973)은 사회복지사가 변화를 위해 노력할 때 누가 변화를 촉진하는지, 그로 인해 혜택을 받는 것은 누구인지, 누가 변화되어야 하는지, 그리고 함께 일해야 하는 대상은 누구인지 등을 다각적으로 파악해야 한다고 설명하였다. 그러면서 사회복지실천을 변화매개 체계, 클라이언트 체계, 표적 체계, 행동 체계 등의 실천 체계practice system와 일하는 것으로 개념화하였다(표 8-1 참조).

표 8-1 사회복지실천을 구성하는 실천 체계(Payne, 2005)

| 체계 | 개념 | 고려사항 |
|---|---|---|
| 변화매개 체계<br>(change agent system) | • 개입 목표를 달성하기 위해 필요한 변화를 촉진하고 끌어내는 주체로서, 사회복지사와 그 소속 기관을 의미하며 타 전문직을 포함할 수 있다.<br>• 클라이언트가 처한 문제상황과 그 상황에 관련된 체계를 파악하여 계획을 수립하고 실천함으로써 개입 목표의 실현을 도모한다. | • 기관의 가치와 방침, 자원 등이 사회복지사의 활동에 실질적인 영향을 준다. |
| 클라이언트 체계<br>(client system) | • 사회복지사에게 의뢰되거나 직접 도움을 요청한 개인, 가족, 집단, 지역사회 등을 의미한다.<br>• 사회복지사(변화매개 체계)와 변화를 위해 함께 일할 것이 기대되며, 공식적·비공식적 계약관계에 있다. | • 도움 요청자와 실제 도움이 필요한 대상이 불일치할 수 있다.<br>• 아직 수혜 여부가 결정되지 않은 잠재적 클라이언트도 포함된다. |
| 표적 체계<br>(target system) | • 개입 목표를 달성하기 위해 변화매개 체계가 변화시키려고 하는 대상으로, 개입의 초점이 된다.<br>• 개인, 가족 구성원, 집단, 공동체 등일 수 있으며 복수인 경우도 많다. | • 변화의 표적이 클라이언트 당사자인 경우에는 클라이언트 체계와 표적 체계가 일치하기도 한다. |
| 행동 체계<br>(action system) | • 개입 목표를 달성하기 위해 클라이언트나 사회복지사와 함께 일하기로 동의한 체계를 의미한다.<br>• 표적 체계에 영향을 주거나 필요한 자원을 얻기 위해 다양한 방식으로 동원 및 활용된다. | • 클라이언트 체계와 표적 체계, 행동 체계가 모두 일치할 수도 있다. |

변화매개 체계는 클라이언트의 문제해결을 위해 계획을 수립하고 수행함으로써 변화를 도모하는 사회복지사와 그 소속 기관을 의미한다. 이는 변화를 추진하는 주체로서 사회복지사 개인의 전문적 역량도 중요하지만, 그들이 속한 기관이 추구하는 가치나 보유하고 있는 자원이 실질적인 변화 노력에 상당한 영향을 미친다는 사실을 말해 준다.[2]

클라이언트 체계는 사회복지사에게 의뢰되거나 직접 도움을 요청한 대상으로서, 사회복지사와 원조를 위한 계약관계에 놓여 있다. 보통 클라이언트 체계는 도움을 필요로 하는 대상과 일치하지만, 때로는 도움을 요청한 사람과 도움이 필요한 사람이 같지 않을 수 있다. 예를 들어 부모가 자녀의 학교 부적응과 교우관계 문제로 서비스를 요청한 경우, 도움 요청자인 클라이언트 체계는 부모이지만 실제 도움이 필요한 대상은 자녀이다. 만약 이 자녀가 서비스를 제공받는 데 동의하여 원조를 위한 계약관계가 성립한다면, 그 또한 클라이언트 체계가 된다.

표적 체계는 개입 목표를 달성하기 위해 변화가 요구되는 대상이다. 예컨대 아동학대 문제에서 전형적인 표적 체계는 부모이다. 문제해결을 위해 변화가 필요한 대상은 아동이 아니라 그 부모이기 때문이다. 또 지역사회에서 적절한 서비스를 받지 못하고 고립되어 있는 장애인의 삶을 지원하는 상황을 가정해 보자. 서비스에 동의한 장애인은 클라이언트 체계이며, 변화해야 할 표적 체계는 제대로 작동하지 않는 지역사회의 인적·물적 자원일 것이다. 그런데 때로는 도움을 요청한 클라이언트와 변화가 필요한 대상이 일치하는 경우도 있다. 이때 클라이언트 체계는 곧 표적 체계가 된다. 예를 들어 적절한 자녀양육 방법을 배우려는 한

.................

2    콤프턴과 갤러웨이(Compton & Galaway, 1999)는 변화매개 체계에 더하여 전문가 체계를 제안하였다. 전문가 체계란 사회복지사의 전문성과 정당성을 담보해 주는 전문가 단체(한국사회복지사협회, 국제사회복지사연맹 등), 전문가 양성 단체(대학, 대학원 등), 사회복지사의 가치 및 윤리(사회복지사 윤리강령, 사회복지사 선서 등)와 같이, 변화매개 체계인 사회복지사와 기관에 영향을 미치는 단체 또는 규범을 가리킨다.

부모나, 절주를 희망하는 알코올 의존자의 경우 서비스를 신청한 클라이언트 체계가 곧 변화되어야 할 표적 체계이다.

행동 체계는 문제해결과 개입 목표 달성을 위해 협력하고 활용할 수 있는 대상을 의미한다. 앞의 한부모 혹은 알코올 의존자의 예시에 적용해 보면, 이들과 비슷한 문제를 경험하는 지지집단이나 자조집단을 행동 체계로 활용함으로써 개입 목표를 달성할 수 있을 것이다. 한편, 행동 체계가 클라이언트 체계나 표적 체계와 일치하는 경우도 있다. 관계 개선을 희망하는 부부의 경우 이들은 원조를 위한 계약관계에 있는 클라이언트 체계이자 변화의 대상인 표적 체계이며, 각자가 서로의 변화를 위해 동원되어야 할 자원이라는 의미에서 행동 체계이기도 하다.

이와 같이 사회복지실천을 구성하는 각 체계들은 엄밀히 구분될 때도 있지만, 하나의 체계가 여러 기능을 중복적으로 수행하기도 한다. 그럼에도 사회복지사와 함께 일하는 체계들을 구분해 보는 이유는 사회복지사의 사고를 조직화하고 각각의 체계들과 수행해야 할 과업들을 보다 분명히 하는 데 도움이 되기 때문이다. 또한 사회복지실천은 이처럼 다양한 체계들과 상호작용하며 이들 간의 유기적인 조화 속에서 진행된다는 점에서, 주로 도움을 요청하는 대상(클라이언트 체계)과만 일하는 다른 전문직들과 차이가 있다는 사실을 재차 확인할 수 있다.

사회복지사가 클라이언트 체계, 표적 체계, 행동 체계와 함께 일할 때, 이들과 항상 동일한 목적을 공유하는 협력적collaborative 관계를 맺는 것은 아니다. 상호 동의가 필요한 협상bargaining 관계일 때도 있고, 서로의 의도나 생각이 다른 갈등적conflictual 관계일 때도 있다(Payne, 2005). 그러나 사회복지사와 특정 체계 간 관계는 한 가지 양상에만 고정되지 않으며, 진행 과정에 따라 변할 수 있다. 사회복지사는 어떤 체계와 어떤 관계를 형성할지 명확히 인지하고 이를 활용하여 목표를 달성해 가야 한다.

## 2) 사회복지실천의 자원 체계

사람들이 어려움에 처했을 때 동원할 수 있는 자원 체계는 다양하다. 핀커스와 미나한(Pincus & Minahan, 1973)은 사회복지실천에서 활용 가능한 자원 체계를 비공식 체계, 공식 체계, 그리고 사회적 체계로 구분하였다. 밀너와 오번(Milner & O'Byrne, 1998)은 이를 다시 비공식/자연 체계, 정식회원제 체계, 공공/사회 체계로 구분하였으며, 트라이탈(Trythall, 2018)은 여기에 초국가적 체계를 추가하였다. 각각의 개념을 살펴보면 표 8-2와 같다.

표 8-2 사회복지실천의 자원 체계(Milner & O'Byrne, 1998; Trythall, 2018)

| 체계 | 개념 |
| --- | --- |
| 비공식/자연 체계 (informal/natural system) | • 혈연이나 사적인 관계에 의해 맺어진 부모, 형제자매, 친척, 친구, 이웃 등이 포함된다.<br>• 이 체계와의 관계에서는 인간적인 신뢰와 친분을 바탕으로 정서적 지지나 정보, 조언 등을 주고받는다. 예를 들어 서로의 아이를 돌봐 주기도 하고, 필요하다면 금전적 도움을 줄 수도 있다. 이 체계가 없다면 일상생활의 작은 도전들에도 큰 어려움을 겪게 된다. |
| 정식회원제 체계 (formal membership system) | • 노동조합, 협동조합, 지역사회 단체, 여가활동 동호회, 지지집단, 부모-교사 협회, 임차인 협회 등 회원으로서 일정한 자격을 갖추어야 참여할 수 있는 단체나 집단이 포함된다.<br>• 이들은 비공식/자연 체계보다 전문적인 도움을 제공한다. 이 체계의 구성원으로 활동한다는 것은 회원으로서 도움을 받을 자격을 확보하고 있음을 뜻한다. |
| 공공/사회 체계 (public/societal system) | • 보험, 병원, 보건전문가, 정부조직의 사회서비스 부서, 법원, 어린이집, 학교, 종교, 기업 등 시민들이 이용하는 공식적인 기관들이 포함된다. 나아가 정책이나 제도도 포함될 수 있다.<br>• 거주 지역에 이 체계가 존재하고 그 기능이 적절히 수행될 때, 지역주민의 삶은 더 윤택해진다. |
| 초국가적 체계 (trans-national system) | • 국가 단위를 넘어선 국제정치, 인터넷, 기후변화, 세계화, 전쟁 등도 우리 삶에 막대한 영향을 미친다. 사회복지실천에서는 이와 같이 물리적 국경을 초월한 전 지구적 체계들도 고려한다. |

이 표에 제시된 자원 체계들이 실천 현장에서 어떻게 적용되는지를 이해하기 위해 A씨의 사례를 살펴보자.

만성정신질환으로 정신장애 판정을 받은 40대 남성 A씨는 현재 어머니와 단둘이 살고 있다. 형제로는 결혼한 누나가 한 명 있고, 예전에 친했던 친구들과는 연락이 끊겨 지금 개인적으로 연락하는 친구는 없다. A씨는 대중교통으로 30분 거리의 한 정신재활시설에서 직업재활 훈련을 받았다. 세 달 전부터 직업재활의 일환으로 시설이 소개해 준 카페에서 일주일에 두 번 아르바이트를 하고 있으며, A씨처럼 직업재활 중인 회원들로 구성된 취업 관련 지지집단에도 참여하고 있다. 현재 A씨는 기초생활수급자이며, 과거 입원 이력이 있는 병원에서 한 달에 한 번씩 약을 처방받아 복용하고 있다.

이 사례에서 A씨는 비공식/자연 체계로 어머니와 누나가 있지만, 그 외에 친구나 다른 친밀한 관계는 부족한 것으로 파악된다. 정식회원제 체계로는 직업재활 지지집단을 들 수 있으며, 공공/사회 체계로는 A씨가 다니는 정신재활시설과 병원, 기초생활수급을 관할하는 주민센터 등이 있다. 초국가적 체계로는 정신장애인의 인권, 그중에서도 노동권을 보장하도록 규정한 국제인권조약 등이 관련된다. 정리하자면 A씨는 현재 비공식/자연 체계보다 공공/사회 체계에 의존하고 있음을 알 수 있다. 따라서 향후 비공식/자연 체계를 개발하고 강화하는 접근이 필요하며, 정식회원제 체계에 속하는 직업재활 지지집단에서 인간관계를 발전시켜 보는 것도 좋은 대안이 될 수 있다.

생태도를 활용하면 클라이언트를 둘러싼 주변체계들을 명료화할 수 있는데, 이 체계들은 문제의 발생 구조로 이해될 수도 있지만 문제 해결에 도움이 되는 자원 체계로 볼 수도 있다. 그러므로 사회복지사는 클라이언트와 상호작용하는 주변체계 중에서 자원으로 동원할 수 있는 체계를 검토하고 이를 강화하는 방향으로 개입해 나가야 한다. 이를 위해서는 복합적으로 작동하는 사회복지실천 상황을 조직화하고 다양한 체계들과 일할 수 있는 능력이 필수적이다.

## 3. 다체계 개입의 내용과 방법

사회복지실천의 다양한 대상과 층위는 흔히 체계의 크기로 구분되어 왔다. 3장의 생태체계 관점에서 살펴본 바와 같이 브론펜브레너(Bronfenbrenner, 1989)는 개인과 근접한 가족, 이웃 등의 미시체계microsystem, 개인이 참여하는 두 가지 이상의 미시체계 간 관계망인 중간체계mesosystem, 개인이 직접 참여하지는 않지만 개인에게 영향을 미치는 외부의 환경 요인인 외부체계exosystem, 정치·경제·교육·종교·문화 등 광범위한 사회적 맥락인 거시체계macrosystem 등이 사회체계를 구성한다고 보고, 사건의 맥락이 놓인 시간의 흐름을 시간체계chronosystem로 구분한 바 있다. 재스트로와 커스트-애시먼(Zastrow & Kirst-Ashman, 2016)은 이와 유사하면서도 조금 다르게 미시체계microsystem, 중간체계mezzosystem, 거시체계macrosystem로만 구분하였다.

이처럼 규모나 범위에 따른 체계 구분에 명확한 경계가 있는 것은 아니다. 일부는 중복될 수도 있고 어떤 경우에는 구분 자체가 달라질 수도 있다. 하지만 이렇게 체계를 구분함으로써 사회복지실천이 다양한 층위의 체계들을 대상으로 이루어진다는 것, 이들 체계가 서로 관련되어 있으며 상호작용한다는 것을 알 수 있다. 그리고 이는 사회복지실천이 다층적인 체계들을 통합적으로 이해하고 접근하는 역량을 필요로 한다는 사실을 일깨워 준다.

3장에서는 브론펜브레너의 사회체계를 따랐지만, 여기서는 사회복

지실천의 3대 방법론(개별사회사업, 집단사회사업, 지역사회조직)의 구분을
참조하여 먼저 미시체계로서 클라이언트 개인과 그 가족을 살펴본 다
음, 중간체계로서 집단을 다루고, 마지막으로 더 큰 조직이나 지역사회,
제도 등을 포괄하는 거시체계 대상 사회복지실천을 설명하고자 한다.
사실 이러한 체계들과 그 속성은 이미 '인간행동과 사회환경' 과목에서
배웠을 것이다. 그리고 각 체계를 대상으로 하는 구체적인 실천방법은
'사회복지실천기술론'과 '지역사회복지론'을 비롯한 개별 교과목에서
상세히 다룬다. 그러므로 아래에서는 사회복지실천이 왜 여러 체계들을
대상으로 이루어져야 하는지, 대상별로 진행되는 사회복지실천의 개념
과 의미는 무엇인지 등에 초점을 두어 개괄한다.

## 1) 개인 대상 사회복지실천

개인은 사회복지실천 대상 중 가장 기본적인 단위이다. 사회복지실
천이 '사회적' 복지의 실천을 뜻한다고 하면서도 개인이라는 미시체계
를 주 대상으로 삼는 이유는 개인과 사회를 바라보는 사회복지 고유의
관점에서 찾을 수 있다. 사회복지실천에서는 개인을 다른 개체와 완전
히 분리할 수 있는 독자적인 존재로 상정하는 것도, 사회를 단순히 개인
을 둘러싼 구조나 제도로만 이해하는 것도 지양한다. 다시 말해 '사회
란 하나의 그릇이며 개인은 그 속에 담긴 유리구슬과 같다'는 식으로 사
회와 개인을 구분 지어 바라보지 않는다. 만약 사회와 개인에 대해 이러
한 방식으로 접근한다면, 개인은 사회라는 틀 속에 존재하는 미미한 개
체로 인식될 뿐이다. 그리고 이 경우 그릇에 담긴 구슬들 중 금이 가고
칠이 벗겨진 구슬은 그릇에서 들어내거나 고친 후에야 다시 집어넣을
수 있는 개별적 대상으로 취급될 가능성이 있다.
　사회복지실천에서는 개인의 특성을 개인적·문화적·구조적 차원
이 상호작용한 결과물이라고 보며, 사회도 이들 간의 역동적 상호작용

으로 구성된다는 관점을 취한다. 개인과 사회는 뚜렷이 분리되는 것이 아니라, 마치 동전의 양면 혹은 뒤섞인 액체처럼 불가분의 관계에 있는 역동적 실체로 간주된다(Thompson, 2010). 따라서 개인의 고통도 당사자에게만 국한하기보다는 거기에 작동하는 사회적 관여와 책임의 차원까지 고려하여 이해하고자 한다. 이러한 관점에서 실천을 수행할 때 공감과 협력, 공동 책임이 가능하며 사회복지사의 개입도 정당성을 획득할 수 있다. 서비스를 받는 클라이언트와 서비스를 제공하는 사회복지사가 표면적으로는 개인이라 하더라도, 그들의 관계 속에서 이루어지는 실천은 사회적 실천social practice으로서 의미를 갖게 되는 것이다.

개인을 대상으로 한 사회복지실천은 우리에게 비교적 익숙한 사회복지사의 활동이다. 주로 발달 과정상의 적응 문제, 심리적 고통, 일상생활 유지의 어려움, 대인관계 문제, 사회적 자원에 대한 접근성 문제 등이 여기에 속한다. 예를 들어 돌봄을 필요로 하는 아동이나 청소년, 가정폭력 피해자, 혼자서 생활하기 어려운 장애인, 사회적으로 고립된 독거노인 등 취약한 상태에 놓인 이들이 개입 대상이 된다. 개입은 클라이언트와 사회복지사의 일대일 관계를 기본으로 하지만, 사정 내용에 따라 관련 체계 및 그들 간의 관계 변화에 초점을 맞추기도 한다. 주로 사용되는 실천방법에는 개별적으로 이루어지는 상담이나 교육 등 임상적 접근과 더불어 정보 제공, 각종 서비스나 자원 연결 등이 포함된다.

개인 대상 사회복지실천에서 관심을 기울이는 부분은 크게 개인 내적인 요소와 외적인 요소로 나눌 수 있다. 먼저 내적인 요소에는 개인의 감정 측면, 인지 측면, 행동 측면의 문제가 포함된다. 각각에서 중점을 두는 내용은 다음과 같다(양옥경 외, 2018: 363-372).

- 감정 측면: 억눌린 감정과 고통을 적절히 표현하게 하며 공감과 지지를 제공한다.
- 인지 측면: 자신에 대한 인식을 향상시키고 비합리적인 신념체계를

합리적인 신념체계로 변화시킨다.

- 행동 측면: 잘못 학습된 행동(폭력, 음주, 도박, 비행, 역기능적 소통방식 등)을 수정하고 바람직한 행동을 습득하도록 한다.

물론 실천 과정에서는 이들 중 하나의 측면에만 초점을 두고 접근할 수 있다. 하지만 그렇다 하더라도 한 인간을 바라볼 때는 전인적 관점을 유지해야 한다. 전인적 관점이란 인간을 어떤 특정 요소로만 파악하는 것이 아니라, 생물적·심리적·사회적·영적 요소를 두루 지닌 총체적 존재로서 이해하려는 관점이다. 이러한 관점은 사회복지사가 클라이언트 한 명 한 명에 대해 어떤 시각으로 접근해야 하는지를 보여 주는 다음 글에서 잘 드러난다.

"사람이 온다는 건 실은 어마어마한 일이다. 그는 그의 과거와 현재와 그리고 그의 미래와 함께 오기 때문이다. 한 사람의 일생이 오기 때문이다."라고 노래한 어떤 시인처럼, 사회복지시설에 오는 것은 치매나 장애와 같은 문제나 위험이 아니라 한 사람의 인생 자체이며 따라서 사회복지사가 만나는 인간은 바로 하나의 인생 전체 혹은 하나의 소우주, 세계이다. (김기덕, 2021)

다음으로 개인 외적인 요소란 개인을 둘러싼 여러 맥락을 뜻한다. 사실 개인의 욕구, 문제, 강점 등은 그 사람이 가진 고정불변의 특성이라기보다 사회적·시간적 맥락 속에서 형성된 것이다. 심지어 유전적 요인조차도 관계적 맥락에 따라 다르게 나타날 수 있다고 한다(Verhaeghe, 2012/2015). 즉, 개인은 타인과 완전히 구분되는 독립적인 개체가 아니라, 관계와 상호작용에 따라 변화할 수 있는 '관계론적 존재'이다(최명민, 2020). 그러므로 개인 대상의 실천이라 하더라도 그 범위는 개인 내적인 차원의 변화와 더불어 그가 처한 상황, 관계, 환경 등

외적인 요소의 변화까지 포괄해야 한다. 이것이 개인 대상 사회복지실천에서도 관계의 단절이나 갈등으로 인한 억압적 상황, 그리고 자원의 획득을 가로막는 장애물 등에 관심을 갖는 이유이다.

개인 내적인 요소와 외적인 요소를 모두 변화시키는 실천을 하기 위해 사회복지사는 한 개인을 도울 때도 여러 체계들에 대한 개입을 동시다발적으로 수행할 수 있어야 한다. 이렇게 클라이언트가 문제를 해결하도록 지원하고자 할 때, 그 주변체계들에 대한 개입까지 아우르는 것이 사회복지실천의 특성이라고 하겠다.

## 2) 가족 대상 사회복지실천

일반적으로 개인과 가장 많이 상호작용하는 체계인 가족은 학자에 따라 미시체계 또는 중간체계로 분류된다(Bronfenbrenner, 1989; Zastrow & Kirst-Ashman, 2016). 사회복지실천에서 가족에 대한 개입은 처음부터 가족을 대상으로 하여 진행되는 경우도 있지만, 개인을 돕는 과정에서 가족을 변화시키거나 지지체계로서 강화할 필요성이 제기되어 이루어지는 경우도 많다. 가족에 의해 자존감 및 자기효능감, 그리고 삶의 도전을 극복할 수 있는 능력인 회복탄력성이 촉진될 수 있기 때문이다(Werner & Smith, 1992).

가족 대상 사회복지실천에서는 가족에 대한 관점부터 점검해 볼 필요가 있다. 가족은 스트레스의 원천이 되기도 하고, 적절한 대처자원이 되기도 하는 중요한 단위이다. 이때 유념할 것은 어떤 가족도 아무런 문제가 없을 수는 없으며, 문제가 있다고 해서 모두 비정상적인 것은 아니라는 사실이다. 특히 사회복지실천 현장에서 만나는 대부분의 가족들은 상당한 문제를 경험하고 있거나 취약한 상태에 놓여 있다. 그러나 건강한 가족인지 아닌지는 문제의 유무가 아니라 문제에 대처할 수 있는 능력인 '가족 회복탄력성family resilience'에 달려 있다. 따라서 가족 접근에

서는 가족의 형태보다 과정과 기
능에 초점을 두어야 한다.

게다가 복잡하고 유동적인
현대사회에서는 특정한 가족 형
태를 이상적이라고 규정하기 어
려워졌다. 특히 21세기에 접어든
이래 우리나라의 가족 형태는 가
구원 수의 감소와 다양화라는 뚜
렷한 변화를 보인다. 2005년 이

다문화가족을 대상으로 가족상담이 진행되는 모습. 최근
사회복지실천에서는 다양한 가족 형태를 포괄하는 서비스에
대한 요구가 높아지고 있다. ⓒ 옥천군청

전에는 가장 주된 가구 유형이 4인 가구였으나, 2010년에는 2인 가구,
2015년 이후로는 1인 가구로 역전되었다. 2020년 기준 1~2인 가구 수
는 전체 가구의 60% 가까이를 차지하며, 이러한 추세는 점점 심화되고
있다(통계청, 2021). 이처럼 현대사회는 결혼 기피, 이혼 증가, 출산율 감
소 등의 이유로 가구원이 지속적으로 줄어들고, 한부모가족과 재혼가
족이 주요 가족 형태로 자리매김하면서 다양한 가족들이 공존하고 있
다. 이 외에도 법률혼 외의 동거가족, 비동거가족, 맞벌이가족, 조손가
족, 다문화가족 등 가족 다양성이 날로 증가하고 있다. 따라서 사회복
지실천에서도 특정 형태의 가족을 지향하기보다 다양한 가족 형태를
존중하며 그 과정과 기능을 지원할 수 있는 포괄적인 서비스에 대한
요구가 높아지고 있다. 이에 대해 월시(Walsh, 1998/2002: 53)는 "다양한
가족도 성공적일 수 있다. 건강한 가족을 결정짓는 것은 형태가 아니
라 과정이다. 따라서 가족의 양태를 협소하게 묶어 놓은 표본을 일반
화하지 않도록 유의해야 한다."라고 강조하였다.

또한 사회복지사는 가족을 고정적인 시선으로 바라보는 대신 발달
적 관점에서 변화하는 체계로 이해해야 한다. 시간의 흐름에 따라 가족
이 마주하게 되는 심리사회적 도전들(예: 자녀 출생 이후 육아라는 과업, 청
소년기 가족이 경험하는 부모-자녀 간 관계 재설정 과업)에 대응하려면 다양

한 과정이 필요하다. 그리고 일반적인 가족 주기에서 벗어난 사건이 발생하거나(예: 가족 구성원의 갑작스러운 실직, 자녀의 이른 사망), 예상 외의 스트레스 사건이 장기화되면서 누적될 때(예: 장기적인 실업 상태, 만성질병), 가족은 취약해지며 때로는 역기능적이 될 수 있다. 이때 사회복지사는 심각한 스트레스에 대한 일반적인 반응을 섣불리 병리적인 것으로 판단하지 않도록 유의해야 한다. 나아가 가족들이 이 과정을 잘 극복하기 위해 필요한 자원이 무엇인지 파악할 수 있어야 한다.

가족을 사정할 때는 가족을 둘러싼 모든 맥락을 포함하여 가족이 위치한 곳에서의 도전, 억압, 자원을 이해하는 것이 중요하다. 사회복지사는 어떤 가족에게 어려움이 많다는 이유로 그 가족은 가망이 없다고 진단하고 구성원 중 한 개인만을 구해 내려는 시도를 하기 쉬우나 이는 바람직하지 않다. 그보다는 부모가 살면서 겪은 도전들을 이해하고, 가족 간 화해를 북돋아 주며, 가족관계망의 회복을 도우려는 자세가 필요하다. 이처럼 사회복지사는 가족이 고난을 극복할 수 있는 잠재력인 가족 회복탄력성을 높일 필요가 있는데, 이는 신념체계(가족이 경험하는 역경에 부여하는 의미, 긍정적인 시각, 초월과 영성), 조직유형(융통성, 유대감, 사회경제적 자원), 의사소통(명확성, 개방적 의사표현, 상호협력적 문제해결) 등을 강화함으로써 효과적으로 달성될 수 있다(Walsh, 1998/2002).

사회복지실천에서 가족은 중요하게 다루어져야 하지만, 그렇다고 가족을 지나치게 미화하거나 이상화해서도 안 된다. 가족을 미화한다는 것은 가족을 '무조건적이고 따뜻한 애정과 돌봄을 주는 공간이자 관계'로만 바라보는 것을 의미한다. 경쟁적이고 각박한 현대사회에서는 가족을 평온한 안식처로 찬양하는 경향이 있다. 하지만 가족의 현실은 그렇게 안락하고 평등하지만은 않다. 이러한 상황에서 가족을 이상적으로만 그린다면, 애정과 안정에 대한 인간의 보편적인 욕구가 오직 가족을 통해서만 해결될 수 있다고 간주되고, 일반 사회적 맥락에서는 이를 충족하기 위한 노력을 기울이지 않게 된다(양난주, 2020). 이 경우 모든 사회

구성원의 생계와 돌봄과 안전이 가족에게 맡겨지므로 사회복지서비스의 역할과 범위는 가족의 기능을 보완하는 정도에 한정된다.

그러나 가족 간 의무와 책임이 약화되는 현실을 고려할 때, 현대사회의 사회복지서비스는 가족책임주의에 매몰되지 않고 사회적 책임을 더욱 강화하는 방향으로 제공될 필요가 있다. 아동, 노인, 장애인 등 취약계층에 대한 돌봄이 가족의 책임에서 국가 또는 사회적 책임으로 전환되는 제도적 변화가 그 예이다. 다만 함께 거주하거나 접촉 빈도가 높은 가족의 경우 구성원들에게 미치는 영향이 크기 때문에, 사회복지실천을 통해 가족의 기능을 강화하고 부정적인 영향을 감소시키며 필요하다면 이를 대체하기 위한 노력이 병행되어야 한다.

끝으로 대표적인 가족복지 실천기관인 가족센터(구 건강가정지원센터)[QR]에서 제공하는 포괄적인 가족서비스 내용을 통해 가족 대상 사회복지실천의 실제를 가늠해 보자.

- 가족관계 향상을 위한 서비스
  - 가족교육: 예비부부 교육, 양성평등 교육, 부모 교육 등
  - 가족상담 및 가족치료: 가족관계 및 의사소통 문제에 대한 가족 단위의 임상적 접근 등
  - 가족 프로그램: 가족 여가활동, 가족 단위의 봉사활동 등
- 가족 기능 지원 및 향상을 위한 서비스
  - 다양한 가족 지원: 한부모가족, 조손가족, 다문화가족 등에 대한 양육지원, 자립지원, 사례관리 등
- 출산·육아 지원
  - 아이돌보미 사업: 다음 세대의 출산과 양육을 지원하기 위한 아이돌보미 교육 및 파견
  - 공동육아 사업: 아동양육에 공동으로 참여할 수 있는 공간과 자원 제공

## 3) 집단 대상 사회복지실천

집단사회사업은 개별사회사업에 비해 전문화가 다소 늦었던 영역이다. 물론 19세기 YMCA와 YWCA의 레크리에이션 활동이나 인보관 운동의 다양한 활동들이 집단을 대상으로 이루어지긴 했으나, 집단사회사업이 사회복지 교육에서 주요 실천방법으로 자리 잡게 된 것은 1960년대라고 할 수 있다(최혜지 외, 2013). 그 후로 사람들의 삶에서 집단과 관련된 측면들이 부각되고 집단의 장점이 규명되면서, 현재 다양한 실천 현장에서 집단이 적극적으로 고려되고 있다. 특히 우리나라 사회복지기관에서는 상당수의 프로그램들이 집단 형태로 진행되기 때문에 집단실천 역량을 갖추는 것이 필수적이다.

집단은 단순히 다수의 사람들이 모인 군집이나 집합이 아닌, 공통의 관심사를 가지고 상호작용하는 사람들의 모임을 의미한다. 그래서 집단은 '개별 구성원들의 물리적인 합 그 이상'으로 규정되기도 한다. 이러한 집단 구성원 간 상호작용에서 나오는 힘을 집단역동group dynamics이라고 하는데, 집단역동은 집단의 구조, 의사소통 유형, 목적·가치·규범, 구성원 간 지위와 역할 및 그에 따른 관계, 갈등관리, 집단응집력, 집단문화 등의 요소에 따라 달라진다(표 8-3 참조). 집단 대상 사회복지실천은 바로 이 요소들이 빚어 내는 집단역동을 활용하여, 개입의 효율성과 효과성을 달성하고자 한다.

집단 대상 사회복지실천은 한 번에 여러 명에게 서비스를 제공할수 있다는 점에서 효율적이며, 개별 접근에서 기대하기 힘든 여러 긍정적인 영향을 줄 수 있다는 점에서 효과적이다. 예를 들어 사회복지사의 일대일 관계에서는 클라이언트가 일방적으로 도움을 받는 위치에 서게되지만, 집단에서는 자신과 유사한 문제나 욕구를 가진 동료들이 있으므로 '나만 다르다'는 소외감이나 고립감을 덜고 공감과 유대감, 지지를 경험할 수 있다. 그리고 이러한 구성원 간 상호 지지는 더욱 능동적이고 이

표 8-3 집단역동의 요소(Toseland & Rivas, 1995; 김정진, 2014)

| 요소 | 개념 |
|---|---|
| 집단의 구조 | 집단의 크기, 지속 기간, 모임 빈도, 구성원의 변동 여부(개방집단/폐쇄집단), 구성원의 동질성과 이질성, 진행 과정의 구체성 정도 등이 집단의 구조를 결정하는데, 이들은 대부분 초기 계획 단계에서 정해지므로 신중하게 설계해야 한다. 구조화가 낮은 집단은 시간, 장소, 진행자와 참여자, 핵심 목표와 주제 정도만 정하고 진행 방식은 사회복지사의 역량 및 구성원의 상호작용에 따라 완급을 조정하며 진행한다. 반면 구조화가 높은 집단은 진행 순서와 내용까지 매뉴얼 형태로 구성하여 이를 따라 진행한다. |
| 의사소통 유형 | 집단 과정에는 언어적 의사소통뿐 아니라 비언어적 의사소통도 중요한 부분을 차지하며, 주로 이를 통해 공감, 지지, 제안, 조언 등을 교환한다. 집단 의사소통에는 리더를 중심으로 이루어지는 리더 중심 의사소통과 보다 민주적이지만 자칫 산만해질 수 있는 집단 중심 의사소통이 있다. |
| 목적·가치·규범 | 집단이 추구하는 목적과 가치, 집단 내에서 지켜야 하는 행동 규범과 허용 범위 등은 집단응집력과 집단문화, 집단의 목표 달성에 상당한 영향을 준다. 그러므로 집단 초기에 이를 구성원들과 충분히 공유해야 한다. |
| 구성원 간 지위와 역할 및 그에 따른 관계 | 집단 과정에서 구성원 간 권력 차나 역할 구분이 발생할 수 있다. 이에 따라 구성원 중에 지도자, 조정자, 협력자, 방해꾼, 희생양 등이 생기며 이들 간에 협력, 결탁, 경쟁, 위계, 소외 등의 관계가 나타날 수 있다. |
| 갈등관리 | 집단 과정에서 발생하기 마련인 크고 작은 갈등을 어떻게 처리하는가 하는 문제해결 능력은 집단의 성패를 좌우하는 중요한 요소이다. |
| 집단응집력 | 집단 구성원들이 집단에 대해 느끼는 매력을 뜻한다. 집단을 통해 얻는 것이 많다고 느낄수록 집단응집력이 높아지며, 이를 통해 소속감이 생길 때 상호영향력이 커지고 자기개념에도 긍정적인 영향을 미치게 된다. |
| 집단문화 | 집단 과정에서 구성원들이 공유하는 가치, 신념, 관습, 전통으로, 이것들이 함께 집단의 독특한 분위기를 형성한다. |

타적인 활동을 가능하게 한다. 또한 집단은 그 자체로서 하나의 사회적 장場이기에, 자연스럽게 사회학습 효과를 꾀할 수 있다(Yalom & Leszcz, 2005). 그런 점에서 집단은 임파워먼트 효과가 큰 실천의 매개체이다.

사회복지실천에서 집단의 종류를 구분하는 기준은 다양하지만, 처치집단treatment group과 과업집단task group으로 구분하는 것이 가장 일반적이다(Toseland & Rivas, 1995; Kirst-Ashman & Hull, 2018). 처치집단은 집단 구성원들의 심리사회적 요구를 다루는 데 초점을 둔 집단으로서, 보통 집단역동이 활발히 일어날 수 있는 5~12명 내외로 구성된 소집단의 형태를 취한다. 지지집단support group, 자조집단self-help group, 교육집단educational group, 치료집단therapy group 등이 여기에 해당한다. 사회복지사는 집단의 목표에 따라, 구성원들이 공유하는 비슷한 문제나 관심사에 함께 대처해 나가기 위한 지지집단을 구성할 수도 있고, 사회복지사의 참여 없이 구성원들 스스로 운영하고 결정하며 책임지게 하는 자조집단을 촉진할 수도 있다. 또한 정보나 기술 제공에 목적을 둔다면 교육집단을, 구성원의 행동 변화나 역기능적 문제 개선에 목적을 둔다면 치료집단을 운영할 수 있다. 그 외에 집단을 통해 구성원의 자기계발과 관계 구성 등 인간적인 성장을 도모하는 성장집단이나, 사회적응과 사회화 과정을 촉진하기 위한 사회화집단 등도 있다. 단, 이러한 집단 구분이 엄격한 것은 아니다. 한 집단이 동시에 여러 속성을 가질 수도 있고(예: 정신장애인 가족집단은 정보 제공에 목적을 둔 교육집단, 구성원 간 동병상련에 기초한 지지집단, 가족 의사소통방식의 교정을 목표로 한 치료집단 모두에 해당될 수 있음), 시간의 흐름에 따라 성격이 변할 수도 있다(예: 지지집단이 안정화되면 사회복지사가 빠지고 구성원들이 주축이 된 자조집단으로 변형될 수 있음).

이에 비해 과업집단은 구성원들의 힘을 모아 특수한 목표나 과정을 달성하고자 하는 집단을 의미한다. 집단 과정을 통해 구성원의 변화를 끌어내려는 처치집단과 달리, 과업집단은 사회적 목표를 달성하는 데 일차적 목표를 두고 과업 중심적으로 활동을 전개한다. 예를 들어 마을 환경 개선을 위해 조직된 주민자치조직이나 지역아동센터 건립을 위해 힘을 합하는 지역주민집단이 과업집단에 해당한다.

집단의 종류에 따라 사회복지사의 역할도 달라진다. 예를 들어 교육집단에서는 교육자의 역할, 치료집단에서는 치료자의 역할과 같이 집단의 리더로서 역할을 수행한다. 과업집단이나 지지집단에서는 촉진자나 조력자의 역할을 하며, 자조집단에서는 사회복지사의 역할이 매우 축소된다. 따라서 사회복지사는 집단의 성격이나 과정에 따라 요구되는 자신의 위치와 역할을 정확히 이해하고 수행해 가야 한다.

어떤 형태의 집단을 활용하든, 사회복지사는 집단역동과 과정에 집중하면서도 개별 구성원의 욕구와 행동을 잘 살필 필요가 있다. 집단 전체의 목적과 개별 구성원의 목표가 조화롭게 달성되는 것이 중요하기 때문이다. 이를 위해 집단을 대상으로 하는 사회복지사는 전체와 부분을 동시에 고려할 수 있는 입체적인 시야와 종합적인 사고 능력, 돌발적인 집단 상황에 대처할 수 있는 순발력과 문제해결 능력, 집단 목표에 맞게 집단의 내용을 구성할 수 있는 창의력, 다양한 구성원의 차이를 포용하며 조화할 수 있는 문화적 민감성, 개별적 소통과 전체적 소통을 아우르는 의사소통 기술 등을 갖추어야 한다.

## 4) 거시체계 대상 사회복지실천

과거에는 사회복지실천을 미시적 실천과 동일시하는 경향이 있었다. 그러나 인간의 삶에 큰 영향을 미치는 주요 정책과 제도들이 보다 정의로운 내용으로 결정되기 위해서는 거시체계에 대한 개입이 중요하다는 인식이 점차 확산되어 왔다. 그 결과 지금은 개인, 가족, 집단보다 큰 체계인 지역사회, 공식 또는 비공식 조직, 지방이나 국가 단위의 정부, 제도와 법률, 사회와 문화 등 거시체계를 대상으로 하는 사회복지사의 활동도 사회복지실천으로 본다. 이러한 거시실천에는 활동가들을 조직하는 것, 공공정책에 영향을 미치는 것, 정부조직을 상대로 일하는 것, 요구사항을 청원하는 것, 입법활동을 지원하는 것, 지역사회에 관한 조사연구를 시행하는 것 등이 포함된다. 거시실천은 클라이언트와 직접 접촉하거나 어떤 직접적인 결과를 가져오지 않는다는 점에서 간접실천이라고 표현되기도 한다. 그러나 라이시(Reisch, 2018)는 거시실천이 그 자체로서 목적성을 갖고 분명한 성과를 기대하기 때문에 이를 간접실천으로 표현하는 것은 바람직하지 않다고 주장하였다.

거시실천을 수행하는 사회복지사에게는 임상적인 기술보다 효과적인 의사소통 기술, 인적·물적 자원의 개발과 활성화, 서비스 조정, 조직화 기술, 문제해결 기술, 프로그램 개발과 실행, 옹호활동 등이 더 중요하다. 그런데 이러한 기술들은 개인 혹은 집단 대상의 사회복지실천에서 요구되는 것과 완전히 다른 것도, 또 완전히 같은 것도 아니다. 공식적인 조직이나 지역사회에 개입한다고 해도 결국 사회복지사가 상대해야 하는 대상은 그곳에 소속된 사람들이므로, 개입 과정에서 기본적으로 개인 및 집단과의 관계 형성이나 의사소통 역량이 필요하다(Adams, 2003/2007). 다만 같은 의사소통 기술이라 하더라도 규모가 큰 조직의 구성원과 효과적으로 소통하는 기술은 트라우마를 경험한 사람들과 대화하는 데 필요한 임상 기술과는 차이가 있다(Reisch, 2018).

거시실천의 주요 방법인 '옹호'도 일차원적으로 이해해서는 곤란하다. 거시체계와 관련된 실천은 클라이언트를 보다 총체적인 관점에서 사회적으로 지원하고 옹호하는 데 초점을 둔다. 그렇기에 사회복지사의 옹호활동은 주로 지방자치단체나 국가와 같은 정부기관을 대상으로 이루어지며, 거시적 차원의 실천으로 분류되곤 한다. 그러나 옹호가 조직의 서비스 제공과 관련될 때는 중범위 차원의 실천이고, 클라이언트와 함께 일하는 활동들(예: 관계 맺기, 소망 드러내기, 목표 설정 촉진하기, 클라이언트가 경험하는 결핍·불평등·불이익 다루기)로 규정될 때는 미시적 차원의 실천이라고 볼 수 있다. 즉, 옹호는 어느 한 차원에 국한된 실천이 아닌 다차원적인 활동으로 이해되어야 한다(Smith, 2009). 따라서 거시실천을 위해서는 거시체계뿐 아니라 미시체계인 인간에 대한 이해를 바탕으로, 개인의 삶의 질에 영향을 주는 복지제도와 복지정책을 활용할 수 있는 다차원적 역량이 요구된다.

대표적인 거시체계인 지역사회 대상의 실천에서는 다양하게 얽혀 있는 권력관계에 개입하고 부당한 억압에 맞서 투쟁함으로써, 소수자를 위한 임파워먼트를 더욱 효과적으로 실현하고 상호부조의 공동체를 건설하는 것을 지향한다(지은구 외, 2021). 또한 그보다 큰 거시체계인 국가의 제도나 정책이 개인의 삶의 질을 떨어뜨리거나 억압하고 있다면 사회복지사는 그로부터 소외된 개인을 옹호하거나 대변해야 하며, 경우에 따라 제도나 정책을 변화시키기 위해 적극적으로 사회운동을 하거나 연대활동을 해야 한다.

최근에는 여기서 더 나아가 전 지구적 차원의 여러 상황에 대응하기 위한 사회복지사의 역할이 강조되고 있다. 세계적으로 빈부격차가 심화되고 기후변화로 인한 인류의 위기가 가속화되고 있기 때문이다. 이에 따라 유엔은 인류의 보편적 문제(빈곤, 질병, 교육, 성평등, 난민, 분쟁 등)와 지구 환경문제(기후변화, 에너지, 환경오염, 물, 생물다양성 등), 경제 사회문제(기술, 주거, 노사, 고용, 생산 소비, 사회구조, 법, 대내외 경제 등)를 한 국가의 국경을 넘어서는 지구적 문제로 설정하고 있다. 이에 따라 전 세계 사회복지사와 그 교육 관련 협의체인 국제사회복지교육연합 IASSW, 국제사회복지사연맹IFSW 등은 유엔의 지속가능발전목표Sustainable Development Goals: SDGs[3]를 기반으로 사회복지실천에 관한 어젠다를 개발하였다. 2020~2030 세계 사회복지실천 및 사회개발 어젠다Global Agenda for Social Work and Social Development 2020~2030에서는 사회복지실천가와 교육자가 지속가능발전목표를 위해 전문직 윤리의 원칙을 준수하면서 사람과 커뮤니티, 시스템을 연결하고, 지속가능한 지역사회를 공동으로 설계·구축하며, 포괄적인 사회혁신을 촉진해야 함을 강조하고 있다. 이는 곧 사회복지실천이 지속가능발전목표에 부합하는 방식으로 이루어져야 한다는 것을 의미한다.

....................

3    2015년 유엔은 환경, 건강, 사회에 관한 여러 도전들이 국경을 넘어선 문제라는 인식하에, 경제 및 사회 발전에 대한 통합적 접근법을 제시한 17가지 목표를 채택했다. 글로벌목표라고도 알려진 이 지속가능발전목표는 국민, 지구, 번영, 평화, 파트너십이라는 다섯 개 영역에서 인류가 나아가야 할 방향성을 제시하고 있으며, 2030년까지 이를 실현할 것을 모든 주요 이해관계자들에게 요구하고 있다.

그림 8-1 유엔의 17가지 지속가능발전목표 ⓒ 유네스코한국위원회

　　다양한 수준의 경제적·사회적 기능에 초점을 맞춘 지속가능발전
목표는 사회복지실천이 추구하는 목표와 일치한다. 그리고 개인, 가족,
집단, 조직, 지역사회 등 다층적인 체계에 개입하는 사회복지실천은 개
별 인간뿐만 아니라 공동체의 건강과 복지에 기여한다. 즉, 거시적 실천
과 미시적 실천을 조화함으로써 사회, 경제, 건강 측면에서 격차를 해소
하고자 하는 사회복지사의 노력은 전 지구적 관심사인 지속가능발전목
표의 구현으로서 중요한 의의를 지닌다고 할 수 있다.

## 4. 다양한 체계와 일하기

　　다양한 체계들과 동시에 작업하는 사회복지실천의 특성을 보여 주
는 가장 대표적인 실천방법이 사례관리이다. 또한 사회복지사가 다양한
체계들과 협력해서 일하는 데 필수적인 역량으로는 파트너십을 꼽을
수 있다. 여기서는 이 둘에 대해 살펴본다.

## 1) 사례관리

현재 사회복지 현장은 상담실이나 프로그램실이라는 한정된 공간에서 클라이언트를 만나 그들의 문제를 확인하고 문제를 해결하는 방식으로만 일하기는 어렵다. 지역사회 기반의 사회복지조직에 소속된 사회복지사는 클라이언트의 문제를 해결하고 욕구를 충족시키기 위해 다양한 체계에 접근하여 필요한 자원을 개발하거나 연계하는 방식으로 일할 것을 요구받는다. 이러한 실천을 보다 과학적이고 전문적으로 수행하는 실천방법이 바로 사례관리이다. 사례관리는 클라이언트(사례관리 대상자), 사례관리자, 자원, 사례관리 과정, 사례관리 운영체계 등의 다섯 가지 요소로 구성된다(표 8-4 참조).

표 8-4 사례관리의 구성요소(한국사례관리학회 편, 2012; 김성경, 2017)

| 구성요소 | 내용 |
| --- | --- |
| 클라이언트 | 생계, 주거, 의료, 교육, 고용 등 복합적인 욕구를 가지고 있으며, 문제해결에 도움을 줄 수 있는 자원에 대해 잘 알지 못하여 어려움을 겪고 있는 개인이나 가족으로서, 사례관리가 필요하다고 판단된 대상을 말한다. |
| 사례관리자 | 클라이언트가 문제를 해결해 가는 과정을 촉진하며 필요한 자원을 조정하고 연결하여 클라이언트의 역량을 강화하도록 돕는 전문가이다. 사례관리자에게는 사례관리에 필요한 전문적인 지식과 기술인 상담 기술, 자원 개발 및 관리 능력, 네트워킹 능력 등이 요구된다. |
| 자원 | 클라이언트가 가진 문제나 욕구를 해결하기 위해 지역사회의 자원을 개발하고 조직하며 조정하는 것이 사례관리인 만큼, 서비스 제공 과정에서 활용할 수 있는 인적·물적 자원, 공식적·비공식적 자원 등은 사례관리의 필수 요소이다. 그러나 자원이 반드시 클라이언트 외부에만 있는 것은 아니다. 클라이언트가 가진 성격, 태도, 신체적 활동 능력, 특별한 지식 및 기술, 정보와 같은 내적 자원도 중요하다. 사례관리의 성패를 좌우하는 것은 이러한 자원 개발과 동원 능력이라고 할 수 있다. |
| 사례관리 과정 | 사례관리 과정은 사례관리 실천의 목적을 달성하기 위해 수행되는 과정이다. 실천 분야와 학자, 분류 기준에 따라 차이가 있으나 보통 '사례 발견 및 접수-사정-계획 및 목표 설정-개입-평가 및 종결'로 구성되며, 일반적인 사회복지실천 과정과 크게 다르지 않다. |
| 사례관리 운영체계 | 사례관리 과정이 잘 실행되도록 돕는 지원 체계로서, 체계별로 차별화된 역할과 기능을 수행한다. 내부 운영체계로는 사례관리자, 사례관리팀, 전문 슈퍼바이저가 있으며, 외부 운영체계로는 사례관리 관련 협의회나 지원단 등이 있다. 현재 우리나라에는 통합사례관리협의회, 통합사례관리지원단('희망복지지원단')이 있다. |

최근 우리나라에서 사례관리는 하나의 실천방법을 넘어 전달체계의 중요한 구성요소로 다루어지고 있는데, 이를 통합사례관리라고 한다. 통합사례관리란 사회복지사가 클라이언트를 만나 문제에 개입하고 그것을 해결해 나가는 내부 운영체계뿐만 아니라, 지역 내 공공 및 민간 복지기관 간 연계성과 통합성을 활용하는 외부 운영체계까지 복합적으로 동원하여 문제해결 역량을 극대화하는 체계를 말한다(김성천 외, 2012). 이러한 통합사례관리가 등장하게 된 배경에는 오랫동안 시설에서 생활하며 보호받던 장애인이나 노인들이 삶의 질 향상, 보호 비용의 효율화 등을 이유로 시설에서 퇴소해 지역사회로 가게 된 역사적 흐름이 작용하였다. 이들이 시설이 아닌 지역사회에서 생활하기 위해서는 복합적인 필요와 욕구에 부응하여 통합적인 돌봄을 제공할 수 있는 시스템이 필요했기 때문이다. 그만큼 통합사례관리에서는 복합적인 욕구를 가진 클라이언트에게 지역사회의 다양한 자원을 활용하여 적극적이고 효율적인 돌봄과 관리를 제공하는 것을 중시한다(권진숙·박지영, 2009).

사례관리는 필요한 자원이 제한적일 수밖에 없는 여건에서 복합적인 문제로 위기상황에 직면한 대상에게 효율적으로 접근할 수 있는 사회복지실천 방법으로 인정받고 있다. 아래에 제시된 자살위기 클라이언트 J씨의 사례를 통해 사례관리 개입의 실제를 살펴보자.

> 42세 여성 J씨는 생활고와 무기력한 생활을 이유로 동주민센터에서 종합사회복지관으로 의뢰되었다. 초기 면접 당시 표정이 없고 얼굴이 창백했던 J씨는 열악한 주거환경에서 지내면서 무기력과 우울감이 높은 상태였다. J씨는 대학에서 만화를 전공하고 졸업한 뒤 관련 기업에서 근무한 경험이 있으나, 만화 공모전에 계속 낙선하면서 사회적 고립감, 좌절감, 패배감 등으로 잦은 자살충동을 느끼고 있었다. 일상생활을 파악해 보니 J씨는 대부분의 시간을 집에서 만화를 그리며 보내다가 생활비가 떨어지면 이런저런 아르바이트를 해 생계를 유지하는 형편이었다.

사회복지관에서는 J씨의 문제가 경제적, 정서적, 정신적, 직업적, 인간관계적 측면에서 복합적으로 얽혀 있다고 보고, 사례관리를 통해 접근하기로 결정하였다. 해당 사례를 담당하게 된 사례관리자는 우선 가장 큰 위기인 자살을 예방하기 위해 J씨가 전문적인 치료를 받을 수 있도록 정신건강의학과를 연결해 주었다. 또 자살예방센터와 상담 및 모니터링 체제를 구축하여 자살충동이 심해지는 밤 시간에는 사례관리자가 직접 전화상담을 하거나 자살예방 상담전화와 연계하여 자살충동 상황을 극복할 수 있도록 조치하였다. 그리고 경제적 위기를 해결하기 위해 긴급복지지원제도의 생계비지원사업(공공)과 위기가정지원사업(민간)에 연계하였으며, 가족의 협조 권유 및 주민센터, 정신건강복지센터 등 공공기관과의 수차례 통합사례회의를 통해 기초생활수급을 신청하였다. 다행히 J씨는 6개월 후 기초생활수급자로 선정되면서 불안과 우울감이 많이 해소되었다.

경제적 어려움과 우울감이 개선되자 사례관리자는 J씨에게 복지관에서 발송하는 후원자 감사편지에 만화를 그려 넣는 재능기부를 해 보도록 제안했다. J씨는 처음에는 망설였지만 용기를 냈고, 복지관 직원들과 이웃들의 긍정적인 반응에 점차 적극성을 보이기 시작했다. 특히 감사편지를 크게 확대하여 복지관 정문에 전시하고 소중한 나눔을 격려하고 지지하자, J씨는 부끄러워하면서도 자신이 도움이 되고 필요한 존재라는 것을 인식하게 되었다. 이에 따라 20여 년간 패배감에 사로잡혀 있던 감정이 조금씩 성취감으로 바뀌고 자존감도 높아지는 변화를 느낄 수 있었다.

이러한 경험을 바탕으로 사례관리자는 J씨가 만화 그리기 강사활동을 시작할 수 있도록 만화에 관심 있는 주민들을 조직하였다. 복지관 마을카페에서 다섯 명의 주민들로 시작한 만화 그리기 모임은 J씨에게 강사로서의 존재감을 확인시켜 주었을 뿐 아니라, 주민들과의 접촉과 소통을 통해 친밀감을 형성하는 계기도 되었다. J씨는 "참여자들이 아주 열심히 하고 저한테 배우고 싶어 해서 저도 좋아요. 더 열심히 하고 싶어져요. 지금도 우울증 약은 계속 먹고 있지만 제가 느끼기에 이제 저에게 생기가 도는 것 같아요."라고 말했다.

이 사례에서 보듯이 사례관리는 개인이나 가족에 초점을 두지만 개입 대상이 그들에게만 국한되는 것은 아니다. 필요에 따라 지역사회 내 관계망을 촉진하고 공식적·비공식적 자원을 개발하여 연결하는 등 다양한 차원에서 통합적이고 조화로운 지원을 추구한다. 이러한 사례관리의 통합적 접근방식은 어떤 실천방법보다도 사회복지실천의 다차원성을 잘 보여 준다.

사례관리는 현대사회에서 매우 유용한 사회복지실천 방법이지만, 이것이 클라이언트에 대한 모든 책임을 사례관리자 개인에게 부과하는 방식이어서는 안 된다. 취약한 상태에 놓인 사람들의 필요를 충족하려면 개인 사례관리자에게 그 책임을 지우는 것이 아니라, 더 근본적인 지원이나 배분정책 마련에 힘을 모아 누구나 자원에 손쉽게 접근할 수 있도록 해야 한다. 또한 사례관리라고 해서 자칫 사람person을 사례case로 취급하고 돌봄care 대신 통제적 관리management 차원의 개입을 할 경우, 사회복지실천의 본질을 놓칠 수 있다는 점에도 유의해야 한다(Dustin, 2007; 최명민·정병오, 2015).

## 2) 다양한 체계들과 파트너십으로 일하기

사회복지사는 다양한 체계들에 존재하는 문제를 파악하고 그들의 변화를 도모하기도 하지만 그들과 협력적 관계, 즉 파트너십partnership을 맺고 함께 일하게 되는 경우도 많다. 특히 최근 사회복지실천 현장에서 네트워크가 강조되고, 여러 전문가 집단이나 타 기관의 사회복지사 등 다양한 체계들을 만나 그들과 소통하고 일해야 하는 상황이 늘어나면서 파트너십의 중요성이 커지고 있다.

좁은 의미의 파트너십은 클라이언트를 '위해' 일하는 것이 아니라 클라이언트와 '함께' 일하는 것을 뜻한다. 하지만 넓은 의미의 파트너십은 이용 가능한 자원을 확보하고 상황을 진전시킬 기회를 최대화함으로써 최선의 결과를 도출하기 위해 클라이언트뿐 아니라 보호자, 타 지역 전문가, 자원봉사자, 다른 기관 등과 협력하는 것을 뜻한다. 이때 파트너십을 맺고 일한다는 것은 어떤 '정답'을 가진 전문가가 문제 있는 사람을 치유하는 임상적 차원의 활동을 넘어서는 것이다(Thompson, 2015: 158).

여기서는 사회복지실천의 다차원성을 고려하여 넓은 의미의 파트너십에 대해 다루고자 한다. 사회복지실천에서 다양한 이들의 파트너십이 중요한 이유는 이를 통해 함께 일하는 조직들 간의 장벽을 극복하고 서로 소통할 수 있는 생산적인 방법을 구축할 수 있기 때문이다. 또 파트너십은 서로 다른 지식 및 경험을 가진 파트너들과 지식, 정보, 자원을 교환함으로써 다각도에서 문제를 해결하고 사각지대를 해소할 수 있다는 점에서, 사회복지실천의 중요한 가치인 '좋은 실천good practice'에 다가갈 수 있는 방법이다.

파트너십은 모든 파트너가 참여할 권리와 책임을 기반으로 한다. 따라서 그 안에서 발생하는 이익은 물론 불이익도 동등하게 공유해야 한다. 때로는 파트너들 간에 경쟁이 생기기도 하는데, 이는 결과적으로 서비스 개선으로 이어져 이용자에게 이익이 될 수도 있지만 과열될 경우 파트너십의 본질이 훼손될 가능성도 있다. 또한 파트너십은 제대로 관리하지 않으면 비용이 많이 소요되고 목표가 흐릿해져 기대했던 결과를 얻지 못하게 될 수 있다(UKEssays, 2015). 성공적인 파트너십을 위해서는 다음과 같은 원칙들을 고려해야 한다(Thompson, 2010; NASW, 2012: 31-32).

- 공동의 목적과 결과, 파트너 각각의 책임과 기여를 명확히 한다.
- 파트너 간 불일치를 다루는 원칙을 세운다. 파트너십은 서로 예의 바르게 대하는 것만으로는 달성될 수 없으며, 서로 다른 가치나 우선순위 등을 공유하고 다룰 수 있어야 한다.

- 특정한 상황이 주어졌을 때 반드시 관련된 사람들과 논의하여 견해를 형성하고, 가능한 한 함께 사정을 진행한다.
- 파트너십은 모두에게 이익을 줄 수 있다. 그러나 파트너십 안에서 비밀을 보장하지 않거나 정보를 소중히 다루지 않는 등 윤리적 원칙이 지켜지지 않을 경우 해가 될 수도 있다.
- 합의된 사항을 함께 기록하고 정기적으로 검토한다.

## ✅ 사회복지사의 다체계 개입 역량 체크 리스트

☐ 사회복지실천의 대상인 미시에서 거시에 이르는 다양한 체계들의 특성 및 그들 간의 관계를 이해하고 있는가?

☐ 다양한 체계들과 일하는 사회복지실천의 고유한 특성을 이해하고 있는가?

☐ 사회복지실천 과정에서 다양한 범위의 사회적 관계와 맥락을 고려하고, 필요시 그 변화를 도모할 수 있는가?

☐ 사회복지사의 실천이 전 지구적 관심사와 연결되어 있음을 이해하고 활동할 수 있는가?

## ✏️ 용어 정리

• **다체계**: 하나가 아닌 복수의 다양한 체계들을 의미한다.

• **다체계 개입 역량**: 어떤 한 가지 체계만을 활용하여 일하는 것을 넘어, 일반주의 관점에 따라 다양한 체계들을 상대로 일할 수 있는 역량을 뜻한다.

• **관계론적 존재**: 인간을 개별적이고 고정적인 정체성을 가진 독립적 존재로 보는 관점과 대비되는 개념이다. 사회복지실천에서는 인간을 관계와 맥락에서 온전히 분리하기 어려운 존재, 즉 사회적이고 관계론적인 존재로 바라본다.

• **가족 회복탄력성**: 가족이 당면한 고난이나 역경을 극복하고 이를 통해 성장할 수 있는 잠재력으로서, 가족의 신념체계, 조직유형, 의사소통 등으로 구성된다.

• **집단역동**: 집단 구성원 간 상호작용에서 나오는 힘을 말하며, 이를 통해 집단의 독특한 기능과 문화가 형성된다. 사회복지사는 이러한 집단역동을 실천 목적에 맞게 활용할 수 있어야 한다.

• **지속가능발전목표**: 1987년 유엔환경계획(UNEP)의 세계환경개발위원회(WCED)가 발표한 보고서 『우리 공동의 미래(Our Common Future)』(일명 '브룬틀란 보고서')에서 처음 정의되었다. 인류가 경제적인 진전을 지속하면서도 미래 세대를 위해 환경적 가치를 보호할 수 있는 정책과 개발전략을 수립하도록 하는 중요한 원칙으로, 현 세대가 잘 먹고 잘 살기 위해 후손들이 누려야 할 자원을 무분별하게 훼손하지는 말자는 뜻을 담고 있다.

• **사례관리**: 개인과 가족의 복합적인 요구를 충족하기 위해 가용 자원과 서비스를 조정함으로써 클라이언트의 안전, 돌봄의 질 및 효율성 등을 촉진하는 협업 과정이다.

• **파트너십**: 공통의 목적을 달성하기 위해 둘 이상의 그룹이 함께 일하는 것을 의미한다. 사회복지실천에서 파트너십은 이용 가능한 자원을 확보하고 상황을 진전시킬 기회를 최대화함으로써 최선의 결과를 도출하기 위해 클라이언트, 보호자, 타 지역 전문가, 자원봉사자, 다른 기관 등과 협력하는 것을 뜻한다.

Chapter

09

# 생활실천 역량

우리나라 사회복지실천 현장에서 사회복지사는 상담실이나 프로그램실에서 회기를 정해 놓고 클라이언트를 만나는 일도 많지만, 집이나 마을 등 생활공간에서 클라이언트와 일상적인 시간을 보내는 경우도 많다. 이는 사회복지사가 여타 휴먼서비스직과 달리, 지역주민들이 일상생활에서 부딪히는 크고 작은 문제들을 해결하기 위해 다양한 영역에서 폭넓은 서비스를 제공하기 때문이다. 다시 말해 사회복지사는 클라이언트가 실제로 살아가고 있는 현장에서 일상의 도전에 스스로 대응하는 과정을 지원함으로써 문제해결과 삶의 질 향상을 도모한다. 여기서는 이러한 실천을 '생활실천'이라고 하며 이를 위해 필요한 사회복지사의 역량을 '생활실천 역량'으로 부르고자 한다. 이 장에서는 생활실천 역량의 개념을 설명하고 생활실천을 수행하는 방법으로서 일상생활을 통해 클라이언트 이해하기, 친밀감 형성하기, 일상생활 지원하기, 문화생활 지원하기, 공간기반 실천 등을 제시한다.

# 1. 생활실천 역량에 대한 이해

## 1) 생활실천의 개념

생활실천의 의미를 이해하기 위해 우선 '일상생활'과 '일상성'이라는 개념을 살펴볼 필요가 있다. '일상생활'이란 우리가 평소에 주기적으로 반복하는 생활을 뜻한다. 그 예로 기상, 세면, 식사, 등교, 만남, 대화, 청소, 취침 등 매일 반복되는 단순한 경험을 떠올릴 수 있을 것이다. 나아가 일상생활은 좀 더 시간 간격이 있는 경험, 즉 결혼, 졸업, 취업, 실직이나 퇴직, 부모의 사망 등 생애 주기에서 관례화된 경험까지도 포함하는 개념이다.

그동안 우리 사회는 일상적이지 않은 사건이나 사회구조를 분석하고 논의하는 데 관심을 기울여 왔다. 한마디로 우리가 살아가는 구체적인 현실보다는 이들을 담아낼 수 있는 일반 개념과 도식에 더 많이 주목해 온 것이다. 하지만 과학주의에 경도된 근대 이론들에 대한 비판과 함께 등장한 '일상생활의 사회학'에서는 당연한 것으로 간주되어 지나치기 쉬운 우리의 삶과 일상성에 주목한다. 끊임없이 되풀이되는 일상적 활동이 없다면 어떤 사건이나 역사도 일어날 수 없으며, 구체적 현실과 삶을 조망해 내지 못하는 과학성은 오히려 우리를 구속하거나 소외시킬 수 있기 때문이다(박재환·일상성일상생활연구회 편역, 1994: 10-12).

반복되는 일상생활에 대한 이해는 사적인 차원을 넘어 사회의 일상적인 구조까지 포괄한다. 일상생활은 단조롭고 무의미한 것으로 치부되기 쉽지만, 이러한 일상을 유지하고 일상에서 의미를 발견해 가는 것은 개인적으로도 사회적으로도 매우 중요하다. 그러나 모든 사람이 편안한 일상을 영위하는 것은 아니다. 특히 이윤의 논리에 따라 사회적 불평등이 심화되고 있는 현대사회에서는 자본에서 소외된 사람들이 일상

울퉁불퉁한 보도블럭과 가로수 때문에 인도 통행에 불편을 겪는 장애인 ⓒ 뉴스풀

생활에서도 주체가 되지 못하고 소외되는 현상이 만연하다. 따라서 삶의 질 향상을 추구하는 사회복지실천이 일상생활과 일상성에 주목하는 것은 당연한 일일 것이다.

예를 들어 전동 휠체어를 타고 다니는 장애인이 직장에 가기 위해 매일 지하철을 이용하는 것은 '일상생활'이다. 그런데 지하철에 휠체어를 위한 시설이 마련되어 있지 않아 장애인이라는 이유로 항상 불편을 감수해야 한다면, 이는 단순한 '일상생활'이 아니라 교통약자에게 불이익을 강요하는 구조적·제도적 문제의 '일상성'이라고 규정할 수 있다. 즉, 개인이 반복적으로 맞닥뜨리는 일상생활의 불편함은 불합리한 사회제도 및 구조의 일상성과 관련되어 있다. 그러므로 사회복지사의 생활실천 역량 역시 클라이언트의 일상생활에 대한 직접적인 지원뿐만 아니라, 거시적인 영역에서 근본적이고 구조적인 변화를 만들어 내는 행동으로 확대하여 적용할 수 있다. 이제 생활실천이 이루어지는 공간과 시간, 그리고 생활실천의 특성에 부합하는 자연주의 사회사업에 대해 구체적으로 살펴보자.

### (1) 생활실천의 공간

일상생활은 공간과 시간으로 구성된다. 따라서 생활실천에서 중요한 개념축 중 하나는 '실천의 공간을 어디로 규정하는가'라고 할 수 있다. 그런데 사회복지 영역에서 실천 공간은 대개 도움을 제공하는 사회복지기관을 의미하는 것으로 규정되어 왔다(Perlman, 1957). 이에 따라 사회복지사의 실천은 일반적으로 기관 내 상담실이나 프로그램실에서 클라이언트를 만나는 것이라고 여겨지는 경우가 많다.

그러나 사회복지실천이 수행되는 공간은 생활시설이나 복지관 같은 사회복지시설 또는 주민센터 같은 공공시설에 국한되지 않으며, 클라이언트가 살아가는 모든 삶의 장소를 아우른다고 할 수 있다. 실제로 현재 우리나라 사회복지 현장에서는 대부분의 실천이 복지관이나 상담실 등 특정 공간뿐만 아니라, 클라이언트가 일상적인 삶을 살아가는 집, 마을, 직장, 시장, 학교, 공원 등 지역사회의 다양한 생활공간에서 이루어지고 있다.

예를 들어 서비스를 제공받는 지역주민의 굴곡진 인생사를 듣는 곳이 꼭 복지관 내 상담실일 필요는 없다. 오히려 클라이언트가 가장 편안하게 느끼는 집이나 자주 지나다니는 놀이터가 최적의 대화 공간이 될 수 있고, 즐겨 찾는 분식집이 좋은 실천 공간이 될 수 있다. 사회적 관계가 단절된 은둔형 청소년의 경우에도 반드시 상담실로 이끌어서 실천을 시도해야 하는 것은 아니다. 필요하다면 그가 자주 가는 편의점 앞 간이 테이블이나 공원의 벤치에서도 개입을 할 수 있다.

최근 가장 중요한 실천방법으로 인식되고 있는 사례관리 실천에서 생활공간은 더욱 의미 있게 다루어진다. 사례관리에서는 흔히 사회복지사가 클라이언트의 가정을 직접 방문해 삶의 문제를 나누며, 이를 토대로 문제나 욕구를 사정하고 해결을 위한 계획을 수립한다. 그리고 지역사회에 존재하는 다양한 자원을 활용하거나 연계하여 그들의 문제를 해결하고자 한다. 따라서 클라이언트가 자신의 생활공간에서 지역사회 구성원들과 관계를 맺으면서 일상적인 어려움을 해결할 수 있도록 도움을 제공하고 힘을 보태는 것이 사회복지사의 역할이 된다. 특히 클라이언트가 자신의 강점 또는 주변 환경의 자원을 활용하여 문제를 해결하고자 한다면, 클라이언트 스스로가 자신의 생활공간을 잘 살피고 이해할 수 있도록 돕는 방식의 실천이 중요하다.

사회를 구성하는 주체인 인간은 공간을 기반으로 하여 삶의 전 과정을 전개해 나간다. 그런데 그 공간은 사물, 사건, 사회적 관계 등을 통해 생성되고 소멸되며, 사회적 삶으로서의 가치, 관습, 태도 등이 내재된다. 그러므로 공간은 그 자체로 존재한다기보다 한 사회의 특성을 규정하고 다시 의미를 부여받는 사회적 상호작용이 이루어지는 공간, 즉 사회적 공간이라 할 수 있다(송영민, 2013). 사회복지실천 과정에서 만나는 클라이언트와 그가 가진 삶의 고충 역시 다층적인 사회적 공간에 산재해 있다. 따라서 사회복지사는 클라이언트의 삶의 공간을 개인적 차원과 사회적 차원이라는 양 측면에서 접근하고 이해할 수 있어야 한다. 이와 관련된 내용은 뒤에 제시하는 '공간기반 실천'에서 자세히 다룰 것이다.

### (2) 생활실천의 시간

생활실천에서 공간만큼이나 중요한 것이 시간이며, 이는 '언제 실천할 것인가'와 관련된다. 다른 휴먼서비스의 경우 일반적으로 정해진 기간 동안 정해진 시간에 서비스가 제공된다. 그러나 사회복지실천은 서비스 제공 시간이 유동적인 편이다. 이는 사회복지실천이 많은 부분 일상생활 속에서 수행되기 때문이다.

예를 들어 사회복지관의 사례관리 대상인 가족을 생각해 보자. 사회복지사는 복지관 산하 지역아동센터에 다니는 아동의 언니를 우연히 만나 안부를 묻다가 개별적인 면담이 필요한 사안을 발견하였다. 이때 사회복지사는 원래 약속이 없었다 하더라도 복지관 내 빈 공간에서 잠시 면담을 진행할 수 있다. 이러한 상황은 약속한 시간에만 서비스를 제공하는 다른 휴먼서비스 직군의 면담방식과 다르다. 사회복지사가 만나는 클라이언트의 경우 복지관으로부터 단일한 서비스만 받는 것이 아니라 가족 단위의 사례관리 및 지역아동센터 이용 등 중층의 서비스를 받고 있고, 지역사회 내 사회복지기관을 수시로 드나들기 때문에 정해진 시간 외의 실천이 가능한 것이다. 이와 같은 실천은 노인복지관 내 식당을 이용하는 클라이언트나 생활시설에 거주하는 클라이언트와의 관계에서도 얼마든지 일어날 수 있다. 요컨대 사회복지서비스 영역은 클라이언트의 일상생활과 겹치는 부분이 많아 실천이 일상적이고 유동적으로 수행되곤 한다.

이러한 시간적 유동성으로 인해, 사회복지사에게는 클라이언트의 상황에 따라 최적의 서비스 시간을 찾아야 하는 과업이 제기된다. 보통 팍팍한 일상을 살아가는 클라이언트들은 서비스를 위한 별도의 시간을 내기가 쉽지 않다. 가령 한부모 여성가장은 경제활동을 하느라 주중 일과 시간에 복지관을 방문하기 어렵고, 빈곤 청소년 역시 진로상담을 필요로 하지만 수업이나 아르바이트 시간에는 상담을 잡을 수 없다. 이들에게 가장 적합한 실천 시간은 사회복지사의 업무 시간이 아닌 주중 야간이나 주말일 수 있다. 그런데 사회복지사가 기관 또는 직업적 조건의 한계로 클라이언트의 상황에 맞추지 못할 경우, 클라이언트의 서비스 욕구가 좌절되고 위기가 증폭될 수 있다. 그러므로 사회복지사는 클라이언트가 처한 삶의 조건과 일상의 스케줄을 고려하여 합의 가능한 시간을 찾기 위해 적극적이고 융통성 있게 접근해야 한다.

시간적 유동성은 서비스 기간에도 적용된다. 여타 휴먼서비스들은 비교적 단기간 제공되는 것이 일반적이지만, 사회복지 현장에서는 평생을 함께하는 서비스도 있다. 예를 들어 장애인이나 노인은 일상에서 돌봄 서비스를 받게 되면 대개 장기간 이용하며, 생활시설의 경우 더욱 그러하다. 사회복지실천의 공간 및 시간이 클라이언트의 일상적인 공간 및 시간과 겹치는 것이다. 이처럼 사회복지실천은 클라이언트의 일상생활과 분리된 것이 아니라 그 안에 녹아 있다고 볼 수 있을 정도로 매우 밀접한 것이 특징이다.[1]

또한 사회복지실천에서는 위기 개입에도 중점을 두지만, 그 이후 장

---

1    클라이언트의 일상과 사회복지사의 관계가 밀접한 만큼, 사회복지실천에서는 이중관계(사회복지사-클라이언트 관계 외에 다른 사적 관계를 맺는 것) 등 경계 이슈에 대한 윤리적 민감성이 필요하다는 점에도 유의해야 한다.

세월호 사건 이후 경기도 안산의 10여 개 복지관이 모여 이웃을 지키고 공동체를 회복하기 위한 복지관 네트워크를 만들었다. 사진은 피해 가족들과 캘리그라피 수업을 하는 모습이다. ⓒ 우리함께

기간 회복기를 지원하는 데에도 관심을 갖는다. 예를 들어 2014년 세월호 사건 당시 많은 희생자가 발생한 안산에 수많은 원조전문가들이 집결하였다. 그리고 생존자와 유가족을 위해 각기 적극적인 개입을 시도하였다. 시간이 흘러 언론과 국민의 관심이 잦아든 현재에도 지역 사회복지기관들은 유가족 및 지역주민과 함께하고 있다. 이처럼 사회복지실천의 시간은 특정 시점에 고정된 것이 아니라 일상적이고 지속적이며, 따라서 겉으로 잘 드러나지 않을지라도 지역주민의 곁에서 묵묵히 제 역할을 수행하는 긴 호흡을 필요로 한다.

정리하면, 사회복지사가 실천을 통해 추구하는 변화는 클라이언트의 일상적인 삶 속에서 구현되어야 한다. 위기에 처한 아동, 청소년, 노인 등을 대상으로 프로그램을 수행하고 여러 가지 척도를 통해 참가자들이 일시적으로 긍정적인 모습을 보였다고 평가할 수는 있겠지만, 그러한 결과가 반드시 근본적인 변화를 뜻한다고 볼 수는 없다(홍갑표 외, 2014). 일상에 내재된 문제에서 근본적인 변화가 나타나지 않는다면 그 실천은 미완의 실천일 수밖에 없을 것이다. 그러므로 사회복지실천에서 가시적인 성과를 창출하면서도 거기에 매몰되지 않고 일상생활에서 지속 가능한 변화를 추구해 가야 한다는 점을 기억해야 한다.

### (3) 생활실천과 자연주의 사회사업

여기서는 생활실천에 대해 더 잘 이해하기 위해 자연주의 사회사업의 기본 원칙과 개념을 간략하게 살펴보고자 한다. 생활실천은 클라이언트 당사자의 본성과 지역사회에 존재하는 자원을 자연스럽게 활용

하는데, 이러한 특성이 자연주의 사회사업의 철학과 상당 부분 맞닿아 있기 때문이다.[2]

자연주의 사회사업은 클라이언트 당사자와 지역사회의 '자연력'으로써 복지가 가능하게 돕는 실천이다. 자연력이란 사람이 본디 가지고 있는 복지 본성, 그리고 복지 역량 및 자원을 말한다. 사람에게는 안으로는 스스로 해결하려는 마음, 책임 의식, 자존심이 있고, 밖으로는 남을 도우려는 마음, 공동체 의식, 동정심이 있다. 이것이 복지 본성이다. 또한 사람에게는 이러한 복지 본성을 발현하여 남을 도울 수 있는 역량이 있으며, 지역사회 역시 복지 본성을 생동시키는 데 도움이 되는 자원을 가지고 있다. 따라서 자연주의 사회사업에서는 클라이언트 당사자에게 인위적인 자원이나 서비스를 제공하기보다는, 당사자가 가진 본성과 당사자 스스로 발견할 수 있는 주변 자원을 활용하여 문제를 해결하고자 한다. 즉, 당사자가 자신의 삶의 공간과 일상의 인간관계 속에서 자연스럽게 복지를 이루는 것을 지향한다.

이처럼 당사자의 자연력을 회복함으로써 복지를 실현하려는 자연주의 사회사업에서는 당사자를 대상화·객체화하는 실천 태도를 가장 경계한다. 당사자는 도움을 받을 때에도 일방적인 서비스 대상이 되기를 원하지 않으며 품위와 자존심을 지키고 싶어 한다. 그래서 자연주의 사회사업은 당사자가 문제해결에 필요한 자원에 대해 알고 접근할 수 있도록 도우면서도, 당사자 스스로 선택하고 활용하는 주체성을 강조한다. 이와 같은 자연주의 사회사업의 철학은 사회복지사가 생활실천 역량을 발휘함에 있어 특히 염두에 두어야 할 부분이다.

자연주의 사회사업은 복지를 일종의 사업으로 수행하고 사람을 대상자나 자원으로 끌어들이는 실천과 결을 달리한다. 자연주의 사회

--------

2    자연주의 사회사업에 관한 내용은 『복지야성』(한덕연, 2022)을 참조하여 정리하였다. 『복지야성』은 사회복지정보원(http://www.welfare.or.kr)에서 열람 가능하다.

사업은 복지를 통제하는 대신 사람들의 일상 속에 복지가 녹아들게 하고, 지역사회에서 사람들이 공생할 수 있게 하며, 이를 통해 가능한 한 자연스럽게 문제를 해결해 나가는 방식을 추구한다. 다음 글은 자연주의 사회사업의 목적과 문제의식을 명료하게 보여 준다(한덕연, 2022).

산업화, 도시화, 핵가족화, 분업화로 사회구조와 생활방식이 바뀌고 개인이나 전통적 공동체로는 감당하기 어려운 복잡한 문제와 다양한 욕구가 생겨났습니다. 그래서 개입했을 겁니다. 그런데 사회사업가들이 전면에 나서더니 아예 대신해 버리고, 당사자와 지역사회를 대상자와 보급 부대쯤으로 전락시켰습니다. 이제 다시 사람들이 복지 주체로 나서게 합시다. 저마다 자기 인간관계와 일상생활 속에서 해야 하고 할 수 있는 일을 하게 합시다. 사람 속에, 사람 사이에 천부적으로 잠재하고 자연스럽게 발현하던 복지 기능을 회복하고 생동시킵시다. 복지를 복지시설에 집어넣고 전문가라는 사람들의 복지사업으로 만들기보다 본디 있던 곳, 지역사회, 사람 사이 어디에나 두루 스미어 흐르게 합시다. 사람들의 인간관계와 일상생활 속에 복지를 내장하고 소통시킴으로써, 특별히 복지로 드러나 보이지 않으면서도 사실상 어디에나 복지가 있고 무엇이나 복지 기능을 하게 합시다.

## 2) 생활실천 역량의 필요성

일상성에 주목하여 일상을 지원하는 생활실천은 다른 휴먼서비스 직종뿐 아니라, 지금까지 사회복지실천의 주류를 구성해 온 상담과 치료 중심의 사회복지사 역할과도 차이가 있다. 상담과 치료 중심의 임상적 사회복지실천은 일정한 회기 동안 상담실 같은 특정 공간에서 전문적 권위를 가진 전문가가 그의 도움을 필요로 하는 수혜자를 대상으로 수행하는 기능적 실천이다. 반면, 생활실천은 클라이언트가 살아가는 일상의 공간과 시간에서 클라이언트를 비롯한 주변 사람들과 자연스럽게 소통하면서 구현하는 실천이다. 다시 말해 생활실천에서는 클라이언트가 전문가에게 의존하여 살기보다, 주체적으로 삶과 일상을 살아갈 수 있도록 지원하는 방식으로 실천을 수행한다. 그리고 이를 위해 사회복지사와 클라이언트 간에 공존하고 협력하는 수평적인 관계를 지향한다. 이러한 이유로 생활실천에서는 사회복지사의 역할이 두드러지게 나타나거나 눈에 띄지 않을 수 있다. 하지만 사람이 자기 삶의 주체가 되어 살아가는 일은 모든 활동의 기반이 된다는 점에서 사회복지사의 생활실천은 매우 중요하다.

사회복지사는 대중적으로도 가깝고 친근한 이미지를 형성하고 있다. 그림 9-1을 보면, 사회복지사가 다른 원조전문직군에 비해 실제적이고 편안하고 동등하며 따뜻하고 정직하고 호감 가는 이미지로 인식됨

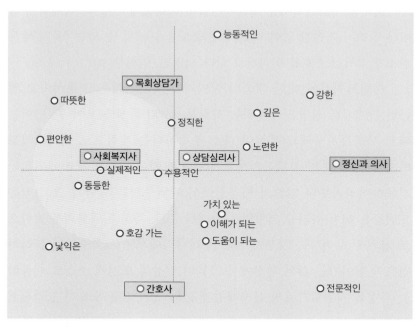

그림 9-1 원조전문직군에 대한 대중 이미지 비교
출처: 강철희·최명민(2007: 188)

을 확인할 수 있다. 대신, 노련하고 전문적이며 강한 이미지와는 다소 거리감이 있다. 그런데 이러한 대중의 이미지는 사회복지사의 자기 인식에서도 유사하게 나타난다. 다음은 한 연구(최명민·이현주, 2017)에서 현장 경력 18년의 사회복지사가 여타 전문직들과 구분되는 사회복지사의 고유한 특성을 진술한 문장이다.

> (사회복지사는) 누구라도 쉽게 접근할 수 있는 사람, 그러니까 지역사회 내에서 가장 쉽게 그리고 가장 편하게 만날 수 있는 사람…. 저희가 뭐 상담가나 의사나 사실 예약하고 만나고 그러기가 쉽지 않잖아요. 그런데 사회복지사는 언제 어디든 그 지역에 기반을 갖고 있기 때문에 내가 원할 때 언제든지 응해 주고 또 그거에 대한 해결방안을 찾으려고 같이 모색할 수 있는 가장 접근성이 있는 사람이라는 생각이 들어요.

이처럼 사회복지사는 지역주민들이 어려움에 처할 때 경제적 부담이나 심리적 거리감 없이 비교적 쉽게 도움을 구할 수 있는 '문턱 낮은 원조자'로서 스스로를 인식하고 있다(최명민·이현주, 2017).

사회복지사에 대한 대중의 이미지와 자기인식은 수평적이고 친근한 관계에서 실천을 수행하는 사회복지사의 특성을 보여 준다. 이는 때로 사회복지사의 전문성이 다소 부족하다는 지적으로 이어지기도 하지만, 달리 보면 사회복지사에게 필요한 것은 배타적이고 권위적인 전문성이라기보다 일상의 시공간에서 지역주민들과 함께 크고 작은 도전들을 헤쳐 나가는 역량임을 일깨워 준다. 특히 지역사회를 기반으로 실천을 수행하는 경우가 많은 우리나라에서는 지역주민인 클라이언트가 살아가는 삶의 현장에서 그들이 일상의 도전에 스스로 대응하는 과정을 지원함으로써 문제해결과 삶의 질 향상을 도모하는 생활실천 역량이 더욱 중요하다. 그리고 이 생활실천 역량의 전제는 클라이언트를 비정상적이고 무기력한 수혜자가 아니라, 여러 문제가 발생하는 일상의 삶을 살아가는 주체이자 사회복지실천의 동반자로 바라보는 것이다.

## 2. 생활실천 수행 방법

여기서는 사회복지사가 수행해야 할 다섯 가지 생활실천 방법을 제시하고자 한다. 첫 번째는 클라이언트의 일상생활이 어떠한지를 정확하게 보고 듣고 이해하는 것, 두 번째는 클라이언트를 포함한 지역주민들과 일상에서 자연스럽게 만나 신뢰를 형성하고 관계를 맺는 것, 세 번째는 일상적인 삶에서 발생한 욕구와 결핍을 클라이언트가 해결해 가도록 지원하는 것, 네 번째는 클라이언트의 보다 풍요로운 삶을 위해 문화생활을 지원하는 것, 다섯 번째는 클라이언트가 일상을 보내는 삶의 공간을 바람직한 방향으로 변화시키는 것이다.

### 1) 일상생활을 통해 클라이언트 이해하기

클라이언트가 살아가고 경험하는 일상에 대한 이해는 생활실천 역량의 핵심이다. 사회복지실천에서는 클라이언트의 일상생활에 대한 심층적인 이해와 분석이 필요한데, 이때 문제 중심으로 자료를 수집하고 판단하는 데 치중하다 보면 일상적 삶을 이해하려는 시도를 간과하거나 무시하기 쉽다(주경희 외, 2015). 다음은 일상생활을 통해 클라이언트를 이해하고자 할 때 유의해야 할 사항이다.

우선 일상생활에 대한 이해는 특정한 시공간에서만 진행되는 것이 아니며, 따라서 충분한 시간이 필요하다는 점을 인식해야 한다. 생활실천에서는 일상에서 정기적 또는 부정기적으로 만나 자연스럽게 대화를 나누는 과정이 중요한 의미를 갖는다. 이것은 단기간에 이루어지기 힘들지만, 그만큼 사회복지사와 클라이언트가 서로에 대한 이해와 신뢰를 쌓아 갈 수 있는 견고한 토대가 된다.

또한 클라이언트를 대할 때는 진솔하고 겸손한 태도를 견지해야 한다. 클라이언트가 사회복지사를 거리감 있는 전문가나 자원을 좌지우지할 수 있는 권력자로 인식한다면 자칫 왜곡된 정보들이 수집될 수 있다. 사회복지사가 전문적인 가치, 지식, 기술을 갖춰야 하는 것은 맞지만, 이로 인해 클라이언트가 사회복지사를 관료화된 조직의 일원으로 받아들일 경우 자신에 대한 중요한 정보를 공유하는 데 부담을 느끼게 된다. 한편 클라이언트가 사회복지사 또는 기관이 가진 자원을 지나치게 과대평가할 경우에도 그 자원을 획득하기 위해 자신에 대한 정보를 제대로 공유하지 않고 축소하거나 과장할 가능성이 있다. 그 결과 잘못된 정보를 바탕으로 실천이 진행될 수 있다. 그러므로 사회복지사는 항상 진솔하고 겸손한 태도로 클라이언트의 일상적 삶에 잘 스며들 수 있어야 한다. 이것이 실천 과정에서 정보의 왜곡을 방지하는 방법이다.

사회복지사는 일상적인 만남과 대화의 자리에서 듣게 되는 클라이언트의 이야기를 소중히 다루어야 한다. 일상 속 자연스러운 대화에서도 클라이언트가 가진 문제나 어려움을 발견할 수 있기 때문이다. 또 클라이언트의 이야기를 주의 깊게 듣다 보면 그의 문제뿐만 아니라 강점과 자원도 알게 된다. 이를 통해 사회복지사는 클라이언트가 일상에서 스스로 문제를 해결하고 힘을 키워 가는 것을 더 잘 도울 수 있다.

클라이언트의 삶은 교과서적

공원에서 주민들과 부침개와 음료를 나누어 먹으며 그들의 일상 이야기를 경청하는 '주민 만나기' 모습
ⓒ 대덕종합사회복지관

으로 고정되거나 규범화되어 있지 않으며, 저마다 의미 있는 서로 다른 스토리로 구성되어 있다. 그렇기에 생활실천에서는 사회복지사가 형식적인 면담이나 특정한 사정틀에 지나치게 얽매일 필요가 없다. 오히려 고정관념에서 벗어나 새로운 생각을 일깨우는 방법을 익히고, 창의적인 행동을 고안하는 방법을 터득해야 한다(홍갑표 외, 2010). 그런 점에서 클라이언트의 일상에 접촉하는 경험 자체가 사회복지사의 생활실천 역량을 키워 주는 교본이 될 수 있다. 만약 초보 사회복지사라면 사람들의 소소한 일상에 존재하는 만남, 갈등, 화해 등의 관계가 펼쳐지는 문학, 연극, 영화, 다큐멘터리 등을 접하면서 간접적으로라도 다양한 삶을 체험하고 이해하는 경험을 해 볼 필요가 있겠다.

## 2) 친밀감 형성하기

사회복지실천의 목표를 달성하기 위한 전제는 클라이언트와 신뢰 관계를 형성하는 것이다. 이러한 관계는 서로 안면을 트고 반갑게 인사를 나누는 것에서 출발한다. 물론 실천 현장에는 다양한 사람이 존재하기 때문에 이들 한 명 한 명과 인사를 나누는 일이 생각처럼 쉽지는 않다. 그럼에도 '사회사업은 인사가 절반'이라는 말이 있을 정도로(김세진, 2010), 인사를 잘하는 것은 좋은 관계를 형성하는 데 매우 중요하다. 가정방문을 가서도 처음에 어떻게 인사를 나누느냐가 이후의 실천을 좌우하곤 한다.

사회복지사가 클라이언트와 신뢰를 쌓고 친밀감을 형성하려면 공감대를 만들 수 있는 대화 주제를 끌어내야 한다. 특히 지역사회를 기반으로 하는 사회복지실천에서는 마을 놀이터, 상점, 식당, 시장, 주민센터 등 여기저기서 클라이언트를 만나게 된다. 이렇듯 다양한 삶의 공간에서 만남과 대화가 이루어질 때, "요즘 어떻게 지내세요?", "건강은 좀 어떠세요?", "새롭게 시작한 일은 재밌으세요?", "가족들은 잘 지내고 계세요?" 등 일상적인 주제를 매개로 대화를 이끌어 가는 것이 바람직하다. 이러한 평범한 인사와 소소한 대화는 이후 다른 사업을 진행하는 데에도 좋은 기반이 된다. 이때 사회복지사가 꼭 사교적이거나 외향적이지 않더라도 좋은 품성, 친절한 태도, 유머와 위트, 부드러운 인상을 갖고 있다면 클라이언트는 물론 다양한 지역사회 구성원들에게 신뢰를 주고 그들과 친밀감을 형성할 수 있다.

지역사회의 다양한 구성원을 만나는 과정에서는 크고 작은 갈등이 일어나기도 한다. 사회복지기관이 지향하는 이념이나 목표가 지역사회 구성원의 욕구와 충돌할 수 있기 때문이다. 예를 들어 사회복지사가 동네 공원에서 자주 술을 마시는 주민에게 다가가 음주를 줄이고 알코올 중독 예방 프로그램에 참여하도록 권유하는 경우, 그 주민이 불만을 품고 사회복지사에게 욕을 하거나 사무실에 와서 행패를 부릴 수도 있다. 더 심각하게는, 복지기관의 사업에 참여하는 지역주민들 간에 미묘한 갈등 관계가 형성되면서 사회복지사를 자기 편으로 끌어들이기 위해 상대방을 헐뜯거나 음해하는 상황이 발생하기도 한다. 사회복지사는 실천 과정에서 발생하는 이러한 크고 작은 갈등을 회피해서는 안 된다. 가능하다면 신뢰와 친밀감이 형성되어 있는 클라이언트나 주민의 중재를 통해서라도 문제를 적극적으로 풀어 가야 한다.

지역사회에서 자연스럽게 만나 친밀감을 형성하는 대상을 클라이언트에 한정할 필요는 없다. 여러 위치에 있는 사람들과 맺은 좋은 관계는 사회복지사가 지역사회의 문제를 해결하고 클라이언트를 돕는 과정에서 활용할 수 있는 자원이 된다. 실제로 자연스러운 만남과 이를 통해 형성한 관계들이 실천을 위한 직·간접적인 자원이 될 때가 많다. 예를 들어 자주 다니던 동네 카페 사장님과 대화를 나누다 그 카페를 빈곤청소년 진로지원 프로그램의 바리스타 직업체험기관으로 발굴하게 되기도 하고, 기관에서 자주 거래하며 친하게 지내던 동네 상점의 사장님이 어르신 나들이 행사 때 간식 후원자가 되어 줄 수도 있다. 또 지역사회 실무자 모임에서 만나 평소에 친분을 맺어 둔 시민단체 활동가가 장애인 이동권 문제를 지역사회 이슈로 제기하고 이과 관련된 지자체 조례를 만드는 데 힘을 보태 줄 수도 있다. 물론 사회복지사가 평소 이러한 것들을 기대하면서 의도적으로 관계를 맺어야 한다는 의미는 아니다. 중요한 것은 일상에서 자연스럽게 맺는 관계들도 때에 따라 적절한 자원이 될 수 있음을 인지하는 것이다.

나아가 사회복지사는 자신이 주민들과 친밀감을 형성할 뿐 아니라, 주민들 간에 서로 인사하고 교류하면서 마음을 나누도록 촉진하는 역할을 할 수 있다. 삶이 점점 각박해지면서 이웃 사이에 안부를 묻는 일이 드물어지고, 옆집에 누가 사는지조차 모르는 것이 익숙해졌으며, 특히 도시 생활을 하는 사람들은 더욱 단절된 환경에서 살아가고 있다. 층간 소음이나 주차 문제 등의 갈등이 증가하는 것도 이웃끼리 서로 알고 이해할 기회가 없는 데서 기인하는 것일지 모른다. 실제로 빈곤하더라도 이웃 간 교류와 정이 있는 지역의 주민이 그렇지 않은 지역의 주민보다 삶의 질이 높고 자살률이 낮다는 보고가 있다(김영욱·김주영, 2016). 따라서 사회복지실천 현장에서 지역주민 간 인사를 유도하고 상호 친밀감 형성을 촉진하는 활동을 수행하는 것은 중요한 의미가 있다.

사례 : 주민들과 함께하는 인사나눔 활동 '정情 나눔 캠페인'

영구임대아파트에는 독거노인이나 신체적·정신적 장애를 가진 사람들이 많이 거주하는데, 이들 중 상당수는 사회적 관계가 단절된 채 고립감이나 우울감 속에서 생활하고 있으며 상대적인 자살 고위험군으로 분류되는 사람들도 많다. 이러한 지역사회 상황을 고려해 경기도의 한 종합사회복지관에서는 주민 간에 긍정적인 관계를 형성함으로써 공동체를 유지하고 정감 있는 마을로 변화시키기 위한 '정 나눔 캠페인'을 기획하였다.

'정 나눔 캠페인'은 3년 정도의 기간을 염두에 두고 한 달에 하나씩 다양한 아이디어를 개발하여 시도하였다. 마을 곳곳에서 겨울철에는 손난로나 따뜻한 차를 나누고, 여름철에는 부채나 팥빙수를 나누는 방식으로 계절에 따라 차별화된 프로그램을 마련했다. 또 엘리베이터에서 만난 이웃들에게 인사하기, 가족들에게 전화하거나 안아 주기와 같은 미션을 수행하도록 요청하여, 이웃은 물론 가족과의 관계 개선에도 긍정적인 효과를 미치고자 했다. 처음에는 어색해하던 지역주민들도 횟수를 더할수록 관심을 보이고 생활 속에서 직접 실천하게 되면서 이 캠페인은 지역사회 안에 자리 잡게 되었다. 그리고 3년 후에는 파급력이 더 커져서 주민센터를 통해 타 단지까지 확산되었다.

아래에 제시된 내용은 인사나눔 실천에 활용할 수 있는 활동들을 보여 준다. 사회복지사는 주민 간 인사를 도모하는 실천을 통해 지역사회 내 공동체 의식 형성을 촉진할 수 있다. 또 이웃뿐 아니라 가족끼리도 대면 접촉이 감소하는 최근의 흐름을 고려할 때, 가족 간에 관심과 애정을 표현하도록 돕는 실천은 간단해 보이지만 생각보다 큰 효과를 가져올 수 있는 활동이다.

일상생활 속 인사나눔 활동 예시[QR]

| 동네 이웃과 인사 | 일하는 분과 인사 | 가족과 포옹 | 가족에게 고백 |
|---|---|---|---|
|  | | | |
| • 이웃에게 엽서 쓰기 운동<br>• 혼자 밥 먹는 청년들, 홀몸 어르신들과 식사하기 캠페인<br>• 친구에게 엽서 쓰기 대회(인근 초중고 섭외) | • 아파트 경비원에게 인사하기 운동<br>• 버스 탈 때 운전기사에게 인사하기 운동 | • '하루에 4번 3초간 자녀를 안아 주세요'(4! 3! 포옹) 캠페인<br>• 마을축제 또는 캠프에서 가족 포옹 이벤트 | • 가족에게 '고맙고 사랑한다'는 고백을 대신 전해 주는 이벤트 |

출처: 김세진(2016: 63-64)을 수정·재구성

## 3) 일상생활 지원하기

사회복지사는 일상생활에 어려움을 겪는 클라이언트를 발굴하고, 이들에게 필요한 자원을 확보하여 지원할 수 있는 역량을 갖추어야 한다. 그 구체적인 예로는 결식 문제를 지원하기 위한 급식서비스, 개인 위생 문제를 해결하기 위한 목욕·이미용·세탁서비스, 건강을 증진하기 위한 보건의료서비스, 독립적인 생활을 돕기 위한 가사지원·이동지원·안부확인서비스 등이 있다. 여기서는 돌봄서비스와 음식나눔 활동을 중심으로 클라이언트의 일상생활을 지원하는 방법에 대해 살펴본다.

### (1) 돌봄서비스

과거에는 돌봄서비스가 대부분 민간 자원을 통해 지원되었다. 그러나 이제 우리나라도 노인장기요양서비스, 장애인활동지원서비스 등이 제도화되면서 요양보호사와 활동지원사 등 별도의 직업군이 돌봄서비스를 제공하고 있다. 이에 따라 사회복지사는 서비스를 직접 제공하는 대신, 요양보호사 등의 돌봄 전담인력이나 자원봉사자가 제공하는 서비스를 기획하고 운영하는 역할을 주로 수행한다. 그러나 일상생활 지원과 관련된 서비스가 제도화되었다 하더라도 여전히 서비스의 공백이 존재하기 때문에 사회복지사가 인적·물적 자원을 동원하고 연결하는 역할을 수행하기도 한다.

돌봄 지원은 재가복지서비스에서도 필요하지만 특히 생활시설에서 핵심적인 실천활동이다. 일상생활의 대부분을 시설에서 보낸다는 의미에서 흔히 '생활시설'이라 일컬어지는 입소생활시설(또는 거주시설)은 요보호 아동이나 노인, 혼자서 생활하기 어려운 중증장애인, 와상환자 등에게 돌봄을 제공한다. 이때 사회복지사는 시설 내 생활인들이 기본적인 일상생활을 할 수 있도록 돌봄을 직접 제공하기도 하고, 돌봄 전담 인력을 관리하거나 지원하기도 한다. 그리고 생활인의 상황을 종합적이고도 신속하게 파악하여 지속적으로 조정하며 문제를 해결해 나가는 역할과, 지역사회 자원을 연결하고 중개하는 역할을 수행한다(최성재 외, 2013). 특히 생활시설에서는 집단생활을 하기 때문에 생활인의 인권 침해를 예방하는 것, 지역사회와 개방적인 관계를 맺는 것과 같은 역할이 강조된다.

### (2) 음식나눔 활동

급식서비스는 노숙인, 저소득층 독거노인, 결식아동 등 결식 고위험군 클라이언트에게 무료로 식사를 제공하거나 도시락을 배달해 주는 서비스이다. 과거에는 주로 지역사회의 자발적인 민간 자원을 통해 서비스가 제공되었으나, 현재는 대부분 지방자치단체의 보조금을 통해 이루어지고 있다. 이에 더해 최근에는 사회복지사가 추가적인 민간 자원을 확보하여 더 양질의 급식이 제공되도록 노력하기도 한다.

급식서비스는 음식을 일방적으로 지원하는 데 그칠 경우 클라이언트에게 낙인감perceived stigma을 주거나 복지 의존성을 키울 수 있다는 점에서 주의가 요구된다. 그렇기에 도움을 주는 사람과 받는 사람을 구분하고 수직적 관계에서 일방적으로 도움을 주는 방식이 아니라, 이웃 간에 일상적인 나눔 활동이 수평적으로 그리고 양방향으로 이루어지게 하는 방식의 접근이 필요하다. 이는 앞에서 살펴본 자연주의 사회사업의 철학을 실천할 수 있는 역량이라고도 볼 수 있다.

나눔 활동의 대표적인 예로, 겨울철이면 대부분의 복지관이 진행하는 김장김치 나눔 행사를 생각해 보자. 보통 이 행사는 봉사자들을 동원하여 김치를 담그거나 김치공장에 주문하여 필요한 가정에 전달하는 방식으로 진행된다. 이렇듯 일방적이고 획일적인 김치 제공은 수혜자의 욕구와 일치할 때는 의미가 있지만, 그렇지 못할 때는 제공된 김치가 음식물쓰레기로 전락하기도 한다. 그런데 조금 다르게 접근하면, 보다 개별화된 서비스를 제공하는 동시에 돈독한 이웃 관계를 촉진할 수 있다.

예를 들어 행사에 참여할 가정을 발굴하고, 각 가정에서 평소보다 김치를 좀 더 많이 담근 후 여분의 김치를 복지관에서 추천한 독거노인에게 직접 전달하게 할 수 있다. 또는 독거노인과 가정을 일대일로 연결하여 어르신의 입맛과 건강상태를 반영한 김치를 담가 전달할 수 있다. 복지관에서 급식 지

저소득층 중장년 1인 가구가 모여 이웃과 나누기 위한 반찬을 만들고 있다. ⓒ 학산종합사회복지관

원을 받는 노인의 경우에도 식재료 다듬기, 배식, 거동이 불편한 다른 노인 돕기, 설거지 등 가능한 활동에 참여할 기회를 마련하여 자존감을 높이는 방향으로 행사를 기획할 수 있다.

이처럼 기존의 일방적인 음식 지원 사업과 달리, 지역주민들이 음식나눔에 참여하는 방식의 실천은 이웃 간 소통을 촉진하고, 낙인감과 같은 반反복지적 측면 대신 공동체 의식을 강화할 수 있다. 또 서비스를 통해 배고픔이라는 기본적인 욕구만이 아니라 사회적 지지와 격려 등 더 높은 수준의 욕구를 충족시키는 효과를 거둘 수 있다.

## 4) 문화생활 지원하기

사회복지사의 생활실천은 클라이언트의 일상적인 삶의 질이 향상되도록 돕는 활동이다. 삶의 질 향상은 기본적인 의식주 문제의 해결만으로 충족되지 않으며, 보다 건강하고 문화적인 삶을 살아가는 것과 관련이 깊다. 기본적인 삶의 기준을 제도적으로 규정한 「국민기초생활보장법」[QR]에서 제시하는 생활보장 수준도 '건강하고 문화적인 생활을 유지'하는 것이다(위계출·배원섭, 2017). 따라서 사회복지사에게는 클라이언트가 심신의 건강을 유지하고 문화적인 욕구를 충족할 수 있도록 돕

는 역량이 필요하다. 실제로 많은 복지관이 음악, 미술, 문예 등 다양한 프로그램들을 기획하고 저렴한 비용으로 제공하여 지역주민들의 문화여가생활을 지원하고 있다.

또한 문화적으로 소외된 이들에게 질 높은 문화예술을 향유할 기회를 만들어 내는 실천 역량도 필요하다. 예를 들어 거동이 불편해 공연을 관람할 기회가 적은 고령의 어르신이나 장애인을 위해 전문 공연자를 초청하여 작은 음악회를 개최할 수 있다. 문화예술 분야는 지역사회의 소외계층을 위해 공연하는 단체나 개인을 지원하는 사업이 많기 때문에, 사회복지사가 이러한 자원을 적극적으로 발굴하고 연계하면 큰 예산을 사용하지 않고도 다양한 문화 체험의 기회를 제공할 수 있다.

한편 전문 예술인이 아니라도 재능기부가 가능한 주민들을 자원으로 활용하여 참여형 문화공연이나 전시를 기획할 수 있다. 예를 들어 지역 내 장애인으로 구성된 합창단을 결성하고 이들이 지역 행사에서 공연을 하도록 지원한다면, 참가자들의 자존감 향상과 주민 교류 증진의 효과를 얻을 수 있을 것이다. 또는 노인복지관을 이용하는 어르신들이 악기 연주를 배운 뒤 그 재능을 밴드 활동이나 공연 등을 통해 지역사회에 돌려줄 기회를 만들 수도 있다. 이때 사회복지사는 가급적 측면으로 물러나 주민들이 주도적으로 문화활동을 기획하고 추진하도록 돕는 것이 바람직하다. 이와 같은 문화여가생활은 저소득층의 사회자본을 증대시킴으로써 행복도 향상과 사회적 배제 완화에 기여한다는 것이 실증되고 있다(서우석, 2015).

사례: 정신장애인들의 합창단 활동 '한마음합창단'[QR]

Y시 정신건강복지센터에서는 2014년부터 정신장애인의 주간재활프로그램 중 하나로 한마음합창단을 운영하고 있다. 정신장애인과 그 가족,

자원봉사자로 구성된 한마음합창단은 주기적으로 모여 합창을 연습하고 지역사회 내 각종 공연 및 전국대회에 참가한다. 합창단 회원들은 평소에도 노래 부르기를 좋아해 활동에 흥미를 가지고 열의 있게 참여하는 편이다. 합창단 활동을 하면서 회원들은 정서적으로 안정감을 찾고 자존감이 향상되었으며 치료 효과도 더 높일 수 있었다. 나아가 노래와 공연을 통해 지역사회에서 이웃과 어울려 살아가는 방법을 배우고 성취감을 얻게 되었다. 조현병과 알코올중독 치료를 받고 있는 H씨를 비롯한 단원들에게 합창단은 사회 공동체의 일원으로서 의미 있는 삶을 살게 해 주는 통로가 되고 있다.

## 5) 공간기반 실천

사회복지실천은 전통적으로 인간과 그를 둘러싼 환경에 초점을 두었다. 여기서 환경은 주로 생태체계적 환경으로 해석되어 왔으나 클라이언트가 삶을 영위하는 주거 공간과 사회적 공간으로 이해할 수도 있다. 실제로 클라이언트가 가진 문제와 욕구는 대인서비스나 프로그램을 통해 해결되기도 하지만, 클라이언트가 생활하는 공간을 개선함으로써 해결될 때도 있다. 나아가 주민들이 지역사회의 공간을 변화시키는 활동에 참여하는 과정은 사회관계와 구조의 변화를 모색할 기회를 제공한다. 즉, 공간에 기초한 사회복지실천은 일상의 삶과 더불어 환경, 문화, 제도를 아우르는 변화를 도모하는 종합적이고 입체적인 실천이 될 수 있다(최명민 외, 2017).[3]

.................

3    최명민 외(2017)에서는 문재원(2013: 155)과 오정진(2013: 22-25)의 공간주권 내용을 참고하여 공간기반 실천을 "사회복지사가 지역주민과 더불어 일상의 공간에서 공간적 상상력을 발휘하여 공공성, 민주성, 인간성, 생태성 등이 담보된 자유로운 공간을 실현함으로써 주권자인 주민들이 차이를 존중받으며 행복을 추구할 수 있는 공간주권을 회복하도록 돕는 사회복지실천"이라고 규정하였다.

### (1) 주거 공간 개선

안정적이고 쾌적한 주거 공간은 삶의 질과 인간 행복의 기본 요건이다. 하지만 실천 현장에서 만나는 클라이언트의 주거 공간은 대체로 열악한 편이다. 이러한 주거 공간을 개선하는 실천활동은 클라이언트의 삶에 중요한 변화를 가져올 수 있다.

클라이언트의 주거 공간을 개선하는 실천에는 공공임대주택 입주 사업, '사랑의 집 고쳐주기'와 같은 노후주택 개량 사업, 에너지 효율 개선 사업, 무장애barrier free 주택 공급 사업 등 주거 공간 자체를 마련하거나 개선하는 사업뿐만 아니라, 거동이 불편한 노인이나 장애인을 위한 정리서비스처럼 일상을 지원하는 간단한 실천활동도 포함된다. 예를 들어 영구임대아파트 주민들의 거주공간을 살펴보면 집이 좁은데도 불구하고 그동안 받은 후원물품을 쌓아 두거나 불필요한 물건을 정리하지 않아 더 비좁게 생활하는 경우가 많다. 이때 사회복지사는 주민과 함께 집안을 치우고 정리하여 쾌적한 공간에서 생활하도록 도울 수 있다.

사례: 주거 공간 개선을 위한 정리서비스 '다함께 착착착'

K시에 있는 영구임대아파트 단지 내 복지관에 소속된 한 사회복지사는 주민들의 주거 공간을 개선할 필요를 느꼈다. 사례관리를 위해 여러 가정에 방문하다 보면 집안에 불필요한 짐들이 많이 쌓여 있고 청소나 정리가 안 된 모습이 자주 보였기 때문이다.

사회복지사는 클라이언트와 협의를 거쳐 정리수납 전문가에게 서비스를 받게 하였다. 그리고 이후에도 정리된 상태를 유지하는 방법을 친절하고 상세하게 안내하였으며, 주거 상태를 꾸준히 모니터링하면서 클라이언트가 어려워하는 부분을 계속 배워 갈 수 있도록 도움을 주었다.

또한 사회복지사는 이러한 경험을 살려 청소년 단독세대의 주거환경 관리를 지원하는 주부봉사단을 조직하였다. 그런데 월 1회 서비스를 제공하는 동안에는 정리 효과가 나타났지만, 당사자의 생활방식을 변화시킨 것이 아니어서 개선된 환경을 유지하는 데 한계가 있었다. 이에 사회복지사는 서비스를 제공자 중심이 아닌 참여가정 중심으로 바꾸고, 단편적인 주거환경 개선 사업을 통합지원망에 연결하여 '맞춤형 통합주거환경개선서비스'를 구축하였다. 그 결과 참여가정은 주거환경이 쾌적해졌을 뿐만 아니라, 삶의 만족도가 향상되고 주거 공간 개선에 대한 의지가 강화되었다. 또 지역사회는 자체의 인적·물적 자원 동원이 활성화되었으며, 다른 기관들과 사례를 공유함으로써 관련 사업에 대한 기관 간 네트워크가 강화되었다.

맞춤형 통합주거환경개선서비스를 받기 전(왼쪽)과 받은 후(오른쪽)
ⓒ 광주광역시서구장애인복지관

### (2) 사회적 공간 개선

사회적 공간이라는 개념은 사회복지실천에서 자주 언급되는 생태체계적 관점의 '환경'이나 '지역사회'와 비슷하면서도 다소 차이가 있다. 사회적 공간은 물리적으로 주어진 공간과 달리, 인간에게 의미가 있는 목적 지향적 공간으로서 그 시대의 특성을 반영하는 사회적 생산물이자 사회경제적 관계의 토대로 기능한다. 이러한 측면에서 볼 때 사회적 공간은 인간에게 여러 제약으로 작용하는 공간임과 동시에 인간이 주체적으로 이용하고 구성해 가는 복합적 공간이다(최명민 외, 2017).

마을은 사람들 사이의 관계가 내포된 대표적인 사회적 공간이다. 마을과 같은 사회적 공간은 주민들의 삶에 긍정적 또는 부정적 영향을 미치면서 일정 정도 삶의 질을 규정한다. 그러나 다른 한편으로 주민들은 공간에 영향을 받기만 하는 것이 아니라, 공동의 사회적 공간을 스스로 변화시킴으로써 단절된 관계를 복원하고 공동체 의식을 강화할 수 있다. 따라서 사회적 공간에 대한 실천에서 중요한 점은 그 공간을 살아가는 주민들이 적극적이고 주도적으로 참여해야 한다는 것이다. 주민들은 자신을 둘러싼 공간을 인식하고 이를 공동체에 도움이 되는 방향으로 개선하면서 자기 삶과 지역사회의 주인이 된다. 즉, 사회적 공간은 사회복지실천의 대상이기도 하지만, 지역주민들의 삶을 변화시키는 매개이자 과정인 것이다(최명민 외, 2017).

사회적 공간의 개선이란 공간의 사회적 속성을 고려하여 물리적 환경을 변화시키는 일이다. 예를 들어 사회복지사는 지역의 방치된 공간을 주민들과 함께 작은 도서관이나 마을 카페 등 사람들이 만나 관계를 맺는 장소로 탈바꿈하는 실천을 수행할 수 있다. 이러한 실천은 기존의 공간을 물리적으로 개선함으로써 공동체의 활성화라는 새로운 의미를 만들어 내기 때문에 사회적 공간 차원의 개입이라 볼 수 있다.

사실 그동안 마을 공간을 개선하는 과업은 도시계획 전문가나 건축가가 하는 일로 여겨져 왔다. 그러나 어떤 거창한 변화보다는, 마을의 공간을 새롭게 구성하는 과정 자체와 그 결과물을 통해 사람과 사람이 만나게 된다는 점이 중요하다. 마을 공간을 사회적 공간으로 바라보고, 사람들이 모여 소통하면서 자연스럽게 공동체 문화와 의식이 만들어지는 공간으로 변화시키는 것이 핵심이다. 따라서 사회복지사는 지역주민들이 공간 개선 사업에 적극 참여하도록 지원하고, 이를 통해 마을의 환경뿐 아니라 지역사회의 관계 문제를 해결해 가야 한다. 아울러 마을 공간의 변화는 그 성과가 가시적으로 드러나기 때문에 주민들의 임파워먼트에 효과적으로 작용할 수 있다.

다만 사회적 공간의 개선이 가능하기 위해서는 공간적 상상력과 충분한 시간, 이를 장려하고 지원하는 리더십과 조직문화, 지역주민에 대한 이해와 이에 기초한 소통, 자원의 적절한 활용, 외부 전문가와의 협력, 그리고 이 과정에서 소외될 수 있는 주민들에 대한 배려 등이 수반되어야 한다(최명민 외, 2017). 그러나 더 선행되어야 하는 조건이 있다. 바로 주민들이 일상적으로 사용하는 사회적 공간에 대한 문제의식이다. 지역사회의 다양한 공간을 이용하는 사람들은 그 공간의 불편한 점을 알고 있으면서도 감수하고 살아가는 경우가 많다. 장애인 주차장을 비장애인 주민이 사용하여 정작 장애인 운전자가 주차하지 못하는 것, 금연 장소인 어린이공원에서 성인이 흡연하여 아동의 건강권이 침해되는 것, 건널목 신호등의 녹색등이 켜지는 시간이 짧아 보행기에 의존하는 노인이 위험하게 이동해야 하는 것 등은 사회적 약자가 일상에서 자주 만나는 불편함이다. 사회복지사는 이러한 불편함이 단순히 개인적인 문제가 아니라, 유사한 상황을 경험하는 다수의 사람들에게 불편함을 주는 사회적 공간의 문제라는 인식을 가져야 한다. 그리고 보다 구조적이고 근본적인 변화를 끌어낼 수 있는 역량을 갖추어야 한다.

사례: 어린이공원 개선 사업 '우리 마을이 달라졌어요'

총 20개 동 규모의 영구임대아파트 단지에서 가장 상징적인 공간은 지난 30년간 음주와 노름, 오물 투기 등이 만연했던 어린이공원과 그 주변이었다. 단지 내 사회복지관은 5년여간 주민들과 힘을 합쳐 마을 공동체를 중심으로 어린이공원을 변화시키고, 이를 통해 주민들의 변화를 끌어냈다. 그 과정을 요약하면 다음과 같다.

• 개입 전 어린이공원: 택시조차 들어가려고 하지 않을 정도로 음주와 흡연, 노상방뇨, 쓰레기 투기, 노름, 싸움이 끊이지 않던 장소였다.

개입 전 공원 내 정자 풍경

- 사회복지관의 문제해결 방향: 문제를 일으키는 개별 주민의 변화보다는 마을 공간의 변화를 도모하기로 결정하였다.

- 지역주민 참여의 시작: 초기에는 사회복지관이 주도하되, 아파트 단지의 환경에 관심 있는 주민들을 접촉하여 환경 개선의 뜻을 모았다. 그리고 청소나 이동식 운동기구 운영 등 주민들이 자체적으로 하기 쉬운 활동부터 개시하였다.

개입 전 공원의 모습(왼쪽)과 청소 및 운동기구 설치로 변화된 모습(오른쪽)

- 외부 단체와 연계하여 공간 개선: 생활환경 개선을 위해 활동하는 단체와 연계하고, 주민들의 의견을 반영하여 가장 문제가 되던 육각정자의 구조를 변경하였다. 또한 단지 내 버려진 공간들을 개선하는 활동을 진행하였다.

개입 전 방범초소(왼쪽)와 주민들에 의해 변모된 주민 사랑방(오른쪽)

- 사업 확대와 지역의 변화: 공간 개선 사업 이후 영구임대아파트 단지는 기피지역에서 선호지역으로 변화하였다. 또한 사업에 참여한 주민들이 마을해설사로 활동하며 주민 간 신뢰가 증가하는 효과를 거두었다.

변화된 아파트 단지 공간

출처: 최명민 외(2017)

## ✅ 사회복지사의 생활실천 역량 체크 리스트

☐ 일상생활을 지원하는 사회복지실천의 의미와 중요성을 이해하고 있는가?

☐ 일상적으로 만나고 소통하는 과정에서 상대방의 입장이나 어려움을 이해할 수 있는가?

☐ 주변 사람들과 친밀감을 형성하고 협력할 수 있는가?

☐ 자신이 살고 있는 지역사회에 대한 정보나 자원을 잘 이해하고 활용할 수 있는가?

☐ 일상에서 부딪히는 문제나 어려움을 적극적으로 해결하거나 개선하려 하는가?

## 🖊 용어 정리

- **일상생활**: 사람들이 평소에 주기적으로 반복하는 생활을 뜻한다. 매일 반복되는 단순한 경험은 물론 생애 주기에서 관례화된 경험도 포함하는 개념이다. 이러한 일상생활은 오로지 개인적인 것이 아니라 사회구조에 영향을 받기 때문에 사회복지실천은 일상생활에 주목한다.

- **자연주의 사회사업**: 클라이언트 당사자에게 인위적인 자원이나 서비스를 제공해 문제를 해결하려 하지 않고, 당사자가 자신이 가진 본성과 지역사회에 존재하는 주변 자원을 자연스럽게 활용하도록 돕는 실천방법이다.

- **생활실천 역량**: 지역주민인 클라이언트가 살아가는 삶의 현장에서 그들이 일상의 도전에 스스로 대응하는 과정을 지원함으로써 문제해결과 삶의 질 향상을 도모할 수 있는 역량을 의미한다. 사회복지사는 이러한 역량을 바탕으로 일상생활을 통한 클라이언트의 이해, 친밀감 형성, 일상생활 지원, 문화생활 지원, 공간기반 실천 등을 수행해야 한다.

- **공간기반 사회복지실천**: 사회적 공간 이론에 기반을 둔 사회복지실천이다. 좀 더 구체적으로 '사회복지사가 지역주민과 더불어 일상의 공간에서 공간적 상상력을 발휘하여 공공성, 민주성, 인간성, 생태성 등이 담보된 자유로운 공간을 실현함으로써 주권자인 주민들이 차이를 존중받으며 행복을 추구할 수 있는 공간주권을 회복하도록 돕는 사회복지실천'이라고 규정할 수 있다.

Chapter

# 10

# 사회정의실천 역량

근대 이후 인류는 자유와 평등을 최고의 가치로 지향해 왔다. 그러나 현실에서 차별과 억압은 여러 모습으로 지속되고 있다. 압축적인 성장과 변화를 겪어 온 한국 사회도 최근 들어 양극화, 차별과 혐오 등의 사회문제가 심화되고 있다. 사회복지사는 바로 이러한 모순과 불공정을 바로잡고 사회정의social justice를 실현할 것을 전문직의 핵심가치로 삼아 왔다. 다시 말해 우리가 살아가는 세상에는 부당한 이유로 권력이나 재화에서 소외되어 억압받고 차별받는 사람들이 존재하는데, 사회복지사는 이들의 편에 서서 이들이 정당한 권리를 되찾고 인간다운 삶을 영위하도록 도움으로써 부정의를 해결하고자 한다.

사회복지실천에 관한 초기 문헌을 보면 사회정의라는 단어가 직접 언급되지는 않지만, 불균형 해소와 같은 표현을 통해 그 의미가 지속적으로 표명되어 왔다. 특히 사회적 약자의 임파워먼트 개념이 사회복지실천의 중심으로 부상한 1990년대 이후에는 사회복지 관련 공식 문서들에서 사회정의가 보다 선명하게 강조되고 있다. 미국 사회복지교육협의회CSWE의 '사회복지사에게 요구되는 핵심역량'과 전미사회복지사협회NASW의 윤리강령에는 사회복지실천이 사회적·경제적 정의의 실현과 인권 보장을 위해 '취약하고 억압받고 빈곤한 사람과 집단'에 초점을 두고, '빈곤, 실업, 차별과 억압, 기타 유형의 사회적 불의'에 관심을 가져야 하며, '옹호와 사회정치적 운동을 통해 정책, 서비스, 자원, 프로그램을 확보하고 보다 효과적인 사회복지서비스를 제공하기 위해 정책을 실천해야 함'을 명시하고 있다. 우리나라 사회복지사 윤리강령 전문(2021 4차 개정)에서도 '인본주의와 평등주의에 기초한 인간의 존엄성과 가치 존중, 천부의 자유권과 생존권 보장'과 더불어 '사회적·경제적 약자들의 편에 서서 사회정의와 평등·자유와 민주주의 가치를 실현'하는 것을 사회복지 전문직의 사명으로 포함하고 있다.

그러나 그동안 사회복지사는 사회경제적으로 어려운 상황에 처한 사람들을 돕기 위해 '좋은 일을 하는 사람들'로 인식되기는 했어도, '사회정의를 실현하기 위해 노력하는 전문직'으로 인정받지는 못했다는 자성의 목소리가 있다(김성천 외, 2015; Dominelli, 2004; Watts & Hodgson, 2019). 이는 사회복지사가 스스로의 역할을 사회정의 실현과 관련지어 생각하고, 이러한 소임을 더 적극적으로 수행할 필요성을 일깨워 준다. 이 장에서는 사회복지사의 사회정의실천 역량을 제고하는 데 목적을 두고 관련 개념, 배경, 실천방법 등을 다루고자 한다.


## 1. 사회정의실천 역량에 대한 이해

### 1) 사회정의의 개념

현대 사회복지의 가장 핵심적인 가치가 자유와 평등(Levy, 1976; Specht, 1990; Wakefield, 1998)이라는 말은 곧, 사회복지가 추구하는 여러 윤리적 원칙 중에서도 제일 강조되는 것이 인간의 자유와 평등의 가치에 기반을 둔 '사회정의'라는 것을 의미한다. NASW에 따르면 사회정의란 "모든 사람이 동등한 경제적, 정치적, 사회적 권리와 기회를 가질 자격이 있음"을 뜻하며, 이는 분배정의distributive justice와 밀접하게 관련된다. 따라서 사회정의에서는 '과연 무엇이 동등한 대우이며 공정한 분배인가' 하는 문제가 주요한 관심사이다.

사회정의의 개념을 학자별로 정리해 보면 다음과 같다(김기덕, 2002: 224-229). 일찍이 헨리 시지윅Henry Sidgwick은 "두 사람을 다르게 처우할 수 있다는 합리적인 근거로서 본성이나 특별한 상황이 존재하지 않는 한, 단지 서로 다른 사람이라는 이유만으로 차별적으로 처우하는 것은 부당하다"(Sidgwick, 1907: 380)라고 하였다. 이는 개인 또는 집단의 본성이나 처한 상황에 차이가 있는 경우에만 서로 구별하여 달리 대우할 수 있다는 주장으로, 같은 것은 같게 대하고 다른 것은 다르게 대해야 한다는 기본 원칙을 제시한 것이다. 그러나 시지윅은 다른 처우의 기준이 되는 본성과 상황이 무엇인지 정확히 밝히지 않았다.

이에 비해 헤이스팅스 래시들Hastings Rashdall은 "형평이란 한 개인의 선the good이 다른 사람의 유사한 선the like good과 본질적으로 동등한 가치를 지닌다고 간주하는 것"(Rashdall, 1924: 185)이라고 주장하였다. 이 정의에서는 평등하게 배분되어야 하는 것이 '선'이라고 규정하고 있다. 또한 어떤 이에게 가치 있는 것과 다른 이에게 가치 있는 것을 비교 대상에 놓음으로써, 사회정의가 동등성에 기초한 '평등'일 뿐 아니라 차이에 따른 '구별'도 내포하는 개념임을 표현하고 있다. 다만 래시들의 정의에서도 비교 대상인 선이 무엇이며, 또 이들을 서로 유사한 것으로 판단할 수 있는 합리적 기준이 무엇인지는 분명치 않다.

한편 윌리엄 프랑케나William Frankena는 "정의에 대해 고려하여 특별히 불평등한 대우가 요구되지 않는 한 모든 사람들을 평등하게 대우하는 것이 사회정의"(Frankena, 1962: 10)라고 하여, 사회정의가 평등의 가치에 기반을 두고 있음을 분명히 하였다. 그러나 여기서도 불평등한 처우를 가능하게 하는 '정의에 대한 고려'가 무엇을 뜻하는지는 모호하다.

존 롤스John Rawls는 기존의 논의에서 한발 나아가 사회정의가 가진 두 가지 상반된 속성, 즉 인간을 평등하게 대우해야 하지만 또 인간들 간에 차이가 존재한다는 사실을 하나의 이론체계로 담아냈다(Rawls, 1971). 그는 정의의 제1원칙인 '평등한 자유의 원칙Equal Liberty Principle'에 따라 한 사회의 구성원은 기본적 자유에 대해 다른 구성원과 동등한 권리를 가져야 한다고 보았다. 이는 자유라는 기본적 권리를 누리는 데 어떠한 차별도 없어야 한다는 것을 의미한다. 그리고 정의의 제2원칙인 '차등의 원칙 Difference Principle'을 통해 한 사회의 사회적·경제적 불평등이 허용되는 조건은 그 불평등으로 인해 사회의 모든 사람에게 이득이 되거나 기회의 평등이 보장되는 경우로 제한하였다. 여기서 모든 사람에게 이득이 되는 경우란, 그 사회의 가장 취약한 대상에게 가장 많은 이득이 돌아가야 함을 의미한다.

『정의론(A Theory of Justice)』 (1971)을 통해 정의의 두 원칙을 제시한 롤스

롤스의 정의론은 누구든 취약한 상태에 처할 수 있음을 전제로 한다는 점에서, 이러한 논리성에 동의할 수 있는 인간의 보편적 이성과 자율성에 입각해 있다고 볼 수 있다. 다만 특권과 억압이 엄연히 존재하는 현실에서 이것을 어떻게 실현해 갈 것인가 하는 점은 여전히 과제로 남는다. 그럼에도 불구하고 롤스의 정의론은 '최소 수혜자 이익의 극대화 원칙', 즉 한 사회의 최소 수혜자에게 우선적으로 이익을 보장하고자 하는 차등의 원칙을 통해 사회복지의 이념을 구체화하는 데 기여한 것으로 평가받고 있다(김기덕, 2002: 227-229).

## 2) 사회정의와 관련된 용어

사회정의의 관점에서 모든 사람은 동등한 권리와 기회를 가진다. 따라서 사회정의는 차이와 다양성을 인정하고 존중하며 차별과 억압에 반대한다. 또한 사회정의는 기계적인 평등이 아닌, 취약하고 빈곤한 사람들의 권리를 보장할 수 있는 실질적인 평등을 추구한다. 현실적으로 한 사회에는 권력을 가진 사람들과 그렇지 못한 사람들이 존재하며, 그러한 차이를 고려하지 않은 평등한 대우만으로는 진정한 자유와 인간 존중의 가치를 실현할 수 없다고 보기 때문이다. 즉, 권력에서 소외되어 빈곤과 불평등, 사회적 배제에 처한 이들의 권리를 옹호하고 인간다운 삶을 보장하려는 노력은 사회정의와 맞닿아 있다. 이러한 사회정의의 개념을 보다 명확히 이해하기 위해 관련 용어들을 좀 더 자세히 살펴보자.

### (1) 차이와 다양성

'차이difference'는 계급, 성, 외모, 인종, 민족, 건강, 장애, 성적 지향 sexual orientation, 종교와 같이 사회적으로 범주를 나누는 경계나 구분에 관한 것이다. 사람들은 저마다 겉으로 드러나는 특성(예: 외모, 말투, 행동) 뿐 아니라 내재적 특성(예: 성격, 재능, 취향), 그리고 그들이 속한 외부환경적 특성(예: 종교, 문화, 공동체)이 다르다는 점에서 차이가 있다고 할 수 있다.

한 사회에서 차이가 존재하는 정도는 그 사회가 '다양성diversity'을 용인하는 정도에 따라 달라진다. 다양성에 대한 입장은 크게 두 가지로 나뉘는데, 하나는 그 사회의 단일성과 단합을 훼손하는 사회적 위협이나 문제로 보는 입장이고, 다른 하나는 그 사회를 더 풍요롭게 하는 자산이자 강점으로 바라보는 입장이다(Thompson, 2002: 41-42). 이 중 다양성을 인정하는 후자의 입장은 곧 차이를 존중한다는 것이며, 어떠한 개인이나 집단을 일률적인 잣대로 평가하거나 고정적인 시선으로 바라보지 않는다는 것을 뜻한다.

### (2) 차별과 억압

계급, 성, 외모, 인종, 민족, 건강, 장애, 성적 지향, 종교와 같은 차이를 이유로 상대방의 존엄성을 훼손하거나, 권리를 침해하거나, 부당하게 대우하는 사회적 행위가 일어날 때, 이를 '차별discrimination'이라고 한다. 문자적으로 차별은 '차이를 구분하거나 분간하는 것'이지만, 실제 사회적 상호작용에서는 차이를 이유로 특정 대상에게 불이익, 손해, 비하, 수모 등을 가하여 심각한 고통을 초래하는 행위로 나타난다. 차별의 형태는 직접적이거나 간접적일 수 있으며, 하지 말아야 할 행동을 하는 것과 해야 할 행동을 하지 않는 것을 포함한다. 차별이 불합리하고 부적절하며 파괴적인 방식으로 일어날 경우, 차별받는 대상은 자유의 반대인 '억압oppression'을 경험한다. 이렇듯 차이가 차별로 이어질 때 억압이 발생할 수 있다는 점에서, 이를 바로잡기 위한 노력은 차이와 부당한 차별을 구별하는 것에서 시작된다고 하겠다(Wallman, 1976; Thompson, 2002: 43-44).

### (3) 빈곤과 불평등, 사회적 배제

빈곤은 가치판단이 개입되는 개념이기 때문에 일정한 기준을 정하기는 어렵다. 일반적으로 빈곤은 기본적인 생존을 위협하는 절대적 빈곤과, 사회적·경제적·문화적 조건에 대한 접근이 상대적으로 제한되거나 박탈당한 '상대적 빈곤'으로 구분된다. 불평등은 이 중 상대적 빈곤과 관련된 개념으로서, 어떤 사람들이 다른 사람들보다 더 많은 기회나 재화를 갖는 불공정한 상황을 뜻한다(Cambridge Dictionary, 2022). 이에 대해 센(Sen, 2001/2013)은 현대사회에서 빈곤은 저소득을 넘어 특정한 가능성이 박탈된 상태를 의미하며, 이러한 박탈 상황에서 벗어난 것이 바로 자유라고 보았다. 다시 말해 빈곤은 단순히 소득이나 자산의 결핍이 아니라, 사회적 구분에 의해 일자리, 사회참여 기회, 교육, 의료, 주거 등 기본적인 권리에 있어서 차별이 가해지는 불평등의 관점에서 이해되어야 한다는 것이다. 그리고 이러한 불평등은 차별받는 사람들을 주변화하여 사회적 배제social exclusion로 귀결된다는 점에서 더욱 심각한 문제이다. 그러나 불평등의 기울기는 전 세계적으로 가파르게 상승하고 있다.

## 3) 사회정의실천의 개념

지금까지 살펴본 내용에 따라 사회정의를 증진하기 위한 사회복지실천의 사명을 규정하자면, 사회 구성원이 받아야 할 합당한 몫을 찾아주려는 노력이자(Sterba, 1980), 모든 사회 구성원을 대상으로 최소한의 분배정의를 실현하는 것이라고 할 수 있다(Wakefield, 1988a). 이러한 측면에서 사회정의실천은 그 사회의 최소 수혜자들(사회경제적 지위, 신체 능력, 나이, 인종, 민족, 이민 여부, 종교, 성적 지향 등으로 인해 사회적으로 불이익을 당하는 소외된 개인과 집단)이 그들의 삶을 향상시킬 수 있는 자원에 공평하게 접근할 수 있도록 사회적 가치, 사회구조, 정책, 실천 등을 변화시키는 학문적 · 전문적 행동으로 정의된다(Goodman et al., 2004; Constantine, 2007).

사회정의실천가로서 사회복지사에게 요구되는 역량은 우선 불평등과 사회정의에 대한 인식을 갖는 것이다. 이를 토대로 사회복지사는 차별과 억압을 받으며 주변화된 사람들이 자신의 목소리를 내고, 주어진 현실을 수동적으로 받아들이는 대신 변화 가능성에 대한 희망과 비전을 갖고 도전하도록 도울 수 있어야 한다. 더불어 사회적 · 경제적 · 정치적 · 교육적 · 법적 · 의료적 제도와 기관에서 인권, 형평성, 평등, 공정성을 추구할 것을 선도적으로 주장하고, 부정의를 떠받치고 있는 체제를 개조하고 변화시키기 위해 노력해야 한다(Goldfarb & Grinberg, 2002). 그리고 그 노력은 사회복지사와 클라이언트의 반억압적 관계에 서부터 시작되어야 한다.

## 4) 사회정의실천 역량의 필요성

사회정의실천이 필요한 이유는 현재 우리가 처한 상황에서 찾을 수 있다. 세계적으로 양극화 현상이 가속화되면서 계층 간 격차가 더욱 벌어지고 있으며, 이는 인류가 직면한 가장 심각한 화두 중 하나이다.[1] 게다가 이미 심각했던 부의 편중 현상은 최근 코로나 팬데믹을 거치며 더욱 악화되고 있다(연합뉴스, 2021). 부자들은 단지 부자여서 더 부유해지고 빈자들은 가난하기 때문에 더 가난해지는 방식으로(Bauman, 2013/2019: 21) 불평등이 심화되고 있는 것이다.

불평등의 하위 계층인 빈곤층에 속할수록 폭력, 범죄, 질병, 약물 남용, 정신질환, 고립과 외로움, 10대 출산율, 학습 부진, 아동학대, 가족 문제 등이 더 심각하다. 그러나 불평등은 빈곤층에게만 악영향을 미치는 것이 아니다. 상대적 부유층도 자신의 소득이나 계층 유지에 상당한 불안을 느끼기 때문에, 자기 가치를 과시하기 위한 소비에 탐닉하며 타인을 신뢰하지 못한다. 그만큼 불평등한 사회에서는 타인을 더 많이 의식해 사회적 접촉에 불편감을 느끼게 되므로 상호 유대가 빈약해진다. 결국 자기중심적이고 고립된 인간들은 우울과 불안에 시달리며 술이나 약물의 유혹에 취약해진다. 이러한 현상들은 결과적으로 사회결속력과 사회통합에도 부정적 영향을 미쳐 인류를 위협하고 있다(Wilkinson

---

1   2010년대 초반 전 세계에서 생산된 재화의 90%를 상위 20%가 소비한 반면, 하위 20%는 불과 1%만을 소비한 것으로 나타났다(Bauman, 2013/2019: 19). 한국도 2021년 기준 상위 10%가 전체 부의 58.5%를, 하위 50%가 부의 5.6%를 차지하는 것으로 보고되었다(World Inequality Lab, 2022).

& Pikett, 2018/2019: 370-374; Hertz, 2020/2021). 사회복지 현장에서 다루는 여러 문제들 역시 그 원인을 파고들면 불평등에서 비롯된 경우가 많다. 불평등 정도가 낮은 국가에서는 이러한 문제가 상대적으로 적게 발생하고 행복감이 높다는 사실이 이를 뒷받침한다(Sustainable Development Solutions Network, 2021).

불평등 문제를 다양한 관점에서 조망하고 그 해법을 모색한 피케티(Piketty, 2008/2014)는 가장 불리한 처지에 있는 이들의 처지를 개선하기 위해 국가 차원에서 최대한 효율적인 방식으로 재분배를 수행해야 한다고 주장하였다. 이와 같은 재분배 방식 중 하나가 바로 사회복지적 접근이라고 하겠다. 기본적으로 사회복지는 제한된 사회적 자원을 도움이 필요한 사람이나 집단에게 분배 혹은 할당하는 것을 중시한다(Reamer, 1993). 그러나 근대적 사회복지실천의 태동지인 미국에서도 사회정의를 임상사회사업clinical social work의 핵심 방법으로 볼 것인지에 관해 '100년간의 논쟁'이 벌어졌을 정도로, 사회정의가 사회복지실천의 중요한 핵심가치로 채택되기까지 적지 않은 논쟁이 있었다(김기덕, 2002). 사회복지실천의 본질을 둘러싸고 제롬 웨이크필드Jerome Wakefield와 하비 딘Harvey Dean이 펼친 다음과 같은 격렬한 논쟁이 대표적인 예이다(김기덕, 2004: 242; 최명민, 2014).

이 논쟁은 미국의 사회복지실천이 개인 치료 중심으로 변화하는 상황에 대한 비판으로부터 시작되었다. 비판의 내용은 치료적 접근을 우선하고 문제의 원인을 사회구조가 아닌 개인의 역기능에서 찾으면, 상대적 불평등 상태에 있는 이들을 등한시하게 된다는 것이었다. 이러한 비판에 대해 딘(Dean, 1998)은 사회복지실천이 전통적으로 가장 중시해 온 윤리적 덕목은 개인의 자유와 자율성에 근거한 개별화이므로, 사회복지실천의 목표는 환경과 상호작용하는 인간의 자아기능 강화에 두어야 한다고 주장하였다. 따라서 개인의 욕구가 있다면 계층에 상관없이 심리치료서비스를 제공하는 것이 사회복지사의 중요한 역할이라고 보았다.

반면 웨이크필드(Wakefield, 1988b, 1998)는 사회복지실천이 인간관계의 모든 측면에 접근하는 것이라면 세상의 문제를 전부 다루어야 하는데, 이는 비현실적이므로 우선순위를 정할 필요가 있다고 주장하였다. 그는 사회복지실천의 가장 우선되는 목표는 바로 최소한의 분배정의로서 사회적 안전망을 제공하는 것이며, 따라서 사회복지사는 심리적 접근을 할 경우에도 분배정의 측면을 고려해야 한다고 보았다. 예를 들어 발달장애 아동에게 개입하는 경우 생물학적, 영양학적, 심리학적 결핍과 요구만이 아니라, 가족 상황, 주변 환경, 적절한 교육 기회, 그리고 이를 위한 교육제도 개선에도 관심을 가져야 한다는 것이다. 그에 따르면 사회복지사는 억압이나 문화적·인종적 다양성에 관한 지식과 민감성을 갖추고, 정보·서비스·자원에 대한 접근, 기회의 균등, 의사결정에 참여할 권리 등을 보장하고자 노력해야 한다. 사회복지사가 사회정의와 분배정의에 무관심한 채 심리치료적 접근에만 치중한다면, 이는 사회복지실천의 본질을 놓치는 것이다.

이 책에서는 웨이크필드의 견해와 같이 사회정의 구현에 대한 사회복지사의 역할을 강조한다. 즉, 다양한 대인서비스 직군이 존재하지만 차별과 불평등 해소를 사명으로 하는 대표적인 직업으로 단연 사회복지사를 꼽을 수 있다고 본다. 특히 우리나라에서는 사회복지사가 국가자격증이므로 국가적 차원의 불평등 해소 정책인 사회복지를 현실에서 구현할 책임이 더 분명하다. 따라서 사회복지사는 이러한 소임을 효과적으로 수행하기 위한 사회정의실천 역량을 갖추려는 노력을 기울여야 한다.

## 2. 사회정의실천 수행 방법

사회복지에서 불평등을 바로잡기 위한 실천적 전략은 1980년대 후반부터 적극적으로 모색되기 시작하여 이후 광범위하게 논의되어 왔다. 불평등은 그 원인과 구조가 복합적이기 때문에, 차이와 다양성을 존중하고 차별과 억압을 극복하고자 하는 사회정의실천은 여러 차원을 다각적으로 고려하는 총체적 접근을 취한다(Tomlinson & Trew, 2002: 1). 이와 같은 특성은 표 10-1에서 제시한 사회정의실천의 주요 전략과 방법에 잘 나타나 있다.

표 10-1 사회정의실천의 주요 전략과 방법

| 전략 | 방법 |
|---|---|
| 급진사회복지실천<br>(Fook, 1993/2007) | • 부당한 관료주의 대처 전략 개발<br>• 사회복지사와 클라이언트의 비판적 자각<br>• 옹호와 임파워먼트<br>• 평등한 원조관계 |
| 반차별실천<br>(Thompson, 2002;<br>Tomlinson, 2002) | • 개인적, 문화적, 사회구조적 차별에 대한 다층적 접근<br>• 클라이언트의 부정적 자기인식에 대응<br>• 문제시해 온 사람들에 대한 정치사회적 맥락 고려<br>• 불평등과 전형에 맞서기 |
| 반억압실천<br>(Dominelli, 2002) | • 사회복지사의 자기 탐색<br>• 사회복지사와 클라이언트 관계에 초점: 억압적 요소 성찰<br>• 보상과 성장을 위한 기회 제공<br>• 법률의 건설적 활용 |
| 비판사회복지실천<br>(Healy, 2005/2012) | • 사회복지사 자신에 대한 비판적 사고<br>• 클라이언트의 억압 경험에 대한 비판적 사정<br>• 사회복지사 개입 최소화로 클라이언트 임파워먼트<br>• 클라이언트와 함께 일함 |
| 사회정의실천<br>(Watts & Hodgson,<br>2019) | • 시민의 권리의식 제고와 비판적 성찰<br>• 사회운동과 집단행동 증진<br>• 공정하고 투명하며 책임성 있는 조직과 협동적 의사결정<br>• 지역사회개발과 조직화 |

표 10-1을 살펴보면 사회정의실천은 불평등과 억압 및 차별과 같은 사회구조적 문제에 주목하는 동시에, 그것이 인간 내면에 미치는 영향에도 관심을 갖고 다층적인 접근을 시도한다는 점을 알 수 있다. 이렇듯 사회정의실천은 전통적 실천에서 다루지 않았던 새로운 방법들은 물론 기존의 방법들도 활용한다. 사회정의실천을 규정하는 것은 특정한 방법이 아니라, 사회복지사의 목표와 가치이기 때문이다. 같은 방법이라도 사회복지사가 지향하는 목표와 가치에 따라 사회정의실천의 방법으로 활용될 수도 있고, 클라이언트를 기존의 체제에 적응시키려는 전통적 방법에 머무를 수도 있다(Fook, 1993/2007: 151). 이를 염두에 두고, 이제 여러 사회정의실천 전략에서 공통적으로 제시하는 수행 방법들에 대해 알아보자.

## 1) 차별과 억압을 이해하기

사회정의실천가들은 역사적·사회정치적 시각을 통해, 현존하는 차별과 억압을 사회적 부정의의 문제로 인식하고 이를 의도적으로 부각하며 도전한다(Theoharis, 2007). 그리고 다양성을 문제가 아닌 자산으로 이해하며, 차이가 차별과 억압으로 이어지지 않아야 함을 강조한다. 따라서 우선 차별 및 억압이 작동하는 원리를 파악하는 것이 요구된다. 이와 관련하여 톰슨(Thompson, 2002)은 사회적 상호작용을 개인person, 문화culture, 구조 structure 차원으로 분류한 사정틀인 자신의 PCS 모형(Thompson, 2001)이 현실의 다층적인 차별과 억압을 분석하는 데에도 유용하다고 보았다. 다음은 PCS 모형에 근거하여 차별과 억압의 기제를 개인적 차원, 문화적 차원, 사회구조적 차원에서 설명한 것이다.

### (1) 개인적 차원

차별과 억압은 개인의 특성으로부터 기인하며, 차별을 가하는 개인이 차별 문제의 원인이라고 보는 견해가 있다. 이러한 견해에서는 차별이 일부 인종주의자 또는 극단주의자의 문제로 이해된다. 이들이 지닌 편견이나 편협한 태도가 차별로 나타난다는 것이다. 때로 이들의 차별적 관점은 개인의 정체성을 구성하기도 하는데, 예를 들어 인종주의를 표방하는 사람은 자신이 속한 인종에 대한 우월감이 자기 정체성의 일부가 된다. 그러나 이처럼 차별을 일부 편견을 가진 사람들에게 국한된 문제로 볼 경우, 차별을 자신과 무관한 남의 일로 여기는 함정에 빠지기 쉽다(Thompson, 2002: 45).

한편, 차별을 받는 원인 역시 개인이 가진 어떤 예외적 특성 때문이라고 보는 견해도 있다. 예를 들어 성소수자나 정신질환자이기 때문에 차별받을 수 있다고 인식하는 것이다. 그러나 어떤 사람을 고정적인 특성으로만 규정하고 이를 차별의 원인으로 지목한다면, 차별에 작동하는 다양한 사회적 맥락은 지워지고 차별받는 개인의 책임만 부각된다. 이는 그러한 특성을 가진 개인에게 억압적일 수밖에 없다(Dominelli, 2002: 66).

차별은 몇몇 개인적 특성이 아닌, 차별을 양산하는 다양한 사회문화적 요인의 역동에서 비롯된다. 그래서 동일한 사람이라 하더라도 어떤 상황과 맥락에 놓이느냐에 따라 차별의 주체가 되기도 하고 대상이 되기도 하는 것이다. 사회복지사는 차별을 개인적 차원으로만 파악하면 차별에 얽힌 복합적 속성을 간과하게 된다는 사실을 잘 알아야 한다. 그리고 차별하거나 차별받는 특정 개인의 태도를 점검하는 것을 넘어, 개인적 편견에 작동하는 문화적·구조적 차원의 영향력을 이해하기 위해 노력할 필요가 있다.

## (2) 문화적 차원

문화에는 규범과 가치, 고정관념, 행동방식 등이 포함된다. 사회적 차별과 낙인은 대중이 정상적이라고 믿는 이러한 문화적 가치나 규범 등의 이데올로기에 영향을 받는다(Thompson, 2001). 예를 들어 성별이나 출신국가에 따른 역할 기대는 이를 벗어난 사람들에게 강요나 억압으로 작용한다. 즉, 특정 집단에 대해 사회문화적으로 공유되는 의미는 언어와 이미지로 구체화되어 담론을 형성하며, 이것이 해당 집단 구성원의 행동방식을 규제하게 된다. 그리고 담론이 지속되고 강화될수록 사람들은 그러한 가치체계나 신념체계에 익숙해진다. 그 결과 담론은 사회 구성원 대다수의 가치 및 신념체계로 자리 잡게 되므로 개인적으로 이를 바꾸는 일은 상당한 도전이 된다.

우리 사회에도 어떤 개인이나 가족을 장애인, 노인, 결손가족, 미혼모, 한부모가족 등으로 범주화하고 부정적인 관념과 이미지를 부과하는 담론이 존재한다. 이렇게 범주화된 사람들은 종종 개인적인 특성을 무시당하며, 차별적이고 부정적인 의미를 내면화함으로써 자존감이 손상된다(Righton, 1990). 따라서 사회복지사는 사람을 범주화하는 언어를 사용할 때 거기에 담긴 차별적 의미에 유의해야 한다. 특히 우울증, 조현병, 성격장애와 같은 정신과적 진단명을 적용할 때는 그 근거와 수용 가능성에 대해 비판적으로 성찰해야 한다. 또한 "○○인들은 위생관념이 없어.", "○○○는 성격적 결함이 있어."와 같은 방식으로 어떤 한 가지 속성을 전형화하고 그에 따라 편견과 낙인을 부과하는 문화적 담론은 정치적으로나 도덕적으로 부당한 것임을 인식하고, 이에 대해 비판적 태도를 견지할 수 있어야 한다.

## (3) 사회구조적 차원

사회구조적 차원의 차별과 억압은 제도화된 권력관계하에서 가해진다. 인권은 누구에게나 동등하다고 하지만, 현실에서 권력은 모든 사람에게 공평하게 분배되지 않는다. 사회를 통제하는 사회경제적 구조와 제도 및 정책에 따라 특정 집단이 다른 집단보다 더 많은 권력을 부여받기 때문이다. 한 국가 내에서 거주민과 이주민 각각이 누릴 수 있는 권력의 차이가 대표적인 예이다.

이러한 권력의 차이는 계급, 인종, 민족, 성, 연령, 장애 등에 따른 사회적 구분을 통해 나타난다. 또한 위계적인 권력관계에서 비롯된 사회구조적 불평등은 그 사회의 문화적 요소와 결합하여 지속적인 차별로 굳어지고, 개인의 의식에 스며들어 행동으로 드러나게 된다. 결과적으로 사람들은 차별을 기정사실로 받아들이게 되며 이를 바로잡아야 한다고 인식하기 어려워진다(Thompson, 2002: 48-49). 따라서 사회구조적 차원에서 차별과 억압을 파악하고자 할 때는 불합리하고 불평등한 제도로 인한 정치·경제적 압력과 통제, 사회적 배제와 억압, 차별과 부정의 등은 물론, 이들이 어떻게 문화적 요소와 결합하여 개인에게 영향을 미치고 있는지를 살펴보아야 한다.

또한 불평등에서 기인하는 부적절한 주거, 낮은 교육 수준, 실업과 불안정한 일자리, 제한된 정치적 의사표현 기회, 불공정한 사법적 대우, 마땅히 누려야 할 권한의 축소 등을 경험하는 사람들과 이들에 관한 정책을 결정하는 사람들이 서로 반대 지위에 있는 경우가 많은 것이 현실이므로(Chung & Bemak, 2012/2020: 68), 정책결정 과정에 당사자의 참여를 보장하려는 적극적인 노력이 반드시 요구된다. 예를 들어 과거에는 정신장애인을 위한 정책 수립의 주체가 전문가들에게 한정되어 있었으나 최근에는 당사자들도 참여하여 정책에 대한 의견을 낼 기회를 보장하고 있는데, 이러한 변화는 바람직하다고 할 수 있다. 사회복지사의 실천에서도 당사자의 권리와 요구가 정책에 반영되도록 노력하는 것을 넘어, 당사자가 정책결정 과정에 직접 참여하여 자신의 목소리를 내고 영향력을 행사할 기회를 모색해야 한다.

## 2) 평등한 관계에서 클라이언트와 함께 일하기

차별과 억압을 바로잡고자 하는 반억압실천에서 가장 중시하는 것은 사회복지사와 클라이언트의 관계에서 작동하는 권력의 역동이다(Tomlinson, 2002: 23). 만약 사회복지사가 도움을 준다는 명목으로 클라이언트를 통제하고 클라이언트가 이를 따라야만 하는 구도라면, 아무리 좋은 의도가 있다 해도 그것을 사회정의실천이라고 하기는 어렵다. 사회복지사와 클라이언트 간에 존재하는 권력의 차이나 구조적 불평등 같은 억압적 요소를 인식할 때, 사회복지사는 이를 토대로 민감하고 적절한 서비스 제공하고 궁극적으로 클라이언트의 임파워먼트에 다가갈 수 있다(Fook, 1993/2007: 170-171; Dominelli, 2002: 58).

사실 근본적으로는 사회복지사와 클라이언트가 평등하지만 서비스 이용을 이유로 클라이언트가 받는 낙인, 사회복지사가 서비스 제공자로서 가지는 권한 및 사회통제적 역할, 그리고 재정지원자와 지방정부 등 관련된 외부 체계에 대한 책임성 등으로 인해 양자의 관계는 현실적으로 평등할 수 없다. 따라서 사회정의실천에서는 대인관계 수준과 제도적 수준에서 클라이언트와 권력을 공유함으로써 보다 동반자적인 관계를 맺고 함께 일하기working in partnership를 실천하고자 한다(Dalrymple & Burke, 1995: 65; Healy, 2005/2012: 409-411).

이러한 동반자적 실천 관계를 위해 사회복지사는 우선 자신에게 부여된 권력과 그 영향력부터 인식해야 한다. 클라이언트와 사회복지사가 계층, 교육적 배경, 문화적 소속집단 등에서 서로 다르다면 이것이 실천에 어떤 영향을 미치는지를 깊이 고려하고, 전문가라고 해서 사회복지사에게 익숙한 기준에 클라이언트를 일방적으로 맞추려 하지 않도록 유의해야 한다. 사회복지사가 이러한 부분을 간과할 경우 사회복지실천을 통해 오히려 클라이언트를 열등한 존재로 규정하고 주변화함으로써 사회적 배제를 더 공고하게 만들 수 있다(Dominelli, 2002: 65).

또한 사회정의실천가로서 사회복지사는 클라이언트의 참여를 적극 보장함으로써 함께 일하고자 노력해야 한다. 클라이언트와 함께 일하기는 클라이언트의 견해를 경청하고 존중하는 것에서 시작된다. 클라이언트는 자신의 삶과 문제를 자신의 언어로 말하는 과정에서 사회복지사에 대한 신뢰와 자기존중, 그리고 자율성을 성취할 수 있다. 나아가 사회정의실천에서는 사회복지사가 클라이언트와 권력을 공유하는 것을 지향하는데, 이는 상호 협상이 가능한 관계가 된다는 것을 의미한다(Dominelli, 2002: 65). 사회복지사는 일방적인 소통을 지양하고, 서로 의견과 느낌을 편하게 교환하는 개방적인 분위기를 조성함으로써 이러한 관계를 도모할 수 있다. 이때 사회복지사의 적절한 노출은 친밀감과 동질성을 형성하는 데 도움이 된다. 그리고 전문지식이나 특수한 개념 대신 이해하기 쉬운 일반적인 용어를 사용하면(예: '인적 자원'보다는 '도와줄 수 있는 사람') 좀 더 원활히 소통할 수 있다. 이처럼 사회정의실천은 사회복지사가 자신의 기술과 가치, 가설을 클라이언트와 공유하기 위해 의식적으로 노력할 것을 요구한다(Tomlinson, 2002: 23).

단, 클라이언트가 일방적으로 도움받는 역할에 머무르지 않아야 한다는 말을 사회복지사와의 관계에만 적용해서는 안 된다. 사회정의실천에서는 사회복지사와 클라이언트가 동반자적인 실천 관계를 맺고 함께 일하는 것도 중시하지만, 클라이언트가 현실에서 주변 사람들과 좋은 관계를 맺고 그 안에서 변화를 경험하게 하는 것을 보다 궁극적인 목표로 삼는다(Cottam, 2018/2020). 차별과 억압을 극복하는 방법은 도움을 받기만 하는 위치에 있던 클라이언트가 상호적 도움을 통해 자유롭고 평등한 관계를 경험하는 것이다. 따라서 사회복지사와 클라이언트의 동반자적 관계는 클라이언트가 자신에게 의미 있는 사람들과 도움을 주고받으며 협력하는 관계를 형성하고 공동체에 참여하도록 촉진하는 하나의 과정이 되어야 한다.

## 3) 의식화와 편견에 도전하기

사회복지 현장에서 만나는 클라이언트들은 부정적인 자기개념을 형성하고 있는 경우가 많다. 부정적 자기개념은 일차적으로 직접 차별 당하는 경험을 통해 형성된다. 그러나 이것이 전부는 아니다. 클라이언트는 사회적으로 공유되고 있는 차별적 관념(예: 노인이나 어린이는 무력하고 의존적이라는 인식, 성소수자는 성적으로 문란하다는 인식)을 스스로 내면화하면서 부정적인 자기개념을 형성하고 강화한다. 어떤 대상에 대한 사회적 고정관념이나 편견은 그 대상을 구속하고 억압하기 때문이다. 요컨대 차별이란 제도적 차별같이 눈에 보이는 방식으로 작동하기도 하지만, 자신의 강점이나 가치, 욕구를 제대로 인식하고 드러내지 못하게 하는 방식으로도 작동한다. 그리고 이러한 과정을 반복적으로 경험하면 무기력해져서 자포자기 상태에 이를 수 있다(Tomlinson, 2002: 150-151). 따라서 사회복지사는 부당하게 부과되는 사회적 인식과 더불어 클라이언트가 내면화하는 부정적 인식에 저항하고 이를 바로잡을 수 있도록 도전해야 한다.

또한 사회정의실천가로서 사회복지사는 클라이언트가 사회적·정치적 억압으로부터 해방되어야 함을 강조한다. 그리고 개인적인 것처럼 보이는 문제의 기저에 존재하는 구조적 조건들을 비판적으로 인식할 수 있게 돕는다. 비판은 주어진 상태를 그저 받아들이는 대신 대안적이고 발전적인 미래를 상상하는 것이자, 현재보다 나아지도록 무언가를 시도하는 것이다(Pozzuto, 2000). 비판적 인식을 개발하기 위해서는 우선 외적 요소와 내적 요소를 분리하는 것, 즉 사회적으로 요구되는 상황과 클라이언트의 주관적 경험 및 생각을 구분하는 것이 필요하다. 그리고 당연하게 여겨져 온 기존의 인식들에 대해 비판적으로 질문하면서, 잘못된 신화나 제한된 역할 행동에 도전하고 다양한 대안들을 모색해야 한다(Healy, 2005/2012: 410-411).

특히 여성해방운동에서 시작된 '의식화consciousness raising'는 비판적 사고를 함양하고 변화를 위한 힘을 모으는 중요한 방법이다. 프레이리(Freire, 1972)는 의식화를 사회적·정치적·경제적 모순을 인식하고 현실의 억압적 요소에 대항하도록 교육하는 것이라고 정의하였다. 그런데 의식화 과정에는 교육뿐만 아니라 집단 활동도 적극 활용된다. 의식화를 위한 집단 활동에서는 부당하게 억압받았던 경험이 있는 사람들이 모여 개인적인 이야기를 구체적이며 자유롭게 나눈다. 이때 다른 구성원들은 정보를 제공하는 질문이나 요점을 명확히 하려는 개입 외에 어떤 조언이나 간섭을 하지 않는 것이 원칙이다. 그리고 마지막에는 이렇게 돌아가며 공유한 서로의 경험을 요약하고 공통점을 찾는다(Hammond, 2017). 이러한 의식화 과정은 그 자체로 치료적인 효과가 있으며, 클라이언트가 부당한 차별적 시선이나 고정관념을 비판적으로 이해하고 이를 내면화하지 않는 힘을 얻는 데에도 효과적이다. 나아가 동료들과 지지 및 연대를 형성하여 차별을 바로잡기 위한 사회적 활동으로 발전시켜 갈 수도 있다(Adams, 2003/2007: 29, 135-136). 이처럼 의식화를 통해 정치나 미디어에서 부정적으로 재생산되는 고정적 이미지를 탈피하고 긍정적 정체성을 가질 수 있도록 돕는 것은 반차별실천의 중요한 요소이다.

## 4) 구조적인 불평등을 다루기: 사회행동과 옹호

사회정의실천에서는 사회복지사가 객관적이거나 중립적인 입장을 취하는 것이 아니라, 사회적 약자와 가난한 사람들의 편에 설 것을 요구한다. 따라서 사회복지사는 계급, 교육, 언어, 인종 등과 관련된 특권 혹은 배제에 대한 사회학적 지식과 그것을 적용할 수 있는 역량을 필수적으로 갖추어야 한다. 그래야 클라이언트가 경험하는 거절 및 소외와 상처를 적절히 이해할 수 있으며, 보다 평등한 실천 관계를 지향할 수 있기 때문이다.

사회복지실천이 고통받는 사회 구성원의 문제에 관심을 갖는다고 할 때, 그 문제는 개별적인 것일 수도 있지만 거시적이고 집단적인 차원에서 접근해야 하는 것일 수도 있다. 예를 들어 불평등이나 억압, 부조리 등이 있음에도 제대로 알려지지 않은 경우라면 이를 사회적으로 이슈화할 필요가 있다. 또한 꼭 필요한 사회복지정책이 있다면 이를 마련하고 입법화해야 하며, 서비스 전달체계가 비효율적이라면 이를 개선하여 사회복지실천의 집행력을 향상시켜야 한다. 이처럼 사회복지사는 필요에 따라 구조적이고 제도적인 변화를 통해 사회적 약자의 권익을 보호하기 위한 행동을 취해야 하는데, 이러한 행동을 통틀어 사회행동social action이라고 한다.

사회행동이란 사회적 약자의 권리 옹호, 사회복지 서비스나 프로그램의 수립, 지역사회 문제의 해결, 사회복지제도의 개선 등 구조적이고 제도적인 사회변화social change를 위해 연대활동, 예산 확보, 관련법의 제정 및 개정 등을 도모하는 사회복지적 개입을 의미한다. 이러한 사회행동은 주로 억압받고 소외된 사람들의 사회적·정치적·경제적 권리 향상과 처우 개선을 목표로 수행되기 때문에, 사회정의를 적극적으로 실현하는 실천방법으로 간주된다. 따라서 사회행동에서는 지역사회의 권력과 자원의 재분배, 사회적 약자의 의사결정권 강화 등에 초점을 두며, 필요에 따라서는 시위나 협상, 그리고 정책형성 과정에 참여하는 것과 같은 보다 적극적이고 활동적인 방법도 동원된다(김성이·김수정, 2006: 61-62; 지은구 외, 2021: 356).

이 중에서도 옹호advocacy는 클라이언트가 자신의 권리를 주장하거나 자신의 권익을 확보할 능력과 지식이 부족할 경우, 사회복지사가 대신 대변해 주는 활동으로 이해되곤 한다. 그러나 사실 옹호는 클라이언트가 스스로 자신의 권익을 주장하는 자기 옹호의 의미까지 포함하는 넓은 개념이다. 또한 옹호는 취약한 클라이언트의 권익을 보장하기 위해 자원 확보나 서비스 제공은 물론 사회변화를 추구하는 활동이다 (Chung & Bemak, 2012/2020: 254). 즉, 옹호활동을 통해 변화시키고자 하는 대상은 개인과 가족뿐 아니라 더 큰 사회적 단위를 포함한다. 표 10-2는 미시적 차원부터 거시적 차원에 이르기까지 옹호의 여러 유형을 제시한 것으로, 사회복지사는 이들을 통합적으로 활용하여 클라이언트의 이익을 지키고 문제를 해결해 나가야 한다.

옹호는 사회통합과 평등을 증진하여 사회정의를 달성하는 데 매우 유용한 방법으로 인식되고 있다. 청과 베막(Chung & Bemak, 2012/2020:

표 10-2 옹호의 유형(권진숙 외, 2019)

| 유형 | | 개념 | 사회복지사의 역할 |
|---|---|---|---|
| 사례옹호 | 자기 옹호 | 클라이언트 개인과 집단이 자신을 옹호하는 활동으로, 때로는 자조집단 및 지지집단을 구성해서 활동한다. | • 행정적·기술적 지원: 회의실 제공, 자원봉사자 공급 등<br>• 격려 및 정보 제공 |
| | 개인 옹호 | 클라이언트가 자신을 옹호할 수 없을 때 사회복지사가 개인이나 가족을 대신해 옹호하는 활동을 뜻한다. | • 개인과 가족의 욕구 파악 및 사정<br>• 클라이언트가 적절한 서비스를 받지 못하거나 부당한 처우를 받을 때 개입: 토의, 설득, 촉구, 강제 등 |
| 계층옹호 | 집단 옹호 | 유사한 문제를 경험하는 클라이언트들로 구성된 집단의 공동문제를 해결하기 위한 옹호활동을 뜻한다. | • 집단사회복지실천 기술, 의사소통 기술 활용<br>• 당면 문제를 여론화하는 활동: 강의, 연설, 자료 제공 등 |
| | 지역사회 옹호 | 소외되어 있거나 공동문제를 경험하는 지역주민들을 위한 옹호활동으로, 주민들이 스스로 옹호하기도 하고 다른 사람이 대신하여 옹호하기도 한다. | • 주민을 모으고 조직화하는 기술 활용<br>• 일일캠프 개최 |
| 정책옹호 | 정치적·정책적 옹호 | 사회정의와 복지를 증진하기 위해 입법, 행정, 사법 영역에서 다양한 형태로 전개되는 옹호활동을 뜻한다. | • 특정 법안의 통과를 제안하거나 저지하기 위한 로비 기술 활용<br>• 사법 과정에서 증인으로 나서는 클라이언트를 보호하고 정보를 제공 |
| | 체제 변환적 옹호 | 근본적인 제도 변화를 위해 구성원과 사회체제 전체에 영향을 미치려는 옹호활동을 뜻한다. (예 양성평등을 위한 운동, 장애인 이동권 보장을 위한 운동) | • 캠페인, 조직화, 미디어 활용 |

252)은 사회정의 실현을 목표로 하는 옹호의 구체적인 방법을 다음과 같이 제시하였다.

- 보다 좋은 서비스를 위해 논쟁하기
- 기관 내에서 클라이언트의 권리 증진하기
- 기관과 협상하기
- 의사결정자에게 증거 제시하기
- 정책결정자에게 로비활동 벌이기
- 소송을 제기하거나 법적 개선책 추구하기
- 행정적 공청회에서 클라이언트의 대리인으로 설명하기
- 다른 기관의 행정적 규칙 제정에 영향력 행사하기
- 클라이언트에게 문제해결을 위한 옹호 기술 교육하기
- 클라이언트에게 그들의 고유한 권리 교육하기
- 대중에게 특정 기술 및 문제 교육하기
- 다른 기관의 업무 수행 모니터링하기
- 특정 이슈에 대해 조사하기
- 연합체coalition를 조직하기
- 특정 이슈에 대한 미디어 보도에 영향력 행사하기
- 유권자의 지지 및 지원 동원하기
- 정치적 캠페인 일으키기
- 공공기관이 제공하는 정보에 대한 클라이언트의 접근을 촉진하기
- 공공기관과 클라이언트 간 중재하기
- 외부 기관이 클라이언트에게 더 나은 서비스를 제공하도록 협상하기
- 기관의 부적절한 서비스나 억압적 정책에 관한 불만을 자금조달 기관에 전달하기
- 물리적 접근성이 낮은 클라이언트에게 인터넷을 활용하여 서비스와 정보 제공하기

## 5) 관료주의에 대응하기

경쟁을 통한 생산성 증가와 비용 대비 효과를 강조하는 신자유주의가 우리 사회의 주요 운영원리로 자리 잡으면서, 사회복지 현장에도 규범과 효율을 중시하는 관료주의의 영향력이 증가해 왔다(김기덕·최명민, 2014). 사회복지기관은 주로 정부의 직·간접적인 재정지원을 받아 사업을 수행하며, 위수탁심사나 평가, 감사 등을 통해 외부의 통제를 수시로 받는다. 그런데 이러한 관료주의적 통제는 효율적인 관리와 책임성 증대 등 일부 긍정적인 효과가 있을 수 있지만, 매뉴얼에 따른 서비스의 획일화, 공급자 중심의 서비스 제공, 경제성과 가시적 효과에 대한 과도한 강조 등 여러 부작용을 낳고 있다.

관료주의가 지배적인 환경에서는 사회복지사의 자율성과 창의성이 제한받기 쉬우며, 사회복지사가 통제적 서비스의 제공자 및 관리자로서 역할을 수행하게 된다(김기덕, 2020). 따라서 사회복지실천 고유의 기능인 클라이언트 중심의 서비스를 제공하려면, 관료주의와 조직 차원의 문제점을 이해하고 서비스를 내실화하기 위한 각별한 노력이 요구된다. 사회정의를 추구하는 비판적 실천에서는 관료주의의 한계에 대한 인식 위에서 그 문제점을 극복할 수 있는 방법을 다음과 같이 제시해 왔다.

첫째, 사회복지기관의 정책과 자원할당 방침이 전문가 중심적이거나 공급자 위주가 아닌지 점검하고 그 대안을 모색한다(Dustin, 2007). 이를 위해 기관의 정책이 사회적 불평등과 통제 및 관리를 조장하고 있을 가능성을 비판적으로 검토한다. 그리고 접수, 클라이언트와의 약속 시간, 타 기관으로의 의뢰, 기관의 개방 시간, 클라이언트에 대한 원조 조건 등에 클라이언트의 의견을 최대한 반영하며, 모든 절차에서 클라이언트가 적극적으로 참여할 수 있는 분위기를 조성한다. 필요하다면 클라이언트의 참여를 기관 방침으로 명시하고 참여 절차를 제도적으로 보장한다.

　둘째, 미완성 전략을 활용하여 효과성을 평가한다. 관료주의적 경향이 강한 업무 환경에서는 반드시 측정 가능한 명확한 목표를 세우도록 하고 그 달성 여부만을 중시한다. 이와 같은 요구는 합리적일 수 있지만, 눈에 보이지 않는 더 중요한 것을 놓치게 하거나 사회복지실천의 가능성을 제한할 수 있다. 따라서 관료주의에 대해 비판적인 입장에서는 사회복지사가 이론적으로나 실천적으로 미완성the unfinished의 입장을 취할 필요가 있다. 이 '미완'이라는 개념에는 작은 성과라 하더라도 그것이 축적되면 더 큰 변화, 나아가 정치적 차원의 변화로 이어질 수 있으므로 안주해서는 안 된다는 의미가 내포되어 있다(Cohen, 1965). 다시 말해 클라이언트의 문제를 해결하기 위해 단지 그 문제를 통제하고 관리하는 데 집중하기보다, 더 성장·발전하며 관계의 변화까지 도모하는 목표를 염두에 두어야 한다는 것이다(Cottam, 2018/2020). 이를 위해 사회복지사는 기관이 보유하고 있는 제한된 자원들로만 클라이언트를 지원하려고 하지 말고, 창의적으로 자원을 개발하고 관계 차원에서 문제를 풀어 가고자 노력해야 한다. 예를 들어 빈곤 상태에 있는 클라이언트의 특정 행동을 변화시킨 것과 같은 작은 목표를 성취하고서 클라이언트가 당면한 문제 전체를 해결한 것처럼 인식해서는 곤란하다. 행동 변화의 목표를 달성했다 하더라도 이것으로 완결된 것이 아니라, 더 의미 있는 삶을 향해 나아가는 과정 중 하나로 인식할 필요가 있다.

　셋째, 관료주의가 팽배한 환경에서는 전문적 자율성을 발휘하기 쉽지 않지만, 찾아보면 의외로 사회복지사에게 법률과 정책의 틀 내에서 진일보한 실천을 할 수 있는 재량권discretion이 있는 경우가 많다(김성천·김수경, 2020). 터벳(Turbett, 2014)은 사회복지사가 자율성과 전문성을 갖고 합법적인 방법으로 기존의 부적절한 관행을 개혁해 나갈 수 있는 재량권을 활용해야 한다고 주장하였다. 이를 위해 사회복지사는 조직에서 유동적인 공간을 탐색해야 한다. 실제로 기관 평가를 받을 때 수많은 관료주의적 매뉴얼과 양식을 무조건 따르는 대신, 웹 기반 문서 도구를 활용한 간편한 기록 양식으로 대체하고, 평가자나 감사자에게 이것이 대안적 도구로서 갖는 당위성을 설득하여 인정받았던 사례들이 있다(김성천, 2019: 35). 이러한 변화를 통해 사회복지사들은 평가 준비에 소요되는 시간을 절약하여 클라이언트에게 더 집중할 수 있었다. 이처럼 사회복지사의 전문적 판단과 경험에 근거해 자율적이고 창의적인 방법을 고안하여 바람직한 변화를 만들어 낼 수 있는 실천 영역들이 적지 않다.

넷째, 관료주의로 인해 소통이나 협상이 어려운 상황에서는 권력에 대한 직접적인 투쟁을 수반하는 정치적 전략을 동원할 수 있다. 사회복지사가 지속적으로 주장을 강화할 경우, 반대편 입장에 있던 권력자도 점차 관심을 갖고 변화 가능성을 검토하게 된다. 이때 최대의 이익을 가져오는 최선의 방안을 선택하는 것도 중요하지만, 이것이 여의치 않을 경우에는 가장 덜 해로운 대안이 무엇인지를 생각해 보는 것도 필요하다(Fook, 1993/2007).

## ☑️ 사회복지사의 사회정의실천 역량 체크 리스트

다음은 청과 베막(Chung & Bemak, 2012/2020)이 제시한 '사회정의실천가가 갖추어야할 역할과 역량'을 체크 리스트 형식에 맞게 수정한 것이다.

☐ 진정한 협력자: 클라이언트와 공유하는 협력적 리더십을 갖추고 있는가?

☐ 용기 있는 위기 수용자: 사회변화와 인권 개선을 위한 노력에 따르는 위험과 위기를 감수할 수 있는가?

☐ 동기 부여자: 클라이언트가 미래에 대한 희망을 가질 수 있도록 동기를 부여하는가?

☐ 안내자: 클라이언트의 진정한 동반자로서 클라이언트의 입장에서 개념과 변화 과정을 쉽게 설명하는가?

☐ 진정성: 깊은 신뢰와 도움을 끌어낼 수 있는가?

☐ 창의성: 과거의 전형적인 방식을 확장하고, 기존 틀 밖의 체계를 고려하며, 변화 과정에 유연하게 대처하고, 새로운 아이디어를 탐색할 수 있는가?

☐ 겸손함: 클라이언트의 문제는 당사자가 가장 잘 안다는 사실을 인정하고, 클라이언트의 성장과 발전을 위해 뒤로 물러설 수 있는가?

☐ 책임감: 실수와 잘못, 작동하지 않는 아이디어와 계획에 대해 다른 사람이나 체제를 비난하지 않고 자신의 책임을 인정하는가?

☐ 조사연구 및 데이터 활용과 이해: 관련 증거를 잘 수집하여 연구 결과를 활용해 클라이언트를 지원할 수 있는 전략이 있는가?

☐ 임파워먼트 창출하기: 사회정의실천가로서 클라이언트의 역량을 강화하고 있는가?

☐ 체제에 도전하기: 사회정의와 인권을 성취하기 위해 불합리한 규정과 일처리 방식에 도전할 수 있는가?

☐ 자각하기: 자신의 사회정치적 가치, 신념, 태도, 세계관 및 특수성을 이해하고, 자신의 편견을 돌아보며, 이를 토대로 클라이언트를 돕는 최선의 방법을 찾을 수 있는가?

☐ 다른 사람과의 차이 이해하고 인정하기: 클라이언트가 속한 지역의 역사와 그것이 클라이언트의 삶에 미치는 영향, 일상생활 속 사회문화적 이슈, 클라이언트가 지닌 심리적·생태적 요소의 특징을 이해하고 수용할 수 있는가?

☐ 사람들이 본받고 싶은 모델: 사회복지사로서 후대에 사회정의 업무를 전수할 수 있는 모델이 되어야 한다는 사명감을 갖고 일하는가?

## ✎ 용어 정리

• **사회정의**: 모든 사람이 동등한 경제적, 정치적, 사회적 권리와 기회를 가질 자격이 있음을 뜻한다. 따라서 사회정의는 차이와 다양성을 인정하고 존중하며 차별과 억압에 반대한다. 또한 사회정의는 진정한 자유와 인간존중의 가치를 실현하기 위해, 기계적인 평등이 아닌 취약하고 빈곤한 사람들의 권리를 보장할 수 있는 실질적인 평등을 추구한다.

- **사회정의실천**: 불평등과 사회정의에 대한 문제인식을 토대로 차별과 억압을 받으며 주변화된 사람들이 자신의 목소리를 내고 변화에 대한 희망과 비전을 갖고 도전하도록 돕는 사회복지실천을 말한다.
- **급진사회복지실천**: 개인과 가족의 문제를 다룰 때, 보다 근본적인 원인을 제공하는 구조적인 측면을 함께 다루며 그 변화를 위해 노력하는 사회복지실천을 말한다.
- **반차별실천**: 성, 나이, 인종, 종교, 장애 등의 차이가 부당한 차별로 이어지면 사회적 약자를 억압하게 된다. 반차별실천은 이를 방지하기 위해 노력하며, 다양성이 긍정적인 사회적 자산이자 장점으로 작용할 수 있도록 돕는 사회복지실천이다.
- **반억압실천**: 사회복지사-클라이언트 관계와 사회복지실천 과정에 존재하는 구조적 불평등과 억압을 인식하고, 보다 평등한 관계와 임파워먼트를 추구하는 사회복지실천을 의미한다.

Chapter

# 11

# 윤리적 실천 역량

적절한 가치와 윤리에 기반을 둔 사회복지사의 판단은 클라이언트의 삶에 직접적인 영향을 미치기 때문에, 사회복지사는 그 어느 직업보다도 가치지향적인 직군으로 규정되곤 한다. 따라서 사회복지실천에서 가치와 윤리는 지식 및 기술과 함께 그 본질을 구성하는 3대 요소로 일컬어진다(Thompson, 2005). 여기서 가치는 좋고 나쁜 것에 대한 믿음을 뜻하며, 윤리는 행동 선택에 영향을 주는 옳고 그름에 대한 판단을 의미한다. 그런 면에서 가치는 윤리를 포괄하는 더 큰 개념이라고 할 수 있다.

윤리는 사회적 인간이 살아가는 데 필요한 핵심 원리이다. 물리物理가 사물 간의 원리라면 윤리倫理는 인간 간의 원리이다. 다시 말해 사람이 다른 사람과 관계를 맺고 살아가기 위한 필수적인 도리가 윤리인 것이다. 사회복지직과 같이 사람을 대상으로 하는 휴먼서비스 영역에서 윤리는 더욱 중요한 의미를 갖는다. 사회복지전문직은 사회적으로 소외되고 억압받는 사람들에게 공공서비스를 제공하므로, 전문적 판단과 더불어 스스로에게 엄격한 자기규제적 실천이 요구된다.

# 1. 윤리적 실천 역량에 대한 이해

## 1) 윤리적 실천 역량의 개념과 필요성

사람을 대상으로 하는 휴먼서비스에서 실천이란, 클라이언트의 문제와 관련해 자기반성적 성찰을 수행하는 전문가가 해당 문제에 대한 지식체계와 가치체계를 활용하여 과학적이고 규범적으로 적절한 활동을 수행하는 것을 말한다. 그런데 이 과정에서 전문가가 내리는 결정은 윤리적인 속성을 가질 수밖에 없다. 규범적으로 적절하다는 것은 가치판단의 영역이며, 가치란 옳고 그름이라는 윤리적 측면을 포함하기 때문이다. 이렇듯 가치는 단지 추상적인 원칙에 머무는 것이 아니라, 실제로 그 사람의 생각과 행동, 그리고 그가 다른 사람과 맺는 관계에 영향을 미친다.

대표적인 사회복지윤리학자인 프레더릭 리머Frederic Reamer는 사회복지실천에서 가치의 중요성을 강조하였다. 그에 따르면 가치는 사회복지실천의 목적과 사명을 구성하고 실천 과정에서 개입의 방향이나 방법을 결정하는 데 상당한 영향을 준다. 또한 사회복지사는 클라이언트와 동료, 다른 사회 구성원과의 관계에서 그들이 지닌 가치와 영향을 주고받으며 가치 충돌을 경험하기도 한다. 따라서 단순한 자선이나 봉사와 달리, 여러 가지 삶의 문제로 고통받는 사람들에게 전문적인 서비스를 제공하려는 사회복지사라면, 전문적 지식은 물론 전문적 가치의 기반을 갖추어야 한다. 그리고 이처럼 전문적 가치에 대한 신념과 가치지향적 태도를 갖출 때, 비로소 윤리적 실천도 가능하다(Reamer, 1999).

그러나 현대에 들어 과학적이고 절차적인 측면이 과도하게 강조되면서, 사회복지실천에서도 정작 그 본질인 윤리적 측면을 다루는 비중이 점차 줄고 효율성과 효과성이 더 중시되는 경향이 있다. 그 결과 사회복지사들조차 윤리적으로 둔감해지고 공감 능력이 마모될 위험에 처해 있다는 우려가 나온다. 따라서 지금 시대의 사회복지사에게 가장 요구되는 덕목은 도덕성의 회복이라 할 수 있다(Smith, 2011).

일반적으로 사회복지에서 도덕성은 윤리 이론을 숙지하고 사회복지사 윤리강령을 준수하면 충족되는 것으로 여겨진다. 그러나 윤리강령을 준수하고 매뉴얼을 잘 따르는 것만으로는 충분하지 않다. 주어진 상황에 대해 의심하고 집요하게 도덕성을 추구하는 전문적 성찰을 통해 윤리적 민감성과 윤리적 실천의지를 갖는 것이 핵심이다(김기덕 · 최명민, 2014). 특히 과거에는 의존적인 사람도 훈련이나 재활을 통해 사회적으로 요구되는 노동력으로서 의미를 가질 수 있었지만, 현대에는 노동력을 중심으로 한 생산성보다 소비가 중시됨에 따라 의존적 인구의 효용가치를 합리적으로 증명할 길이 점점 멀어지고 있다. 이에 대해 사회학자 지그문트 바우만Zygmunt Bauman은 의존적인 존재를 책임지고 보살피는 행위의 정당성, 즉 타인의 불행에 공감하고 연대책임을 느끼는 도덕성을 뒷받침해 줄 것은 어떤 경제 논리가 아닌 도덕성 그 자체뿐이라고 강조하였다(Bauman, 2001/2013).

이러한 상황에서 사회복지사에게 요구되는 윤리적 실천 역량이란 사회복지의 가치와 윤리에 대한 이해를 바탕으로, 성찰적 태도와 윤리적 민감성을 갖추고 윤리적 실천을 적용하는 능력이라 정의할 수 있다.

그림 11-1 사회복지사에게 요구되는 윤리적 실천 역량

## 2) 사회복지 윤리의 구성요소

사회복지실천 현장에서 사회복지사는 클라이언트를 대면하는 순간부터 사회복지 고유의 가치 기준에 비추어 옳고 그른 행동을 판별하고 윤리적 결정을 내려야 하는 상황에 직면한다. 사회복지사가 낮은 윤리의식을 가지고 실천을 수행할 경우, 클라이언트에 대한 인권 침해와 서비스의 질적 하락, 나아가 사회복지사의 자질과 전문성에 대한 불신이라는 결과를 초래할 수 있다. 실천 현장에서 수많은 윤리적 딜레마에 직면할 때, 사회복지사의 윤리의식은 인간존엄성 존중, 평등, 기회에 대한 신념, 바른 사회에 대한 의지와 같은 보편적이며 전문가다운 사회복지실천을 가능하게 한다(오혜경, 2004). 즉, 윤리적인 실천은 특정한 방법론이라기보다 사회복지사의 윤리의식과 직결되는 문제인 것이다.

이러한 사회복지사의 윤리의식은 사회복지전문직이 지향하는 핵심가치에 기반한다. 개인 존중, 전문성, 공공성이라는 이들 핵심가치는 사회복지전문직의 특징적인 윤리를 이루는 동시에 사회복지 윤리의 구성요소가 된다(그림 11-2 참조). 이 요소들을 하나씩 살펴보면, 개인 존

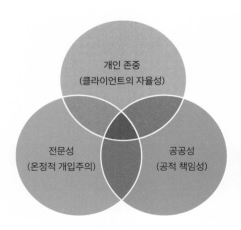

그림 11-2 사회복지 윤리의 구성요소
출처: 김기덕 외(2018: 108)

중은 클라이언트의 존엄성과 자율성에 대한 존중을 바탕으로 서비스를 제공해야 함을 뜻한다. 또한 전문성은 전문가의 온정적 개입주의를 말한다. 어려움에 처한 사람을 돕는 선행에서 기원하여 그것이 전문적으로 체계화된 직종이 바로 사회복지전문직이다. 마지막으로 공공성은 일반적인 복리에 대한 보호와 증진을 추구하는 공적 책임성을 의미한다. 사회복지전문직은 여타 전문직에 비해 특히 공공성이 강조되는데, 이는 사회복지가 공적 재원과 자원으로 서비스를 전달하는 사회적 영역이기 때문이다.

사회복지사는 현장에서 개인 존중, 전문성, 공공성이라는 이 세 가지 구성요소를 함께 구현하며 윤리적 실천을 수행한다. 그러나 세 요소가 서로 충돌하여 갈등을 일으킬 때도 있다. 우선, 개인 존중과 전문성이 충돌할 수 있다. 예를 들어 개입이 시급해 보이는 클라이언트가 서비스를 거부한다면, 사회복지사는 전문적 판단에 근거하여 개입을 하는 것이 맞는지, 아니면 클라이언트의 자율성을 존중해야 하는지 갈등하게 된다. 다음으로 개인 존중과 공공성이 충돌하는 경우도 있다. 실천 과정에서 클라이언트가 제3자에게 해를 입힐 수 있는 결정을 했다고 가정해 보자. 이때 사회복지사는 클라이언트의 자기결정권을 어디까지 존중해야 할지 고민하게 된다. 또한 공공성과 전문성이 충돌하기도 한다. 정신장애인의 위험성을 내세워 입원과 시설 격리 중심의 정책을 강조하는 사회적 분위기가 형성되어 있는 상황에서 사회복지사가 지역사회통합돌봄을 위한 지지체계 구축이 더 중요하다고 생각할 경우, 대중의 요구와 전문적 판단 사이에서 갈등을 느끼게 된다. 이처럼 사회복지 윤리의 구성요소에 이미 딜레마가 존재하기 때문에, 다양한 상황에서 여러 체계와 함께 일하는 사회복지사의 윤리적 역량은 그만큼 중요할 수밖에 없다.

## 사회복지사전문직의 가치

레비(Levy, 1973)는 사회복지실천에서 행동 지침이 될 수 있는 사회복지전문직의 가치에 관해 설명한 바 있다. 그는 사람, 결과, 수단이라는 세 가지 측면에서 사회복지사가 공유해야 할 가치를 제시하였다.

첫째, 사람에 대한 가치이다. 사회복지사는 클라이언트를 한 명의 인간으로 존중할 책무가 있다. 이를 위해 사회복지사는 개별 인간의 존엄성과 권한, 변화 욕구와 능력, 상호책임성, 소속감에 대한 지향, 인류의 보편성과 개인의 특수성 등을 이해해야 한다.

둘째, 결과에 대한 가치이다. 사회복지사는 분배정의에 관한 신념을 갖고, 사회참여에 대한 동등한 기회를 보장하고 결과적 불균형을 바로잡기 위해 노력해야 한다. 따라서 빈곤, 질병, 차별, 부적절한 주거, 불공평한 교육 기회 등에 관심을 기울여야 한다.

셋째, 수단에 대한 가치이다. 사회복지사는 자신이 서비스 제공 과정이나 수단에서 강제나 억압이 아닌 존경과 존중으로 클라이언트를 대하는지 점검해야 한다. 특히 클라이언트의 자존감을 손상하는 방식으로 실천이 수행되지 않도록 해야 하며, 자율성과 참여를 보장함으로써 클라이언트가 자신을 소중한 존재로 인식할 수 있게 도와야 한다.

## 3) 윤리 이론

앞서 언급했듯 윤리 이론만으로 사회복지사의 윤리적 실천을 담보할 수는 없지만, 윤리 이론을 알아 두는 것은 실천 현장에서 윤리적 결정을 내릴 때 도움이 된다. 윤리 이론은 윤리학ethics에 기초한다. 그리고 윤리학은 도덕morality[1]에 대한 철학적 탐구, 즉 도덕성, 도덕적 문제, 도덕적 판단 등에 대한 철학이라고 할 수 있다. 이러한 도덕의 본질은 인간

...............

1    도덕과 윤리는 의미가 유사하므로 여기서는 두 용어를 혼용하였다.

행위의 옳고 그름을 판단하는 규범성이다.[2] 사회복지윤리학도 사회복지실천 측면에서 어떤 행위가 도덕적으로 타당한가를 판단하는 것에 관심을 갖는다(김기덕, 2011: 37-40).

이마누엘 칸트Immanuel Kant로 대표되는 윤리적 절대주의ethical absolutism는 보편타당한 도덕법칙에 따라 행동해야 한다는 의무론적 윤리주의와 상통한다. 윤리적 절대주의에 의하면 선과 악, 옳고 그름을 판단하는 기준은 행위의 결과가 아닌 고정불변의 도덕률이다. 다시 말해 행위의 도덕성은 그 결과와 상관없이 행위의 주체가 보편적인 법칙을 따랐는가 아닌가에 달려 있다. 이때 도덕적 보편성의 제1원칙은 인간은 그 자체가 목적이며 결코 수단이 될 수 없다는 것이다.

반면 윤리적 상대주의ehtical relativism는 절대적인 규범을 고수하기보다 상황의 특수성을 고려하여 행위의 결과를 기준으로 선과 악을 판단한다. 행위를 하게 된 동기와는 별개로, 그 행위가 다른 대안적 행위보다 선한 결과를 만들어 낸다면 도덕적 행위라고 볼 수 있다는 입장이다. 이는 행위의 목적이나 결과에 초점을 둔다는 점에서 목적론적 윤리주의 또는 윤리적 결과주의와 연결된다. 이러한 윤리적 상대주의의 제한점은 목적이 수단을 정당화할 수 없다는 데 있다. 특히 인간의 존엄성과 사회정의를 핵심가치로 여기는 사회복지실천에서 인간을 수단으로 대하거나 최대 다수의 최대 행복을 위해 소수의 불행을 묵인한다는 것은 용납될 수 없다.

사회복지사는 개인과 사회의 관계에서 개인을 보호하는 동시에 사회적 책임을 수행해야 하기 때문에, 실천적 결정을 내릴 때 이 양대 윤리주의의 상이한 입장 사이에서 윤리적 딜레마를 경험할 수 있다. 또 사

..................

2    도덕이나 윤리 외에 인간의 삶에 규범성을 제공하는 것으로 종교, 법, 예절을 들 수 있다. 종교는 옳고 그름에 대한 판단 기준이 인간의 이성이 아닌 신적 권위에 있다는 점과 현실적인 강제력이 약하다는 점에서, 법은 도덕성과 합법성이 일치하지 않을 수 있다는 점에서(예: 낙태법 논쟁), 예절은 문화 간 차이가 크다는 점에서 도덕과 구별된다.

회복지실천에서는 과정과 결과가 모두 중요하므로 클라이언트에게 최대 이익을 제공하기 위한 노력과 그 과정의 정당성이 충돌할 경우 윤리적 딜레마에 처하게 된다. 이처럼 개인과 사회, 과정과 결과 등을 함께 살피며 상황적 판단을 해야 하는 사회복지사는 자신의 실천을 성찰하는 틀로써 윤리적 절대주의와 상대주의를 모두 고려하는 것이 바람직하다(오혜경, 2009). 물론 사회복지사가 실천 현장에서 윤리적으로 올바른 결정을 내리는 데는 사회복지전문직 고유의 역할과 가치에 기반을 둔 일종의 가이드라인도 필요할 것이다. 다만 그러한 지침이 있다 하더라도 다양한 상황에 일률적으로 적용하기는 힘들다. 따라서 사회복지사는 자신이 처한 윤리적 문제의 본질을 성찰하고, 교육과 훈련, 슈퍼비전을 통해 윤리적 결정을 내리는 역량을 갖추도록 노력해야 한다.

## 2. 윤리적 실천 수행 방법

### 1) 윤리적 실천의 대상

사회복지 제도와 서비스는 사회 구성원의 삶의 질에 지대한 영향을 끼친다. 그만큼 국가의 복지정책은 사회적으로 중요한 이슈가 되곤 한다. 그리고 여기에는 가치지향과 윤리적 판단이 작용한다. 예를 들어 우리 사회에는 사회적 안전망 확충, 사회적 분배 강화, 복지제도 및 전달체계 개편 등에 찬성하는 사람도 있지만 이에 반대하는 사람도 존재한다. 찬성하는 입장에서는 분배와 성장을 함께 추구하는 북유럽 국가들처럼 분배정의 실현과 안전망 구축을 통해 보편적 복지를 제공하는 것이 국가의 지속가능한 발전을 보장할 수 있다고 본다. 그러나 반대하는 입장에서는 복지혜택이 늘어날수록 복지 의존자가 증가하여 국가의 부담만 가중될 뿐 실질적인 빈곤 탈출 효과는 기대하기 어렵다고 주장한다.

거시적인 차원의 결정뿐만 아니라 미시적인 실천에서도 윤리적 판단에 따른 입장 차이가 나타날 수 있다. 예를 들어 어떤 사회복지사는 예의 바르고 순응적인 클라이언트에게는 더 관심을 갖고 최대한의 서비스를 제공하지만, 무례하고 비협조적인 클라이언트에게는 최소한의 과업만 수행하려고 할 수 있다. 그러나 포용적인 태도와 평등한 대우를 중시하는 사회복지사는 이러한 차이를 인식하면서도 클라이언트의 상황을 이해하고 최대한 공정하게 서비스를 제공하기 위해 노력할 것이다.

이처럼 사회복지실천이 정책결정과 같이 거시적인 차원에서 이루어지든, 기관의 사업 계획이나 예산 수립, 직원 채용과 업무 배치 및 서비스 제공 결정과 같이 중간적인 수준에서 이루어지든, 또는 사회복지사와 클라이언트 사이의 서비스처럼 미시적인 수준에서 이루어지든, 모두 윤리적 실천의 대상이라고 할 수 있다. 따라서 사회복지 윤리는 사회복지사가 실천활동을 하며 맺게 되는 다양한 전문직 관계(예: 클라이언트와의 관계, 동료와의 관계, 고용주 및 기관과의 관계, 전문가 단체와의 관계, 기관이 속한 지역사회 및 국가와의 관계)에서 윤리적 판단 및 행위의 주체로서 직면하는 여러 윤리적 문제들을 다룬다. 그렇기에 사회복지사의 윤리적 역량 역시 클라이언트와의 관계를 포함하여 다양한 체계를 대상으로 발휘되어야 한다.

## 2) 윤리강령의 기능과 활용

사회복지사는 사회복지전문직의 윤리성을 토대로 심사숙고하며 실천에 임한다. 이때 가이드라인이 되는 것이 사회복지전문인들이 공통으로 합의한 윤리강령이다. 우리나라의 대표적인 사회복지사 윤리강령은 한국사회복지사협회의 윤리강령(2021 4차 개정)이다.[QR] 이 윤리강령의 전문에서는 인본주의와 평등주의 사상에 기초하여 인간의 존엄성과 가치를 존중하고 자유권과 생존권, 사회정의 등을 실현할 것을 규정하고 있다.[3] 또한 사회복지사의 윤리기준을 기본적 윤리기준, 클라이언트에 대한 윤리기준, 동료에 대한 윤리기준, 사회에 대한 윤리기준, 기관에 대한 윤리기준으로 나누어 제시하고 있다. 이러한 윤리강령은 사회복지사가 전문가로서 수행해야 할 행동의 원칙을 기술해 놓은 것으로, 법적 구속력을 가지지는 못하지만 사회적·윤리적 구속력이 있으며 다음과 같은 기능을 한다(양옥경, 2004: 92-93).

- 윤리적 갈등이 생겼을 때 지침과 원칙을 제공한다.
- 자기규제를 통해 클라이언트를 보호한다.
- 스스로 자기규제를 가짐으로써 사회복지전문직의 전문성을 확보하고 외부통제로부터 전문직을 보호한다.
- 전문가로서 사회복지사의 기본업무 및 자세를 일반 대중에게 알려준다.
- 선언적 선서를 통해 사회복지 전문가들의 윤리적 민감성을 고양하고 이들을 윤리적으로 무장시킨다.

윤리강령은 사회복지사의 윤리적 실천을 촉진하고 윤리적 결정에 지침을 제공하는 기능을 하기 때문에 사회복지사는 이를 잘 숙지해야 한다. 다만 현재 우리나라의 사회복지사 윤리강령에 비해 전미사회복지사협회NASW의 윤리강령(2021 개정)[QR]이 더 구체적이므로 필요시 이를 참조하도록 한다. 예를 들어 한국 사회복지사 윤리강령에서 자기결정권과 관련된 규정을 찾아보면 "사회복지사는 클라이언트가 자기결정권을

---

3    한국사회복지사협회의 사회복지사 윤리강령(2021 4차 개정) 전문은 3장을 참고.

최대한 행사할 수 있도록 도와야 하며, 저들의 이익을 최대한 대변해야 한다.”정도로 기술되어 있다. 하지만 NASW 윤리강령에서는 “사회복지사는 클라이언트의 자기결정권을 존중하고 증진시키며 클라이언트가 자신의 목표를 확인하고 명확히 하도록 도와준다. 하지만 클라이언트의 행동이나 잠재적 행동이 그 자신이나 타인에게 심각하고 예측 가능하며 즉각적인 위험을 초래한다고 전문적으로 판단될 때에는 클라이언트의 자기결정권을 제한할 수 있다.”라고 하여 원칙뿐 아니라 예외적 상황에 대한 서술도 명시하고 있다. 따라서 한국사회복지사협회의 윤리강령과 NASW의 윤리강령을 함께 참고한다면 현장에서 더욱 실질적인 도움을 받을 수 있을 것이다.

## 3) 윤리적 딜레마와 윤리적 민감성

윤리적 딜레마란 둘 이상의 윤리적 갈림길에서 하나의 방향을 선택해야 할 때, 혹은 어떤 행위가 누군가에게는 도움이 되지만 다른 사람에게는 바람직하지 못한 결과를 초래할 수 있을 때 발생한다. 사회복지사가 직면하는 윤리적 딜레마는 획일성보다 다양성을 중시하고 인권에 대한 의식이 향상된 현대사회에서 한층 복잡해졌다. 표 11-1은 사회복지사가 클라이언트의 상황을 판단하고 개입 방향을 결정할 때 처할 수 있는 윤리적 딜레마의 유형들을 보여 준다. 이처럼 실천 현장에서 사회복지사는 가치 상충, 의무 상충, 클라이언트 체계의 다중성, 결과의 모호성, 권력의 불균형 등 다양한 요인으로 인해 윤리적 실천에 대한 도전과 갈등을 경험하게 된다.

윤리적 딜레마 상황에서 사회복지사가 윤리적 행동을 선택하기 위해서는 우선 해당 상황에 어떠한 윤리적 이슈가 포함되어 있는지를 파악할 수 있어야 한다. 실천 상황에 포함된 가치 갈등이나 윤리적 쟁점을 발견하고 인식할 수 있는 이러한 능력을 윤리적 민감성이라고 한다. 윤

표 11-1 윤리적 딜레마의 유형과 사례

| 유형 | 특성 | 사례 |
| --- | --- | --- |
| 가치 상충<br>(competing value) | 두 개 또는 그 이상의 상충되는 가치에 직면했을 때 경험하는 윤리적 딜레마 | 정신장애를 동반한 노숙인이 치료를 거부하고 쉼터에서 생활하기를 원할 때 |
| 의무 상충<br>(competing loyalties) | 기관에 대한 의무와 클라이언트에 대한 의무가 상충될 때 경험하는 윤리적 딜레마 | 노인 무료급식 대상의 연령기준에 미달하는 사람이 무료급식이 자신의 유일한 식생활이라며 서비스를 요청할 때 |
| 클라이언트 체계의 다중성<br>(multiple client system) | 클라이언트 체계가 복잡하고 다양하여 이익을 고려해야 할 대상이 많을 때 경험하는 윤리적 딜레마 | 정신장애인이 회복하여 퇴원을 요구하지만 이전에 심각한 위험상황을 경험한 가족이 두려움과 돌봄 부담을 호소하며 퇴원 동의를 거부할 때 |
| 결과의 모호성<br>(ambiguity) | 클라이언트와 합의하여 내린 결정의 결과를 예측하기 어려울 때 경험하는 윤리적 딜레마 | 혼자서 자녀를 양육할 수 없는 현실 때문에 입양을 보내려 하지만 망설이는 미혼모를 도울 때 |
| 권력의 불균형<br>(power imbalance) | 사회복지사와 클라이언트의 관계가 권력적으로 평등하지 않을 때 경험하는 윤리적 딜레마 | 의사소통 능력이 없는 클라이언트를 대신하여 서비스에 관한 사항을 결정할 때 |

리적 민감성은 윤리적 의사결정 과정의 출발점이자, 윤리적 판단과 결정을 가능하게 하는 전제이다(최명민, 2008). 사회복지사는 윤리적 민감성을 바탕으로 자신이 처한 딜레마 상황을 분석한 다음, 어떤 선택이 윤리적일지를 판단하고 결정하여 행동으로 나아간다. 그림 11-3은 이와 같은 윤리적 의사결정의 일반 행동을 모형화한 도식이다.

　　사회복지사의 윤리적 민감성은 앞에서 설명한 사회복지전문직의 핵심가치, 윤리 이론, 사회복지사 윤리강령 등을 이해하고 내면화함으로써 함양할 수 있다. 아울러 도덕적 문제와 관련된 실천 경험과 훈련도 필요하다.

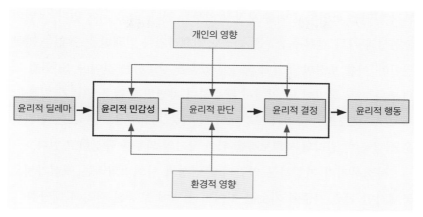

그림 11-3 윤리적 의사결정의 일반 행동 모형
출처: Wittmer(2000: 184); 최명민(2008: 104)에서 재인용

## 3. 윤리적 실천 역량과 관련된 이슈들

### 1) 인권

윤리적 실천에서 인권과 관련된 측면은 특히 중요하다. 인권이 무시되는 상황에서는 인간다운 삶이 불가능하기 때문이다. 유엔에서는 인권의 속성을 천부성, 불가양성·불가분성, 보편성으로 구분하여 설명한다. 즉, 모든 인간은 태어나면서부터 존엄한 존재라는 점에서 인권은 천부적 권리이다. 또한 인권은 각 개인에게 속한 것이므로 누구에게도 양보할 수 없고 어느 누구와도 나눌 수 없는 불가양성과 불가분성을 지닌다. 이러한 인권은 누구에게나 차별 없이 적용되므로 보편적인 성격을 갖는다(United Nations Centre for Human Rights, 1994/2005).

이와 같은 보편적인 인권 사상은 우리나라 헌법[QR]에도 반영되어 있다. 헌법 제2장 제10조는 "모든 국민은 인간으로서의 존엄과 가치를 가지며, 행복을 추구할 권리를 가진다. 국가는 개인이 가지는 불가침의 기본적 인권을 확인하고 이를 보장할 의무를 진다."라고 되어 있다. 국민의 존엄성과 가치, 행복추구권은 누구도 침해하거나 침해받을 수 없는 기본 권이며, 이를 보장할 책임이 국가에 있음을 강조하는 것이다. 또 헌법 제 11조는 모든 국민이 법 앞에서 평등하며 차별받지 않을 권리가 있음을, 제12조~제22조는 국가가 보장해야 할 각종 자유권을, 제34조는 인간다운 생활을 할 권리와 사회보장을 위한 국가의 의무를 규정하고 있다.

사회복지가 지향하는 인간의 존엄성과 사회정의라는 핵심가치도 국제적인 인권 기준에 기초한 것이며 헌법에 보장된 권리에 해당한다. 그러므로 사회복지의 목표와 지향에 부합하는 실천을 위해서는 윤리적 역량은 물론, 자유와 평등 같은 천부적 인권을 깊이 이해하고 클라이언트의 인권을 존중하는 실천 역량이 요구된다. 다시 말해 사회복지사는 실천에 대한 윤리적 민감성을 가지는 동시에, 클라이언트에게 개입하는 과정에서 인권 침해의 요소를 고려하는 인권 감수성을 지녀야 한다.

이처럼 사회복지사는 실천 과정에서 실천윤리와 클라이언트의 인권 둘 다를 성찰적으로 고려해야 한다. 실제로 윤리적 실천과 인권적 실천은 동전의 양면처럼 동시적으로 이루어질 수밖에 없다. 그러나 이 말이 윤리적 실천을 충실히 하면 인권적 실천이 되고, 인권적 실천을 충실히 하면 윤리적 실천이 된다는 단순한 가정은 아니다. 또는 인권이 사회복지실천의 궁극적인 목적이며 사회복지란 인권 구현을 위한 하나의 수단일 뿐이라는 의미도 아니다. 그보다는 인간과 사회를 모두 고려하는 사회복지실천은 필연적으로 윤리성을 중시하며, 이는 클라이언트의 인권과 직결되기에 이 둘을 분리할 수 없다는 의미에 가깝다. 사실 사회복지사 윤리강령에 나타난 핵심가치와 윤리 지침은 클라이언트의 인권과 사회복지사의 윤리를 모두 반영하고 있다. 표 11-2에 요약되어 있듯 사회복지사 윤리강령은 인본주의와 평등주의 이념을 기반으로 하며, 인간의 존엄성과 사회정의를 핵심가치로 제시하고, 자유권·생존권·사회권 등 클라이언트의 인권 보장에 헌신하는 것을 사회복지사의 윤리 지

표 11-2 사회복지사 윤리강령에 나타난 인권 보장적 윤리 지침(김정진, 2017: 53)

| 기반 | 핵심가치 | 윤리적 지침 |
|---|---|---|
| 인본주의,<br>평등주의 | 인간의 존엄성,<br>자유 | 천부의 자유권과 생존권의<br>보장활동에 헌신 |
| | | 개인의 주체성과 자기결정권을<br>보장하는 데 헌신 |
| | | 사람들의 기능 향상 |
| | 사회정의,<br>민주주의 | 사회정의와 평등, 사회권의<br>보장활동에 헌신 |
| | | 사회제도 개선과 관련된 제반 활동에<br>주도적으로 참여 |
| | | 사람들의 사회적 지위 향상 |

침으로 규정한다.

국제사회복지사연맹IFSW도 인권에 대한 국제기준International Policy on Human Rights[QR]을 통해 인권적 실천을 강조하고 있다. 이 기준에서는 인권 실천을 위해 사회복지사가 지켜야 할 원칙으로 사회정의에 대한 헌신, 전문적 지식과 기술에 대한 책임, 불공정이나 차별 없는 지원, 인권협약 준수, 개인정보 보호, 클라이언트 이익 우선 고려, 클라이언트의 자기결 정권 존중과 강제적 개입 최소화, 사회복지사 윤리강령 준수 등을 제시 한다. 이 원칙들은 인권실천 과정에서 사회복지사가 인간의 기본적인 사회적 욕구를 충족시키는 일에 확실하고도 충분하게 관여하고 이를 통해 사회정의를 실현해야 함을 보여 준다(IFSW, 1996).[4]

이는 인권실천이 단순히 인간에게 어떤 법적 권리가 있음을 강조 하는 것에 그쳐서는 안 되며, 일종의 정치적 투쟁이 따라야 한다는 것을 의미한다. 우빈(Uvin, 2004: 176)은 인권이 이러한 정치투쟁 과정에 힘을

···············

4    사회복지실천 중 인권과 관련된 부분은 '인권과 사회복지' 교과목에서 심도 있게 다룬다.

제공하고 도덕적 상상력을 발휘하는 도구가 되어야 한다고 주장하였다. 그런 점에서 사회복지사가 진정으로 인권을 실천하는 전문직 정체성을 확립하고자 한다면 법적으로 보호받지 못하는 존재 또는 정치적 지위를 상실한 취약한 존재를 위한 정치투쟁의 현장으로 실천무대를 더 확장해 가야 할 것이다(김기덕, 2022: 24).

## 2) 문화적 다양성

우리 사회가 다문화 사회로 진입하면서 사회복지 현장에서도 다양성과 함께 다문화 이슈가 윤리적 딜레마로 부상하고 있다. 문화는 민족이나 국가에 따라 상이하며, 서로 다른 문화를 비교하여 어느 쪽이 더 우월한가를 판단하는 객관적이고 절대적인 기준은 존재하지 않는다.

한 국가 혹은 사회 내에도 여러 문화가 공존한다. 예를 들어 성별, 장애 여부, 세대, 지역, 인종 등에 따라 문화가 다르다. 이때 특정한 문화를 공유하는 집단의 영향력에 따라 어떤 문화는 주류 문화가 되고, 어떤 문화는 소수 문화가 된다. 이로 인해 주류 문화가 소수 문화를 흡수하거나 차별하는 문제가 발생하기도 하며, 주류 문화와 소수 문화 간에 상호작용이 결여된 채 서로 혐오하면서 사회적 갈등이 일어나기도 한다. 그러므로 사회복지사는 다문화 이슈에 민감하고 다문화 복지를 실천할 수 있는 윤리적 역량인 문화적 역량을 요구받는다(최명민 외, 2015).

그랜트와 헤인즈(Grant & Haynes, 1995)는 문화적 역량에 대해 자신과 타인의 문화적 유사성 및 차이점을 인지할 수 있는 지식적 역량, 자신과 다른 문화적 배경을 가진 사람들에게 적절히 이입하고 소통할 수 있는 정서적 역량, 문화적 편견이나 인종차별, 폭력과 같은 거시적인 문제에 적극적으로 도전할 수 있는 기술적 역량을 아우르는 개념이라고 규정하였다. 또한 딜러(Diller, 2007: 18-22)는 자신의 문화적 가치와 편견을 인식하고, 클라이언트의 세계관을 이해하며, 그에 따라 적절하게 개입할 수 있는 역량을 다문화 역량이라고 하였다. 종합하면 문화적 역량이란 개인의 문화적 인식을 기반으로 다른 문화와의 감정이입적 상호작용을 통해 클라이언트의 문화적 맥락에서 더 효과적인 서비스를 제공하고 개인, 가족, 조직, 지역사회 등 다양한 차원에서 문화적으로 유능한 실천을 할 수 있는 역량을 뜻한다(최명민 외, 2015: 373-376).

사회복지사에게 이러한 문화적 역량이 부족할 경우, 다수 문화에 속한 사회복지사가 소수 문화에 속한 클라이언트를 대상으로 실천을 수행할 때 우월적이고 통제적인 태도를 취하기 쉽다. 사회복지사가 살아온 문화적 배경에서 습득한 고정관념이 서비스를 계획하고 적용하는 과정에 영향을 미치기 때문이다. 이것이 사회복지사가 문화적 역량을 키우기 위해 의식적으로 노력해야 하는 이유이다. 사회복지실천 과정에서 사회복지사는 다양한 문화적 전통과 규범에 대한 친숙성을 높이고, 문화적 특수성을 고려하여 서비스를 제공하며, 서비스 전달체계나 프로그램이 문화적 민감성을 갖추고 있는지를 살펴야 한다. 특히 각 문화적 집단의 긍정적이고 기능적인 대응방식, 전통, 관습 등을 존중하고, 그러한 문화가 주류 문화와 다르다고 해서 문제가 있는 것으로 판단하지 않도록 유의해야 한다(최명민 외, 2015).[5]

## 3) 관리주의

최근 전 세계적으로 관료화, 표준화, 유형화, 매뉴얼화가 강조되고 그에 따른 지속적인 평가가 중시되는 등 관리주의가 팽배하다. 우리나라도 성과와 실적을 앞세워 현장을 관리하려는 흐름이 강화되면서, 사회복지 현장에서도 이러한 기준에 따른 기관 평가가 주를 이루고 있다.

................

5    문화적 다양성과 관련된 사회복지실천에 대해 더 구체적으로 학습하려면 『다문화사회복지론』(최명민 외, 2017)을 참고할 수 있다.

평가 지침이 제시되면 설혹 그 지침에 동의하지 않더라도 그에 맞춰 성과를 산출해야만 사회복지사와 소속 조직의 생존이 가능하기 때문에, 성과와 직결된 매뉴얼이나 지침은 절대시되곤 한다. 특히 사회복지 분야에서 프로젝트형 공모사업이 일반화됨에 따라 실천 현장은 문제의 심각성이나 클라이언트의 고통을 고려하기보다 시대적 추세를 반영하여 채택 가능성이 높은 프로그램을 마련함으로써 성과를 창출하려는 경향이 커졌다.

이러한 현상은 사회복지직의 정체성을 위협하고 있다. 사회복지직은 '돌봄과 통제', '안전과 규율' 사이에서 적절한 균형을 유지하는 것을 핵심적인 정체성으로 여겨 왔다(Webb, 2006). 그런데 성과에 기반한 관리주의가 강화되고 현장의 유동성이 커지면서 점차 돌봄과 안전보다 통제와 규율의 기능에 편중되고 있다. 예를 들어 2010년부터 정부는 복지사각지대를 줄이겠다는 명분으로 '사회복지통합관리망 행복e음'을 도입했지만, 이후 기초생활보장 대상자와 지급액이 축소되고 긴급복지 예산도 감소했다. 결국 효율적 관리시스템의 도입이 수급자 발굴보다는 수급자를 탈락시키는 규율의 기제이자 빅데이터로 작동하면서, 복지 사각지대 해소라는 안전의 명분이 유명무실해진 것이다(김기덕·최명민, 2014).

게다가 관리주의는 상대적으로 많은 문서·행정 업무를 요구하기 때문에 사회복지사가 자신의 실천을 돌아보고 윤리적 책임을 다할 여유가 부족한 것이 현실이다. 그럼에도 사회복지사는 위에서 하달되는 지침이나 매뉴얼을 그대로 답습하기보다 이러한 시대 상황을 비판적으로 고찰하고 전문직 정체성을 유지하고자 노력해야 한다. 또 윤리적 실천을 보장할 수 있도록 자율적인 공간을 확보하며, 동료 사회복지사와 문제의식을 공유하고 연대하면서 더 근본적인 차원에서 상황을 개선해 나갈 필요가 있다.

## 4. 윤리적 실천의 실제

사회복지사는 실천 현장에서 다음과 같은 윤리적 딜레마 상황에 처할 수 있다.

---

- 클라이언트가 자살을 계획하고 있지만 비밀로 해 달라고 한다.
- 클라이언트가 아들의 심장수술 비용을 마련하려고 직장에서 공금을 횡령했다고 말한다.
- 클라이언트가 자신의 약혼녀를 강간했다고 생각되는 직장 동료를 죽이겠다며 위협적인 말을 털어놓는다.
- 상당한 기부금을 내는 후원자가 자녀의 입시를 위해 봉사활동 증명서가 필요하다면서 자원봉사를 하지 않고 증명서만 발급해 달라고 요구한다.

---

이와 같이 여러 가치가 충돌하는 윤리적 딜레마 상황에서 사회복지사는 가장 적절한 윤리적 의사결정을 모색해야 한다. 그러나 윤리적 의사결정을 내리는 일은 정해진 규칙을 기계적으로 적용하는 것처럼 단순한 문제가 아니다. 사회복지 현장은 유동적이며 상이한 가치들이 복합적으로 작용하기 때문이다. 윤리강령도 참고가 될 수는 있지만, 주어진 상황이나 도출될 결과에 대한 포괄적 고려 없이 언제 어디서나 적용가능한 절대적인 규범은 아니다. 따라서 사회복지사에게는 성찰적 사고와 가치판단이 필수적이다. 특히 사회복지사는 가치 기반의 전문직이기에 어떤 복지 분야에서 일하든, 어떤 이론에 의지하든, 문제해결을 위해 '과학'뿐 아니라 '가치'도 중요하게 고려해야 한다. 사회복지사는 중립성과 객관성을 넘어 무엇이 좋은 것이고 무엇이 가치 있는 것인가에 대한 규범적 판단과 동의를 통한 실천을 요구받는다(김인숙, 2004: 124).

윤리적 의사결정이 필요한 상황에서 사회복지사는 조직의 여러 관련 체계에 도움을 요청할 수 있다. 아니면 동료와 논의하거나 슈퍼바이저 또는 상위 책임자의 지도를 받을 수도 있다. 이 과정에서 윤리적 성찰을 위해 활용할 수 있는 질문들을 제시하면 다음과 같다(김기덕 외, 2018).

- 클라이언트의 관점은 무엇인가?
- 사회복지사로서 나의 관점은 무엇인가?
- 사회복지사로서 나와 클라이언트 사이에 존재하는 시각차를 어떻게 해결해야 하는가?
- 어떤 선택이 필요한가?
- 어떤 실천 대안이 존재하는가?
- 각각의 대안은 어떠한 입장을 대변하는가? 그러한 입장에 대해 어떤 논의가 가능한가?
- 내가 결정한 해결책이 사회복지사로서의 목표에 부합하는가?

또한 윤리적 의사결정을 내릴 때 윤리강령만으로 판단이 어렵다면 그림 11-4의 '윤리적 원칙 선별ethical principles screen'(Lowenberg & Dolgoff, 1988)이 도움이 된다. 이것은 모든 윤리적 원칙을 나열한 윤리강령과 달리, 윤리적 원칙들을 서열화하여 나타낸 것이다. 윤리적 원칙 선별은 여러 원칙이 충돌하는 경우 무엇을 더 우선해야 하는지를 판단할 수 있는 기준을 제공한다. 아래는 각 원칙에 대한 간략한 설명이다.

**윤리 원칙 ① 생명 보호 원칙**  생명 보호는 다른 원칙들보다 우선적으로 적용되어야 하는 최상위 원칙이다. 이는 클라이언트뿐만 아니라 모든 사람에게 동일하다. 생명은 가장 기본적인 가치이며, 생명이 침해되면 다른 어떤 권리도 의미가 없기 때문이다.

그림 11-4 윤리적 원칙 선별
출처: Lowenberg & Dolgoff(1988)

**윤리 원칙 ② 평등 및 불평등 원칙** 모든 사람은 평등하게 대우받아야 한다. 그러나 주어진 조건이 동등하지 않은 사람들에게는 평등을 넘어선 대우가 필요하다. 즉, 평등은 매우 중요한 가치이지만 노약자나 장애인처럼 우선적인 보호를 필요로 하는 대상에게는 차별적인 지원을 제공해야 한다. 기회의 평등이 인간답게 살 권리라는 결과의 평등을 보장하지 않기 때문이다. 이 원칙은 인간의 기본권인 사회권에 기초하고 있다. 사회권은 실질적 평등과 분배정의를 실현하여 인간다운 삶을 보장할 것을 국가에 요구할 수 있는 권리로서, 교육을 받을 권리, 근로의 권리, 사회보장을 받을 권리 등이 사회권에 해당한다.

**윤리 원칙 ③ 자율과 자유 원칙** 사회복지사는 개인의 자율성과 독립성, 그리고 자유를 신장하는 실천적 결정을 해야 한다. 이 원칙은 인간의 기본권인 자유권에 기초하고 있다. 자유권은 국가로부터 간섭받지 않고 자유롭게 행동하고 생각할 수 있는 권리로서, 종교의 자유, 신체의 자유, 언론의 자유 등이 자유권에 해당한다.

**윤리 원칙 ④ 최소 손실 원칙**  사회복지사는 조기에 혹은 가장 적절한 시기에 개입하여 문제상황을 가급적 빨리 해결함으로써 클라이언트의 손실을 최소화할 수 있는 선택을 해야 한다.

**윤리 원칙 ⑤ 삶의 질 원칙**  사회복지사는 지역주민을 포함하여 모든 사람들의 생활의 질을 향상시킬 수 있는 기회를 선택해야 한다.

**윤리 원칙 ⑥ 사생활 보호와 비밀보장 원칙**  사회복지사는 클라이언트 및 주변 사람들의 사생활을 존중하고 보호해야 한다. 또한 실천 과정에서 알게 된 정보를 당사자의 동의 없이 외부에 제공해서는 안 된다.

**윤리 원칙 ⑦ 성실 원칙**  사회복지사는 클라이언트와 다른 사람들에게 진실을 말하고, 실천적 결정에 관한 모든 정보를 충분히 개방할 수 있을 만큼 윤리강령을 성실히 준수해야 한다.

윤리적 원칙 선별은 사회복지사의 의사결정에 도움을 주긴 하지만, 어느 상황에나 적용할 수 있는 마술적인 공식은 아니다. 실천 현장에서는 자신이 당면한 윤리적 딜레마 상황을 구체적으로 파악하고, 이를 바탕으로 앞서 제시한 질문들을 활용하여 충분히 성찰한 후, 사회복지사의 핵심가치 및 윤리강령 등을 함께 고려하여 적용할 필요가 있다. 아울러 '사회복지윤리와 철학' 교과목을 통해 윤리적 결정 과정을 심도 있게 학습하고 다양한 사례로 연습해 보는 것이 좋다.

## 윤리적 의사결정 연습하기

다음 세 가지 사례는 실제 현장 사례이다(김정진, 2017). 각 사례에 어떤 윤리적 딜레마가 있는지, 그리고 윤리적으로 옳은 결정은 무엇일지 토의해 보자.

(1) A는 여성 노숙자 보호시설의 사회복지사이다. A는 클라이언트의 자기결정권을 존중해야 한다는 사실을 알고 있지만, 실천 과정에서 다소 강압적인 태도로 클라이언트를 대해야 하는 상황 때문에 윤리적 갈등을 겪고 있다. 경미한 정신과적 문제가 있는 클라이언트에게 강제로 약을 먹이는 상황이 그 예이다. 물론 이것이 클라이언트를 위한 일이라고 생각하면서도 한편으로는 자신이 옳다는 확신이 없다. 더구나 과중한 업무에 쫓겨 클라이언트의 이야기를 경청할 여유가 없다 보니 자기 생각대로 클라이언트를 이끄는 일이 많아지고 있다.

(2) B는 노인복지관의 사회복지사이다. 최근 B의 클라이언트가 무료급식 서비스를 요청했는데, 기관의 규정상 서비스 대상에 해당하지 않았다. B는 규정에 따라 무료급식 요구를 거부할지, 아니면 절박한 처지에 있는 클라이언트를 도와야 한다는 자신의 가치 기준을 따를지 고민이 된다. 사회복지사는 클라이언트가 매우 취약한 상태이므로 무료급식을 거부당할 경우 극단적 선택을 할 수도 있다는 두려움을 느끼고 있다.

(3) C는 지역사회복지관의 사회복지사이다. 얼마 전 복지관 이용자인 남자 어르신과 남자 아동 사이에 성추행 사건이 발생했다. 피해 아동의 부모는 해당 어르신의 복지관 이용을 금지해 달라는 민원을 제기했다. 그러나 어르신은 인지 능력이 저하되어 자신의 행동이 성추행임을 자각하지 못했고, 복지관에 못 올 경우 끼니를 해결할 수 없는 상태이다.

☑️ **사회복지사의 윤리적 실천 역량 체크 리스트**

다음은 김용석(2012)이 제시한 윤리적 실천기술 문항을 체크 리스트 형식에 맞게 수정한 것이다.

☐ 클라이언트에게 동의하에 정보 제공에 대한 동의를 받을 때, 정보가 공개됨으로써 발생할 수 있는 결과를 충분히 설명하는가?

☐ 클라이언트에게 기본권과 인권에 대한 교육을 충분히 제공하는가?

☐ 분별력 있는 의사결정을 내리기 어려운 클라이언트의 권익을 보호하기 위해 적절한 조치를 취할 수 있는가?

☐ 클라이언트가 사회복지사 또는 기관의 비윤리적인 행위 때문에 피해를 입었을 때, 클라이언트의 입장을 경청하고 향후 대처법을 마련할 수 있는가?

✒️ **용어 정리**

- **윤리적 실천 역량**: 사회복지의 가치와 윤리에 대한 이해를 바탕으로, 성찰적 태도와 윤리적 민감성을 갖추고 윤리적 실천을 적용할 수 있는 능력을 뜻한다.

- **윤리 이론**: 도덕에 대한 철학적 탐구, 즉 도덕성, 도덕적 문제, 도덕적 판단 등에 대한 철학을 말한다.

- **윤리강령**: 사회복지사의 윤리 역량을 제고하기 위한 가이드라인이다. 윤리적 실천을 촉진하고 윤리적 결정에 지침을 제공하는 기능을 한다.

- **윤리적 딜레마**: 둘 이상의 윤리적 갈림길에서 하나의 방향을 선택해야 할 때, 혹은 어떤 행위가 누군가에게 도움이 되지만 다른 사람에게는 바람직하지 못한 결과를 초래할 수 있을 때 발생한다. 사회복지사는 가치 상충, 의무 상충, 클라이언트 체계의 다중성, 결과의 모호성, 권력의 불균형과 같은 여러 유형의 윤리적 딜레마에 처하곤 한다.

- **윤리적 민감성**: 실천 상황에 포함된 가치 갈등이나 윤리적 쟁점을 발견하고 인식할 수 있는 능력을 말한다. 이는 윤리적 의사결정 과정의 출발점이자, 윤리적 판단과 결정을 가능하게 하는 전제이다.

Chapter

# 12

# 성찰적 실천 역량

사회복지실천은 이론으로 대표되는 지식을 근거로 수행된다. 그러나 지식을 현장에 그대로 적용할 수는 없으며, 그것이 바람직한 것도 아니다. 이론과 현실 사이에는 시간적·공간적 차이와 개별 상황의 특수성이 있기 때문이다. 그래서 처음 현장을 마주한 사회복지사는 업무 매뉴얼이 그 간격을 메워 줄 만큼 상세하기를 기대하지만, 어떤 훌륭한 매뉴얼도 그저 따르기만 하면 되는 완벽한 지침을 제시해 주지는 못한다. 설혹 그것이 가능하다 할지라도 사회복지실천이 매뉴얼의 기계적인 적용에 불과하다면 사회복지사를 진정한 의미의 실천가나 전문가라고 부르기 어려울 것이다. 단순히 이론을 암기하고 지침과 규정을 따르는 것으로는 인간의 존엄성과 사회정의를 도모하고자 하는 사회복지실천의 존재 의의를 충족할 수 없다. 사회복지사는 구체적인 현실 이면에 작동하는 구조적 모순을 인식하고, 전문직으로서의 고유한 가치와 사명을 추구하며, 자신이 수행하고 있는 실천의 의미를 돌아볼 수 있어야 한다. 이것이 사회복지사라는 직업을 출현시킨 사회적 요구에 부응하는 책임 있는 태도이다. 특히 사회복지실천은 인간과 사회의 다양한 문제를 포괄한다는 점에서 근본적으로 복잡성을 가지기 때문에 정형화된 접근만으로 다루기는 어렵다(Thompson, 2010). 따라서 몇몇 전형이나 모델을 반복적으로 학습하여 암기한 후 이를 현실에 적용하고 관리하는 방식의 실천은 사회복지실천에 적합하지 않다.

사회복지사가 이론과 실천의 간극을 메워 가는 주체로 서기 위해서는 스스로 사고하고 결정할 수 있는 자율성을 갖추어야 한다. 또한 실천의 효과성이나 효율성을 넘어, 실천이란 무엇인지 그리고 실천에서 무엇을 고려해야 하는지에 대한 철학적 사유가 요구된다(김기덕, 2013; 김기덕·최명민, 2014). 여기에는 사회복지사로서의 정체성을 정립하고, 주어진 상황을 비판적으로 고찰하며, 보다 좋은 서비스를 위해 심사숙고하는 과정이 포함될 것이다. 이러한 사회복지사의 인지적 활동을 '성찰'이라 할 수 있다. 이 장에서는 사회복지실천이 지향하는 성찰성과 사회복지사에게 요구되는 성찰적 실천 역량에 대해 알아본다.

## 1. 성찰적 실천 역량에 대한 이해

### 1) 성찰의 개념

성찰省察에 해당하는 영어 표현으로는 'reflection'과 'reflexivity'가 있다. 이 두 단어는 모두 '뒤로 향하다'라는 뜻의 라틴어 'reflectere'에서 유래하였으며, 반성하고 살피는 행위를 가리키는 개념으로 사용된다. 그런데 엄밀히 따져 보면 'reflection'과 'reflexivity'의 의미에는 약간의 차이가 있다. 'reflection'은 자신이 중심이 되어 자신과 세상을 거울에 비추어 보듯 살피는 행위를 뜻하며 주로 반영, 반성, 성찰이라는 용어로 번역된다. 그리고 'reflexivity'는 여기에 '재귀再歸'(원래 자리로 되돌아옴)의 의미가 더해져 성찰성 또는 재귀성으로 번역된다. 이와 같이 'reflexivity'는 상호적이고 반복적인 순환성을 함의하며, 주체와 상호작용하는 사회적 조건이나 맥락에 대한 비판적 인식이 더 강조되는 개념이다(Gray & Webb, 2009/2012: 282-283; Timmins, 2015).[1]

쉽게 말하면 성찰은 일상생활에서 자신의 말과 행동을 돌아보는 것을 뜻한다. 성찰은 인간 행위자가 갖고 있는 독특한 능력이며, 인간과 동물을 구분하는 결정적인 요소이다. 그리고 인간은 성찰을 통해 사회적 상황을 재해석하고 변화를 도모해 간다(고영복, 2000). 이러한 성찰의 중요성을 제대로 이해하기 위해서는 성찰의 개념을 좀 더 깊게 살펴볼 필요가 있다.

### (1) 자신을 대상화하는 시선으로서의 성찰

성찰은 나름의 독특한 시선을 전제한다. 일반적으로 우리가 사물이나 세계를 보는 방식에는 두 가지가 있다. 하나는 눈앞에 있는 사물이나 세계를 대상화하여 바라보는 것으로, 의식이 대상을 지각하는 자연적인 방식이다. 이때의 시선 구조는 어떠한가? 가령 내가 사과를 본다면 그 시선 구조는 〈나→사과〉로 표현할 수 있을 것이다. 이는 자연적 시선이다. 다른 하나는 '사물이나 세계를 보는 자신'을 대상화하여 바라보는 것이다. 예컨대 내가 사과를 본다고 할 때 겉으로는 〈나→사과〉의 자연적 시선을 보이겠지만, 내면으로는 의식작용을 통해 자신을 대상화하여 바라볼 수 있다. 즉, '나(I)'가 사과를 보는 '나(me)'를 객관화시켜 바라보는 것이다. 이때의 시선 구조는 [나(I)→〈나(me)→사과〉]로 표현할 수 있다. 이처럼 주체적 자아(I)가 대상화된 자아(me)를 반성적으로 감싸 안는 시선이 바로 성찰적 시선이다(김홍중, 2009: 257).

....................

1    다만 이 책에서는 독자의 혼란을 줄이기 위해 'reflection'과 'reflexivity'를 엄격히 구분하지 않고, 이 둘을 아우르는 개념으로서 '성찰'과 '성찰성'이라는 용어를 혼용하였다.

이와 같은 성찰적 시선에 근거하여 성찰의 원리를 정리하면 다음과 같다. 첫째, 성찰하는 '나'는 주체(I)와 객체(me)로 분리된다. 이는 하나의 자아(I)가 또 다른 자아(me)를 인식과 판단의 대상으로 바라보는 '시선의 분리'를 의미하는 것으로, 단순히 자신의 내면을 바라보는 것과는 다르다. 둘째, 성찰은 대상을 바라보는 자아(〈자아→대상〉)를 포괄하는 구조([자아→〈자아→대상〉])를 형성하는 것이므로 '시선에 대한 시선', '성찰에 대한 성찰', '비판에 대한 비판'이라는 재귀적 특성을 갖는다. 셋째, 따라서 성찰적 자아는 자연적 자아를 초월하는 메타적 시선을 통해 자신과 윤리적 관계를 모색할 수 있는 주체가 된다(김홍중, 2009: 257-258). 예를 들어 내가 화가 날 때 자연적 자아로서의 나는 화가 나는 마음과 자신을 동일시하지만, 성찰적 자아로서의 나는 분노하는 자신을 대상화하여 지각하는 주체('화를 내는 자신을 바라보는 나')이다. 그리고 이를 통해 대상의 변화뿐 아니라 자신의 변화를 인식하고, 좀 더 성숙한 태도로 대응을 모색할 수 있게 된다. 이렇듯 성찰적이라는 것은 대상에 대한 자신의 사고방식과 사유 자체도 비판적으로 검토할 수 있음을 의미한다. 우리가 관심을 갖는 대상을 비판적으로 바라보는 데 그치지 않고 우리 자신의 존재 근거나 능력에 대해서도 비판적으로 바라볼 때 성찰적이라고 할 수 있는 것이다(오정수 외, 2022: 33).

그렇다면 자연적 시선과 성찰적 시선에 사회복지실천을 대입해 보자. 일반적인 사회복지실천에서 사회복지사는 클라이언트라는 대상을 탐색하고 제대로 이해하려고 노력한다(〈사회복지사→클라이언트〉). 성찰적 사회복지실천에서는 여기에 더해, 사회복지사 자신의 태도와 수행을 대상화하여 바라보는 시선까지 확보해야 한다([사회복지사→〈사회복지사→클라이언트〉]). 사회복지사가 자신으로부터 거리를 둔 채 클라이언트를 대하는 스스로를 대상화하여 바라보고 비판적으로 검토하는 것, 이것이 성찰적 사회복지실천의 기본이다.

## (2) 더 큰 이성으로서의 성찰

성찰은 소위 이성적, 계산적 사고와 비교해 보면 그 뜻이 더 분명해진다. 이성reason은 계산 또는 계량을 뜻하는 라틴어 'ratio'에서 비롯된 말로, 모든 것을 계산하고 계량하여 목적을 달성하는 능력을 의미한다. 이성은 우리 삶에서 매우 중요한 능력이다. 그러나 계산적 이성에만 의존하면 목적 달성을 위한 효율적인 수단에 골몰하게 되어, 그 결과가 다른 사람들에게 어떤 영향을 미칠지 두루 살피지 못한다. 철학자 한나 아렌트Hannah Arendt는 이러한 계산적 이성이 인간으로 하여금 자신의 선택에 대한 문제의식을 약화시켜 '악惡'에 빠지는 결과를 초래한다고 비판하였다. 그러면서 제2차 세계대전 당시 평범한 사람들이 문제의식 없이 명령만을 따라 홀로코스트로 명명되는 학살 행위에 가담한 사례를 예로 들었다. 이렇듯 인간의 합리성만으로 역사와 사회가 진보할 것이라고 믿는 것은 인간의 오만일 수 있다.

이와 관련하여 프리드리히 니체Friedrich Nietzsche는 계산만 할 줄 알고 자신이 추구하는 목적 외에 다른 것을 고려하지 못하는 이성을 '작은 이성'으로 간주하였다. 그리고 우리에게 필요한 것은 숫자들을 계산하는 과정에서도 살아 있는 존재를 생각할 수 있는 '큰 이성'임을 강조하였다. 결국 작은 이성은 큰 이성의 일부일 뿐이므로 우리는 이 둘을 혼동해서는 안 되며, 더 큰 이성의 목소리에 귀를 기울여야 한다는 것이다(진은영, 2009: 180-187). 여기서 언급된 '더 큰 이성의 목소리'가 바로 성찰이라 할 수 있다. 이처럼 성찰은 단순히 사물을 식별하는 인식 작용이나 생산성을 제고하기 위해 문제를 푸는 계산적 사고와는 차원이 다른 정신적 기능이다. 아렌트가 말했듯이 성찰은 자기 자신과의 대화이며, 고착된 사고와 관습과 행위의 기준을 근본적으로 흔들고 다시금 반성함으로써 인간 실존을 위한 창조성을 발현하고 성취해 가는 사유이다(강학순, 2021: 242, 283).

## 2) 성찰적 실천의 개념

성찰은 인간의 사유 능력으로서 삶의 본질적 요소이자 개인과 사회가 더 나아지기 위한 전제조건이다. 인간과 사회의 다양한 문제를 다루는 사회복지실천에서도 성찰은 매우 중요하다. 사회복지실천은 성찰성을 목표로 하여 성찰을 통해 수행되어야 한다. 좋은 사회복지실천이란 서비스 전달이나 관리에 그치는 도구적 실천 이상의 다차원적이고 가치지향적인 행위이며, 따라서 합리적·기술적 유능성을 갖추는 것만으로는 충분하지 않기 때문이다. 창의적 사고, 개방적 태도, 윤리적 고려, 전문가적 예술성, 실천의 의미에 대한 자문, 자신의 상태에 대한 반추 등은 정해진 답을 암기하는 식의 형식적 앎이 아닌 성찰을 통해 접근 가능하다(Thomas & Giggs, 2011). 이러한 성찰을 목표이자 방법으로 하는 사회복지실천, 다시 말해 성찰성을 지향하는 동시에 성찰을 수단으로 활용하는 사회복지실천이 성찰적 실천이다. 그러므로 성찰적 실천역량은 사회복지사가 실천을 수행함에 있어 성찰성을 지향하며 성찰을 활용할 수 있는 역량이라고 할 수 있다.

본래 성찰적 실천이라는 개념은 이론을 '이미 만들어진 해결책'으로 인식하고, 이를 단순히 실천에 적용하면 된다고 보는 기계론적 관점을 비판하며 등장하였다. 이후 이 개념은 교육이나 간호 등 주로 대인전문직 영역에서 활발히 논의되어 왔다. 쇤(Schön, 1984/2018)은 전문직 종사자에게 실천 현장은 자신이 현재 어디에 있으며 어디로 가야 할지를 찾기 어려운 늪지와 같아서, 실천의 경험을 깊이 사고하면서 지식과 실천을 연결하는 성찰적 실천이 필요하다고 보았다. 그리고 사회복지사 역시 실천이 지닌 다양성, 유동성, 불안정성, 독특성, 가치 갈등의 맥락에 놓여 있으며, 특히 인간 중심적 접근을 지향하는 전문적 규범과 효율적 업무 수행을 중시하는 관료적 문화 사이에서 갈등을 경험한다는 점에서 성찰성이 요구된다고 하였다.

성찰적 실천의 형태는 성찰이 수행되는 시점에 따라 '실천 중 성찰reflection in practice'과 '실천 후 성찰reflection on practice'로 분류된다. 우선 '실천 중 성찰'은 실천 과정에서 지금 일어나고 있는 일에 대해 생각하면서 가장 적합한 실천방향을 결정하는 것이다. 예를 들면 적용하고자 하는 이론이나 전략이 현재 실천 상황에 부합하는지를 비판적으로 살펴보고, 만약 적용하기 어렵다고 판단할 경우 상황을 다르게 이해해 보거나 새로운 지식을 습득함으로써 실천 중 성찰을 수행할 수 있다. 이러한 실천 중 성찰을 위해서는 적절한 기반지식, 분석 기술, 상황판단 능력, 그리고 생각을 실천에 옮길 수 있다는 자신감 등이 필요하다. 다만 '실천 중'이라고 할 때 그 기간은 어떤 순간, 한 회기, 또는 몇 달간의 과정일 수 있음에 유의한다. 다음으로 '실천 후 성찰'은 실천을 완료한 후에 자신의 지난 실천 과정과 상황, 그리고 그때 사용한 지식과 기술을 되돌아보는 것이다. 실천 후 성찰을 통해 사회복지사는 자신의 앎과 실천의 관계를 숙고하고 향후 더 적절한 실천으로 나아갈 수 있다(Schön, 1984/2018; Thompson, 2015: 166).

그렇다면 성찰적 사회복지실천에서 성찰의 대상은 무엇일까? 화이트(White, 2009/2012: 281-299)는 성찰적 실천을 '사회복지사 스스로 무엇을 왜 하는지에 대해 생각하는 실천'이라고 정의함으로써, 사회복지사 자신이 수행하는 실천과 그 의미를 성찰 대상으로 삼아야 함을 명확히 하였다. 하지만 오직 이것만 성찰의 대상인 것은 아니다. 화이트는 'reflection'과 'reflexivity'를 구분하여 'reflective practice'가 사회복지사 자신의 실천 및 자신과 실천 대상의 관계를 반성적으로 고찰하는 개념이라면, 'reflexive practice'는 사회복지사 자신은 물론 타인과 사회적 맥락, 그에 대한 지식까지 비판적으로 성찰하는 개념이라고 설명하였다(White, 2009/2012: 282). 이처럼 무엇을 주된 성찰 대상으로 삼는가에 따라 성찰의 차원을 여러 가지로 구분할 수 있다. 여기서는 반 마넨(van Manen, 1977)과 코럴(Corrall, 2017)을 참고하여 성찰의 세 가지

표 12-1 성찰의 세 가지 차원

| 구분 | 개념 | 예시 |
|---|---|---|
| 기술적 성찰 | • 효과성과 효율성을 기준으로 실천활동을 평가하고 개선<br>• 지식을 적용하는 기술이나 절차에 초점<br>• 증거기반 실천에서 주로 사용 | 1인 가구 개입에 대한 목표 달성 정도를 평가하고, 향후 효과성을 더 향상할 수 있도록 개선점을 찾아본다. |
| 실천적 성찰 | • 이론과 실천의 조응에 대한 성찰<br>• 기본 가정의 적절성에 대한 고찰<br>• 실천을 통해 배워 가는 경험적 학습의 원리<br>• 대인적 측면에 초점 | 지금 만나고 있는 클라이언트가 1인 가구 유형 중 어디에 해당하는지, 그리고 그 유형에 대한 설명과 얼마나 일치하는지 살펴봄으로써 1인 가구 개입에 대한 경험적 지식을 습득한다. |
| 비판적 성찰 | • 이론이나 원리가 작동하는 맥락적 요소에 관심<br>• 비판적 지식을 통해 실천에 작용하는 권력관계와 정치사회적 구조에 대해 성찰<br>• 인식 주체와 사회변화에 초점 | 물리적·심리사회적 고립을 유발하는 1인 가구 증가 및 공동체 약화 현상을 파악하고, 그 배경에 있는 신자유주의 질서를 비판적으로 고찰하며, 이러한 현상을 표상하는 클라이언트에 대해 자신이 어떤 가치와 태도를 갖고 있는지 살펴본다. |

차원을 표 12-1과 같이 정리하였다. 사회복지사는 이 세 차원 중 하나를 선택한다기보다 셋 모두를 아우르는 성찰적 실천을 해야 한다. 즉, 사회복지사의 성찰 대상에는 실천가로서 자신이 수행하는 실천뿐 아니라, 그러한 실천에 작용하는 정치사회적 구조 및 문화적 맥락도 포함된다.

지금까지의 내용을 바탕으로 성찰적 실천을 구성하는 요소를 정리하면 비판성, 관계성, 메타적 관점을 들 수 있다. 비판성은 기존 관점을 무조건 따르는 대신 다른 각도로 바라보는 것을, 관계성은 주체와 대상, 이론과 실천, 개인과 사회 등을 상호적이고 순환적으로 인식하는 것을, 메타적 관점은 자신의 시선마저 대상화함으로써 스스로의 변화 가능성을 열어 두는 것을 의미한다. 이 요소들은 분리된 것이 아니라 상호작용하면서 성찰적 실천을 가능하게 한다. 비판성, 관계성, 메타적 관점이 모두 반영된 성찰을 수행할 때, 사회복지사는 전문가주의에서 벗어나 클라이언트를 파트너로 인식하는 진정한 전문가로 거듭날 수 있다. 그리고 사회복지실천 매뉴얼을 실천 지혜가 담긴 지침으로 의미 있게 활용하게 된다. 이러한 측면에서 보면 사회복지사의 성찰적 실천 역량은 곧 고정적인 것들을 맥락에 맞게 살려 내는 역량이라고도 할 수 있겠다.

### 3) 성찰적 실천 역량의 필요성

사회복지가 비성찰적인 모습일 때 실천이 어떤 양상으로 펼쳐지는지를 생각해 보면 성찰적 실천 역량이 필요한 이유를 알 수 있다. 첫째, 사회복지사에게 성찰적 실천 역량이 부족하면 주어진 이론이나 매뉴얼을 그대로 따르는 일면적이고 기계적인 수행을 하게 된다. 물론 실천의 근거가 되는 이론이나 방향을 제시해 주는 매뉴얼이 중요하기는 하지만, 이것을 현실에 적용할 때는 이론과 실천이 조응하는 부분 또는 어긋나는 부분에 대한 비판적이고 창의적인 성찰이 필요하다. 특히 현대사회는 고정된 지식만으로 감당하기 어려울 만큼 복잡성과 불확실성, 다양성이 증대되었으며, 이로 인해 하나의 해법으로 문제를 분석하거나 해결하기가 불가능해졌다. 따라서 사회복지사가 성찰 없이 주어진 이론이나 매뉴얼만을 무비판적으로 외우고 기계적으로 적용할 경우 사회복지실천은 그 목적을 달성할 수 없다. 또한 사회복지 현장은 불확실성과 미결정성이 내재되어 있기 때문에 사회복지사는 이를 인식하고 최선의 선택을 모색하는 과정에서 실천의 정당성과 의미를 발견할 수 있다(유영준, 2009).

둘째, 비성찰적 실천에서는 서비스를 제공받는 대상이 어떤 사람인지, 그가 처한 맥락이 어떠한지에 대해 충분한 관심을 기울이지 않으므로 공급자 중심의 평균적인 접근에 그치기 쉽다. 인간은 사물과 달리 고유한 감정, 태도, 가치, 이념 등을 가진 존재이다. 그러므로 사회복지사는 인간을 어떻게 이해하고 대해야 할지 고민해야 한다(오정수 외, 2022:

14). 현대과학의 발전과 더불어 등장한 사회생물학, 유전공학, 뇌과학, 인지공학, 인공지능학 등이 설명하는 인간 존재의 특성은 일견 인간 이해의 폭을 넓혀 주는 듯하지만, 인간의 심리와 행동을 일정한 법칙이나 뇌의 작용 따위로 환원하는 경향이 있다. 그 결과 인간 본연의 세심한 숙고나 성찰이 설 자리가 점점 좁아지고 있다. 이러한 추세를 맹목적으로 따른다면, 다시 말해 개별 인간의 정서와 욕구, 그를 둘러싼 환경 등을 진지하게 성찰하지 않는다면, 공급자 중심의 서비스에 클라이언트가 따라오도록 하는 억압적 실천이 이루어질 수 있다.

셋째, 성찰성이 부족할 경우 겉으로 드러난 문제만을 다루는 근시안적 접근을 하게 된다. 문제를 깊이 있게 성찰하지 않으면 그 문제를 둘러싼 여러 맥락을 보지 못하고, 개인의 결함이나 역기능으로 축소하여 접근하게 될 가능성이 높다. 이처럼 어떤 문제에 작동하는 문화나 사회구조 등 다차원적인 측면을 고려하지 못하면 사회복지실천이 '사회적' 실천으로서 갖는 의미가 퇴색할 수밖에 없다.

넷째, 실천 과정에 성찰성이 결여된다면 결과중심주의나 성과중심주의에 빠지기 쉽다. 최근 사회복지 영역에서도 비용 효과와 단기적 성과에 대한 강조가 주요 담론으로 자리 잡으면서, 사회복지실천이 주어진 과업을 수량적으로 달성하는 것에만 초점을 두는 경향이 나타나고 있다. 예를 들어 클라이언트의 삶의 질 개선이 사례관리의 궁극적인 목적이라고 하면서도, 현장에서는 네트워크 몇 건, 의뢰 몇 건, 정보제공 몇 건 등 서비스 제공과 자원 연계 횟수를 더 중시한다. 그러면서 사회복지의 사명이나 가치, 실천가와 클라이언트의 좋은 관계 등 계량화되기 어려운 것들은 상대적으로 가볍게 취급되고 있다(최명민·정병오, 2015). 그러나 사회복지실천은 결과 못지않게 그에 이르는 과정도 중요하며, 수량적 성과 이상으로 그 내용도 중요하다. 인간은 결코 서류 속 숫자가 아니기 때문이다. 따라서 사회복지사가 자신의 실천 과정을 다각도로 찬찬히 성찰할 때, 보다 윤리적이고 효과적인 실천을 모색할 수 있다.

마지막으로 비성찰적 실천은 실천의 주체인 사회복지사 자신에 대한 반성이 없는 실천이 된다. 사회복지사는 그 자신이 실천의 주요한 도구이다. 그렇기에 자신이 어떤 기준으로 실천을 하고 있는지, 제대로 잘하고 있는지 등을 돌아보고 점검하며 더 나은 방향으로 나아가고자 노력해야 한다. 만약 사회복지사 자격만을 내세운 전문가주의에 매몰되어 이러한 노력을 소홀히 한다면, 클라이언트가 바라는 진정한 전문성을 기대하기 어려울 것이다.

종합하면 성찰적 사회복지실천이란 성찰을 통해 기계적 실천보다 예술적 실천, 평균적 실천보다 개별화된 실천, 개인 중심의 단편적 실천보다 다차원적인 사회적 실천, 성과중심의 실천보다 윤리적 실천, 전문가주의보다 전문적 실천을 지향하는 것이다. 이러한 성찰의 중요성을 고려하여 많은 나라가 사회복지 교육에서 성찰적 실천 역량을 강조하고 있다. 영국의 중앙사회복지교육협의회Central Council for Education and Training in Social Work: CCETSW는 사회복지사가 기계적인 기술자가 아니라 전문가이기 때문에 성찰적 실천 역량이 요구된다고 명시하고 있다(CCETSW, 1995). 미국의 사회복지교육협의회CSWE도 사회복지사가 과학적인 탐구심과 합리적인 분별력을 갖추는 동시에, 창의성과 비판적 사고를 활용할 수 있어야 한다고 강조한다. 또 사회복지 교육기관이 예비 사회복지사에게 비판적 사고 역량을 교육하도록 규정하고 있다(CSWE, 2015).


## 2. 성찰적 실천의 영역

### 1) 이론과 실천에 대한 성찰

성찰적 실천에서 가장 중요한 측면 중 하나가 이론과 실천에 대한 성찰이다. 사회복지실천은 복잡하고 다차원적인 문제를 다루며, 이를 해결하기 위해서는 다양한 지식이 동원되어야 한다. 여기에는 이론 차원의 체계적인 지식도 있지만 실천과 생활 경험에서 습득하는 비공식적 앎도 포함된다. 이러한 이론적 지식과 실천적 지혜는 실천 과정에서 상호작용적으로 적용되어야 한다.

이론적 지식은 사회복지사에게 사회복지대상자를 이해할 수 있는 기초를 제공한다. 사회복지사는 이론을 토대로 실천의 큰 방향을 설정하고, 자신이 선택한 실천의 결과를 예측할 수 있다. 그러나 이론적 지식을 실천에 일방적으로 적용하려 해서는 안 된다. 사회복지사는 자신이 갖고 있는 지식을 한 축으로 하고, 자신의 경험 속에서 구축된 지혜를 다른 축으로 하여, 이 둘을 지속적으로 비교·평가함으로써 주어진 상황과 대상에 가장 적합한 실천 대안들을 발견해 가야 한다.

그림 12-1은 이와 같은 이론과 실천의 관계를 나타낸 도식이다. 사회복지사가 이론을 통해 얻은 지식은 실천 현장에서 구체적으로 적용되고 구현되며, 현장 체험을 통해 얻은 실천적 지혜는 다시 이론, 즉 지식체계에 통합되는 방식으로 순환한다. 이 과정에서 사회복지사는 기존의 이론이나 지식으로 현재 상황을 분석하는 동시에, 그것으로 설명

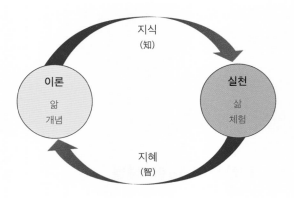

그림 12-1 이론과 실천의 성찰성
출처: 최명민(2019: 50)

되지 않는 영역을 어떻게 처리할지 생각하게 된다(김기덕, 2021). 이러한 성찰을 통해 우리는 이론과 실천이 상호 관련되어 있음을 알 수 있으며, 지속적인 배움의 기회를 얻을 수 있다. 톰슨(Thompson, 2015)은 이론과 실천에 대한 성찰이 기계적 합리성만을 중시하는 '이론 만능론'과 이론적 기반 없이 상식에만 의존하는 '이론 무용론' 중 어느 쪽에도 빠지지 않도록 도와준다고 하였다.

성찰적 실천을 위해서는 자신이 알고 있는 다양한 관점이나 이론들 중에서 상황에 맞는 것을 사려 깊게 판단하고 선택하여 적절히 조합하는 능력이 필요하다(Schön, 1984/2018: 19). '실천 후 성찰'에 해당하는 성찰일지는 이러한 성찰 역량을 강화할 수 있는 좋은 방법이다. 표 12-2는 성찰일지의 주요 구성을 보여 준다. 사회복지사는 여기에 제시된 핵심질문을 따라 자신의 실천을 돌아보면서 내용을 작성하면 된다. 성찰일지를 꾸준히 쓰면 문제해결 능력을 증진하고 전문직 정체성을 정립하는 데 도움이 된다(유영준, 2009).

표 12-2 성찰일지의 구성(Moon, 1999; 유영준, 2009에서 재인용)

| 구분 | 핵심질문 |
|------|----------|
| 상황 기술 | • 실천 과정에서 어떤 일이 일어났는가?<br>• 예상치 못한 일은 무엇이었는가? (상세히 기술) |
| 느낌 | • 그 일에 대한 감정은 어떠한가?<br>• 그 일의 결과에 대해 나는 어떻게 느끼고 있는가? |
| 평가 | • 무엇을 성취하기 위해 시도하였나?<br>• 실천 과정에서 좋은 점과 나쁜 점은 무엇이었는가?<br>• 내가 잘한 것과 개선해야 할 것은 무엇인가? |
| 분석 | • 주어진 상황에서 어떤 의미를 찾을 수 있는가?<br>• 이번 경험을 통해 무엇을 배웠는가? |
| 결론 | • 나의 행동이 어떤 결과를 가져왔는가?<br>• 어떤 대안들이 가능했었는가? |
| 계획 | • 유사한 상황이 벌어지면 어떻게 하겠는가?<br>• 이번 경험이 앞으로 나의 실천에 어떤 영향을 미칠 것 같은가? |

## 성찰일지의 예시

다음은 신입 학교사회복지사가 작성한 성찰일지의 예시이다.

### ① 상황 기술

■ 실천 과정에서 어떤 일이 일어났는가?

오토바이 절도 및 폭력 사건에 연루된 남학생들이 학교 징계위원회에서 사회봉사 명령을 받게 되어, 인근 종합사회복지관에 의뢰되었다. 생활지도부 교사가 요구한 나의 역할은 학생들의 프로그램 참여를 확인하고 출석도장을 찍는 것이었다. 나는 아이들과 친해질 좋은 기회라 생각해 흔쾌히 그러겠다고 하였고, 이틀에 한 번꼴로 복지관을 방문하였다.

■ 예상치 못한 일은 무엇이었는가?

복지관의 담당 사회복지사와 대화하면서 아이들이 참여도가 낮고 의욕이 전혀 없다는 문제가 제기되었다. 프로그램이 2주 차로 넘어가면서 지각과 무단결석이 잦아졌고, 심지어 한 학생은 중간에 가출하여 프로그램을 완수하지 못했다. 이에 복지관 측에서는 아이들을 학교로 돌려보낼 것을 고려하게 되었고, 이에 대한 내 의견을 물어 왔다. 순간, 나는 내가 이 아이들을 어디까지 대변하고 옹호해 주어야 하는지 혼란스러웠다. 일단 향후 부작용을 고려하여 서비스 중단은 막아야겠다는 의무감에 복지관 사회복지사에게 나의 의견을 전달하였고, 복지관 측에서도 어떻게든 끝까지 진행하는 것으로 결정하였다.

### ② 느낌

■ 그 일에 대한 감정은 어떠한가?

이 상황에서 벗어나고 싶어 하지 않는(오히려 상황을 즐기는 듯한) 학생들에게 사회복지사로서 어떤 역할을 해야 할지 혼란스러움과 막막함을 느꼈다.

■ 그 일의 결과에 대해 나는 어떻게 느끼고 있는가?

이러한 상황에서 학교사회복지사는 과연 어떤 역할을 해야 하며 또 할 수 있는지에 대해 고민하게 되었다.

### ③ 평가

■ 무엇을 성취하기 위해 시도하였나?

클라이언트의 변화 동기를 고취하기 위해 노력하였고, 한 학기밖에 남지 않은 학교생활을 무사히 마칠 수 있도록 지지하고 싶었다.

■ 실천 과정에서 좋은 점과 나쁜 점은 무엇이었는가?

좋은 점은 학생들에게 의견을 직접 물어보고 학교를 무사히 졸업했으면 좋겠다는 의사를 확인해 동의를 받은 것과 '내가 옆에서 도와주고 싶다'는 의사를 전달한 것이다. 나쁜 점은 아직은 학교라는 현장에서 사회복지사가 어떤 권한과 책임, 의무를 가지고 있는지 충분히 알지 못해 학교 측이나 복지관과 관계를 형성하는 데 미숙한 부분이 있었다는 점이다.

■ 내가 잘한 것은 무엇인가?
사회복지관과 학교 간에 중재 역할을 하여 자칫 아이들이 학교로 돌려보내질 뻔했던 것을 막았다.

■ 내가 개선해야 할 것은 무엇인가?
막연하게나마 학생들의 입장을 끝까지 대변해야 할 것 같은 생각이 들어 그렇게 행동했는데 스스로 충분히 납득할 수 있는 근거가 필요하다.

### ④ 분석

■ 주어진 상황에서 어떤 의미를 찾을 수 있는가?
사회복지사의 역할인 대변자, 옹호자로서의 역할을 어떻게 수행해야 할지 고민해 볼 수 있었고, 학교사회복지사로서 지역사회 유관기관과 연계를 맺고 활동하는 방법을 배울 수 있었다.

■ 이번 경험을 통해 무엇을 배웠는가?
프로그램을 통해 클라이언트의 행동이 변화하기를 기대했지만 이를 위해서는 참여 동기를 부여하고 여건이 조성되어야 한다는 사실을 깨달았다. 그리고 학교사회복지사가 학교, 클라이언트, 복지관 사이에서 소통의 통로가 되어야 함을 알게 되었다.

### ⑤ 결과

■ 나의 행동이 어떤 결과를 가져왔는가?
가출한 학생 한 명을 제외한 나머지 학생들이 무사히 프로그램을 수료할 수 있었다.

■ 어떤 대안들이 가능했었는가?
해당 학생들이 사회복지관 프로그램에 의뢰되기 전에, 프로그램 참여에 대한 학생들의 동기와 여건을 살폈어야 했다.

### ⑥ 계획

■ 유사한 상황이 벌어지면 어떻게 하겠는가?
클라이언트와 긴밀한 관계를 형성하고, 그들에게 참여 동기를 부여하기 위해 노력하며, 학교사회복지사의 권한과 한계를 명확히 인지하고 외부 관계자와 소통한다.

■ 이번 경험이 앞으로 나의 실천에 어떤 영향을 미칠 것 같은가?
이번 사례는 내가 가지고 있는 지식을 다시 한번 확인하고 부족한 부분이 있다면 보충하는 시간을 가져야 한다는 깨달음을 주었다. 다양한 환경에 놓여 있는 클라이언트에 대한 개입을 위해서는 보다 많은 경험이 선행되어야 한다는 사실을 절감하였다.

* 이 예시는 대구가톨릭대학교 사회복지학과 유영준 교수님께서 작성자의 동의를 받아 제공해 준 것으로, 일부 수정·보완하였다.

## 2) 주체와 구조에 대한 성찰

주체(개인)와 구조(사회)의 관계를 성찰하기 위해서는 앞서 설명한 성찰의 세 가지 차원 중 특히 비판적 성찰이 요구된다(표 12-1 참고). 다음 글은 현재의 사회구조적 상황이 사회복지사와 클라이언트라는 개인 주체들의 삶에 어떤 영향을 미치는지를 성찰한 내용으로서, 비판적 성찰의 좋은 예시이다.[2]

최근 우리 사회를 주도하는 가장 강력한 경향은 신자유주의와 관리주의이다. 이 경향에 따라 사회 구성원들은 자신의 삶을 하나의 '사업'처럼 여기고, 그 사업의 이윤을 극대화하는 기업가로서 스스로를 주체화하려고 한다. 그러나 사회복지실천가들에게 이러한 기업가 담론은 매우 생소하다. 사회복지는 근대사회의 등장 이후 과도한 사회적 경쟁에서 낙오한 사람들에게 돌봄과 안전을 보장하는 '사회사업social work'이지, 자본 형성을 통해 이윤을 실현하는 '사업'이 아니기 때문이다.

　　이러한 분위기와 맞물려 최근 우리 사회를 주도하는 또 다른 경향은 평가와 실적주의이다. 사회복지실천 현장도 주기적 평가에서 성과를 내지 못할 경우 실패한 사업으로 간주되기 때문에 실천가의 정성 가운데 많은 부분이 사업 실적에 집중되고 있다. 그러나 몇 명에게 서비스를 제공하고 몇 명을 자활시켜 몇 개의 기업체에 고용시켰는지 등의 계량적 지표를 활용한 사업 효율성에 평가의 초점을 맞추게 되면, 개별성에 기초한 통합적 실천의 노력이나 실천적 사회운동으로서의 사회복지 전통과 의미는 자리할 곳이 없어진다. 아울러 실적과 효율성은 이를 증명할 수많은 문서를 요구한다. 그 결과 사회복지실천가들은 직접적 서비스의 수행보다 문서 작업에 더 많은 시간을 보내게 된다.

................

2　　이 글은 김기덕(2021)을 수정·축약한 것이며, 저자의 동의를 받아 게재하였다.

그러면서 스스로를 "관리자나 전달자, 행정가로 규정하며 더 이상 사회복지실천가가 아니라고" 생각하기도 한다.

이와 같이 신자유주의와 관리주의가 지향하는 지식, 기술, 이념은 사회복지실천가들이 오랫동안 자신의 정체성으로 지향해 온 것들과는 상당히 이질적이거나 상반된다. 그 속에서 사회복지실천가들은 자신이 수행하는 작업과 자신이 생각하는 이상적인 과업 간의 괴리로 인해 고뇌와 고통을 경험할 수 있다. 실제로 많은 연구 결과들은 신자유주의적 합리성이 사회복지 영역으로 영향력을 확대한 이후, 사회복지실천가들이 고유한 전문가로서의 자율성과 실천가로서의 정체성에서 상실을 경험했음을 보여 준다.

이러한 성찰에서 알 수 있듯이 사회구조가 개인 주체에 미치는 영향은 막대하다. 그러나 주체와 구조에 대한 성찰은 순환적이어야 한다. 만약 성찰이 개인에게 미치는 구조적 영향을 파악하는 데서 그친다면 사회복지사는 무기력감에 빠질 수 있다. 사회구조는 억압적이고 막강한 외부세력이며 개인은 환경에 의해 결정되는 수동적 존재라고 이해할 경우, 매번 거대구조와 투쟁해야 한다는 사실에 압도될 뿐 아니라 그 실천방법도 모호하게 느껴질 수 있기 때문이다. 그러므로 사회구조와 개인을 외부 억압자와 피억압자의 이분법으로 이해하기보다 일종의 사회관계로 이해하고, 그 관계의 변화에 초점을 맞추는 것이 필요하다는 의견이 대두되어 왔다(Wheeler-Brooks, 2009).

주체와 구조의 이원론에서 벗어나 이 둘을 통합적으로 이해한 대표적인 학자가 앤서니 기든스Anthony Giddens이다. 그는 구조화 이론Structuration Theory을 제시하여 개인과 사회구조의 관계를 엄격히 분리된 것이 아니라 상호적이며 순환적인 것으로 정립하였다(Giddens, 1984). 기든스의 구조화 이론에 따르면 사회구조는 개인이 수행하는 실천의 매개이자 결과이다. 즉, 거시적 결과가 미시 수준의 사회적 실천의 조건이

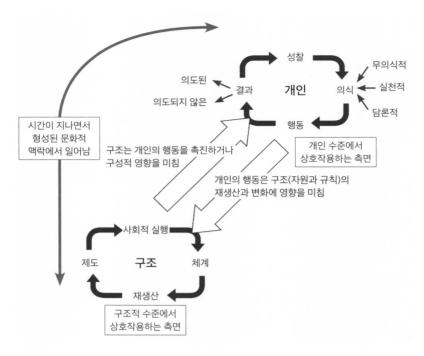

그림 12-2 구조화의 역동과 이원성: 개인과 구조의 관계
출처: Burridge et al.(2010: 26)을 일부 수정

될 수 있으며, 미시 수준의 사회적 실천이 거시적 결과를 가져오기도 한다. 이러한 관계를 도식으로 나타낸 것이 그림 12-2이다. 이 그림을 보면 개인은 구조의 영향을 받으면서도 성찰적 행동을 통해 구조의 재생산에 영향을 미치고, 이렇게 재생산된 구조는 다시 개인에게 영향을 미친다. 구조와 개인은 상호작용하며 변화할 수 있는 순환적 관계인 것이다. 요컨대 기든스는 사회구조를 고정적인 완결체라기보다 사회적 실천을 통해 지속적·역동적으로 구성되는 사회적 과정이라고 보았다(최명민·김기덕, 2013).

　　사회복지실천에서도 개인과 구조를 분리해서 접근하는 대신, 상호적인 관계 차원으로 바라보고 그 관계에서 변화를 모색할 수 있다. 특히 기든스는 사회구조의 구성요소를 자원resource과 규칙rule으로 개념화하였는데(Wheeler-Brooks, 2009), 이는 사회구조가 개인을 위협하고 통제하기도 하지만 목표 달성을 위한 자원이 될 수도 있음을 시사한다. 예를 들어 정부나 정치인의 경우 그들과 어떤 관계를 맺느냐에 따라 변화를 가로막는 장애물이 될 수도 있고, 변화를 돕는 지지 세력이 될 수도 있다. 단, 사회구조적 변화를 도모하기 위해서는 성찰이 개인적 차원에 머물러서는 안 되며, 개인의 성찰을 공동의 성찰로 발전시키려는 노력이 필요하다. 구조의 변화는 연대와 집단적 행동을 통해 가능하기 때문이다(Kondrat, 2002; Burridge et al., 2010).

### 3) 사회복지사의 자기 성찰

성찰적 실천에서 사회복지사와 클라이언트는 각기 독립된 개체가 아닌 상호작용하는 주체로 이해된다. 그리고 이러한 상호작용을 통해 클라이언트뿐 아니라 사회복지사도 변화할 수 있음을 전제한다. 그런 점에서 사회복지사는 상대방의 관점과 사고 유형은 물론이고 자신의 관점과 사고도 비판적으로 바라볼 수 있어야 한다(오정수 외, 2022: 42).

사회복지사는 자신의 생애와 가치관, 스스로에 대한 인식을 성찰할 필요가 있다. 특히 자신이 특정한 사회적 지위에 속하게 된 과정이 실천적 관계를 형성하는 데 어떤 영향을 미치는가에 대해 비판적으로 사고하는 것이 중요하다. 이를 통해 자신과는 다른 클라이언트의 경험을 진심으로 이해하고 공감하는 능력을 갖출 수 있기 때문이다. 또한 사회복지사의 자기 성찰은 실천 과정에 내재된 억압적 요소를 인식하고 불평등한 권력관계를 최소화할 수 있는 중요한 방법 중 하나이다(Healy, 2005/2012: 404).

### (1) 삶의 경험에 대한 성찰
사회복지사는 자신의 태도, 인지, 가치 등 자신에게 영향을 준 주요 경험에 대해 이해할 필요가 있다. 아픔과 고통을 회피하는 것, 누군가를 용서하지 못하는 것, 그리고 인생의 미해결된 이슈들을 안고 있는 것은 사회복지사의 자기 활용성을 저해할 수 있기 때문이다. 사회복지사가 임상가 또는 치료자 역할을 수행할 때 이러한 자기 이해의 중요성은 더욱 커진다. 디컨(Deacon, 1999)은 사회복지사가 가족의 역사와 그 안에서 내려오는 이야기 및 중심 가치 등을 탐색하고 가계도 등을 그려 봄으로써 가족 경험을 재평가하는 것이 자기 이해와 성장에 도움이 된다고 하였다.

그러나 사회복지사가 자신의 가족 경험이나 성장기를 이해하게 된다고 해서 모든 취약성이 해소되고 완벽한 상태에 이르는 것은 아니다. 사람들은 흔히 전문가라면 자신의 심리적 문제를 스스로 해결할 것이며, 혹 미해결된 문제가 있다 하더라도 이를 업무와 분리해야 한다고 생각하는 경향이 있다. 이에 대해 아폰테(Aponte, 1995)는 고통이나 갈등은 인간 삶의 일부이며 우리 모두가 그러한 경험을 갖고 살아가기 때문에, 전문가의 업무에도 고통과 갈등의 경험이 반영될 수밖에 없다고 하였다. 즉, 전문가라고 해서 고통스러운 경험으로부터 결코 자유롭지 않다는 것이다. 오히려 사회복지 전공자들을 대상으로 한 조사에 따르면, 이들 중 상당수가 성장 과정에서 가족의 알코올 중독, 약물 남용, 정서적·성적·신체적 학대, 신체 및 정신질환, 외상 사건과 같은 심리적 문제를 경험하였으며, 그 비율이 다른 전공자들에 비해 유의미하게 높은 것으로 보고되었다(Marsh, 1988; Black et al., 1993). 이는 고통스러운 삶의 경험이 인간에 대한 이해와 원조에 관심을 기울이게 하는 요인으로 작용했을 수 있음을 의미한다.

따라서 사회복지사에게 중요한 것은 자기 삶의 경험을 어떻게 이해하고 다루느냐 하는 것이다. 우리는 자신의 고통스러운 경험이나 취약성을 다른 사람보다 열등한 것이 아니라, 다른 사람과 유사하다는 측면에서 이해해야 한다. 인간은 누구나 완전하지 않으며 사회복지사 역시 그러하다. 사회복지사가 자신의 불완전함에도 불구하고 스스로를 수용하고 드러내는 것은 전문가의 권위를 포기하는 것과 무관하며, 오히려 그만한 능력과 자신감을 가지고 있음을 의미한다. 다만 사회복지사가 고통이나 취약성을 드러낼 경우에는 여기에 매몰되거나 휩쓸리는 방식이어서는 안 된다. 자신의 부족함을 모르거나 통제하지 못한 채 실천에 임하는 것과, 이를 이해하고 인정하되 책임감을 가지고 관리하며 실천 과정에 이용할 줄 아는 것 사이에는 큰 차이가 있다. 사회복지사는 자신의 고통과 취약성을 성찰함으로써 클라이언트의 고통과 취약성을 이해할 수 있으며, 이를 극복하려는 과정을 함께할 수 있다. 결국 전문가의 자기 성찰은 자신의 인생 경험을 클라이언트를 돕는 데 활용하는 것을 목적으로 한다(Aponte, 1995).

### (2) 가치관과 태도에 대한 성찰

인간은 어떠한 현상이나 사건, 타인의 태도 등을 접할 때, 자신이 축적해 온 경험에 투과하여 판단한다. 사회복지사도 마찬가지로 자기 안의 관념을 통해 클라이언트와의 관계나 그들의 문제를 바라본다. 즉, 사회복지사의 성별, 나이, 종교, 인종, 문화적 배경, 그리고 이에 근거하여 형성된 가치관은 실천에 상당한 영향을 미친다. 따라서 사회복지사는 클라이언트와 일할 때 나 자신이 누구이며 무엇을 중시하는지에 관해 성찰할 책임이 있다. 그 과정에서 자신에게 성별, 나이, 종교, 인종, 문화 등과 관련된 편견이 있는지 살펴야 한다. 가족, 문화, 영성 측면에서 자신이 경험하는 갈등이나 도전을 정직하게 돌아보는 것도 필요하다.

사회복지사는 자신의 가치관을 클라이언트에게 강요하지 않도록 주의해야 한다. 클라이언트와 사회복지사는 살아온 배경이 서로 다르기 때문에 가치관도 다를 수 있다. 사회복지사가 이를 무시하고 자신의 가치관대로 사고하고 행동할 것을 요구하는 일은 클라이언트의 힘을 빼앗는 행위나 다름없다. 또 특정한 가치관을 주입하려는 의도가 없다 하더라도, 사회복지사가 가지고 있는 개인적 가치를 이상적인 기준인양 말하면서 그 방향으로 클라이언트를 유도하는 것 역시 비윤리적 실천이다. 사회복지사는 클라이언트에게 자기통제권, 즉 타인의 가치를 자기 의지로 수용하거나 거부할 수 있는 힘이 있음을 명심하고 이를 보장해 주어야 한다.

나아가 사회복지사는 자신의 실천이 기존의 차별적이고 부정의한 사회구조에 클라이언트를 적응시키는 역할을 하는 것은 아닌지 성찰할 필요가 있다(Fook, 1993/2007: 54). 이와 관련해 톰슨(Thompson, 2002: 50-53)이 제시한 '반차별실천을 위해 피해야 할 일곱 가지 가치와 태도'를 보며 자신의 가치관을 성찰해 보자.

- 본질주의 실재론: 인간이란 완전히 고정적인 실체이며 인격은 그 사람의 변하지 않는 본성에 근거한다는 입장이다. 이러한 입장을 취하면 사람에 대해서도 흑백논리로 접근하기 쉬우며, 상황을 고려하지 않은 채 '~한 사람'이라는 식으로 단정해 버리는 오류를 범하게 된다. 이러한 생각은 인종에 따라 그 사람의 속성을 규정하는 인종주의와도 연결될 수 있다. 이를 피하기 위해서는 사람을 이해할 때 그가 처한 상황과 관계를 고려할 수 있어야 한다.
- 환원주의: 어떤 현상에 여러 측면이 있음을 무시하고 하나의 측면으로 축소해 인식하는 태도이다. 이러한 태도를 취하면 여러 원인이 결합하여 발생하는 사건이나 복잡한 인간 상황을 전체적으로 보지 못하고 한 부분만을 의미 있는 것으로 받아들이게 된다. 자살은 여러 요소가 복합적으로 작용한 결과임에도 그 직전에 보인 우울증만을 원인으로 삼는 것을 예로 들 수 있다. 환원주의에 빠지지 않으려면 어떤 현상에 작용하는 다양한 측면을 고려하려는 노력이 필요하다.
- 독단주의: 문제에 대한 정답이 하나만 있다고 보고, 옳고 그름을 쉽

게 판단하는 사고방식이다. 이러한 사고에 익숙해지면 자신이 언제나 옳다는 자만에 빠져 자기반성이나 비판이 불가능해진다. 그러나 옳고 그름도 때로는 정치적으로 결정되며 다양한 가능성이 존재할 수 있다. 독단주의를 경계하는 방법은 자신과 다른 견해에 대해서도 열린 마음으로 한 번 더 생각해 보는 자세를 갖추는 것이다.

- 결정주의: 어떤 세상이든 부조리는 존재하며 불평등 역시 피할 수 없는 사회적 속성이라는 입장이다. 이러한 입장은 이미 결정된 것은 그대로 받아들이고 살 수밖에 없다는 체념과 무기력함으로 이어진다. 결정주의에서 벗어나기 위해서는 인간사회의 불평등이 공동체의 노력에 따라 변화하고 개선될 수 있다는 신념이 필요하다.

- 방어적 태도: 사람은 자신의 고정관념을 바꾸는 데 부담감, 불안, 혼란을 느끼기 때문에 원 상태를 고수하곤 한다. 이러한 방어적 태도는 기득권에 속할수록 강해지는 경향이 있다. 그러나 이를 뛰어넘지 못한다면 발전은 없을 것이다.

- 비변증법적 접근: 변증법은 역동성, 상호성, 전체성의 논리이다. 다시 말해 인간을 포함한 모든 존재는 계속 변화한다는 것, 상반된 힘의 상호작용이 인간과 사회의 주요 원리라는 것, 그리고 어떤 현상을 이해하려면 여러 요소를 함께 고려해야 한다는 것을 의미한다. 비변증법적 접근은 이와 반대되는 관점으로서, 역동성, 상호성, 전체성을 무시하고 복잡한 문제를 일면적으로 단순화하여 즉각적인 해결에만 초점을 두는 것이다.

- 표류: 바쁜 것이 유능함의 척도처럼 여겨지는 세태지만, 사회복지사가 업무에 치이면 원래 달성하고자 했던 초점과 방향을 잃고 헤매게 된다. 이 경우 사회복지사는 자신이 하는 일이 어떤 결과를 가져올지 살피지 못하고 일을 위한 일, 전략을 위한 전략에만 몰두하기 쉽다. 따라서 사회복지사는 원래 지향하던 바를 달성하기 위한 큰 그림과 초점을 유지하도록 계속 성찰적 자세를 취해야 한다.

### (3) 셀프 임파워먼트를 위한 성찰

사회복지실천의 주체로 살아가는 사회복지사도 힘power을 필요로 한다. 특히 사회복지실천에서 클라이언트의 임파워먼트가 강조될수록 사회복지사의 임파워먼트도 중요해진다. 그런데 그 힘은 제도나 조직 등 외부에서 부여되는 권한뿐 아니라, 사회복지사 자신에 대한 가치감 같은 주관적인 지각에서도 비롯된다. 자존감, 자기효능감, 자신감, 자아개념, 통제감, 스트레스 대처 능력 등 자기 자신을 어떻게 느끼며 규정하는가에 관한 인식은 임파워먼트의 핵심 요소이며, 사회복지사가 적절한 감정이입과 공감을 통해 클라이언트와 안정적인 신뢰관계를 형성하는 기반이 된다.

사회복지사의 '셀프 임파워먼트self-empowerment'는 자기 자신에 대한 느낌, 이해, 인식을 토대로 인간적·전문적 강점들을 강화하고 자기 활용성을 높이는 능동적이며 자발적인 과정이자, 이를 통해 달성되는 상태라고 규정된다(최명민, 2002). 이러한 셀프 임파워먼트를 위해 사회복지사는 우선 스스로에 대해 어떤 인식과 느낌을 갖고 있는지를 숙고해야 한다. 그리고 자신의 긍정적인 부분이나 강점을 충분히 인식할 수 있어야 한다. 여기에는 성숙한 인간, 유능하고 윤리적인 전문가, 성실한 조직 구성원이라는 기준에 비추어 자신의 모습을 점검하고, 자신이 클라이언트의 삶과 사회에 어떻게 기여하고 있는지를 성찰하는 것이 도움이 될 수 있다(Abramson, 1996; 최명민, 2002).

한편, 사회복지사가 과도한 스트레스와 소진 상태에 놓일 경우 클라이언트에 대한 헌신이나 서비스의 질을 기대하기 어렵다. 소진은 대인서비스 전문직군이 겪는 스트레스 상황에 대한 결과로서 정서적 고갈, 연민 피로(compassion fatigue),[3] 무기력감과 절망감, 냉소, 부정적

---

3    트라우마나 정서적 고통을 가진 이들을 오랜 기간 돌보는 사람들에게 나타나는 연민이나 온정의 감소 현상을 뜻한다.

태도 등으로 나타난다(Maslach & Jackson, 1981; Pines et al., 1981). 그리고 소진은 서비스 질의 저하뿐 아니라 사회복지사의 경력 단절로 인한 숙련된 사회복지인력의 부족이라는 문제로 귀결되기도 한다(최명민·현진희, 2006). 사회복지사는 평소 자신의 소진 정도를 살펴 필요시 개인적, 조직적 노력과 더불어 전문직 차원의 개선책을 강구해야 한다.

사회복지사에게는 사회복지실천을 수행하기에 적합한 상태를 유지할 것이 요구된다. 이는 곧 사회복지사가 실천 과정에 직접 참여하는 동시에, 그러한 실천을 하는 자신을 외부의 시선으로 관찰할 필요가 있음을 의미한다. 따라서 사회복지사의 자기 성찰은 셀프 임파워먼트를 가능하게 하는 전제라고 하겠다(Aponte, 1995).

## 4) 성찰적 실천의 조건

지금까지 성찰의 중요성에 대해 설명했지만 성찰은 결코 쉬운 과업이 아니다. 성찰을 위해 사회복지사는 자신에게 익숙한 지식체계나 전문 영역을 넘어 다른 체계와 소통하면서 상대의 입장과 관점을 고려해 보려는 부단한 노력을 기울여야 한다(박선영, 2013). 이렇게 상호주관성을 통해 자신의 실천을 돌아볼 때 사회복지사는 일상적으로 반복되는 규격화된 절차에 매몰되지 않는 윤리적 실천을 할 수 있고, 실천에 작동하는 시대적 여건을 비판적으로 바라볼 수 있으며, 뜻을 같이하는 사람들과 연대하면서 바람직한 사회변화를 도모할 수 있다(최명민 외, 2015).

더불어 성찰적 실천이 가능하려면 일정한 환경적 조건이 갖추어져야 한다. 우선 성찰적 실천 역량을 강화하기 위한 제도적 지원이 필요한데, 대표적인 것이 슈퍼비전이다. 톰슨(Thompson, 2015)은 예비 사회복지사가 슈퍼바이저의 실천을 관찰한 다음, 슈퍼바이저가 실천 과정에서 어떤 생각을 했고 어떤 지식을 활용했는지 등을 물어보며 대화하는 것이 이론과 실천 사이에서 성찰적 실천의 역량을 키우는 데 도움이 된다고 하였다.

　또한 규격화된 서비스, 통일된 목소리, 신속한 성과만을 기대하는 경직된 환경에서는 성찰적 실천이 꽃피기 어렵다. 다른 관점을 포용하는 분위기와 충분히 집중할 수 있는 시간이 주어질 때, 자신과 대상에 애정과 관심을 가지고 성찰을 시작할 수 있다. "자세히 보아야/예쁘다//오래 보아야/사랑스럽다//너도/그렇다"라는 나태주의 시 〈풀꽃〉은 시간이 충분해야 상대에게 집중하고 그가 속한 전체적인 맥락을 헤아릴 수 있으며, 관계 맺음과 자기 자신을 돌아볼 수 있음을 잘 보여 준다. 이렇듯 성찰할 시간을 허용하는 환경을 조성하기 위해서는 사회구조적 뒷받침이 필요하다. 따라서 성찰적 실천은 사회복지사 개인의 의무임과 동시에 사회복지조직과 우리 사회 전체의 의무로 인식되어야 한다.


## 3. 성찰적 실천을 위한 현장의 노력들

　여기서는 두 가지 사례를 통해 성찰적 실천 역량을 강화하기 위한 현장의 노력을 보여 주고자 한다. 하나는 사회복지사들의 독서토론 활동이고, 다른 하나는 코로나 상황에서 이루어진 사회복지실천에 대한 성찰이다.

### 1) 사회복지사들의 독서모임

　성찰적 실천 역량을 함양하는 가장 좋은 방법 중 하나는 독서와 토론이다. 실제로 사회복지사들은 업무 중에도 틈틈이 독서모임을 갖고 성찰 역량을 증진하기 위한 노력을 기울이고 있다. 지금까지 파악된 바에 의하면 전국적으로 10개 이상의 독서모임이 운영되고 있는데, 그중

사회복지사들이 오프라인과 온라인으로 독서모임을 운영하는 모습(왼쪽: 인사모, 오른쪽: 복지리더 북클라쓰)

일부를 소개한다.

먼저 '인사모'(인문학을 공부하는 사회복지사 책모임)는 인문학에 관심이 있는 사회복지사들이 인문학 관련 서적을 함께 읽고 생각을 나누기 위해 결성되었다. 사회복지사들이 지속적으로 인문학적 소양을 길러야만 사회복지의 기본 가치인 인간 존엄과 사회정의, 평등, 사회적 연대의식이 실현되는 실천 현장을 만들 수 있다는 것이 그 취지였다. '인사모'는 폭넓은 독서와 자유로운 토론을 통해 사고의 확장과 성찰이 이루어질 때 인문학적 성장이 가능하다는 생각에서 월 1회 1권의 인문학 서적을 읽고 토론한다.

또 다른 독서모임인 '복지리더 북클라쓰'는 사회복지사로서 폭넓은 관점과 성찰 역량을 갖추기 위해 함께 책을 읽고 토론하는 모임이다. 건강한 사회복지 현장을 만들어 나갈 차세대 복지리더로 성장하는 것을 지향한다. 이 모임은 코로나 상황 때문에 대면 만남이 어려울 때는 온라인으로 진행하기도 하였다.

## 2) 포스트 코로나 시대의 성찰적 사회복지실천

2019년 말 전 세계를 강타한 코로나19는 우리나라 사회복지실천 현장에 예상치 못한 도전들을 야기하였다. 이는 기존의 사회복지이론에서 다루어지지 않은 새로운 도전이었다. 그러나 현장의 사회복지사들은 기존 이론에만 기대어 손을 놓고 있는 것이 아니라, 변화한 상황에 맞추어 기존 이론들을 응용하면서 창의적인 방식으로 새로운 사회복지실천을 구상하였다. 다음은 세화종합사회복지관 김용길 관장이 포스트 코로나 시대의 사회복지관의 역할을 모색한 글의 일부이다.[4] 이와 같이 현장 경험을 통해 체득한 실천적 앎은 다시 체계화된 지식의 발전으로 이어질 것이다.

코로나 팬데믹 시대를 맞아 사회복지 분야는 어떻게 변화해야 하는가? 기존 방식을 고수한다면 시대에 뒤떨어진 서비스를 전달하게 되어 이용자들로부터 외면받을 수 있다. 따라서 그간의 현장 경험에 기반하여 향후 사회서비스가 나아가야 할 방향을 제시해 보면 다음과 같다.

첫째, 비대면 서비스의 확대가 요구된다. 사회복지서비스는 대면 서비스가 기본이지만, 코로나19처럼 감염 위험이 높은 바이러스에 능동적으로 대처하기 위해서는 비대면 서비스 개발이 시급하다. 이를 위해 당사자들의 온라인 활용 능력을 강화하는 교육과 지원이 이루어져야 하며, 앱을 통한 돌봄 시스템과 온라인 매체를 통한 상담도 개발해야 한다. 서비스 제공자 또한 줌Zoom과 같은 화상기능 활용 능력 및 비대면 서비스에 특화된 의사소통 역량 등을 갖추어야 한다.

둘째, 찾아가는 서비스의 확대가 필요하다. 기관이라는 물리적 공간을 넘어 찾아가는 서비스를 활성화하는 동시에, 공원, 공터, 산책로 등 비교적 안전한 공간에서 소규모로 진행할 수 있는 서비스를 개발해야 한다.

셋째, 향후에는 집체화된 오프라인 모임 대신 개별화된 서비스에

---

4    이 글은 김용길(2020)을 수정·축약한 것으로 저자의 동의를 받아 게재하였다.

대한 요구가 증가할 것으로 예상된다. 특히 대표적인 개별화 맞춤형 서비스인 사례관리는 코로나19 이후에 발생할 개인, 가정, 사회의 변화와 제반문제(예: 가족해체, 실직, 고독사, 은둔형 외톨이, 경제적·심리적 어려움)에 대응하는 방법론으로 강화될 것이므로, 이를 위한 역량과 자원망 확보가 시급하다.

넷째, 위기상황에 맞는 기관의 대응 지침을 마련하고 기관 대 기관의 연계를 강화해야 한다. 기관 특성에 맞게 위기 대응 매뉴얼을 준비하고 이를 주기적으로 점검할 필요가 있다. 또한 이러한 위기는 개별 기관이 단독으로 대응하기보다 함께 협력하여 대응할 부분이 많기 때문에 지역사회 내 연계협력 방안을 구축해야 할 것이다.

다섯째, 기후환경 변화에 따른 친환경 복지를 수행할 수 있는 역량을 강화해야 한다. 넓게 보면 코로나19와 같은 전염병은 생태계 파괴나 환경 문제와 연관된다. 그러므로 사회복지기관부터 오염물을 줄이고 재활용을 활성화하는 등 생태계를 보존하는 역할을 수행해야 한다.

여섯째, 서비스 종사자들을 위한 안전망(예: 소진 및 전염병 위험에 대한 예방과 치료 지원)을 구축하고, 이용자나 종사자의 전염병 감염 시 대응 방안이 포함된 위기상황 지침을 마련해야 한다. 또 코로나19 이후 발생할 문제에 대한 관리 역량을 강화하는 것도 필요하다.

**사회복지사의 성찰적 실천 역량 체크 리스트**

다음은 톰슨(Thompson, 2015: 167)이 제시한 성찰적 사회복지실천의 요소를 체크 리스트 형식에 맞게 수정한 것이다.

□ 공식적 지식과 비공식적 지식 모두를 전문적 지식으로 적절히 활용할 수 있는가?

□ 이론을 미리 정해진 답으로 보지 않고 실천과 연결해서 보려고 하는가?

□ 전문적 지식이나 연구물을 자신의 실천에 구체적으로 활용할 수 있는가?

□ 사회복지실천 과정에서 창의력과 상상력을 발휘할 수 있는가?

□ 성찰을 통해 경험으로부터 배울 준비가 되어 있는가?

□ 새로운 사고나 접근법에 대해 개방적인가?

□ 실천 과정에서 자신의 모습을 비판적으로 돌아볼 수 있는가?

□ 실천에 영향을 미치는 사회구조적, 문화적 맥락을 성찰할 수 있는가?


### 용어 정리

- **성찰**: 일상생활에서 자신의 말과 행동을 돌아보는 것을 뜻한다. 성찰은 인간 행위자가 갖고 있는 독특한 능력이며, 인간과 동물을 구분하는 결정적인 요소이다. 인간은 성찰을 통해 사회적 상황을 재해석하고 변화를 도모해 간다.
- **성찰성**: 'reflexivity'의 번역어로, 성찰에 재귀(원래 자리로 되돌아옴)의 의미가 더해진 개념이다. 즉, 성찰성에는 상호적이고 반복적인 순환성이 포함되어 있다. 인간의 성찰은 주체와 대상 간에 재귀적인 방식으로 작동하므로, 인간의 성찰적 속성 역시 '성찰성'으로 표현할 수 있다.
- **계산적 사고**: 모든 것을 계산하고 계량하여 목적을 달성하는 능력인 이성을 활용한 인지 과정으로서, 성찰과 대비되는 개념이다.
- **성찰적 실천**: 성찰성을 지향하는 동시에 성찰을 수단으로 활용하는 사회복지실천을 뜻한다. 성찰적 실천의 대상에는 실천가로서 자신이 수행하는 실천뿐 아니라, 그러한 실천에 작용하는 정치사회적 구조 및 문화적 맥락도 포함된다. 이를 위해 사회복지사는 지식과 실천을 연결하면서 자신의 실천 경험을 깊이 사고해야 한다.
- **비성찰적 실천**: 실천가로서 자기 자신이나 사회구조적 맥락에 대한 이해 없이, 주어진 이론이나 지침을 무비판적으로 적용함으로써 과업 달성에만 초점을 두는 실천 행위를 뜻한다.

# 참고문헌

## 서문

최명민 · 김정진 · 김성천(2014), "한국 사회복지실천교육의 대안 구축에 관한 연구",
『한국사회복지학회 2014 추계학술대회 '한국의 사회복지학과 교육, 변혁을 말한다' 자료집』,
155-187.


## 1장

김기덕(2013), "유동하는 사회복지실천의 누빔점: 사회복지실천철학의 탐색",
『한국사회복지실천연구학회 2013 정기학술대회 '한국사회복지실천과 임파워먼트 접근:
쟁점과 과제' 자료집』, 1-18.
서강훈(2013), 『사회복지사를 위한 사회복지 용어사전』(개정판), 이담북스.
최명민(2019), "사회복지실천 '이론'의 의미와 정당성: 성찰성(reflexivity)을 중심으로",
『한국사회복지실천연구학회 2019 추계학술대회 '사회복지실천, 본질을 다시 묻다' 자료집』,
47-62.
홍윤경(2012), "'실천적 지식'의 두 가지 유형에 관한 고찰: '테크네'와 '프로네시스'를 중심으로",
『교육철학』 47, 193-215.
Healy, K.(2012), 『사회복지사를 위한 실천이론』, 남찬섭(역), 나눔의집(원서출판 2005).
IFSW(2014), "Global Definition of Social Work". https://www.ifsw.org/what-is-social-work/
global-definition-of-social-work
Thompson, N.(2015), *Understanding Social Work: Preparing for Practice*(4th ed.), Palgrave
Macmillan.


## 2장

감정기 · 최원규 · 진재문(2002), 『사회복지의 역사』, 나남.
김기덕 · 최명민(2014), "바우만(Bauman)의 근대성 이론을 통한 한국사회복지실천의 유동성
분석", 『한국사회복지학』 66(4), 53-75.
김상균 · 최일섭 · 최성재 · 조흥식 · 김혜란 · 이봉주 · 구인회 · 강상경 · 안상훈(2011),
『사회복지개론』(3판), 나남.
김춘경 · 이수연 · 이윤주 · 정종진 · 최웅용(2016), 『상담학 사전』, 학지사.

양옥경·김정진·서미경·김미옥·김소희(2018),『사회복지실천론』(5판), 나남.

엄명용·김성천·오혜경·윤혜미(2016),『사회복지실천의 이해』(4판), 학지사.

윤홍식·남찬섭·김교성·주은선(2019),『사회복지정책론』, 사회평론아카데미.

이방원(2009), "사회복지역사박물관: 타당성과 콘텐츠 개발",『사회복지역사박물관 연구위원회
　　심포지엄 '사회복지, 역사, 그 체험의 장' 자료집』, 9-36.

임상사회복지실천연구회(2014),『사회복지 역사를 세운 실천현장의 인물들: 원로들의
　　사회복지실천과 사람 이야기』, 학지사.

최명민(2014), "사회복지사업 인력의 전문성: 현황과 미래 핵심 역량",『아산사회복지재단
　　심포지엄 '사회복지사업의 현재와 미래' 자료집』, 104-128.

최명민(2017), "사회복지전문화의 길",『서울사회복지사 2』, 서울역사편찬원, 345-395.

최혜지·김경미·정순둘·박선영·장수미·박형원·배진형·박화옥·안준희(2013),『사회복지실천론』,
　　학지사.

하지현(2016),『정신의학의 탄생』, 해냄.

한국사회복지사협회(2014), "김만두 원로사회복지사". https://youtu.be/cs6jscUajsQ

Flexner, A.(1915), "Is Social Work a Profession?", *National Conference on Charities and
　　Corrections Proceedings*, 576-606.

Germain, C. B.(1983), "Technological Advances". In A. Rossenblatt & D. Waldfogel(Eds.),
　　Handbook of Clinical Social Work, Jossey-Bass.

Gutiérrez, L. M., Parsons, R. J., & Cox, E. O.(1998), *Empowerment in Social Work Practice: A
　　Sourcebook*, Brooks/Cole.

Hall, N.(2015), "International Federation of Social Workers(IFSW)", Encyclopedia of Social
　　Work. https://doi.org/10.1093/acrefore/9780199975839.013.202

Herman, J.(2012),『트라우마: 가정폭력에서 정치적 테러까지』, 최현정(역), 열린책들(원서출판
　　1997).

Johnson, L. C., & Yanca, S. J.(2009), *Social Work Practice: A Generalist Approach*(10th ed.),
　　Pearson.

NASW(1974), "Social Case Work: Generic and Specific", *A Report of the Milford Conference*,
　　National Association of Social Workers.

Pelmute, D. F.(1974), *A Design for Social Work Practice*, Columbia University Press.

Pincus, A., & Minahan, A.(1973), *Social Work Practice: Model and Method*, Peacock.

Rosenbaum, M., & Muroff, M.(1984), *Anna O.: Fourteen Contemporary Reinterpretations*,
　　Macmillan.

Saleebey, D.(1996), "The Strength Perspective in Social Work Practice: Extension and
　　Cautions", *Social Work 41*(3), 296-305.

Senett, R.(2004),『불평등 사회의 인간존중』, 유강은(역), 문예출판사(원서출판 2003).

Senett, R.(2013),『투게더: 다른 사람들과 함께 살아가기』, 김병화(역), 현암사(원서출판 2012).

Social Welfare History Project(2012), "Ida Cannon(1877-1960): Social Worker, Nurse, Author
　　and Founder of Medical Social Work". http://socialwelfare.library.vcu.edu/people/
　　cannon-ida-maude

Specht, H., & Courtney, M. E.(1995), *Unfaithful Angels: How Social Work Has Abandoned Its
　　Mission*, The Free Press.

Towle, C. (1961), "Social Work: Cause and Function", *Social Casework 42*(8), 385-397.

## 3장

김기덕(2004), "푸코와 사회복지: 인본주의에 대한 미완의 기획", 『사회복지연구』 24, 45-72.

김기덕(2006), "하버마스 비판이론의 사회복지 실천에의 적용가능성에 관한 탐색적 연구: 의사소통행위이론을 중심으로", 『한국사회복지학』 58(4), 119-139.

김기덕(2015), "대안적 비판이론으로서 인정 패러다임의 사회복지적 함의", 『한국사회복지학』 67(4), 325-348.

김기덕·최명민(2014), "바우만(Bauman)의 근대성 이론을 통한 한국사회복지실천의 유동성 분석", 『한국사회복지학』 66(4), 53-75.

김인숙·우국희(2002), "사회복지사가 인식하는 임파워먼트의 의미에 관한 질적 연구: 한국에서 임파워먼트 실천은 가능한가?", 『한국사회복지학』 49, 34-61.

마희정·박권수·박기순·박정미·원용준·한상원(2020), 『비판적 사고: 어떻게 다르게 생각할 것인가?』, 이음.

박은진·김희정(2008), 『비판적 사고』, 아카넷.

양만재(2016), "반-억압실천론(Anti-oppressive practice)의 도입과 활용의 필요성에 관한 시론적 연구", 『비판사회정책』 53, 96-145.

양옥경·김미옥(1999), "사회복지실천에서의 권한부여(Empowerment) 모델에 관한 고찰", 『사회복지』 43, 155-172.

양옥경·김정진·서미경·김미옥·김소희(2018), 『사회복지실천론』(5판), 나남.

양옥경·최명민(2006), "한국 사회복지에서 임파워먼트(Empowerment) 접근의 현황 및 과제", 『한국사회복지교육』 2(2), 39-84.

이혁구(2000), "권력의 장치로서의 사회복지: 푸코의 권력이론에 입각한 권한부여 비판", 『한국사회복지학』 43, 328-357.

최명민·김기덕(2013), "기든스(Giddens)의 성찰성 이론을 통한 임파워먼트의 재해석: 통합적 사회복지실천 패러다임에 대한 탐색", 『한국사회복지학』 65(2), 103-130.

최명민·정병오(2015), "Foucault의 계보학을 활용한 사례관리에 대한 비판적 고찰", 『한국사회복지학』 67(4), 301-324.

한국사회복지사협회(2001), "사회복지사 윤리강령". https://www.welfare.net/welfare/cm/cntnts/cntntsView.do?mi=1036&cntntsId=1044

Adams, R. (2007), 『임파워먼트와 사회복지실천』, 최명민(역), 나남(원서출판 2003).

Bronfenbrenner, U. (1979), *The Ecology of Human Development*, Harvard University Press.

Burke, B., & Harrison, P. (2002), "Anti-Oppressive Practice". In R. Adams, L. Dominelli, & M. Payne (Eds.), *Social Work: Themes, Issues and Critical Debates* (2nd ed.), Palgrave.

Cowger, C. D. (1998), "Clientilism and Clientification: Impediments to Strengths Based Social Work Practice", *Journal of Sociology and Social Welfare 25*(1), 25-37.

Croft, S., & Beresford, P. (2000), "Empowerment". In M. Davies (Ed.), *The Blackwell Encyclopaedia of Social Work*, Blackwell.

Dominelli, L. (2002), *Feminist Social Work: Theory and Practice*, Palgrave.

Dominelli, L.(2007), 『세계화와 사회복지실천』, 한인영·김성천(역), 학지사(원서출판 2004).

Fook, J.(2002), *Social Work : Critical Theory and Practice*, Sage.

Friedman, B., & Neuman, K. M.(2010), "System Theory". In J. R. Brabdell(Ed.), *Theory and Practice in Clinical Social Work*, Sage.

Germain, C. B.(1973), "An Ecological Perspective in Casework", *Social Casework 54*(6), 323-330.

Germain, C. B.(Ed.)(1979), *Social Work Practice: People and Environments*, Columbia University Press.

Gray, M., & Webb, S. A.(Eds.)(2012), 『사회복지학의 새로운 접근: 철학적 토대와 대안적 연구방법』, 김기덕·최명민·이현정·조성우(역), 시그마프레스(원서출판 2009).

Green, G., & Haines, A.(2002), *Asset Building and Community Development*, Sage.

Gutierrez, L.(1990), "Working with Women of Color", *Social Work 35*(2), 149-154.

Healy, K.(2012), 『사회복지사를 위한 실천이론』, 남찬섭(역), 나눔의집(원서출판 2005).

Kondrat, M. E.(2002), "Actor-Centered Social Work: Re-visioning 'Person in Environment' through a Critical Theory Lens", *Social Work 47*(4), 435-448.

Kretzmann, J., & McKnight, J.(1993), *Building Communities from the Inside Out: A Path Toward Finding and Mobilizing a Community's Assets*, Center for Urban Affairs and Policy Research.

McMillen, J. C.(1999), "Better for It: How People Benefit from Adversity", *Social Work 44*(5), 455-468.

NASW(2017), "The Code of Ethics". https://www.socialworkers.org/About/Ethics/Code-of-Ethics/Code-of-Ethics-English

Parsons, R., Gutierrez, L., & Cox, E.(1998), "A Model for Empowerment Practice". In L. Gutierrez, R. Parsons, & E. Cox(Eds.), *Empowerment in Social Work Practice: A Sourcebook*, Brooks/Cole.

Payne, M.(2001), 『현대 사회복지실천이론』, 서진환·이선혜·정수경(역), 나남(원서출판 1997).

Rappaport, J.(1985), "The Power of Empowerment Language", *Social Policy 16*(2), 15-21.

Saleebey, D.(1997), *The Strengths Perspective in Social Work Practice*(2nd ed.), Longman.

Saleebey, D.(2002), *The Strengths Perspective in Social Work Practice*(3rd ed.), Allyn and Bacon.

Siporin, M.(1980), "Ecological System Theory in Social Work". In P. N. Reid, & P. R. Popple(Eds.), *The Moral Purpose of Social Work: The Character and Intentions of a Profession*, Melson-Hall.

Thompson, N.(2001), *Anti-discriminatory Practice*, Palgrave Macmillan.

Turner, F. J.(1996), *Social Work Treatment: Interlocking Theoretical Approaches*, Oxford University Press.

Wakefield, J. C.(1996), "Does Social Work Need the Eco-Systems Perspective? Part 1. Is the Perspective Clinically Useful?", *Social Service Review 70*(1), 1-32.

Zimmerman, M., & Rappaport, J.(1988), "Citizen Participation, Perceived Control, and Psycological Empowerment", *American Journal of Community Psychology 16*(5), 725-750.

## 4장

강철희 · 최명민(2007), "사회복지사와 타분야 원조전문직 간 대중이미지 비교연구", 『한국사회복지학』 59(1), 171-197.

권지성 · 김교연 · 김지혜(2004), "종합사회복지관 초임 사회복지사의 직업경험에 대한 현실기반이론적 접근", 『사회복지연구』 24, 5-44.

김기덕(2006), "하버마스 비판이론의 사회복지 실천에의 적용가능성에 관한 탐색적 연구: 의사소통행위이론을 중심으로", 『한국사회복지학』 58(4), 119-139.

김기덕(2013), "사회복지철학체계의 모색: 경계와 사이에서 성찰하는 실천 철학", 『한국사회복지실천연구학회 2013 추계연합학술대회 '한국 사회복지교육, 이대로 좋은가?' 자료집』, 117-144.

김기덕 · 김민 · 권혜진(2013), 『휴먼서비스개론』, 신정.

김기덕 · 김성천 · 박승희 · 최명민 · 이은정(2014), "노자 『도덕경』을 통한 사회복지사의 역할 재조명: 수양론과 성인론을 중심으로", 『동양철학연구』 77, 7-41.

김기덕 · 최명민(2014), "바우만(Bauman)의 근대성 이론을 통한 한국사회복지실천의 유동성 분석", 『한국사회복지학』 66(4), 53-75.

류만희(2013), "지역사회복지실천으로서 사회적 기업 · 협동조합의 활성화 방안", 『한국지역사회복지학회 2013 학술대회 '지역사회복지실천전략으로서 사회적 기업, 협동조합의 조망' 자료집』, 1-15.

박승희(2015), 『도덕경: 사회복지학자가 읽은 노자』, 사람의무늬.

백희원 · 조영정 · 장승권(2016), "사회복지기관과 사회적기업 간 협력을 통한 가치네트워크 구축", 『서울도시연구』 17(2), 97-117.

이해진 · 김철규(2014), "지역사회복지의 실천주체로서 사회적협동조합의 의의", 『한국지역사회복지학』 51, 155-189.

최명민(2011), "사회복지실천을 둘러싼 전문가–이용자 관계의 전근대적 측면과 대안적 실천의 모색", 『한국사회복지학회 2011 추계학술대회 '한국사회복지의 전근대성과 대안모색' 자료집』, 21-49.

최명민(2014), "사회정의를 위한 사회복지실천의 모색", 『한국사회복지연구회 2014 추계학술대회 '분배적 정의의 이론과 실천: 경제와 복지의 만남' 자료집』, 85-106.

최명민 · 김기덕(2013), "기든스(Giddens)의 성찰성 이론을 통한 임파워먼트의 재해석: 통합적 사회복지실천 패러다임에 대한 탐색", 『한국사회복지학』 65(2), 103-130.

최명민 · 김성천 · 김정진(2015), "한국 사회복지실천 교육의 현황과 대안 모색", 한국사회복지학회 편, 『한국 사회복지교육: 현황, 과제, 그리고 대안』, 신정.

최명민 · 이현주(2017), "사회복지사는 우리 사회의 상선약수(上善若水): 사회복지사의 직업정체성 인식과 그 의미에 관한 연구", 『비판사회정책』 55, 39-84.

최옥채(2003), "사회복지사의 지역사회실천 경험에 관한 연구: 사회복지관을 중심으로", 『한국사회복지학』 52, 301-324.

한국사회복지교육협의회(2018), "사회복지사1급 국가시험과목 교과목지침 개발 연구: 사회복지실천론", 한국사회복지교육협의회.

한병철(2011), 『권력이란 무엇인가』, 김남시(역), 문학과지성사(원서출판 2005).

Adams, R.(2007), 『임파워먼트와 사회복지실천』, 최명민(역), 나남(원서출판 2003).

Austin, D. M.(1983), "The Flexner Myth and the History of Social Work", *Social Service Review 57*(3), 357-377.

BASW(2018), "The Professional Capabilities Framework". https://www.basw.co.uk/system/files/resources/pcf-social-worker.pdf

Bauman, Z.(2005), 『액체근대』, 이일수(역), 강(원서출판 2000).

Beckett, C.(2006), *Essential Theory for Social Work Practice*, Sage.

Brill, C. K.(2001), "Looking at the Social Profession Through the Eye of the NASW Code of Ethics", *Research on Social Work Practice 11*(2), 223-234.

Cohen, J. A.(2003), "Managed Care and the Evolving Role of the Clinical Social Worker in Mental Health", *Social Work 48*(1), 34-43.

CSWE(2015), "Educational Policy and Accreditation Standards for Baccalaureate and Master's Social Work Programs". https://www.cswe.org/getattachment/Accreditation/Standards-and-Policies/2015-EPAS/2015EPASandGlossary.pdf

Davies, M.(Ed.)(1997), *The Black Well Companion to Social Work*, Blackwell.

Erikson, E. H.(1956), "The Problem of Ego Identity", *Journal of the American Psychoanalytic Association 4*(1), 56-121.

Fargion, S.(2008), "Reflections on Social Work's Identity: International Themes in Italian Practitioners' Representation of Social Work", *International Social Work 51*(2), 206-219.

Fitzpatrick, T.(2013), 『사회복지사를 위한 정치사회학』, 남찬섭·김병철(역), 나눔의집(원서출판 2001).

Flexner, A.(1915), "Proceedings of the National Conference of Charities and Correction", *School and Society 1*, 901-911.

Foucault, M.(2012), 『생명관리정치의 탄생』, 오트르망(역), 난장(원서출판 2004).

Gibelman, M.(1999), "The Search for Identity: Defining Social Work-Past, Present, Future", *Social Work 44*(4), 298-310.

HumanServicesEDU.org(2020), "The Definition of Human Services". https://www.humanservicesedu.org/definition-human-services.html#context/api/listings/prefilter

IFSW(2014), "Global Definition of Social Work". https://www.ifsw.org/what-is-social-work/global-definition-of-social-work

Lavitt, M. R.(2009), "What Is Advanced in Generalist Practice? A Conceptual Discussion", *Journal of Teaching in Social Work 29*(4), 461-473.

Leung, T. T. F.(2011), "Client Participation in Managing Social Work Service: An Unfinished Quest", *Social Work 56*(1), 43-52.

McDonald, C.(2006), *Challenging Social Work: The Institutional Context of Practice*, Palgrave Macmillan.

McLaughlin, H.(2009), "What's in a Name: 'Client', 'Patient', 'Customer', 'Consumer', 'Expert by Experience', 'Service User': What's Next?", *The British Journal of Social Work 39*(6), 1101-1117.

Payne, M.(2005), *Modern Social Work Theory*(3rd ed.), Lyceum Books.

Richard, S., Ruch, G., & Trevithick, P.(2005), "Communication Skills Training for Practice:

The Ethical Dilemma for Social Work Education", *Social Work Education 24*(4), 409-422.

Ruch, G.(2002), "From Triangle to Spiral: Reflective Practice in Social Work Education, Practice and Research", *Social Work Education 21*(2), 199-216.

Smith, M.(2011), "Reading Bauman for Social Work", *Ethics and Social Welfare 5*(1), 2-16.

Smith, R.(2008), *Social Work and Power*, Palgrave Macmillan.

Thompson, N.(2009), *Understanding Social work: Preparing for Practice*(3rd ed.), Palgrave Macmillan.

Thompson, N.(2015), *Understanding Social Work: Preparing for Practice*(4th ed.), Palgrave Macmillan.

Weiss, I., Gal, J., & Cnaan, R. A.(2004), "Social Work Education as Professional Socialization: A Study of the Impact of Social Work Education Upon Student's Professional Preferences", *Journal of Social Service Research 31*(1), 13-31.

Yelloly, M., & Henkel, M.(Eds.)(1995), *Learning and Teaching in Social Work: Towards Reflective Practice*, Jessica Kingsley.

## 5장

양옥경·김정진·서미경·김미옥·김소희(2018), 『사회복지실천론』(5판), 나남.

엄명용·김성천·오혜경·윤혜미(2016), 『사회복지실천의 이해』(4판), 학지사.

최혜지·김경미·정순둘·박선영·장수미·박형원·배진형·박화옥·안준희(2013), 『사회복지실천론』, 학지사.

한덕연(2022), 『복지요결』, 사회복지정보원.

Adams, R.(2007), 『임파워먼트와 사회복지실천』, 최명민(역), 나남(원서출판 2003).

Badger, K.(2021), "Assessment". https://www.oxfordbibliographies.com/view/document/obo-9780195389678/obo-9780195389678-0152.xml

Barker, R. L.(2013), *The Social Work Dictionary*(6th ed.), NASW Press.

Begun, A.(2021), *Research & Statistics for Understanding Social Work Intervention*, Ohio State University. https://ohiostate.pressbooks.pub/swk3402

Bolger, J., & Walker, P.(2018), "Models of Assessment". In J. Lishman, C. Yuill, J. Brannan, & A. Gibson(Eds.), *Social Work: An Introduction*(2nd ed.), Sage.

Cottam, H.(2021), 『래디컬 헬프』, 박경현·이태인(역), 착한책가게(원서출판 2018).

Coulshed, V., & Orme, J.(2012), *Social Work Practice*, Palgrave Macmillan.

CSWE(2015), "Educational Policy and Accreditation Standards for Baccalaureate and Master's Social Work Programs". https://www.cswe.org/getattachment/Accreditation/Standards-and-Policies/2015-EPAS/2015EPASandGlossary.pdf

Felton, E. M., & Polowy, C. I.(2015), "Termination: Ending the Therapeutic Relationship-Avoiding Abandonment". https://naswcanews.org/termination-ending-the-therapeutic-relationship-avoiding-abandonment

Hepworth, D. H., Rooney, R. H., Rooney, G. D., & Strom-Gottfried, K.(2015), *Direct Social*

*Work Practice: Theory and Skills*(10th ed.), Cengage Learning.

Hepworth, D. H., Rooney, R. H., Rooney, G. D., Strom-Gottfried, K., & Larsen, J. A.(2006), *Direct Social Work Practice: Theory and Skills*(7th ed.), Brooks/Cole.

Johnson, L. C., & Yanca, S. J.(2007), *Social Work Practice: A Generalist Approach*(10th ed.), Pearson.

Miley, K. K., O'Melia, M. W., & DuBois, B. L.(2017), *Generalist Social Work Practice: An Empowering Approach*, Pearson.

NASW(2021), "The Code of Ethics". https://www.socialworkers.org/About/Ethics/Code-of-Ethics/Code-of-Ethics-English

Open University(2021), "An Introduction to Social Work". https://www.open.edu/openlearn/health-sports-psychology/social-care-social-work/introduction-social-work/content-section-1.3

Pomeroy, E. C., & Garcia, R. B.(2017), *Direct Practice Skills for Evidence-Based Social Work: A Strengths-Based Text and Workbook*, Springer Publishing Company.

Thompson, N.(2009), *Understanding Social Work: Preparing for Practice*(3rd ed.), Palgrave Macmillan.

Walsh, F.(2002), 『가족과 레질리언스』, 양옥경·김미옥·최명민(역), 나남(원서출판 1998).

Zastrow, C.(1995), *The Practice of Social Work*(5th ed.), Brooks/Cole.


## 6장

양옥경·김정진·서미경·김미옥·김소희(2018), 『사회복지실천론』(5판), 나남.
엄명용·김성천·오혜경·윤혜미(2016), 『사회복지실천의 이해』(4판), 학지사.
최명민(2020), "사회복지실천의 사회성 탐색: 관계성을 중심으로", 『2020 사회복지 공동학술대회 '사회복지 공론장을 열고, 사회복지, 그 '사회성'을 다시 묻다' 자료집』, 119-142.

Brake, M., & Bailey, R.(1980), *Radical Social Work and Practice*, Sage.

Congress, E.(1994), "The Use of Culturagrams to Assess and Empower Culturally Diverse Families", *Families in Society 75*(9), 531-540.

Congress, E., & Kung, W.(2013), "Using the Culturagram to Assess and Empower Culturally Diverse Families". In E. Congress, & M. Gonzalez(Eds.), *Multicultural Perspectives in Social Work Practice with Families*, Springer Publishing Company.

Diller, J. V.(2007), *Cultural Diversity: A Primer for the Human Services*, Brooks/Cole.

Fook, J.(2007), 『급진사회복지실천』, 김성천·박순우·장혜림·이현주·이해령(역), 학지사(원서출판 1993).

Goldberg, G.(1974), "Structual Approach to Practice: A New Model", *Social Work 19*(2), 150-155.

Hartman, A.(1995), "Diagrammatic Assessment of Family Relationships", *Families in Society 76*(2), 111-122.

McGoldrick, M., & Gerson, R.(1999), 『가족분석가계도』, 이영분·김유숙(역), 홍익재(원서출판 1985).

McGoldrick, M., Gerson, R., & Shellenberger, S.(1999), *Genogram: Assessment and Intervention*(2nd ed.), W. W. Norton & Company.

Pincus, A., & Minahan, A.(1973), *Social Work Practice: Model and Method*, Peacock.

Reisch, M., & Andrews, J.(2001), *The Road Not Taken: A History of Radical Social Work in the United States*, Brunner-Routledge.

Richmond, M. E.(1917), *Social Diagnosis*, Russell Sage Foundation.

Saleebey, D.(2009), "The Strengths Approach to Practice: Beginnings". In D. Saleebey(Ed.), *The Strengths Perspective in Social Work Practice*(5th ed.), Pearson Education.

Thompson, N.(2001), *Anti-Discriminatory Practice*, Palgrave Macmillan.

Toseland, R., & Rivas, R.(1995), *An Introduction to Group Work Practice*, Allyn & Bacon.

Zastrow, C.(1995), *The Practice of Social Work*(5th ed.), Brooks/cole.


# 7장

강영안(2005),『타인의 얼굴: 레비나스의 철학』, 문학과지성사.

김기덕(2016), "타자윤리",『2016 한국사회복지실천연구학회 동계워크숍 '동서양철학과 사회복지실천의 만남' 자료집』.

김승철·김영우·김태권·신아름·이설화·양해승·임현미·오미연·용도연·원종배·한수현·황예슬 (2019),『배움 소망 감사가 있는 복지관 사회사업 이야기: 복지관 사회사업 글쓰기 모임 5기, 열두 사회사업가의 실천 기록』, 사회복지사사무소 구슬.

두산백과(2020), "네트워킹". https://terms.naver.com/entry.nhn?docId=1076461&cid=40942& categoryId=31614

배화옥·심창학·김미옥·양영자(2015),『인권과 사회복지』, 나남.

서동욱(2011),『차이와 타자』, 문학과지성사.

양옥경·김정진·서미경·김미옥·김소희(2018),『사회복지실천론』(5판), 나남.

양원석(2016),『사회사업생태체계 개념』, 푸른복지.

엄명용·김성천·오혜경·윤혜미(2016),『사회복지실천의 이해』(4판), 학지사.

정혜신(2018),『당신이 옳다』, 해냄.

최명민(2008), "한국인의 정(情)을 고려한 정신보건사회복지 실천방법 모색",『정신보건과 사회사업』30, 356-384.

최명민(2011), "사회복지실천을 둘러싼 전문가-이용자 관계의 전근대적 측면과 대안적 실천의 모색",『한국사회복지학회 2011 추계학술대회 '한국사회복지의 전근대성과 대안모색' 자료집』, 21-49.

최명민(2020), "사회복지실천의 사회성 탐색: 관계성을 중심으로",『2020 사회복지 공동학술대회 '사회복지 공론장을 열고, 사회복지, 그 '사회성'을 다시 묻다' 자료집』, 119-142.

최명민·박승희·김성천·김기덕·이은정(2014), "노자 도덕경(道德經)에 근거한 사회복지실천관계론의 탐색",『한국사회복지학』66(1), 139-162.

최명민·이현정(2018), "기독교적 타자윤리를 통한 사회복지실천관계 분석: 예수 그리스도의 실천을 중심으로",『신앙과 학문』23(3), 295-321.

최명민·이현주(2017), "사회복지사는 우리 사회의 상선약수(上善若水): 사회복지사의 직업 정체성

인식과 그 의미에 관한 연구", 『비판사회정책』 55, 39-84.

최명민·현진희·전혜성(2005), "의료사회복지사를 소진으로부터 보호하는 요인은 무엇인가?", 『한국사회복지학』 57(4), 343-370.

최옥채(2017), 『사회복지실천론』(4판), 양서원.

Adorno, T., & Horkheimer, M.(2001), 『계몽의 변증법: 철학적 단상』, 김유동(역), 문학과지성사(원서출판 1947).

Biestek, F. P.(1957), *The Casework Relationship*, Loyola University Press.

Coady, N.(1993), "The Worker-Client Relationship Revisited", *Families in Society* 74(5), 291-298.

Dewane, C. J.(2006), "Use of Self: A Primer Revisited", *Clinical Social Work Journal* 34(4), 543-558.

Dietz, C., & Thompson, J.(2004), "Rethinking Boundaries: Ethical Dilemmas in the Social Worker-Client Relationship", *Journal of Progessive Human Services* 15(2), 1-24.

Dufourmantelle, A., & Derrida, J.(2004), 『환대에 대하여』, 남수인(역), 동문선(원서출판 1997).

Edwards, J. K., & Bess, J. M.(1998), "Developing Effectiveness in the Therapeutic Use of Self", *Clinical Social Work Journal* 26(1), 89-105.

Fraser, N., & Honneth, A.(2014), 『분배냐, 인정이냐?: 정치철학적 논쟁』, 김원식·문성훈(역), 사월의책(원서출판 2003).

Hargie, O.(Ed.)(1986), *Handbook of Communication Skills*, New York University Press.

Hollis, F.(1970), "Psychosocial Approach to the Practice of Casework". In R. Roberts, & R. Nee(Eds.), *Theories of Social Casework*, University of Chicago Press.

Honneth, A.(2011), 『인정투쟁: 사회적 갈등의 도덕적 형식론』, 문성훈·이현재(역), 사월의책(원서출판 1992).

Karen. K. K., & Grafton. H. H.(2009), *Generalist Practice with Organization and Communities*(4th ed.), Brooks/Cole Cengage Learning.

Levinas, E.(2000), 『윤리와 무한』, 양명수(역), 다산글방(원서출판 1982).

Levinas, E.(2001), 『시간과 타자』, 강영안(역), 문예출판사(원서출판 1947).

Nisbet, R. E.(2004), 『생각의 지도: 동양과 서양, 세상을 바라보는 서로 다른 시선』, 최인철(역), 김영사(원서출판 2003).

Perlman, H.(1979), *Relationship: The Heart of Helping People*, University of Chicago Press.

Ricoeur, P.(2006), 『타자로서 자기 자신』, 김웅권(역), 동문선(원서출판 1990).

Sheafor, B., Horejsi, C., & Horejsi, G.(1998), 『사회복지실천 기법과 지침』, 서울대학교 사회복지실천연구회(역), 나남(원서출판 1997).

Walzer, M.(2004), 『관용에 대하여: 야만이 아니라 문명의 방식으로 답하라』, 송재우(역), 미토(원서출판 1999).

## 8장

권진숙·박지영(2009), 『사례관리의 이론과 실제』(2판), 학지사.

김기덕(2021), "사회복지시설종사자의 '처우': 그 사회적 성격과 본질", 『제8회 전남복지포럼:

사회복지시설 종사자 처우개선 종합계획 수립을 위한 도민공청회 자료집』(미간행), 3-17.

김성경(2017), 『사회복지 사례관리론』, 공동체.

김성천·김승용·김연수·김현수·김혜성·민소영·박선영·백은령·양소남·유명이·유서구·이기연·
　정희경·조현순·최말옥·최지선·함철호(2012), 『사례관리론』, 학지사.

김정진(2014), 『사회복지실천기술론: 사례와 함께하는 사회복지실천기술 연습』, 학지사.

양난주(2020), "무엇을 위해 가족을 넘어서려 하는가", 『한국사회복지학』 72(4), 247-252.

양옥경·김정진·서미경·김미옥·김소희(2018), 『사회복지실천론』(5판), 나남.

지은구·감정기·김진석·김형용·홍재봉(2021), 『지역사회복지론』, 사회평론아카데미.

최명민(2020), "사회복지실천의 사회성 탐색: 관계성을 중심으로", 『2020 사회복지 공동학술대회
　'사회복지 공론장을 열고, 사회복지, 그 '사회성'을 다시 묻다' 자료집』, 119-142.

최명민·김성천·김정진(2015), "한국 사회복지실천 교육의 현황과 대안 모색", 한국사회복지학회
　편, 『한국 사회복지교육: 현황, 과제, 그리고 대안』, 신정.

최명민·정병오(2015), "Foucault의 계보학을 활용한 사례관리에 대한 비판적 고찰",
　『한국사회복지학』 67(4), 301-324.

최혜지·김경미·정순둘·박선영·장수미·박형원·배진형·박화옥·안준희(2013), 『사회복지실천론』,
　학지사.

통계청(2021), "2020년 인구주택총조사 결과". https://kostat.go.kr/portal/korea/kor_nw/1/2/2/
　index.board?bmode=read&aSeq=391020&pageNo=&rowNum=10&amSeq=&sTarget=
　&sTxt=

한국사례관리학회 편(2012), 『사례관리 전문가교육: 실무자 기초과정』, 학지사.

Adams, R.(2007), 『임파워먼트와 사회복지실천』, 최명민(역), 나남(원서출판 2003).

Bronfenbrenner, U.(1989), "Ecological Systems Theory", *Annals of Child Development* 6, 187-
　249.

Compton, B. R., & Galaway, B.(1999), *Social Work Processes*, Brooks/Cole.

Dustin, D.(2007), *The McDonaldization of Social Work*, Ashgate.

England, H.(1986), *Social Work as Art: Making Sense for Good Practice*, HarperCollins.

Kirst-Ashman, K. K., & Hull, G. H.(2018), *Empowerment Series: Understanding Generalist
　Practice*(8th ed.), Cengage Learning.

Milner, J., & O'Byrne, P.(1998), "A Map of the World: the Systems Approach". In J. Campling
　(Ed.), *Assessment in Social Work*, Palgrave.

NASW(2012), *NASW Standards for Social Work Practice with Service Members, Veterans, and
　Their Families*, National Association of Social Workers.

Payne, M.(2005), *Modern Social Work Theory*(3rd ed.), Lyceum Books.

Pincus, A., & Minahan, A.(1973), *Social Work Practice: Model and Method*, Peacock.

Reisch, M.(2018), *Macro Social Work Practice: Working for Change in a Multicultural Society*,
　Cognella Academic.

Smith, S. B.(2009), "Social Work and Physical Health Issues of Immigrants". In F. Chanf-Muy,
　& E. P. Congress(Eds.), *Social Work with Immigrants and Refugees*, Springer Publishing
　Company.

Thompson, N.(2010), *Theorizing Social Work Practice*, Palgrave Macmillan.

Thompson, N.(2015), *Understanding Social Work: Preparing for Social Work*(4th ed.),

Palgrave Macmillan.

Toseland, R., & Rivas, R.(1995), *An Introduction to Group Work Practice*, Allyn & Bacon.

Trythall, L.(2018), "General Systems Theory: Lecture Notes Including Theories, Theorists, Research and How It Links to Social Work Practice". https://www.studocu.com/en-gb/document/birmingham-city-university/methods-of-social-work-interventions/lecture-notes/general-systems-theory/1555729/view

UKEssays(2015), "The Concepts Of Partnership And Collaboration Social Work Essay". https://www.ukessays.com/essays/social-work/the-concepts-of-partnership-and-collaboration-social-work-essay.php?vref=1

Verhaeghe, P.(2015), 『우리는 어떻게 괴물이 되어가는가: 신자유주의적 인격의 탄생』, 장혜경(역), 반비(원서출판 2012).

Walsh, F.(2002), 『가족과 레질리언스』, 양옥경·김미옥·최명민(역), 나남(원서출판 1998).

Werner, E. E., & Smith, R. S.(1992), *Overcoming the Odds: High Risk Children from Birth to Adulthood*, Cornell University Press.

Yalom, I. D., & Leszcz, M.(2005), *The Theory and Practice of Group Psychotherapy*(5th ed.), Basic Books.

Zastrow, C., & Kirst-Ashman, K. K.(2016), *Understanding Human Behavior and the Social Environment*, Cengage Learning.

## 9장

강철희·최명민(2007), "사회복지사와 타분야 원조전문직 간 대중이미지 비교연구", 『한국사회복지학』 59(1), 171-197.

김세진(2010), 『사회사업, 인사가 절반입니다』, 푸른복지.

김세진(2016), 『2016 생활복지운동(지역사회 캠페인) 복지관 네트워크 1차 워크숍 자료집』.

김영욱·김주영(2016), "영구임대아파트와 판자촌의 공간구조와 자살률 비교 연구", 『도시설계』 17(1), 135-146.

문재원(2013), "공간적 실천으로서 지역공동체: 공간주권과 로컬리티의 인문학의 접합을 위하여", SSK 공간주권 연구팀 편, 『공간주권으로의 초대』, 한울아카데미, 154-176.

박재환·일상성일상생활연구회 편역(1994), 『일상생활의 사회학』, 한울아카데미.

서우석(2015), "문화여가활동이 경제적 빈곤층의 행복과 사회자본 형성에 미치는 영향", 『문화정책논총』 29(1), 266-296.

송영민(2013), "사회적 공간 담론에 기초한 공간실천 연구", 『한국실내디자인학회 논문집』 22(4), 62-69.

오정진(2013), "공간과 주권의 만남을 위하여", SSK 공간주권 연구팀 편, 『공간주권으로의 초대』, 한울아카데미, 11-30.

위계출·배원섭(2017), 『사회복지법제 강의』, 인간과복지.

주경희·김희주·김세원·오혜인(2015), "국민기초생활보장 수급노인의 일상생활 경험에 대한 질적 사례연구", 『한국컨텐츠학회논문지』 15(5), 200-218.

최명민·이현주(2017), "사회복지사는 우리 사회의 상선약수(上善若水): 사회복지사의 직업정체성

인식과 그 의미에 관한 연구", 『비판사회정책』 55, 39-84.

최명민·박향경·이현주(2017), "Lefebvre의 공간이론에 근거한 '공간기반 사회복지실천'의 가능성 탐색: 임대아파트단지 차이공간 생산사례를 중심으로", 『한국사회복지학』 69(4), 99-125.

최성재·조흥식·한인영·김경미·이영분·윤현숙·유수현·김성천·최혜지(2013), 『한국 사회복지실천의 고유성』, 집문당.

한덕연(2022), 『복지야성』, 사회복지정보원.

홍갑표 외(2010), 『복지관, 마을에서 놀자: 마을과 지역사회복지관』, 디자이너클럽.

Perlman, H. H.(1957), *Social Casework: A problem-Soiving Process*, University of Chicago Press.

## 10장

김기덕(2002), 『사회복지윤리학』, 나눔의집.

김기덕(2004), "한국의 사회복지 윤리와 철학 교과서 분석", 『비판사회정책』 17, 13-46.

김기덕(2020), "신자유주의, 관리주의 그리고 사회복지: 푸코의 통치성 이론을 중심으로", 『한국사회복지학』 72(2), 181-200.

김기덕(2022), "인권과 사회복지의 관계에 대한 비판적 탐색: 보편성과 존엄성을 중심으로", 『한국사회복지학』 74(2), 7-28.

김기덕·최명민(2014), "바우만(Bauman)의 근대성 이론을 통한 한국사회복지실천의 유동성 분석", 『한국사회복지학』 66(4), 53-75.

김성이·김수정(2006), 『사회행동입문: 사회정의실현을 위한 사회복지사의 책임』, 한국사회복지사협회.

김성천(2019), "비판적 사회복지실천의 불모지에서 움 틔우기", 『한국사회복지실천연구학회 2019 추계학술대회 '사회복지실천, 본질을 다시 묻다' 자료집』, 5-45.

김성천·김수경(2020), "한국 사회복지 현장의 비판적 실천에 관한 연구: 사회복지사의 경험을 중심으로", 『한국사회복지학』 72(4), 33-61.

김성천·김은재·권영지·김지선·송영매·이보라·김솔아·이수영·문성아·황환·정혜윤·김인수 (2015), 『옆으로 간 사회복지 비판: 급진사회복지실천가들의 현장 이야기』, 학지사.

연합뉴스(2021), "팬데믹 거치며 억만장자 자산 4천300조원 늘어…불평등 심화" (2021. 1. 26.)

지은구·감정기·김진석·김형용·홍재봉(2021), 『지역사회복지론』, 사회평론아카데미.

최명민(2014), "사회정의를 위한 사회복지실천의 모색", 『한국사회복지연구회 2014 추계학술대회 '분배적 정의의 이론과 실천: 경제와 복지의 만남' 자료집』, 85-106.

한국사례관리학회 편(2019), 『사례관리 전문가교육: 실무자 기초과정』(2판), 학지사.

Adams, R.(2007), 『임파워먼트와 사회복지실천』, 최명민(역), 나남출판(원서출판 2003).

Bauman, Z.(2019), 『왜 우리는 불평등을 감수하는가?』, 안규남(역), 동녘(원서출판 2013).

Cambridge Dictionary(2022), "inequality". https://dictionary.cambridge.org/ko/사전/영어/inequality

Chung, R. C., & Bemak, F. P.(2020), 『사회정의 상담: 다문화주의의 적용, 이론, 실천을 넘어선 다음 단계』, 임상사회복지실천연구회(역), 학지사(원서출판 2012).

Cohen, H.(1965), *The Demonics of Bureaucracy: Problems of Change in a Government Agency*, The Iowa State University Press.

Constantine, M. G.(2007), "Racial Microaggressions against African American Clients in Cross-Racial Counseling Relationships", *Journal of Counseling Psychology 54*(1), 1-16.

Cottam. H.(2020), 『래디컬 헬프: 돌봄과 복지제도의 근본적 전환』, 박경현·이태인(역), 착한책가게(원서출판 2018).

Dalrymple, J., & Burke, B.(1995), *Anti-oppressive Practice: Social Care and the Law*, Open University Press.

Dean, H. E.(1998), "The Primacy of the Ethical Aim in Clinical Social Work: It's Relationship to Social Justice and Mental Health", *Smith College Studies in Social Work 69*(1), 9-24.

Dominelli, L.(2002), "Changing Agendas: Moving Beyond Fixed Identities in Anti-oppressive Practice". In D. R. Tomlinson, & W. Trew(Eds.), *Equalising Opportunities, Minimising Oppression: A Critical Review of Anti-discriminatory Policies in Health and Social Welfare*, Roultledge.

Dominelli, L.(2004), *Social Work: Theory and Practice for a Changing Profession*, Polity Press.

Dustin, D.(2007), *The McDonaldization of Social Work*, Ashgate.

Fook, J.(2007), 『급진사회복지실천』, 김성천·박순우·장혜림·이현주·이해령(역), 학지사 (원서출판 1993).

Frankena, W.(1962), "The Concept of Social Justice". In R. B. Brandt(Ed.), *Social Justice*, Prentice-hall Inc.

Freire, P.(1972), *Pedagogy of the Oppressed*, Penguin.

Goldfarb, K. P., & Grinberg, J. Z.(2002), "Leadership for Social Justice: Authentic Participation in the Case of a Community Center in Caracas, Venezuela", *Journal of School Leadership 12*(2), 157-173.

Goodman, L. A., Liang, B., Helms, J. E., Latta, R. E., Sparks, E., & Weintraub, S. R.(2004), "Training Counseling Psychologists as Social Justice Agents: Feminist and Multicultural Principles in Action", *The Counseling Psychologist 32*(6), 793-836.

Hammond, H.(2017), "Consciousness Raising". https://commonslibrary.org/consciousness-raising

Healy. K.(2012), 『사회복지사를 위한 실천이론』, 남찬섭(역), 나눔의집(원서출판 2005).

Hertz, N.(2021), 『고립의 시대』, 홍정인(역), 웅진지식하우스(원서출판 2020).

Levy, C.(1976), *Social Work Ethics*, Human Service Press.

Piketty, T.(2014), 『불평등 경제』, 유영(역), 마로니에북(원서출판 2008).

Pozzuto, R.(2000), "Notes on a Possible Critical Social Work", *Critical Social Work 1*(1), 31-34.

Rashdall, H.(1924), *The Theory of Good and Evil*(2nd ed.), Oxford University Press.

Rawls, J.(1971), *The Theory of Justice*, Harvard University Press.

Reamer, F. G.(1993), *The Philosophical Foundation of Social Work*, Colombia University Press.

Righton, P.(1990), "Orientating Ourselves", *Prologue to Open University K254 Working with*

*Children and Young People*, Open university.

Sen, A.(2013), 『자유로서의 발전』, 김원기(역), 갈라파고스(원서출판 2001).

Sidgwick, H.(1907), *The Method of Ethics*(7th ed.), Macmillan.

Specht, H.(1990), "Social Work and Popular Psychotherapies", *Social Service Review 64*(3), 345-357.

Sterba, P.(1980), *The Demands of Justice*, University of Notre Dame Press.

Sustainable Development Solutions Network(2021), "World Happiness Report 2021". https://worldhappiness.report/ed/2021

Theoharis, G.(2007), "Social Justice Educational Leaders and Resistance: Toward a Theory of Social Justice Leadership", *Educational Administration Quarterly 43*(2), 221-258.

Thompson, N.(2001), *Anti-discriminatory Practice*, Palgrave Macmillan.

Thompson, N.(2002) "Developing Anti-discriminatory Practice". In D. R. Tomlinson, & W. Trew(Eds.), *Equalising Opportunities, Minimising Oppression: A Critical Review of Anti-discriminatory Policies in Health and Social Welfare*, Roultledge.

Tomlinson, D. R.(2002), "From Equal Opportunities to Anti-oppressive Practice: The Historical and Social Context". In D. R. Tomlinson, & W. Trew(Eds.), *Equalising Opportunities, Minimising Oppression: A Critical Review of Anti-discriminatory Policies in Health and Social Welfare*, Roultledge.

Tomlinson, D. R., & Trew, W.(2002), "Introduction", *Equalising Opportunities, Minimising Oppression: A Critical Review of Anti-discriminatory Policies in Health and Social Welfare*, Roultledge.

Turbett, C.(2014), *Doing Radical Social Work*, Palgrave Macmillan.

Uvin, P.(2004), *Human Rights and Development*, Kumarian Press.

Wakefield, J. C.(1988a), "Psychotherapy, Distributive Justice, and Social Work: Part 1 Distributive Justice as a Conceptual Framework for Social Work", *Social Service Review 62*(2), 187-209.

Wakefield, J. C.(1988b), "Psychotherapy, Distributive Justice, and Social Work: Part 2 Psychotherapy and the Pursuit of Justice", *Social Service Review 62*(3), 353-382.

Wakefield, J. C.(1998), "Psychotherapy, Distributive Justice, and Social Work Revisited", *Smith College Studies in Social Work 69*(1), 25-57.

Wallman, S.(1976) "Difference, differentiation, discrimination", *New Community 5*, 1-14.

Watts, L., & Hodgson, D.(2019), *Social Justice Theory and Practice for Social Work: Critical and Philosophical Perspectives*, Springer.

Wilkinson, R., & Pikett, K.(2019), 『불평등 트라우마』, 이은경(역), 생각이음(원서출판 2018).

World Inequality Lab(2021), "World Inequality Report 2022". https://wir2022.wid.world

## 11장

김기덕(2011), 『사회복지윤리학』, 나눔의집.

김기덕·최명민(2014), "바우만(Bauman)의 근대성 이론을 통한 한국사회복지실천의 유동성 분석", 『한국사회복지학』 66(4), 53-75.

김기덕·최소연·권자영(2018), 『사회복지 윤리와 철학』, 양서원.

김용석(2012), "사회복지실천기술 척도의 예비적 개발", 『한국사회복지학』 64(4), 57-87.

김인숙(2004), "사회복지실천학문의 정체성: 한국 사회복지실천의 정체성", 『한국사회복지학회 2004 춘계학술대회 '사회복지학 정체성의 위기와 도전 II' 자료집』, 33-53.

김정진(2017), 『사회복지사 윤리 이론과 윤리적 실천연습』, 한국사회복지사협회.

양옥경(2004), 『사회복지 윤리와 철학』, 나눔의집.

오혜경(2004), "사회복지실천의 가치와 윤리에 관한 연구", 『사회복지리뷰』 9, 115-143.

오혜경(2009), "사회복지실천에서의 윤리이론에 관한 연구", 『한국사회복지교육』 9, 127-158.

최명민(2008), "윤리적 사회복지실천과 사회복지사의 윤리성", 『사회복지 윤리경영교육 실천매뉴얼』, 77-113.

최명민·이기영·김정진·최현미(2015), 『다문화사회복지론』, 학지사.

한국사회복지사협회(2001), "사회복지사 윤리강령". https://www.welfare.net/welfare/cm/cntnts/cntntsView.do?mi=1036&cntntsId=1044

한국사회복지사협회(2008), "사회복지 윤리경영 교육·실천 매뉴얼". http://www.welfare.net/site/ViewDocLibrary.action

Bauman, Z.(2013), 『방황하는 개인들의 사회』, 홍지수(역), 봄아필(원서출판 2001).

Diller, J. V.(2007), *Cultural Diversity: A Primer for the Human Services*, Brooks/Cole.

Grant, D., & Haynes, D.(1995), "A Developmental Framework for Cultural Competence Training with Children", *Social Work in Education 17*(3), 171-182.

IFSW(1996), "International Policy on Human Rights". https://www.ifsw.org/human-rights-policy

Levy, C.(1973), "The Value Base of Social Work", *Journal of Education for Social Work 9*(1), 34-42.

Lowenberg, F. M., & Dolgoff, R.(1988), *Ethical Decisions for Social Work Practice*, Peacock.

NASW(2019), "Social Justice Priorities". https://www.socialworkers.org/Portals/0/PDF/Advocacy/Public/Social-Justice/Social-Justice-Priorities-2018-2019.pdf

NASW(2021), "The Code of Ethics". https://www.socialworkers.org/About/Ethics/Code-of-Ethics/Code-of-Ethics-English

Reamer, F. G.(1999), *Social Work Values and Ethics*(2nd ed.), Columbia University Press.

Smith, M.(2011), "Reading Bauman for Social Work", *Ethics and Social Welfare 5*(1), 2-16.

Thompson, N.(2005), *Understanding Social Work: Preparing for Practice*, Palgrave.

United Nations Centre for Human Rights(2005), 『인권과 사회복지실천』, 이혜원(역), 학지사(원서출판 1994).

Webb, S. A.(2006), *Social Work in a Risk Society: Social and Political Perspectives*, Palgrave.

Wittmer, P. D.(2000), "Ethical Sensitivity in Management Decision: Developing and Testing a Perceptual Measure Among Management and Professional Student Groups", *Teaching Business Ethics 4*(2), 181-205.

## 12장

강학순(2021), 『하이데거의 숙고적 사유: 계산적 사고를 넘어서』, 아카넷.

고영복(2000), 『사회학사전』, 사회문화연구소.

김기덕(2013), "사회복지철학체계의 모색: 경계와 사이에서 성찰하는 실천 철학",
　　　『한국사회복지실천연구학회 2013 추계연합학술대회 '한국 사회복지교육, 이대로 좋은가?'
　　　자료집』, 117-144.

김기덕(2021), "사회복지시설종사자의 '처우': 그 사회적 성격과 본질", 『전라남도
　　　사회복지시설종사자 처우개선 종합계획 수립을 위한 도민공청회 자료집』.

김기덕·최명민(2014), "바우만(Bauman)의 근대성 이론을 통한 한국사회복지실천의 유동성
　　　분석", 『한국사회복지학』 66(4), 53-75.

김용길(2020), "코로나19와 사회복지관의 대응과 과제", 『복지동향』 262, 10-20. https://www.
　　　peoplepower21.org/Welfare/1723066

김홍중(2009), 『마음의 사회학』, 문학동네.

박선영(2013), "사회복지실천의 임파워먼트 접근에서 온정주의의 침투와 공존: 딜레마와 대안",
　　　『미래사회복지연구』 4(1), 107-135.

오정수·유채영·김기덕·홍백의·황보람(2022), 『사회복지 윤리와 철학』, 학지사.

유영준(2009), "사회복지사의 반성적 실천과정에 관한 질적 사례연구", 『사회복지연구』 40(4), 515-
　　　540.

진은영(2009), 『니체의 차라투스트라는 이렇게 말했다: 웃음과 망치와 열정의 책』, 웅진주니어.

최명민(2002), "사회복지사의 셀프-임파워먼트 프로그램 개발 및 효과성 연구:
　　　정신건강사회복지사를 중심으로", 이화여자대학교 박사학위논문.

최명민(2019), "사회복지실천 '이론'의 의미와 정당성: 성찰성(reflexivity)을 중심으로",
　　　『한국사회복지실천연구학회 2019 추계학술대회 '사회복지실천, 본질을 다시 묻다' 자료집』,
　　　47-62.

최명민·김기덕(2013), "기든스(Giddens)의 성찰성 이론을 통한 임파워먼트의 재해석: 통합적
　　　사회복지실천 패러다임에 대한 탐색", 『한국사회복지학』 65(2), 103-130.

최명민·김성천·김정진(2015), "한국 사회복지실천 교육의 현황과 대안 모색", 한국사회복지학회
　　　편, 『한국 사회복지교육: 현황, 과제, 그리고 대안』, 신정.

최명민·정병오(2015), "Foucault의 계보학을 활용한 사례관리에 대한 비판적 고찰",
　　　『한국사회복지학』 67(4), 301-324.

최명민·현진희(2006), "의료사회복지사의 소진에 관한 질적 연구: 소진위험요인을 중심으로",
　　　『한국사회복지행정학』 16, 1-38.

Abramson, M.(1996), "Reflections on Knowing Oneself Ethically: Toward a Working
　　　Framework for Social Work Practice", *Families in Society* 77(4), 195-201.

Aponte, H.(1995), "빈곤가족과 가족치료", 『한국가족사회복지학회 제2회 Aponte 교수 초청
　　　가족치료 임상훈련 자료집』.

Black, P. N., Jefferies, D., & Hartley, E. K.(1993), "Personal History of Psychosocial Trauma in
　　　The Early Life of Social Work and Business Students", *Journal of Social Work Education*
　　　*29*, 171-180.

Burridge, P., Carpenter, C., Cherednicken, B., & Kruger, T.(2010), "Investigating Praxis

Inquiry within Teacher Education Using Giddens' Structuration Theory", *Journal of Experiential Education 33*(9), 19-37.

CCETSW(1995), *Assuring Quality in the Diploma in Social Work-1: Rules and Requirements for the Diploma in Social Work*, Central Council for Education and Training in Social Work.

Corrall, S.(2017), "Crossing the Threshold: Reflective Practice in Information Literacy Development", *Journal of Information Literacy 11*(1), 23-53.

CSWE(2015), "Educational Policy and Accreditation Standards for Baccalaureate and Master's Social Work Programs". https://www.cswe.org/getattachment/Accreditation/Standards-and-Policies/2015-EPAS/2015EPASandGlossary.pdf

Deacon, S. A.(1999), "Explore Your Family: An Experiential Family-of-Origin Workshop", *Family Therapy 26*(2), 87-101.

Fook, J.(2007), 『급진사회복지실천』, 김성천·박순우·장혜림·이현주·이해령(역), 학지사(원서출판 1993).

Giddens, A.(1984), *The Constitution of Society: Outline of Theory of Structuration*, University of California Press.

Gray, M., & Webb, S. A.(Eds.)(2012), 『사회복지학의 새로운 접근: 철학적 토대와 대안적 연구방법』, 김기덕·최명민·이현정·조성우(역), 시그마프레스(원서출판 2009).

Healy, K.(2012), 『사회복지사를 위한 실천이론』, 남찬섭(역), 나눔의집(원서출판 2005).

Kondrat, M. E.(2002), "Actor-centered Social Work: Re-visioning 'Person in Environment' through a Critical Theory Lens", *Social Work 47*(4), 435-448.

Marsh, S. R.(1988). "Antecedents to Choice of A Helping Career: Social Work vs. Business Majors", *Smith College Studies in Social Work 58*(2), 85-100.

Maslach, C., & Jackson, S. E.(1981). "The Measurement of Experienced Burnout", *Journal of Occupational Behavior 2*(2), 99-113.

Moon, J. A.(1999), *Reflection in Learning and Professional Development: Theory and Practice*(1st ed.), Routledge.

Pines, A., Arones, E., & Kafry. D.(1981), *Burnout: From Tedium to Personal Growth*, Free Press.

Schön, D. A.(2018), 『전문가의 조건: 기술적 숙련가에서 성찰적 실천가로』, 배을규(역), 박영스토리(원서출판 1984).

Thomas, L., & Giggs, G.(2011), "How Do You Become a Reflective Professional?". In D. McGregor, & L. Cartwright(Eds.), *Developing Reflective Practice A Guide for Beginning Teachers*, McGraw Hill.

Thompson, N.(2002), "Developing Anti-discriminatory Practice". In D. R. Tomlinson, & W. Trew(Eds.), *Equalising Opportunities, Minimising Oppression: A Critical Review of Anti-discriminatory Policies in Health and Social Welfare*, Roultledge.

Thompson, N.(2010), *Theorizing Social Work Practice*, Palgrave.

Thompson, N.(2015), *Understanding Social Work: Preparing for Practice*(4th ed.), Palgrave.

Timmins, F.(2015), *A-Z of Reflective Practice*, Palgrave.

van Manen, M.(1977), "Linking Ways of Knowing with Ways of Being Practical", *Curriculum*

*Inquiry* 6(3), 205-228.

Wheeler-Brooks, J.(2009), "Structuration Theory and Critical Consciousness: Potential Applications for Social Work Practice", *Journal of Sociology and Social Welfare* 36(1), 123-140.

White, S.(2012), "담론분석과 자기성찰", 김기덕 · 최명민 · 이현정 · 조성우(역), 『사회복지학의 새로운 접근: 철학적 토대와 대안적 연구방법』, 시그마프레스(원서출판 2009).

# 찾아보기

## 저자소개

### 최명민

의료 및 정신건강 사회복지 현장 경험을 토대로 사회복지학을 공부해 왔으며, 현재 백석대학교 사회복지학부 교수로 재직 중이다. 주요 연구 분야는 사회복지실천과 정신건강사회복지이며 세부 관심사는 실천 이론과 자살 예방이다. 저서로『정신건강을 디자인하다』(공저, 2020),『의료사회복지의 이해와 실제』(공저, 2019), 역서로『사회복지학의 새로운 접근: 철학적 토대와 대안적 연구방법』(공역, 2012) 등이 있다.

### 김정진

정신건강 및 지역사회복지 현장 경험을 토대로 사회복지학을 공부하였으며, 현재 나사렛대학교 사회복지학과 명예교수로 재직 중이다. 주요 연구 분야는 정신건강사회복지이다. 저서로『정신건강론』(2022),『사회복지실천기술론』(2019),『사회복지실천론』(공저, 2018),『정신건강사회복지론』(공저, 2017) 등이 있다.

### 김성천

해결 중심 가족치료와 사회복지관 실천 경험을 바탕으로 교육과 연구를 해 왔으며, 현재 중앙대학교 사회복지학부 교수로 재직 중이다. 주요 연구 분야는 사례관리와 비판적 사회복지실천이다. 저서로『사회복지실천의 이해』(공저, 2020),『사례관리론』(공저, 2020),『옆으로 간 사회복지 비판』(공저, 2015) 등이 있다.

### 정병오

대학 시절 복지관 자원 활동을 하면서 사회복지를 접한 후 경제학과 사회복지 공부를 병행하였고, 졸업 후 복지관, 모금회 등 현장에서 22년 동안 일하다가 최근 동료들과 함께 복지교육 전문기관인 휴먼임팩트 협동조합을 설립해 운영하고 있다. 지역복지실천, 마을공동체, 성과평가, 사회적 경제 등에 관심이 많으며, 저서로『사회복지 프로그램 개발과 평가』(공저, 2020),『NCS 학습모듈 사회복지개발 분야: 주민조직화』(공저, 2015) 등이 있다.